I0249406

www.ingramcontent.com/pod-product-compliance
Lightning Source LLC
Chambersburg PA
CBHW071619170426
43195CB00038B/1454
9780578083049

مهدی شمشیری

اسرار مستند قتل سرتیپ محمود افشارطوس

با همکاری دکتر مهدی خردمند پارسی

تقدیم به ایران

و به آن عده از هم میهنان گرامی که همواره خود را ایرانی می دانند و به ایرانی بودن خود افتخار می کنند

مهدی شمشیری

اسرار مستند قتل سرتیپ محمود افشارطوس

۲۰۱۱

Asrar-e Mostanad -e Ghatl-e Sartip Mahmoud Afshartoos

A Documentary Research
Revealing
the Secrets of Afshartoos Assassination

Mehdi Shamshiri

Cover design by Pourandokht Yassai (Shamshiri)

ISBN 978 – 0 – 578 – 08304 – 9

با همکاری دکتر مهدی خردمند پارسی

طرح پشت جلد از پوراندخت یاسائی (شمشیری)

این کتاب در کتاب‌فروشی‌های گیتی و کتاب‌فروشی‌های اینترنت در
دسترس است

پیشگفتار - نوشته دکتر مهدی خردمند پارسی

اسرار قتل افشارتوس و یا گامی

در خودرأی کردن محمدرضا شاه

روند دگرگونی سیاسی در کشورهای پیشرفته و جاافتاده باختری به این صورت است که احزاب گوناگون با پیوند و رأی مردم برای در دست گرفتن توان سیاسی، بدون خشونت، مبارزه می‌کنند. نیروهایی که شکست خورده‌اند پس از بررسی و دگرگون کردن سیاست‌هایشان باز به میدان می‌آیند تا نیروی سیاسی را از دست حریف درآورند. در این کشورها از کلک و پیام‌های سیاسی که پرسش‌انگیز است، استفاده می‌شود ولی هرگز از ترور و کمتر از خشونت استفاده می کنند.

اما، در کشورهای اسلام‌زده و خو گرفته به خودکامگی، دگرگونی سیاسی با خشونت و کشتار و یا نامردم‌سالارانه انجام می گیرد. اگر به سرگذشت حکومت خلفاء نگاه کنید این روش به روشنی دیده می شود. در دورانی کوتاه پس از محمد بن عبدالله، خلافت در خاندان بنی‌امیه و در خانواده معاویه موروثی و در عمل شاهنشاهی گردید. دگرگونی سیاسی تنها با خشونت پیش می‌آمده و یا نیروی تازه دم خشن دیگری از راه می‌رسیده، خلیفه و یا شاه آسوده‌خواه و زن‌باره را شکست می‌داده و سیستم خشونت‌آمیز دیگری را برای مدتی به مردم تحمیل می‌نموده. چیزی که خواست این حکومت‌های خودکامه نبود، آسایش رعیّت بود. در آن هنگام هنوز واژه شهروند ساخته نشده بود و این مردم رعیت شاه دانسته می‌شدند. پاره‌ای از چامه‌سرایان فرزانه این سرگذشت مردم را در شکل چکامه سروده‌اند. یکی از آنها صادق (تفرشی) فراهانی است که باستانی پاریزی در نوشته خود از پاریز تا پاریس آن را آورده است:

نـــادره پـیـــری ز عـــرب هوشمند — گـــفت بـــه عبـــدالملک از روی پند

زیر هـــمین قـــبه و ایـــن بـــارگاه — روی هـــمـــین مسند و این دستـگاه

بـر سپـری چـون سـپر آسـمـان | تازه سری بود و از آن خون چکان
سـر که هـزارش سـر و افسر فدا | صـاحـب دسـتـار رسـول خـدا
دیـدم و دیـدم کـه ز ابـن زیـاد | دیـد و چه‌ها دید؟ که چشمم مبـاد!
کـار بـه مختار چو چندی فـتاد | دستـخـوشـش شـد سر ابـن‌زیـاد
از پس چندی سـر آن خیـره‌سـر | بُـد بـرِ مخـتـار بـه روی سپـر
باز چو مصعب سر و سـردار شـد | دستـخـوش او سـر مخـتار شـد
و ایـن سـر مصعب بود ای نامدار | تـا چـه کنـد بـا سر تـو روزگـار
حـیف که یـک دیده بیدار نیست | هـیچ کـس از کـار خبردار نیست
نه فلک از گردش خود سیر شد | نـه خـم ایـن طـاق سـرازیـر شد

مات هـمینم که درین بنـد و بست
این چه طلسمی است که نتوان شکست؟

دوره استعماری

برای مردم اسلام‌زده آسیایی این خشونت و سختی سنتی کافی نبود که با باز شدن پای نیروهای استعماری، فشار اقتصادی و تاراج کشورشان بر آن افزوده گردید. در ایران این روند تا دوران قاجار ادامه داشت و به اوج خود رسیده بود. با جنبش مشروطیت جلوی کمی از این خودکامگی‌های شاهان قاجار گرفته شد. ولی ناتوانایی اقتصادی و پایین بودن آموزش سیاسی و نا برابری زن و مرد جایی برای مردمسالاری نمی گذاشت. به دیگر سخن باید گفت که در همبودگاه سنتی و اسلام‌زدگی که زن نیمی از مرد بشمار می‌آید و بیشتر مردم دانش خواندن و نوشتن ندارند و بیماری و گرسنگی همه گیر شده است، سخن از استوار کردن مردمسالاری برای این کشور سخنی پوچ می باشد. شما در یک همبودگاه چادر نشین و چوپان و یا کشاورز سنتی نمی توانید از مردمسالاری به چم نوین سخن بگویید.

رضا شاه

کودتای رضا خان و سپس پادشاه شدن وی و اصلاحات گسترده او گرچه پاره‌ای بناچار مانند کارهای امیر کبیر با زور انجام شد ولی در پایان ایران را به دروازه تمدن سده بیستم رسانید و رسیدن به میوه دموکراسی را در دسترس مردم ایران نهاد. او زیر بنای همبودگاه ایران را برای ریشه گرفتن مردمسالاری تا اندازه زیادی فراهم آورده بود. ولی شوربختانه نیروهای نیرومندی که ایران را در زمان جنگ جهانی دویم به زور در دست گرفته بودند، پروانه ندادند که او بهکاری‌های خود را ادامه دهد و او را با زور از ایران بیرون راندند و از این مردم نمک نشناس کوچکترین واکنشی دیده نشد. حال این را با بیرون راندن خمینی در سال ۱۳۴۲ برابر کنید!

محمد رضا شاه

به هر حال او رفت و پادشاهی به محمد رضا شاه رسید که در کشورداری، روشش با پدرش برابری نداشت. او جوان به پادشاهی رسیده وآموزش نوین در اروپا دیده بود و باسیستم مردم‌سالاری تا اندازه‌ای آشنا بود و خواست نخست او پادشاهی و نه حکومت بود. حال ببینیم از روز نخست ناسازگاران و دشمنان پهلوی‌ها و قاجار دوستان با او چگونه رفتار کردند. بجای اینکه روشن‌اندیشان، این دگرگونی سیاسی را خوش‌شگون ارزیابی کنند، با آن آغاز به کشورسازی کنند، از سود ملی ما پدافند کنند و از خودگذشتگی پیشه کنند، شوربختانه آنها مانند نوخوانی که تازه به سن رسیدگی رسیده است، ناسازگاری را آغاز نمودند و خرابکاری را حرفه و سرگرمی خود نمودند و برای مبارزه و جدل با همدیگر، دسته سیاسی ساختند و اسم آن را حزب سیاسی گذاشتند و فحش، کتک‌کاری و کشتار را نیز در کار آن روا دانستند!

روشن‌اندیشان آموزش نو دیده ایرانی بجای فراهم کردن احزاب مستقل وطنی و پیشبرد کار کشوری، در کنار گروه‌های کهنه تر انگلیس و روسیه‌دوست، گروه دوستداران آمریکا، آلمان و فرانسه را پدید آوردند. با بودن نیروهای ارتشی ناخواسته پادایرانی، زود این برگزیدگان سود جوی خود را به آغوش نیروهای استعماری و امپریالیستی انداختند و با راهنمایی آنها در سر اندیشه انقلاب و خراب کردن سیستم و انتقام از پهلوی‌ها را می پروراندند تا بر خاکستر آن نوگرایی کنند! حزب توده با کمک شوروی و انگلیس پای می گیرد و پاره‌ای از نوآموختگان بنیادهای مذهبی برای مبارزه با حزب توده و بهاییان و دیگران نیز دسته‌هایی پیرو هیتلر می سازند. کمتر نیرویی در اندیشه ساختن و نه خراب کردن ایران بر نیاز فرهنگی و ملی بود. در این سرای آلوده، سیاستمداران خواهان در دست گرفتن رهبری و توان سیاسی، بجای کار بنیادی کردن و از نیروی سیاسی مردم درست بهره گیری و مردم را به اندیشه و خرد واداشتن، از ابزار دسیسه و کشتار برای نیرومند شدن و پیشی گرفتن خود از هم‌آوردان (رقیب) خود بهره می گرفتند. به زد و خوردهای پشتیبانان حزب توده و دیگران نگاه کنید که شماری از آن با کشتار همراه بود.

شوربختانه نخستین بار در سرگذشت تازه ایران باید از دسیسه کشتن اتابک نام برد و سپس از کودتای رضا خان. اگرچه سر انجام کارهای رضا خان به کامروایی و ملی گرایایی در ایران کمک نمود ولی پیروزی او انگیزه‌ای به دست سودجویان داد تا از او کپی‌برداری کنند. پس این دو روش ترور و کودتا در کنار زد و خورد، خواست و کار خیلی از گروه‌ها و منش‌های حیله‌گر سیاسی گردید که در پاره‌ای از این کارها سر نخ در دست بیگانگان بود.

یکی از نخستین ترورهای سیاسی در زمان محمدرضا شاه که در آن خواست پیشرفت سیاسی مطرح بود، کشتن محمد مسعود بود تا خاندان پهلوی را بین مردم بد کنند و از روشنگری محمد مسعود در باره رزم‌آرا پیشی گرفته شود. بجای اینکه حزب توده کار درست کند و مردم را بیشتر پشتیبان خود کند و برتری سیاسی پیدا کند، با کشتن محمد مسعود خیال بیزار کردن مردم از شاه را داشت تا هوادار پیدا نماید. این دسیسه که با

کاردانی رزم‌آرا و همکاری حزب توده و آگاهی مصدق برنامه‌ریزی شده بود، گام به گام انگیزه خودکامه گرداندن سیستم سیاسی در ایران را فراهم می آورد. رزم‌آرا با کارهای خودسرش که خود را نماینده شاه نشان میداد، مِهر مردم به شاه را کم می‌کرد و از درون به سیستم آسیب می‌رساند تا نیرومندتر گردد و مانند رضا خان، خواستِ در دست گرفتن توان سیاسی را داشت. به دستور او، محمد دفتری در سرپرستی دژبان گروهی را برای کارهای کوماندویی، ترور، تظاهرات و جلوگیری از تظاهرات برای بهره‌برداری سیاسی پدید آورده بود.(پنج ترور تاریخی راه‌گشای صدارت مصدق- مهدی‌شمشیری- ص۳۲۷) دسیسه ترور رزم‌آرای مقام‌پرست، گام دویم در خودرأی کردن شاه بود تا از رخداد شاه و یا رئیس جمهور شدن رزم‌آرا، مانند رضاخان سردار سپه در زمان احمد شاه، پیش‌گیری شود.

از سوی دیگر نیاز به نفت و همالش کشورهای اروپایی و آمریکا با شوروی، دخالت کشورهای نیرومند در سیاست ایران را هر روز بیشتر می نمود. شوربختانه سیاستمداران ایرانی این دوره نیز بجای تکیه به نیروهای خودی، به نیروهای نیرومند بیرونی وابسته و یا چشمداشت کمک از آنها داشتند و پیرامون دادن امتیاز نفت به این و آن دولت بیرونی باهم چانه می‌زدند و جستارهایشان بیشتر نمایش بود تا پدافند از سود مردم ایران. یکی از معرکه گیران این نمایش نفت محمد مصدق بود که کشور را به ورشکستگی تنها برای پیشبرد سود سیاسی خود رسانید.

پرورش خودکامگی

کوتاه، بازی‌ای که سیاستمداران با ترور در ایران کردند واز آن شمار، تیراندازی به شاه، صدمه بزرگی به پرورش مردم‌سالاری در ایران زد. برای همین بود که مظفر بقایی در کرمان در سخنرانی و ارزیابی‌اش از آهنگ کشتن شاه گفت: " تیری که به سوی شاه رها شد، کمانه کرد و به قلب آزادی خورد. اکنون من به تهران می‌روم تا از خون خود به رگ‌های آزادی تزریق نمایم و از نابودی آن جلوگیری کنم."(پنج ترورتاریخی...– همان- ص۲٦٦) از سوی دیگر سرای ترور به سانی بود که نمایندگان دولت در زمان بازخواست از دولت آسایش جانی نداشتند و در مجلس به بست می نشستند.(پنج ترور تاریخی...– همان - ص۲٦٨) بدتر از آن، یک سرهنگ بازنشسته در زمان نخست‌وزیری رزم‌آرا در پیشگاه مجلس به گوش مهندس سید احمد رضوی، نماینده مجلس، سیلی نواخت و پس از آن برایش یک اداره نوین ساختند. (پنج ترور تاریخی...- همان- ص ۲٦۹)

شاه در زمان حکومتش با مشگلات زیادی روبرو بود. شوروی از شمال در آذربایجان و کردستان دست‌اندازی و آشوب برای جدایی راه انداخته بود و انگلستان نیز در جنوب از ناصر قشقایی و از عبدالله پسر شیخ خزعل برای قیام و آشوب سود می‌برد و می خواست فارس و خوزستان را زیر نفوذ خود درآورد. (پنج ترور تاریخی...– همان - صفحات ۲۹۵-۲۹۱) باری، پادشاه جوان و بی‌تجربه چندان نیرومند نبود و چاره نداشت مگر برای نجات ایران نخست‌وزیران نیرومند و خودخواهی مانند قوام را برای خاموش کردن فتنه بکار گیرد. ولی او از قوام، و سپس از رزم‌آرا و مصدق ترس

داشت. پاره‌ای از نخست‌وزیران نیز به نوبه خود در سر خیال فرمانروایی و نه کار برای کشور و شاید هم پادشاه و رئیس جمهور شدن داشتند. به این ترتیب در ایران فتنه بیرونی به پوشاک فتنه درونی درآمد و دوباره در داخل دستگاه حکومت "شاه شهری" بصورت نوین برقرار گردید. مصدق نیز در زمان نخست‌وزیریش بجای اینکه کارها را در نخست‌وزیری انجام دهد، کارها و دستگاه دسیسه سازی را به خانه خود برده بود و کاشانی نیز به مجلس نمی رفت و از خانه دستور می داد. ارتشیان نیز در ارتش سودای گرفتن توان سیاسی را در سر می پروراندند مانند توده‌ای‌ها، گروه ملی افشارتوس و یاران زاهدی و افسران باز نشسته.

کوتاه، در زمان نخست‌وزیری مصدق که کار نفت به بن‌بست رسیده بود، شاه می خواست مصدق را برکنار و زاهدی را جانشین او کند که آمریکایی‌ها نیز پشتیبان او بودند تا کار نفت بجایی برسد. این برکنارکردن و جایگزین نمودن نخست‌وزیر هوده (حق) شاه برابر با متمم قانون اساسی بود، ولی به دلیلی او حاضر به این کار نمی‌شد. سازمان "سیا" و "ام آی سیکس" بی تاب شدند وچون کار گفتگو پیرامون نفت به جایی نمی‌رسید می‌خواستند این کشمکش‌ها را هر چه زودتر به پایان رسانند واز افتادن ایران به دامن شوروی پیش‌گیری کنند. آنها به دنبال طرح یک دسیسه و یا کودتای کوچک ایرانی برای برکنارکردن مصدق از پست نخست‌وزیری بودند. چون آنها مشاهده نموده بودند که در ایران ترورهای سیاسی برای پیشبرد آرزوهای سیاسی به کامیابی می رسد، پس چرا آنها از این دستاویز کم‌بها بهره‌مند نشوند؟. در گذشته نه چندان دور مصدق، آیت‌الله کاشانی، رزم‌آرا، حزب توده و فداییان اسلام همه این دستاویز را ماکیاولیست‌وار بکار برده بودند. بهترین نامزد برای پاسخ به این چیستان سرتیپ افشارتوس سرکرده با نفوذ شهربانی دولت مصدق بود.

این کشتار و خودکامگی مصدق و فراردادن شاه و کودتای ۲۵ امرداد و رخداد ۲۸ امرداد گام سیوم در خود رای کردن شاه و سیستم حکومتی در ایران بود.

حال ببینیم نیروهای در صحنه داخلی در آن زمان چگونه بودند:

۱. حزب توده که خود را پشتیبان"اردوگاه جهانی سوسیالیزم" می دانست و در ارتش نفوذ داشت و کادر مخفی داشت و می خواست حکومت پهلوی را براندازد و ایران را پاره کند و نیمی را به روسیه بدهد. همکاری آنها با حزب دموکرات پیشه‌وری در زمان ۱۳۲٤-۲۵ را فراموش نکرده بودند و اندیشه حزب توده نیز دگرگون نشده‌بود.
۲. گروه سیاسی- ارتشی زاهدی‌ها که فضل‌الله خیال نخست‌وزیری و حتی پادشاهی و یا رئیس جمهور شدن را در سر داشت و نمی خواست کسی نزدیکتر از او به شاه، توانایی پیدا نماید. او در دستگاه ارتشی رضا شاه پرورش یافته بود و با رزم‌آرا همالش داشت و در زمان رزم‌آرا با زور بازنشسته شده بود. اقبال او را رئیس شهربانی کرد که با پست رزم‌آرا برابری می‌کرد. در کابینه مصدق وزیر کشور شد و از آن بیرون رفت، و خود، خواست نخست‌وزیر شدن را پیدا نمود. او با مصدق هم‌آوردی داشت.

۳. در زمان نخست‌وزیری رزم‌آرا سه رهبری جبهه‌ی ملی مصدق، بقایی و کاشانی در کنار هم قرار داشتند و پس از مصدق، بقایی از دید رهبری در رده دویم بود. ولی در زمان کشته شدن افشارتوس این سه نیرو از هم جدا شده بودند. جبهه ملی و طرفداران مصدق خیال داشتند زاهدی و پاره‌ای از ارتشیان طرفدار شاه را از صحنه بیرون کنند و به گفته آیت‌الله کاشانی، "مصدق برای برقراری جمهوریت می‌کوشید."(مصاحبه با روزنامه المصری، کیهان ۱۷ شهریور ۱۳۳۲)

٤. مظفر بقایی و حزب زحمتکشان ملت ایران که با مصدق ناسازگاری سیاسی داشته‌اند و آن برای مصدق گران تمام شد و بقایی یکی از سرسخت‌ترین ناسازگاران با مصدق بود. در پیش از نخست‌وزیری مصدق در زمان رزم‌آرا بقایی به شدت با خودکامگی ارتشی مخالف بود که سپس این ناسازگاری با دسیسه‌های زاهدی‌ها نیز دنباله داشت و گویای مخالفت او با خودکامگی بود. او از شاه طرفداری می کرد.

٥. مردمِ طرفدار شاه، بخشی از مجلس و ارتش که زیر فرمان شاه بودند.

٦. کاشانی بین بازار و اصناف ریشه و نفوذ داشت وبرای همین بود که در هنگام بازگشتش به ایران از لبنان مصدق به پیشوازش رفت. ولی رفته رفته بین کاشانی و مصدق ناسازگاری پیش آمد و او از مصدق دور شد. طرفداران آیت‌الله کاشانی که با مصدق به سبب رکود اقتصادی و بی احترامی که به کاشانی به دست محمد دفتری و تبعید کاشانی به لبنان شده بود را فراموش نکرده بودند و کمبود آزادی و برقراری آزارِ مردمی که برای سخنرانی به منزل او می‌رفتند، در زمان نخست‌وزیری مصدق مشکل بیشتری با او پیدا نموده بودند و به زاهدی نزدیکتر گردیده بودند. در هنگام بست نشستن زاهدی در مجلس پس از کشته شدن افشارتوس، کاشانی از زاهدی دیدار نمود. برای آزار اوباشان پشتیبان مصدق بود که کاشانی نیز گروه لباس شخصی‌های سنتی آیت‌اللهی خود را پدید آورد. پاره‌ای ازاین لمپن‌ها و گروه فدائیان اسلام پیش از آن به دستور کاشانی برای مصدق کوشش می کردند و پاره‌ای از آنها در ۱۵ خرداد ٤۲ و پس از آن برای خمینی کوشش می نمودند. آنها کبوتران شاه‌دانه خورده ملایان بودند که در بین نیروهای "مذهبی –ملی" به دستور کاشانی و زمانی با دور بودن کاشانی به دستور مصدق کوشا بودند. فراموش‌نکنیم که در زمان نخست‌وزیری رزم‌آرا نیز محمد دفتری از لومپن‌هایی مانند مصطفی پادگان که به نام "مصطفی دیوانه" شناخته می شود و یا سربازانی که به پوشاک پاسبانی درآمده بودند برای سرکوب و خراب کردن دستگاه چاپ روزنامه شاهد استفاده می کرد. بقایی نیز برای پدافند از خود و روزنامه شاهد به نواب صفوی که در این هنگام در گزینش جبهه‌ی ملی بوده برای کمک پیام می‌داد.

۷. بازار با سیاست‌های اقتصادی مصدق ناسازگار بود. روزنامه شاهد در آن زمان نوشت مصدق بدون اجازه مجلس، " چهارصد میلیون تومان اسکناس محرمانه به جریان گذاشته و نرخ ارز را مطابق مصالح تجارتی انگلستان تغییر داده است به طوری که در شرایط فعلی صادرات از ایران به انگلستان صرف نمی کند ولی واردات از انگلستان به ایران با صرفه‌تر از واردات از

سایر ممالک شده است." (روزنامه شاهد- ش.۱۰۱۱- ۱۳۳۲/۵/۲۲) پاره‌ای از سرمایه‌داران و زمین‌داران برای ندادن مالیات طرفدار مصدق شده بودند.

کشتن افشار توس

طرح کشتار افشار توس یک برنامه سیاسی جنسی است که با همکاری چند گروه پیاده گردید که در پیگرد آن، گناه‌ها را با برنامه برای ناتوان کردن مظفر بقایی و دوستان او به گردن او انداختند که هم زاهدی‌ها و هم مصدق با آنها مشگل و هم‌آوردی داشتند. مصدق که با افشار توس رابطه خوبی نداشت ولی پس از مرگ او خود را پشتیبان افشارتوس وانمود کرد و گناه را به گردن بقایی و زاهدی‌ها انداخت تا از هر دو انتقام گیرد. ولی دیری نپایید که با این ترور و تبلیغات سوء، مصدق نتوانست دوام بیاورد و برخلاف تصورش که مانند زمان ترور رزم‌آرا که پس از آن نخست‌وزیر شد، می پنداشت که توانایی‌اش پس از ترور افشارتوس بیشتر خواهد شد ولی چنین نگردید. آن اتحادی که با کاشانی و بازاریان برقرار کرده بود از هم پاشیده گردید و کاشانی به زاهدی نزدیکتر گردید و همکاری‌اش با نیروهای طرفدار شاه بیشتر شد. بقایی و حزب او از مصدق بیشتر دور شدند و برچسب‌های ناروای او را هرگز فراموش ننمودند. حزب توده نیز به سبب نگرفت امتیاز نفت برای شوروی نیز با مصدق سر ستیز بلند کرده بود واز نزدیک شدن مصدق به آمریکا نگران بود. بنابراین سرنگون شدن حکومت مصدق دیر یا زود پرهیز ناپذیر بود.

با شکست دسیسه ترورافشارتوس برای برکنار کردن مصدق از نخست‌وزیری، در بن‌بست بودن کار سیاست و اقتصاد داخلی در ایران و قطع امید آمریکا و انگلیس برای گفتگو پیرامون پیمان نفت با دولت مصدق، راه را برای کودتایی بزرگتر باز نمود. از سوی دیگر رشد کمونیزم و به خطر انداختن منابع نفتی در خاور میانه، امریکا را در شرایط بهتری پس از جنگ جهانی دویم قرار داده بود تا مستقیم در سیاست در خاورمیانه دخالت کند. کودتا با همکاری انگلیس و آمریکا در ۲۵ امرداد علیه مصدق آغاز گردید و اگرچه او پیروز بیرون آمد ولی مردم ایران از این آشوب خسته شده و نیروهای پشتیبان او ناتوان گردیده و بهمین سبب حکومت او خیلی آسان با رخداد ۲۸ امرداد سرنگون گردید. پشتیبانان مصدق این رخداد را چنین ارزیابی می کنند که یک مشت روسپی و لات و به گفته کرمت روزولت جاسوس که یک میلیون دلار در اختیار داشته ولی تنها ۷۵,۰۰۰ دلار از آن را بکار برده بود، مصدق را از مسند توانایی به زیر کشیدند. اگر این ارزیابی شیفتگان مصدق را بپذیریم، چهره سیاسی واقعی او بیشتر رسوا می شود. باید پرسید که این چه رهبری ملی و توده‌ای و دوست داشتنی‌ای بوده که چند روسپی و چند لات که یکی از آنها "مخ" هم نداشته و با ۷۵۰۰۰ دلار می توانند او را از سرای سیاست بیرون کنند! پس نیروی ارتشی حزب توده و پشتیبان "اردوگاه سوسیالیزم" و نیروهای "ملی ارتشی" کجا بودند. آیا در هنگامی که شکست پرهیز ناپذیر بود، مصدق بهتر ندید که بازی سیاست را به نزدیکان خود ببازد که در اردوگاه زاهدی بودند تا به توده‌ای‌ها که در بین آنها پشتیبانان شوروی نیز لانه کرده بودند؟ اگر توده‌ای‌ها پیروز می گشتند بدون چون و چرا سر مصدق بر گردن دار بود. ولی توده‌ای‌ها با دستورهای آمده از سوی انگلیس در میدان نبودند. بگفته کیانوری جاسوس،

مصدق از آنها برای پیشی گرفتن از رخداد کمک نخواسته است!؟

نوشته مهدی شمشیری موشکافانه و با دیدی نوین نگارش گردیده و گام به گام این بازی سیاست بین جناح‌ها را پیروی می کند و دست اندرکاران راستین را نشان می دهد. در این پژوهش موشکافانه خواننده با چهره راستین مصدق در این دوره آشنا می‌گردد و درمی‌یابد که این رهبر "ملی" چگونه دروغ می گوید، عوام فریبی می‌کند، سوءظن دارد، هوچیگری می‌کند، برچسب می‌زند، عصبانی می‌شود، گریه مصلحتی می‌کند، به مجلس توهین می‌کند، و غیر مردم‌سالارانه و خودکامه‌گرایانه رفتار می‌نماید و کسانی را در کار سیاست پیرامون خود بر مسند کار نگه می‌دارد که جاسوس بوده‌اند مانند متین دفتری، بیات و دیگران. کوتاه کارهایی را انجام می‌دهد که با پاره‌ای از کارهای رزم‌آرا شبیه بوده است. بقایی در مورد رزم‌آرا می‌گوید، " طینتی بسیار بی‌رحم و سنگدل دارد و به کمال درجه قسی‌القلب است."(پنج ترور تاریخی...– همان - ص۲۷٤) کوتاه، باید به تبار آینده دوباره اندرز لقمان را به آنها گوش زد نمود. "لقمان را گفتند: ادب از که آموختی؟ گفت: از بی ادبان، که هر چه از ایشان در نظرم ناپسند آمد، از فعل آن پرهیز کردم". خواندن این کتاب را به همه دوستداران پژوهش در سرگذشت ایران سفارش می کنم تا بی‌خودی از آدم‌هایی که نمی شناسیم قهرمان نسازیم.

اسرار مستند قتل سرتیپ محمود افشارطوس

فهرست مطالب

عنوان — شماره صفحه

پیشگفتار - نوشته دکتر مهدی خردمند پارسی...... i

چکیده‌ای از نوشته‌های این کتاب

افشارطوس که بود؟ و چه کسانی و چگونه
در ربودن و کشتن او دست داشتند؟ ۱۵
- آمران اصلی جنایت ۱۹
- واسطه‌های اصلی جنایت...... ۱۹
- مجریان جنایت ۱۹
- شرکت سرگرد نادری در جنایت و
کارگردانی برنامه‌ی افشارطوس دروغی...... ۱۹
- برنامه‌ریزی مصدق برای پس از ربودن افشارطوس...... ۲۳
الف – برکنار کردن طرفداران شاه و مخالفان
خود از سمت‌های مهم انتظامی و قضایی ۲۳
ب – ترفیع درجه‌ی سرگرد نادری به سرهنگی
و انتصاب او به ریاست اداره کارآگاهی (و آگاهی)...... ۲٤
ج – انتصاب یکی از ایادی سرلشکر زاهدی
به سمت فرماندار نظامی ۲۵
د – انتصاب دو نفر از ایادی سرلشکر زاهدی
به سمتهای بازپرس و دادیار ناظر ۲۵

بخش نخست

ربودن افشارطوس، گوشه‌ای از برنامه‌ی سرنگونی محمد مصدق توسط آمریکا و انگلیس

ربودن افشارطوس، گوشه‌ای از برنامه‌ی سرنگونی محمد مصدق
توسط آمریکا و انگلیس...... ۲۸
(۱) - اخباری موثق از اسناد رسمی .C.I.A و وزارت امور خارجه‌ی
آمریکا تا پیش از تصمیم به ربودن افشارطوس ۲۸
- الف- بازگوشده از گزارش رسمی .C. I. A درباره‌ی رخداد
۱۹ آگوست ۱۹۵۳ (۲۸ امرداد ۱۳۳۲)...... ۲۸

- ب - بازگوشده از جلد ۱۰ مجموعه اسناد محرمانه‌ی وزارت
امور خارجه آمریکا مربوط به سال‌های۱۹۵۴ـ ۱۹۵۱ ....۳۱
۱ ـ سوم اسفند ۱۳۳۱ (۲۲ فوریه ۱۹۵۳)
(۵۷ روز پیش از ربودن افشارطوس) ۳۱
۲ ـ یازدهم فروردین ۱۳۳۲ (۳۱ مارچ ۱۹۵۳)
(۲۰ روز پیش از ربودن افشارطوس) ۳۲
۳ ـ ۲۶ فروردین ۱۳۳۲ (۱۵ آپریل ۱۹۵۳)
(۵ روز پیش از ربوده شدن افشارطوس) ۳۵
اظهارنظر درباره‌ی اسناد محرمانه‌ی بالا ۳۸
نتیجه‌گیری‌های قطعی و غیرقابل تردید.................۴۰
ربودن افشارطوس به منظور جرأت‌بخشی به شاه وآیت‌الله کاشانی
جهت شرکت در برنامه‌ی سرنگونی مصدق ۴۱
ایجاد ناامنی‌های دیگر ۴۲
الف- خبر نخست - (از زبان مدیر روزنامه اطلاعات)...۴۲
ب- خبر دوم - اغتشاش در شیراز.....................۴۳
ج- خبر سوم - اغتشاش در دزفول ۴۳
د - خبر چهارم - طغیان ابوالقاسم بختیاری ۴۴
استفاده از رعب و وحشت‌های دولتی ۴۵
قسمتی از سخنان آیت‌الله کاشانی در جلسه‌ی
ملاقات هفتگی با نمایندگان مجلس شورای ملی ۴۶
سخنی معترضه ـ محو اسناد مربوط به ربودن و قتل افشارطوس
از مجموعه‌ی اسناد وزارت امور خارجه آمریکا...............۴۷
گمانه‌زنی راجع به دلیل حذف اسناد مربوط به
افشارطوس از مجموعهٔ اسناد وزارت امورخارجه آمریکا..............۵۲
(۱) - مطالبی بازگوشده از اعترافات رئیس MI٦
(سازمان جاسوسی انگلیس) در ایران
و فرمانده عملیات چکمه.......................................۵۳
(۲)- از زبان جاسوسان MI٦ و یا بازگوشده از منابع انگلیسی
درباره‌ی شرکت در توطئه ربودن افشارطوس ۵۹
(الف)- افشاگری در کانال ٤ تلویزیون وابسته به بی.بی.سی....۵۹
(ب)- شرح مندرج در روزنامه انگلیسی OBSERVER...........۵۹
(ج)- به گفته‌ی اسدالله، یکی از برادران رشیدیان
(جاسوسان مسلم انگلیس)..................................٦۱
(د)- از زبان مارک گازیوروسکی، استاد علوم سیاسی...........٦٤
(هـ)- بازگوشده از کتاب بازی قدرت، نوشته‌ی
لئونارد موزلی و محمود طلوعی..............................٦۵
(و)- بازگوشده از کتاب نقش انگلیس در
کودتای ۲۸ امرداد ۱۳۳۲ ....٦٦

بخش دوم
بدگمانی مصدق نسبت به افشارطوس و بعضی از انگیزه‌های آن

بدگمانی مصدق نسبت به افشارطوس و بعضی از انگیزه‌های آن ٦٧
پیشگفتار نخست ٦٧
بعضی از خصوصیّات ویژه مصدق از نظروزیردادگستری‌اش:
عصبانی، بی‌گذشت و بی‌اندازه سوءظنی! ٦٧
پیشگفتار دوم ٦٨
بزرگترین اشتباه مصدق، بازنشسته‌کردن افسران ارشد و
شاه‌دوست به اتهام نادرستی و فساد ٦٨
- تشکیل سازمان " فدائیان ارتش و شاه " ٦٩
- سازمان گروه ملی (افسران) ٧٠
- انحلال سازمان گروه ملی ٧٣
- انگیزه‌ی اصلی مصدق به ادامه ندادن
برنامه‌ی بازنشسته کردن افسران ٧٤
نخستین بدگمانی مصدق نسبت به افشارطوس ٧٧
یک بدگمانی دیگر ٧٨
رخدادهایی در ارتباط با این بدگمانی در
روزهای پیش و پس از قتل افشارطوس. ٧٨
- شش روز پیش از قتل ٧٨
- پنج روز پیش از قتل ٧٨
- مطلبی معترضه از زبان رئیس سازمان جاسوسی MI٦
(بی‌گمان) در ارتباط با خبر بالا ٧٩
- سه روز پس از قتل ٨١
- شانزده روز پس از قتل ٨٢
- هفده روز پس از قتل ٨٣
- سی و هفت روز پس از قتل ٨٤
آگاهی‌هایی درباره‌ی حسین ذبیح‌پور ٨٥
استعفای افشارطوس چند روز پیش از ربوده‌شدن و قتل ٨٨

بخش سوم
جاسوسان دوجانبه و چندجانبه

جاسوسان دوجانبه و چندجانبه ٨٩
اول - سرتیپ محمد دفتری، مار دست‌آموز مصدق
در آستین شاه، رزم‌آرا و زاهدی ٨٩
پله نخست- سوءقصد به جان شاه ٩١

پیشگفتار ۹۱
الف- گرفتن فتوا از آیت‌الله کاشانی برای فدائیان اسلام
جهت اطاعت از مصدق ۹٤
ب- وادارکردن دکتر بقائی به دعوت از مصدق
برای رهبری نهضت ملی ایران ۹٤
پله دوم- ترور هژیر ۹۵
پیگیری رویدادها از ورود مجدد مصدق
به صحنه سیاست، در مسیر زمان ۹۵
- توافق محرمانه‌ی مصدق و سه نفر اقلیت
دوره پانزدهم با عبدالحسین هژیر ۹۵
- شکست توافق محرمانه‌ی مصدق با هژیر و
کوشش زیان‌دیدگان جهت جبران آن ۹٦
- اقدامات هژیر، وزیر دربار، جهت
جبران فریب‌خوردگی خود ۹۷
- تیراندازی به هژیر و قتل او ۹۷
اقدامات پس از قتل هژیر ۹۷
- حرمت‌دهی بی‌سابقه و غیرقانونی نسبت
به محمد مصدق و خفت‌دهی بی‌دلیل و شگفت‌آور
نسبت به دکتر مظفر بقائی ۹۷
- اقدامات خلاف قانون و غیرعادی
در ۳٤ ساعت درپی تیراندازی به هژیر،
نسبت به سید حسین امامی.. ۹۸
بزرگترین نتیجه‌ی قتل هژیر
پیروزی مصدق و هواداران او ۱۰۲
پله سوم- ترور حاجیعلی رزم‌آرا ۱۰۲
- مسیر نخست ۱۰۳
- مسیر دوم ۱۰۳
- نقش کارساز سرتیپ محمد دفتری در هر دو مسیر.............. ۱۰٤
- در مسیر نخست ۱۰٤
- در مسیر دوم ۱۰٤
قاتلان رزم‌آرا همان محافظان او بودند! ۱۰۵
گزارش پزشکی قانونی دلیلی قاطع و غیرقابل
انکار بر جنایت محافظان رزم‌آرا........................ ۱۰٦
تصویر محل‌های ورود و
خروج گلوله‌ها در بدن سپهبد حاجیعلی رزم‌آرا......... ۱۰۹
تصویر واقعی از جسد رزم‌آرا در بیمارستان ۱۱۰
نمودار طراحان و مجریان اصلی دو توطئه ۱۱۱
فرار سرتیپ دفتری به اروپا ۱۱۲
احضار سرتیپ دفتری از اروپا و انتصابش
به سمت فرماندهی گارد مسلح گمرک ۱۱۲

شباهت تعزیه‌ی شیر و فضه
با داستان سرتیپ دفتری و مصدق ۱۱۶
برکناری از ریاست شهربانی کل کشور
به گمان قصد مبادرت به کودتا ۱۱۸
خبر نخست ۱۱۹
خبر دوم ۱۱۹
خبرسوم ۱۱۹
شرح بقیه‌ی دوران خدمت سرتیپ دفتری و پایان
زندگی مطرود و نکبت‌بار وی ۱۲۰
دوم و سوم - سرگرد امیرهوشنگ (قدرت‌الله) نادری
و سرهنگ حسینقلی اشرفی ۱۲۱
- مختصر شرحی در معرفی سرگرد
امیرهوشنگ (قدرت‌الله) نادری ۱۲۱
الف- سابقه ۱۲۱
ب- ارتباط با سرلشکر فضل‌الله زاهدی ۱۲۳
- مختصری درباره‌ی سرهنگ حسینقلی اشرفی ۱۲۸
تصویر سرلشکر زاهدی با سرهنگ نادری............................ ۱۲۹
چهارم - رانندگان اتومبیل ریاست کل شهربانی ۱۳۰

بخش چهارم

اقدامات مصدق برای ترساندن شاه
وعلاج واقعه پیش از وقوع

اقدامات مصدق برای ترساندن شاه وعلاج واقعه پیش از وقوع ۱۳۱
الف- ترساندن شاه از تظاهرات خشم‌آلود مردم ۱۳۱
ب- جلوگیری از پیاده‌شدن شاپورعبدالرضا از هواپیما، در تهران............................ ۱۳۲
ج- دو ملاقات حسین فاطمی با شاه و تعیین شرح دقیق وظایف شاه!............................ ۱۳۲
۱ - ملاقات نخست:
(یک روز پیش از ربودن افشارطوس)............................ ۱۳۳
۲ - ملاقات دوم: (پنج روز پس از ربودن افشارطوس) ۱۳۴
۳ - در این دو ملاقات چه گذشت؟ ۱۳۴
د- وادارکردن حسین علاء، وزیر دربار، به کناره‌گیری
از کار، برخلاف میل شاه ۱۳۵
هـ - تحمیل کفیل وزارت دربار شاهنشاهی به شاه ۱۳۶
و- نخستین اقدام کفیل وزارت دربار، وادارکردن
شاه به فرستادن ملکه ثریا به اروپا ۱۳۸

بخش پنجم
پیدا شدن فروغ خطیبی-کشانده شدن وی به توطئه تنظیم و اجرای برنامهٔ توطئه

پیدا شدن فروغ خطیبی- کشانده شدن وی به توطئه تنظیم
و اجرای برنامهٔ توطئه.. ۱۳۹
۱- شرحی کوتاه دربارهی کشاندشدن
فروغ خطیبی به توطئه ۱۳۹
۲- مأموریت محرمانهی نادری جهت آگاه ساختن
زاهدیها از داستان افشارطوس و فروغ خطیبی ۱٤۱
- مختصری در معرفی تامارای روسی
رقاصهی زیبا و مشهور وقت ۱٤۳
- اردشیر زاهدی، مشتری همیشگی و دست و دلباز
پارکهتل و مادام نلی ۱٤٤
- آماده ساختن تامارای روسی و معرفی
او به سرتیپ افشارطوس ۱٤٦
الف- آماده ساختن تامارا ۱٤٦
ب- معرفی مادام تامارا به سرتیپ افشارطوس............................ ۱٤٦
چه کسی مأمور انتخاب و استخدام عاملان جنایت بودهاست؟ ۱٤۷
الف- خاندان افشارقاسملو خویشاوندان و
دوستان بسیار نزدیک زاهدیها.. ۱٤۷
ب- مأموریت هادی افشارقاسملو
جهت انتخاب و استخدام عاملان جنایت! ۱٤۹
ج- سکوت کامل دربارهی مزد جنایت؟ ۱۵۰
تنظیم برنامهی ربودن افشارطوس
با همکاری سرگرد امیرهوشنگ نادری ۱۵۲
دستور شگفتانگیز مصدق به افشارطوس جهت گماشتن
سرگرد نادری به ریاست کارآگاهی ۱۵۳
انتصاب سرهنگ! نادری به ریاست کارآگاهی برمبنای
وصیتنامهی دروغی افشارطوس ۱۵٤
وضع افشارطوس در آخرین ساعات پیش از وقوع حادثه ۱۵٦
- برگشت افشارطوس (حقیقی) به منزل در ساعت ٤۵:۸
و بیرون رفتن با اتومبیل نادری در ساعت ۱۰ شب.................................. ۱۵۹
الف- ورود به خانه حدود ساعت ٤۵:۸ بعدازظهر.................................. ۱۵۹
ب- بیرون رفتن از خانه حدود ساعت ۱۰ شب..................................... ۱۵۹
دلیل سکوت اعضای خانواده، مهمانان، و
آگاهان دربارهی مهمانی آن شب.. ۱٦۱
تعجب از سکوت متهمان! ۱٦٤
چند دم خروس بزرگ در سه سطر از گفتار رانندهی شهربانی.......................... ۱٦٤

نقشهٔ خیابان خانقاه و اطراف آن ۱٦٦
قتل شاگرد قهوه‌خانه واقع در سه‌راه سپهسالار
(در ارتباط با افشارطوس قلابی) ۱٦۷
- خبر نخست ۱٦۸
- خبر دوم ۱٦۸
اخبار موثق دیگری درباره‌ی افشارطوس قلابی ۱٦۹
باز هم مشاهده‌ی افشارطوس قلابی در خیابان
صفی‌علیشاه در جلوی منزل سروان به‌سرشت ۱٦۹
بازگویی از دفاعیه‌ی آقای نصیری وکیل مدافع نصیر خطیبی..۱۷۰
آگاه شدن محمد مصدق از مشاهدات آقای حسین دادفر ۱۷۱
رفتن افشارطوس به منزل تامارا
به منظور عیاشی با فروغ خطیبی ۱۷۲
ربوده شدن افشارطوس از مجلس عیش
و پیش از رسیدن به وصال ۱۷٤
الف- روایت اشتباه‌آمیز ابراهیم صفائی ۱۷۵
ب- روایت رئیس ساواک ایران
در آمریکا در رژیم سابق..۱۷٦
موقعیت و وضع خانه‌ی اجاره‌ای حسین خطیبی در خیابان خانقاه..۱۷٦
- ۱۳ روز پیش از ربودن سرتیپ افشارطوس ۱۷۸
- ۱۲ روز پیش از ربودن سرتیپ افشارطوس ۱۷۹
- ۱۱ روز پیش از ربودن سرتیپ افشارطوس ۱۷۹
- ۹ روز پیش از ربودن سرتیپ افشارطوس ۱۸۰
- ٦ روز پیش از ربودن سرتیپ افشارطوس ۱۸۱
- روز ربودن سرتیپ افشارطوس ۱۸۱
بازگوشده از آخرین دفاع حسین خطیبی ۱۸۱

بخش ششم
اقدامات پس از ربودن افشارطوس

دستور بسیار مشکل‌ساز محمد مصدق ۱۸۵
- دستور بازداشت راننده‌ی شهربانی ۱۸۷
- مفقودشدن کیف دستی رئیس شهربانی ۱۸۷
- آگاه‌نساختن مقامات شهربانی از گم‌شدن رئیس شهربانی..۱۸۷
- شناسائی تامارای روسی ۱۸۸
- دستگیری و جلب تامارا پس از برکناری یوسف بهرامی..۱۸۹
- آزادی مادام تامارا و مادام نلی..۱۹۰
- گزارش‌های خبربیاران و مأموران مخفی ۱۹۱
- دستور برکناری یوسف بهرامی و سرپاس سرداری
و گماشتن سرهنگ نادری و سرهنگ سررشته..۱۹۲
اقدامات نادری و سررشته به بهانه‌ی جستجوی افشارطوس..۱۹۲

تصویر صفحه اول روزنامه باختر امروز
مورخ اول اردیبهشت ۱۳۳۲ .... ۱۹٤
دو شرح صد در صد متفاوت از
داستان کشف منزل حسین خطیبی ۱۹۵
الف- از زبان رئیس وقت اداره‌ی کارآگاهی
سرگرد (سرهنگ) امیرهوشنگ نادری ۱۹۵
ب- از نوشته‌ی رئیس وقت شعبه‌ی تجسس رکن دوم
ستاد ارتش، سرهنگ حسینقلی سررشته.. ۱۹۸
همکاری اردشیر زاهدی با پرونده‌سازان ۲۰٤
- شرح دستگیری و آزادی اردشیر زاهدی
از زبان خودش.. ۲۰۶
پرسشی مشکل! ولی با پاسخ ۲۱۰
نامه‌ی سرگشاده‌ی دکتر مظفر بقائی به آقای
دکتر محمد مصدق، نخست‌وزیر.. ۲۱۱
لایحه‌ی قانونی درباره‌ی گم شدن افشارطوس ۲۱۳
داستان ربودن و قتل افشارطوس به روایت فرمانداری نظامی ۲۱٤
خبررسانی حسین خطیبی از داخل زندان
به دکتر بقائی درباره‌ی شکنجه شدن خود ۲۱۷
شهادت شماری از شاهدان شکنجه درباره‌ی حسین خطیبی ۲۲۱
نمایش آثار شکنجه توسط یکی از متهمان ۲۲۳
اعتراف مصدق به شکنجه دادن متهمان پرونده‌ی
قتل سرتیپ افشارطوس.. ۲۲۳
اعترافات احمد باقری نوکر دکتر بقائی ۲۲۵

بخش هفتم
قتل سرتیپ افشارطوس

سرلشکر فضل‌الله زاهدی دستور دهنده‌ی قتل افشارطوس ۲۲۷
مأموران ابلاغ دستور قتل افشارطوس ۲۲۸
الف- از اعترافات سرتیپ نصرالله زاهدی ۲۲۹
ب- از اعترافات سرتیپ نصرالله بایندر ۲۲۹
ج- از اعترافات سرتیپ دکتر علی‌اکبر منزه ۲۲۹
د- از اعترافات نصرت جهان‌قاه راننده‌ی سرتیپ مزینی ۲۲۹
- تأیید اعترافات سرتیپ مزینی توسط هادی افشارقاسملو.. ۲۳۰
سرتیپ مزیّنی واسطه‌ی ابلاغ دستور قتل به قاتل (یا قاتلان).. ۲۳۰
- اعترافات سرگرد فریدون بلوچقرائی در این رابطه ۲۳۱
مروری بر بازجویی‌های یکی از متهمان سرتیپ علی‌اصغر مزیّنی.. ۲۳۲
- تجدید دومین جلسه بازجویی از سرتیپ علی‌اصغر مزیّنی ۲۳۵
دو مصاحبه‌ی مطبوعاتی با دکتر مظفر بقائی‌کرمانی و علی زُهری.. ۲۳۷
- نخستین مصاحبه ۲۳۷
- دومین مصاحبه ۲۳۹

توضیحی ضروری درباره‌ی عقاید سیاسی سرهنگ نادری.............۲۴۰
نگهداشتن سرلشکر فضل‌الله زاهدی و اردشیر زاهدی در دلهره‌ای پایدار.........۲۴۱
الف- فراخواندن سرلشکر فضل‌الله زاهدی به فرمانداری نظامی..........۲۴۲
ب- تحصن سرلشکر زاهدی در مجلس شورای ملی ۲۴۳
ج- فراخواندن مهندس اردشیر زاهدی
و مهندس علیرضا قراگزلو ۲۴۶
سخنرانی شمس قنات‌آبادی درباره‌ی قتل افشارطوس ۲۴۶
واکنش همسر سرتیپ افشارطوس
پس از آگاهی از مفقود شدن شوهرش ۲۴۷
خودداری همسر افشارطوس از رفتن به حضور محمد مصدق ۲۴۹
رشوه‌های دریافتی و درخواستی از سوی بازپرس دادسرای نظامی..............۲۵۰
شرحی کوتاه درباره‌ی نظر افشارطوس نسبت به شاه و مصدق ۲۵۳
الف- به گفته‌ی دکتر غلامحسین مصدق ۲۵۴
ب- به گفته‌ی ثریا پهلوی ملکه ایران در زمان وقوع جنایت ۲۵۵
داوری وزیر دادگستری مصدق درباره‌ی
مصدق در حضور او (در دادگاه نظامی) ۲۵۵
سودبران از قتل افشارطوس ۲۵۷
لایحه‌ی سلب مصونیت دکتر مظفر بقائی در مجلس شورای ملی ۲۵۹
- اعضای کمیسیون دادگستری مجلس شورای ملی ۲۶۰
- تعهد رئیس کمیسیون مجلس در باره‌ی لایحه‌ی سلب مصونیت....... ۲۶۰
- تعهد عضو بانفوذ کمیسیون دادگستری
درباره‌ی لایحه‌ی سلب مصونیت..........................۲۶۱
- فرستادن مدارک و پرونده به مجلس ۲۶۲
الف- فرستادن چکیده‌ای از
شرح اتهامات وارده به دکتر بقائی..........................۲۶۲
ب- فرستادن رونوشتی از اقاریر متهمان ۲۶۳
ج- درخواست اصل پرونده...........................۲۶۳
د- فرستادن (به ظاهر) رونوشت مصدق
اسناد و مدارک پرونده ۲۶۴
- آغاز مقایسه‌ی برگ‌های دو پرونده ۲۶۵
هـ- فشار دولت براعضای کمیسیون دادگستری مجلس.....................۲۶۶
و- تغییر نظر اعضای کمیسیون و اعتقاد آنان
به بیگناهی دکتر مظفر بقائی.........................۲۶۷
ز- همکاری بسیار ارزنده‌ی اکثریت نمایندگان مجلس
با دکتر مظفر بقائی ۲۶۸
استیضاح زُهری از دولت درباره‌ی شکنجه‌ی متهمان به قتل افشارطوس.......۲۶۹
خودداری دولت از پاسخگویی به استیضاح علی زُهری ۲۷۰
مهمترین دلیل مصدق برای برگزاری رفراندم جهت انحلال مجلس ۲۷۱
نشستن دستوردهندگان حقیقی جنایت به جای
پرونده‌سازان و تبرئهٔ جنایتکاران ۲۷۲

پیوست

تخصص بسیار عجیب، ناجوانمردانه و به‌راستی بی‌نظیر مصدق............. ۲۷۳
چند داستان واقعی از این تخصص عجیب ۲۷۴
نخست- داستان عجیب متهم‌ساختن کارمندان ارشد وزارت مالیه.......... ۲۷۴
- گفتاری معترضه- نیرنگ مصدق برای رسیدن
به معاونت وزارت مالیه ۲۷۴
- داستان اتهام ۲۷۶
- لغو دستورات مصدق توسط وزیر مالیه وقت ۲۷۷
دوم- داستان واردکردن اتهام سوءاستفاده به غضنفرخان
و نحوه‌ی غیرعادی درخواست سلب
مصونیت پارلمانی از وی ۲۷۸
گفتار نخست- مختصری درخصوص پیشینهٔ دشمنی
محمد مصدق با وثوق‌الدوله ۲۷۸
گفتاردوم- مختصری درباره غضنفرخان وضع وی در آن زمان.......... ۲۷۹
شرح اتهام ۲۸۰
- مصونیت پارلمانی نمایندگان مجلس شورای ملی
و موارد سلب آن از نظر قانون ۲۸۱
- درخواست غیرعادی و خلاف اصول مصدق از مجلس ۲۸۱
- بی‌گناه‌شناختن غضنفرخان به‌عنوان تصحیح اشتباه! ۲۸۴
سوم- داستان عجیب متهم‌ساختن فروغی به اتهامات دروغی ۲۸۴
الف- دلایل شخصی ۲۸۵
۱ – جلوگیری از فارغ‌التحصیل شدن مصدق از مدرسه سیاسی......... ۲۸۵
۲ – صدور رأی بر ضد مصدق ۲۸۶
ب- دلیل سیاسی ۲۸۶
- کمک فروغی به تثبیت و تحکیم موقعیت رضا شاه ۲۸۶
اتهامات بزرگ و بسیار ناجوانمردانه بر ضد محمدعلی فروغی ۲۸۸
الف- اتهام نخست ۲۸۹
ب- اتهام دوم ۲۸۹
- توضیحات مربوط به دو اتهام ناجوانمردانه‌ی بالا.................. ۲۹۱
- نخستین اتهام ناجوانمردانه ۲۹۱
- شرح دومین اتهام ناجوانمردانه.................................. ۲۹۱
- هدف خیانت‌آمیز مصدق از واردساختن این اتهام ۲۹۲
چهارم- داستان درخواست غیرعادی مصدق
درباره رسیدگی به اتهامات تدیّن ۲۹۳
پیشگفتار ۲۹۳
درخواست غیرعادی و خلاف قانون مصدق ۲۹۵
پنجم- اتهام میلیون‌ها دزدی به رزم‌آرا و
درخواست غیرعادی جهت رسیدگی به آن اتهام ۲۹۸
ششم- بازداشت سرلشکر حجازی و چند نفر دیگر به اتهام توطئه ۲۹۹

اسرار مستند قتل سرتیپ محمود افشارطوس

چکیده‌ای از
نوشته‌های این کتاب

افشارطوس که بود؟ و چه کسانی و
چگونه در ربودن و کشتن او دست داشتند؟

متجاوز از نیم قرن از جنایت ربودن **سرتیپ محمود افشارطوس** که گویا پس از شکنجه‌های وحشتناک، به قتل او منجر گردیده‌است، می‌گذرد. با توجه به اسنادی که در بیست سال اخیر از منابع خارجی به‌ویژه از سوی جاسوسان انگلیسی و یا از زبان آنان انتشار یافته، تردیدی باقی نمانده‌است که طرح و اجرای توطئه مربوط به آن جنایت را سازمان جاسوسی انگلیس، به نام *MI٦* ، در اواسط سال ۱۳۳۱ش. (اوایل نیمه دوم ۱۹۵۲م.) آغاز کرده بوده و **برادران رشیدیان** (اعضای ارشد ایرانی آن سازمان) در اجرای آن نقش اصلی را به‌عهده داشته‌اند.

این سازمان ابتدا به تنهایی توطئه‌های بی‌نتیجه‌ای را زیر نام عملیات چکمه *(Operation Boot)*، به منظور سرنگونی دولت **محمد مصدق**، به انجام رسانده و سپس با همکاری سازمان جاسوسی آمریکا *(C.I.A.)* برنامه‌ی دیگری را به نام عملیات آژاکس *(Operation Ajax)* به همان منظور طرح‌ریزی کرده و به‌صورت مشترک به اجرا درآورده‌اند.

کوتاه سخن اینکه، برنامه‌ی ربودن **سرتیپ محمود افشارطوس** یک گام بلند از یک سلسله عملیاتی را تشکیل می‌داده که دو سازمان جاسوسی آمریکا و انگلیس، یعنی CIA و MI ٦ ، **برای سرنگونی دولت محمد مصدق و انتصاب سرلشکر زاهدی به جای او**، تنظیم کرده بوده و در آن زمان در حال اجرای آن بوده‌اند.

بدیهی است هریک از این دو سازمان جاسوسی، یک دولت مقتدر را نیز در پشت سر داشته که از عملیات مزبور حمایت میکرده و ایادی مخفی خود را در جهت اجرای آنها به فعالیّت گماشته بوده‌اند.

در آن زمان، آن عده از ایادی این دو سازمان که به دربار راه داشته‌اند، همسو با حسین علاء، وزیر وقت دربار، تمام کوشش و فعالیّت خود را در این مسیر قرار داده‌بوده‌اند که محمد رضا شاه پهلوی را به صدور فرمان برکناری مصدق، از نخست‌وزیری، وادار سازند.

در اینجا لازم به یادآوری میداند که به موجب اصل چهل و ششم قانون اساسی مشروطیّت مقرر شده بود که:

" اصل و نصب وزراء به موجب فرمان همایون پادشاه است. "

ولی چون **محمد مصدق** عقیده داشته است که پادشاه تنها در دوران فترت و در غیاب مجلس شورای ملّی حق برکناری نخست‌وزیر را دارا میباشد لذا با اینکه، صدور فرمان برکناری نخست‌وزیر، در طول مشروطیّت، چه در دوران فترت و چه در ایّام حضور مجلس شورای ملی، سابقه داشته است، ولی در آن وقت، **محمد رضا شاه پهلوی** مایل نبوده است که با حضور مجلس شورای ملی به صدور فرمان برکناری **مصدق**، از نخست‌وزیری، مبادرت نماید.

به همین جهت این **پادشاه**، تا پیش از اعلام انحلال مجلس توسط دولت، با پایداری در برابر فشارهای روزافزون سیاسی درباریان و سیاستمداران داخلی و خارجی حاضر به صدور فرمان برکناری **مصدق** نشده است.

در این شرایط، ایادی دو سازمان و سایر علاقه‌مندان به نخست‌وزیری **سرلشکر زاهدی**، به ویژه خود او وپسرش، **اردشیر خان**، برای وادار کردن **شاه** به صدور فرمان برکناری **مصدق**، به هر نیرنگی که به عقلشان میرسیده است دست زده‌اند، از جمله اینکه **اشرف پهلوی** را که گمان میکرده‌اند در برادرش نفوذ دارد در تاریخ سوم مرداد ۱۳۳۲، بدون آگاهی قبلی، از اروپا به ایران آورده‌اند، اما با عکس‌العمل شدید **شاه** مواجه شده‌اند و **شاه** بدون اینکه حاضر به ملاقات با وی بشود دو روز بعد او را به اروپا برگردانده است.

در ضمن، هم‌اکنون به روشنی می‌توان دریافت که نخست‌وزیر وقت، **محمد مصدق**، در تمام این مدت از ریزبه‌ریز فعالیت‌ها و اقدامات این مخالفان و دست‌اندرکاران در این توطئه‌ها، و حتی پیشنهادات و اظهارات هر یک از آنان در جلساتی که تشکیل می‌داده‌اند، به طور کامل آگاهی داشته و در هر زمان پیش از مبادرت به اجرای هر توطئه، با انجام اقداماتی حساب‌شده و بسیار دقیق، به نحوی آن را خنثی می‌کرده و یا مسیر اجرای آن را منحرف می‌ساخته‌است. به نحوی که از یک سو به نتایجی بسیار ارزنده در جهت تقویت دولت می‌رسیده و از سوی دیگر نتایجی بسیار زیانبار برای مخالفان دولت، از جمله **شاه** و درباریان، به بار می‌آورده‌است.

در هر حال، همان طور که گفته شد، هدف مهم و مشترک در اکثر توطئه‌های سیاسی آن ایّام، رساندن **فضل‌الله زاهدی** (سرلشکر بازنشسته‌ی آن زمان و سپهبد آتی) به نخست‌وزیری بوده که **محمد رضا شاه پهلوی** نسبت به او نظر چندان مساعدی نداشته است.

اما شگفت‌آور این است که از سوی دولت **مصدق**، درجهت رویاروئی با آن توطئه‌ها، فقط به تبلیغات شدید و گسترده بر ضد **سرلشکر فضل‌الله زاهدی**، به عنوان اینکه وی نوکر و گوش به فرمان سفارت انگلیس می‌باشد، بسنده شده و با اینکه همواره این شخص را تحت نظر و در دسترس خود داشته‌اند

هرگز به اقدامی جدی بر ضد وی دست نزده‌اند و **جز یک بار، و آن هم برای مدتی بسیار کوتاه،** نسبت به بازداشت او اقدامی به عمل نیاورده‌اند.

چنین به نظر می‌رسد که مقامات دولت وقت مانند یک کبوترباز حرفه‌ای و زبردست همواره **فضل‌الله زاهدی** را آزاد می‌گذاشته‌اند و از او به صورت کبوتری، به اصطلاح، پر قیچی و تحت کنترل برای کشف، گردآوری، بازداشت و نابودی کبوتران مزاحم، یعنی مخالفان بالقوه و یا فعّال دولت، بهره می‌برده‌اند.

شگفتی دیگر این است که، به طوری که خوانندگان گرامی در همین کتاب از قول **محمدعلی موحد** ملاحظه خواهند نمود:

" . . . سلسلهٔ اسناد وزارت خارجهٔ آمریکا از تاریخ ۱۵ آوریل ۱۹۵۳ [۲۶ فروردین ۱۳۳۱] به بعد قطع می‌شود تا ۸ ماه مه (۱۸ اردیبهشت)، که در این تاریخ گزارشی ناقص از لوی هندرسن آمده‌است. (از اواسط و اواخر آن را نیز حذف کرده‌اند.) اسناد حذف شده مربوط به دورانی است که توطئه قتل سرتیپ افشارطوس کشف می‌شود."

و با توجه به ماجرائی که برای نگارنده در اوایل سال ۱۹۹۱ میلادی (اواخر سال ۱۳۶۹ و اوایل سال ۱۳۷۰ خورشیدی) در آمریکا پیش آمد، و شرح آن در همین کتاب داده شده ، برای نگارنده یقین حاصل شده است که وزارت امور خارجهٔ آمریکا جلد دهم اسناد منتشر شدهٔ خود را، که مربوط به ایران بوده است، بلافاصله پس از انتشار جمع‌آوری کرده و پس از حذف اسناد مربوط به ربودن و قتل **افشارطوس** (و نیز اسناد مربوط به روز ۱۹ اوت ۱۹۵۳ ـ ۲۸ مرداد ۱۳۳۲) آن را بار دیگر منتشر ساخته است.

در هر حال، با وجود حذف اسناد مهم مربوط به ربودن و قتل **افشار طوس** از مجموعهٔ اسناد وزارت امور خارجهٔ آمریکا، و نیز با اینکه در آن زمان به علت قطع رابطهٔ سیاسی دولتهای ایران و انگلیس، مکاتبات رسمی نیز بین سفارتخانهٔ انگلیس در ایران و وزارت امور خارجهٔ آن رد و بدل نمی‌شده است، باز هم ما از همان باقیماندهٔ اسناد محرمانه موجود به هدف اصلی از ربودن **سرتیپ افشارطوس** و قتل وی پی‌میبریم و در می‌یابیم که در آن زمان توطئه‌گران به منظور ایجاد انگیزه و دلیل برای **محمد رضاه پهلوی** جهت برکناری **مصدق** (البته بدون آگاهی **شاه**) درحال ایجاد هرج و مرج و ناامنی در سراسر کشور بوده‌اند.

به عبارت دیگر، توطئهٔ ربودن **افشارطوس** تنها برنامه‌ای نبوده که در آن زمان در تهران به منظور ایجاد ناامنی و بی‌نظمی، توسط مأموران MI 6 و CIA، از سازمانهای جاسوسی انگلیس و آمریکا طرح‌ریزی شده و، **به منظور رساندن سرلشکر زاهدی به نخست‌وزیری**، به مرحله‌ی اجرا درآمده‌است، بلکه درست در همان روزها در شماری دیگر از شهرهای ایران از جمله: **شیراز، دزفول، ساری، چالوس، بروجرد، بهبهان، مهاباد، تبریز، شادگان** و چند نقطه‌ی دیگر نیز آشوب‌هایی رخ داده و حتی در **شیراز و دزفول** شماری مقتول و مجروح به جای گذارده بوده‌است.
و نیزاز تاریخ ۲ اسفند ۱۳۳۱، یکی از خان‌های بختیاری به نام **ابوالقاسم بختیاری، پسر امیرمفخم،** سر به شورش و طغیان برداشته و با کمک شماری از افراد مسلح ایل

بختیاری با سربازان و مأموران دولتی به جنگ و زد وخورد پرداخته و شماری افسر و سرباز را کشته بوده‌است.

خصوصیّت ویژه‌ای که جنایت مورد بحث داشته آن بوده که آن را خود **سرلشکر زاهدی** (رئیس وقت کانون افسران بازنشسته و تنها کاندیدای نخست‌وزیری از سوی آمریکا و انگلیس) و پسرش (**اردشیر زاهدی**)، توسط چند نفر سرتیپ بازنشسته (که همگی از اعضای همان کانون و نیز از دوستان و یا بستگان نزدیک **سرلشکر زاهدی** بوده اند)، با تأیید و همکاری سازمانهای جاسوسی آن دو کشور، در جهت نخست‌وزیرشدن خود به مرحلهٔ عمل در آورده‌است.

از خوانندگان گرامی درخواست می شود که به بخشی از سند فوق سرّی شماره ٤٠٢٧ مورخ ١٥ آوریل ١٩٥٣ (٢٦ فروردین ١٣٣٢) که از سوی **هندرسن** (سفیر آمریکا درایران) به وزارت امور خارجهٔ آن کشور مخابره شده است و آخرین سند پیش از ربوده شدن **افشارطوس** می باشد، توجه فرمایند
(متن کامل این سند درین کتاب چاپ شده است.)

" ا- [حسین] علاء، وزیر دربار، امروز صبح اول وقت با من ملاقات کرد. او گفت که دیروز یک ملاقات طولانی با شاه داشته و کوشش کرده است که او را ترغیب نماید تا به اقدامی مثبت در ارتباط با اوضاع سیاسی داخلی دست بزند. اما شاه موضعی قاطع به خود گرفته و حاضر نیست که هیچ قدمی در جهت برکناری و یا تعویض مصدق بردارد، مگر اینکه مجلس به وی رأی اعتماد ندهد و یا اینکه نسبت به جانشین او ابراز تمایل نماید.

(ج)- کوشش برای وادار کردن [آیت‌الله] کاشانی، رئیس مجلس، به عمل خواهد آمد تا نامه‌ای به شاه بنویسد مبنی بر اینکه به علت اوضاع بی‌نظم و قانون که در شهر حکمفرماست و تهدیدهایی که علیه نمایندگان مجلس، علی‌رغم محافظتی که تصور می‌رفت با وجود مقررات حکومت نظامی برقرار شده باشد، صورت گرفته‌است، آنان قادر به حضور در مجلس نمی‌باشند و به اینجهت حصول اکثریت لازم غیرممکن شده‌است.
(د)- شاه اعلامیه‌ای صادر خواهد کرد و با نقل بعضی مطالب مندرج در نامهٔ کاشانی، و ابراز قدردانی خود و مردم ایران از خدماتی که مصدق در گذشته انجام داده‌است، اعلام خواهد نمود که متأسفانه مصدق زیر نفوذ مشاوران خود به اتخاذ سیاستهایی تشویق شده است که انجام وظیفه برای سازمانهای آزاد ایران را غیرممکن نموده‌است. به اینجهت به او اختیار داده شد تا به زندگی خصوصی خود برگردد و تا زمانی که مجلس بتواند به نخست‌وزیر جدید ابراز تمایل بنماید، فرماندهٔ نیروی تأمین امنیت عمومی (Director Public Security) ***که منصوب شده است نظم و قانون را برقرارسازد.***
اعلامیهٔ مزبور همچنین از همهٔ صاحبان مشاغل دولتی در ایران خواهد خواست که کماکان به انجام وظایف خود ادامه دهند و نیز به نیروهای مسلح و سازمانهای امنیتی فرمان خواهد داد که از فرماندهٔ نیروی تأمین امنیت عمومی اطاعت نمایند..."

این تلگرام ٦ روز پیش از ربودن **افشارطوس** مخابره شده بود.

آمران اصلی جنایت

صرف‌نظر از اعضای خارجی و ایرانی سازمانهای MI٦ و .C.I.A - آمران اصلی ایرانی این جنایت **سرلشکرفضل‌الله زاهدی** و پسرش **اردشیر زاهدی** بوده‌اند که با **برادران رشیدیان** از سازمان MI٦ ارتباط داشته‌اند و دستورات خود و آنان را به واسطه‌های جنایت ابلاغ می کرده‌اند.

واسطه‌های اصلی جنایت

واسطه‌های جنایت، بیشترشان افسران بازنشسته، از سرتیپ به پایین، بوده‌اند. این افسران که به اطاعت از دستورات مافوق عادت کرده بوده‌اند، دستورات صادره از سوی **سرلشکر زاهدی** را، که مستقیماً و یا توسط پسر او **(اردشیرخان)** به آنان ابلاغ می شده است، به مجریان جنایت ابلاغ می نموده‌اند.

مجریان جنایت

این مجریان بیشتر افرادی مزدور بوده‌اند که حق‌الجنایت آنان توسط **سرلشکر زاهدی** و از طریق واسطه‌ها پرداخت می شده است.

شرکت سرگرد نادری در جنایت و کارگردانی برنامه‌ی افشارطوس دروغی

سرگرد امیر هوشنگ (یا قدرت‌الله) نادری، که در متن کتاب با تفصیل بیشتری معرفی شده و نیز گوشه‌ای از اعترافات **اردشیر زاهدی** در استفاده از جاسوسی و خبربیاری‌های وی درج گردیده، تا میانه‌ی سال ۱۳۳۱ در رکن ۲ ستاد ارتش خدمت می کرده است. در آن زمان هنوز ساواک وجود نداشته و اداره‌های رکن ۲ در ستاد ارتش و کارآگاهی در شهربانی مجموعاً وظایف مربوط به ساواک را انجام می داده‌اند.

وی، در ضمن، عضویت گروه مخفی " **افسران ملی** " را داشته، یعنی به طرفداری از **مصدق** سوگند یاد کرده بوده است. ولی چون از سوی رکن ۲ مأموریّت کسب خبر از فعالیّتهای مخالفان **مصدق** را به عهده داشته، به اینجهت به اقتضای این مأموریّت به طرفداری از **شاه و دربار** تظاهر می کرده است.

پس از بازنشسته شدن ۱۳۶ نفر از افسران طرفدار **شاه**، به اتهام نادرستی و فساد، و آغاز فعالیّتهای شدید و مؤثر آنان علیه دولت و شخص **مصدق**، **سرگرد نادری** نیز ظاهراً به دلیل ارتباط با دربار و فعّالیّت‌های شاه‌دوستانه‌اش!! از رکن ۲ ستاد ارتش اخراج شده و بلاپست در اختیار ستاد ارتش قرار گرفته است.

به طوری که از کتاب خاطرات **سرهنگ سررشته** از قول رئیس وقت ستاد ارتش بازگو شده است:

*" این دو افسر [سرهنگ علوی کیا و سرگرد نادری] ارتباط محرمانه‌ای با دربار دارند. **هر دو از مخالفان حکومت ملی دکتر مصدق هستند**. یعنی در امور کارشکنی می کنند و اقدامات و اطلاعات محرمانه را به مخالفین حکومت می رسانند*

(خاطرات من- حسینقلی سررشته- صفحه ۲۱)

سرگرد نادری با شهرتی که پس از این اخراج به عنوان **یک افسر شاه‌دوست و ضد مصدق!** پیدا کرده بوده با **سرلشکر زاهدی** ارتباط یافته، در جلسات **افسران بازنشسته** شرکت می کرده و آگاهی‌هائی را که از فعّالیّتهای آنان به دست می‌آورده از طریق رئیس ستاد ارتش برای **مصدق** می فرستاده است.

با زهم در همان کتاب به نقل از **سرهنگ علی‌اکبر فهمی**، رئیس وقت آگاهی شهربانی، می خوانیم که:

''نادری پس از اخراج از رکن دوم، اتاقی را در مجاورت دفتر رئیس شهربانی کل، در طبقه‌ی دوم عمارت شهربانی، تصرف می کند و در واقع سمت مشاورت مرحوم افشارطوس را داشته است.''

(همان- صفحه ۹۸)

و این رخداد تقریباً همزمان با زندانی شدن سرلشکر **فضل‌الله زاهدی** در شهربانی بوده است.

در ایام زندانی بودن **سرلشکر زاهدی، سرگرد نادری** از افراد معدودی بوده که با پیشینه‌ی آشنایی و خدمت به وی، هر روز با او دیدار داشته، پیام‌های محرمانه‌اش را به افراد خانواده و دوستان سیاسی او می رسانده و پیام‌ها و نامه‌های آنان را برای **زاهدی** برمی گردانده است.

البته ما اکنون یقین داریم که **محمد مصدق** از مفاد این نامه‌ها و پیام‌ها، پیش از رسانده شدن به افراد خارج و یا به **زاهدی**، آگاهی می‌یافته است.

طبیعی است که این قبیل فعّالیّتهای شاهدوستانه! و صادقانه! از سوی هر دو طرف، یعنی مصدق و زاهدی بی مزد و پاداش نبوده است.

در هر حال، به طوری که شواهد نشان می دهد، **سرگرد نادری** پس از آزادی **سرلشکر زاهدی** از زندان شهربانی نیز، **با همان تظاهر به طرفداری از شاه وعلاقه‌مندی به زاهدی**، و به نحوی محرمانه، که احتمالاً فقط اردشیر **زاهدی** از آن آگاهی داشته، با **سرلشکر زاهدی** درتماس بوده و هر روز اخباری محرمانه، راست یا دروغ، که ارسالشان به تأیید **مصدق** رسیده بوده، به طور مستقیم و یا توسط **اردشیربه آگاهی سرلشکر زاهدی** می رسانده است و همچنین مأموریتهای محرمانه‌ای را که از سوی **زاهدی‌ها** به وی واگذار می شده (البته پس از آگاهی و تأیید **مصدق**) به انجام می رسانده است.

در چنین شرایطی طبیعی است که دیگر به اصطلاح روی این سه نفر (**زاهدی‌ها و نادری**) با هم باز شده بوده است، یعنی بدون خجالت از یکدیگر (**البته به بهانه‌ی علاقه‌مندی به شاه و خدمت به ایران!**) به هر عمل خلاف قانون و اخلاق مبادرت می نموده‌اند.
در همین اوضاع و احوال، **سرلشکر زاهدی** ازخبر مربوط به برنامه‌ی **افشارطوس** جهت عشقبازی با **فروغ خطیبی**، توسط همین **سرگرد نادری**، آگاهی یافته و آن خبر را در اختیار **برادران رشیدیان** (یعنی سازمان MI٦) قرار داده است.

سازمان MI٦ پس از آگاهی از این خبر و به منظور تشدید بی‌نظمی و هرج و مرج در کشور، در جهت رسیدن به هدف اصلی خویش، یعنی وادار کردن **محمد رضا شاه پهلوی** به صدور فرمان برکناری **محمد مصدق** از نخست‌وزیری و انتصاب **سرلشکر زاهدی** به جای او، برنامه‌ای دقیق تنظیم کرده است.

به موجب این برنامه قرار بوده است که یک نفر هم قد با **افشارطوس** را (احتمالاً از همان افسران بازنشسته‌ای که در بالا از آنان به عنوان واسطه‌های جنایت نام برده شد)، به شکل او گریم کنند و پس از اینکه اتومبیل شهربانی، **افشارطوس حقیقی** را در مراجعت از شهربانی در جلوی منزلش (در خیابان فروردین، مقابل دانشگاه تهران) از اتومبیل پیاده می‌نماید، در همان نزدیکی این **افشارطوس دروغی** را سوار کند و به **خیابان خانقاه** ببرد.

به طوری که شواهد متعدد نشان می‌دهد اجرا و انجام این برنامه برعهده‌ی **سرگرد نادری** قرار داشته است

با توجه به اینکه راننده‌ی اتومبیل ریاست شهربانی نیزهمان فردی بوده که در زمان ریاست شهربانی **سرلشکر زاهدی** رانندگی وی را با همان اتومبیل انجام می‌داده است و پس از آن هم در ردیف خبربیاران وی قرار داشته به این جهت وادار کردن او به شرکت در برنامه‌ی مزبور، البته با پرداخت دستمزدی قابل‌توجه، چندان دشوار نبوده است.

به ظاهر انتخاب **خیابان خانقاه** برای پیاده شدن **افشارطوس دروغی** به آن جهت بوده که **افشارطوس حقیقی**، هفته‌ی پیش از آن، در همان خیابان از اتومبیل پیاده شده و به جای نامعلومی رفته بوده است.

در هر حال، آنسان که پیداست، **سرگرد نادری** سازمان شخصی کوچکی هم خارج از اداره‌ی کارآگاهی شهربانی و موازی با آن، جهت کسب خبر از فعالیت‌های **سرلشکر زاهدی** و افسران بازنشسته برای **محمد مصدق**، به وجود آورده بوده و از چندی پیش از ربودن و قتل **افشارطوس** تا مدتی پس از آن، هر روز به دیدار **محمد مصدق** می‌رفته و به طور خصوصی با او ملاقات می‌کرده‌است.

ما هم‌اکنون تردیدی نداریم که **محمد مصدق** در این ملاقات‌های محرمانه و دو نفری با **سرهنگ امیرهوشنگ نادری**، در مورد نحوه‌ی رفتار با رُخدادهای پس از ربودن و قتل **افشارطوس** توصیه‌های لازم را به عمل می‌آورده است.

در جریان محاکمه‌ی **محمد مصدق** در دادگاه نظامی، **سرهنگ امیرهوشنگ نادری** نیز در روز ١٦ آذر ١٣٣٢، به عنوان آگاه، احضار گردیده و پرسش و پاسخ‌های زیر از جمله پرسش و پاسخ‌هایی بوده که از وی به‌عمل آمده و وی به آنها پاسخ داده است:

*" رئیس: آیا مستقیماً با آقای **دکتر مصدق** هیچ تماس داشته‌اید از لحاظ ریاست **ادارهٔ اطلاعات**؟*
***سرهنگ نادری**: برای توضیح این مطلب ناگزیرم مقدمتاً به عرض دادگاه محترم برسانم*
رئیس: جواب سؤالات را بدهید بعد به مقدمه بپردازید.
***سرهنگ نادری**: این تماس را که فرمودید مقدمه‌ای دارد اگر اجازه می‌فرمایید علت آن را عرض کنم.*
رئیس: بگویید تماس داشته‌اید یا خیر؟
***سرهنگ نادری**: بله تماس داشتم. توضیحاً عرض می‌کنم در شروع کار اینجانب در رأس کار ادارهٔ اطلاعات شهربانی، قضیهٔ **افشارطوس** اتفاق افتاد. **یعنی فردای روز مفقودشدن ایشان اینجانب متصدی ادارهٔ اطلاعات شدم**. چون موضوع از نظر دولت حائز اهمیت فوق‌العاده بود، در تمام مدت بیست و چهار ساعت اینجانب و همکارانم مشغول کار بودیم. **چون دولت هر ساعت مایل بود در جریان پیشرفت تحقیقات باشد**، برای آنکه سلسله مراتب، زمان بیشتری را اشغال ننماید، **چند بار اینجانب در معیت جناب آقای دکتر صدیقی، وزیر کشور وقت، و یا تیمسار سرتیپ مدبر، رئیس شهربانی وقت، و یا شاید تنها، خدمت جناب آقای دکتر مصدق شرفیاب شدم** و گزارش پیشرفت تحقیقات و نتایج حاصله را به عرضشان رسانیدم.*

یکی دو بار هم توسط جناب آقای لطفی برای ادای پاره‌ای توضیحات در منزل جناب آقای دکتر مصدق احضار شدم.

*این جریاناتی که به عرض رسید **در ماه اول تصدی اینجانب در ادارهٔ اطلاعات شهربانی بود. پس از آن، وقت دیگری حضور جناب آقای دکتر مصدق شرفیاب نشدم** ..."*
(مصدق در محکمهٔ نظامی- جلیل بزرگمهر- جلسهٔ بیست و پنجم- صفحات ٦١٢/٦١٣)

این **سرهنگ نادری** که به اعتراف خودش، از **فردای روز مفقودشدن سرتیپ افشارطوس متصدی اداره‌ی اطلاعات شده بود**، تا روز پیش از آن درجه‌ی **سرگردی** داشته و، به‌طوری‌که در همین کتاب ملاحظه خواهدشد، در تمام آن روز، دست کم تا ساعت ١٠ شب، با **افشارطوس** همراه بوده و در این مدت در مهمانی شام در منزل او شرکت داشته و حتی پس از مهمانی، وی را به منزل خود هم برده بوده‌است.

برنامه‌ریزی مصدق برای پس از ربودن افشارطوس

خوانندگان گرامی باید توجه داشته باشند که طراحان برنامه‌ی ربودن **افشارطوس**، بر مبنای پیش‌بینی‌های ظاهراً دقیقی که به عمل آورده بودند، نخست‌وزیر شدن **سرلشکر زاهدی** را در یکی دو روز پس از آن قطعی می‌دانستند و چون قرار بوده است که پس از نخست‌وزیر شدن **سرلشکر زاهدی**، بلافاصله **سرتیپ افشارطوس** آزاد گردد و **سرتیپ محمد دفتری نیز به سمت ریاست شهربانی و سرگرد امیرهوشنگ نادری به سمت ریاست آگاهی (و کارآگاهی) منصوب شوند**، به اینجهت هیچ یک از دست اندرکاران آن برنامه رخدادهای پس از آن و کشته شدن **افشارطوس** را پیش‌بینی نمی‌کرده‌اند.

به موجب پیش‌بینی‌های آنان، **افشارطوس** پس از آزادی، مایل به تعقیب داستان ربوده شدن خود، که داستان عشقبازی او با **فروغ خطیبی** را فاش می‌کرده، نمی‌شده است.

اما به‌طوری که در متن کتاب شرح داده شده‌است، **محمد مصدق** با آگاهی کامل از جزئیات برنامه‌ی مزبور، نخست، پیشاپیش، **شاه** را به شدت می‌ترساند و او را از اجرای برنامه‌ی مربوط به صدور فرمان برکناری‌اش منصرف می‌سازد و پس از آن نیز مسیر رویدادها را به ترتیبی تعیین می‌کند که ربایندگان **افشارطوس** به کشتن او مجبور شوند. از همه بالاتر خود او **سرگرد نادری** را (که عملاً در جنایت شرکت داشته) با **ارتقاء به درجه سرهنگی، به ریاست اداره کارآگاهی (و نیز آگاهی)** و سه نفر دیگر از ایادی **سرلشکر زاهدی** را **به سمت‌های فرماندار نظامی، بازپرس پرونده، و دادیار پرونده**، منصوب می‌کند تا هر شب در حضور آمران واقعی جنایت، یعنی **سرلشکر زاهدی** و یا پسر وی (**اردشیر زاهدی**)، تشکیل جلسه دهند و برنامه‌ی آتی را برای اعتراف‌گیری از متهمان جهت تبرئه جنایتکاران واقعی (که خود **سرهنگ نادری** در ردیف آنان بوده است) تنظیم نمایند.

شاهکار قابل توجه **مصدق** در نیرنگبازی در مورد این پرونده این بوده است که وی به صورت ظاهر هیچ دخالتی در آن پرونده سازی و انحراف مسیر تحقیقات از منزل **مادام تامارا** به منزل **حسین خطیبی** در **خیابان خانقاه** نداشته و حتی بعدها نیز در صورت کشف حقیقت امر می‌توانسته‌است بگوید که : **" من از اینکه سرگرد نادری در برنامه ربودن افشارطوس شرکت داشته آگاهی نداشتم و نمی دانستم که وی به اتفاق سایر جنایتکاران و به منظور تبرئهٔ خودشان این پرونده‌ی دروغی را تنظیم کرده‌اند!!"**

بعضی از اقدامات **مصدق** در مورد این پرونده به شرح زیر است:

الف ــ برکنار کردن طرفداران شاه و مخالفان خود از سمتهای مهم انتظامی و قضایی

محمد مصدق که پیشتر از نقشه‌ی ربوده شدن **افشارطوس** و اینکه آن نقشه شکست خواهد خورد آگاهی داشته، پیشاپیش طرفداران **شاه** و مخالفان بانفوذ خود را، که شاغل

سمت‌های مهم انتظامی و قضایی بوده‌اند و امکان داشته‌است با اقدامات مخالفت‌آمیز خود برنامه‌های ناجوانمردانه‌ی مورد نظر او را با مشکل و یا با شکست روبه‌رو سازند، از سمت‌هایشان برکنار ساخته است

به‌طور مثال، یکی از این مخالفان **سرتیپ حسین آزموده** بوده، که پس از ۲۸ مرداد ۱۳۳۲ دادستان دادگاهی شده بود که **محمد مصدق** را محاکمه می‌کرده است.

سرتیپ آزموده درست تا روز سی و یکم فروردین ۱۳۳۲، یعنی تا روزی که در شب آن **سرتیپ افشارطوس** ربوده شده است، سمت **معاونت دادستانی ارتش** را به عهده داشته و این امر را نمی‌توان تصادفی تلقی نمود که درست در همان روز از این سمت برکنار و به **ریاست اداره‌ی مهندسی ارتش** گماشته شده باشد.

اینک خبر مورد نظر:

" __انتصاب در وزارت دفاع ملی__

*آقای **سرتیپ حسین آزموده**، معاون دادستانی ارتش، به ریاست ادارهٔ مهندسی ارتش و آقای **سرهنگ ستاد رضا گوهری**، فارغ‌التحصیل دانشگاه مالی فرانسه و دانشکده حقوق تهران، به سمت معاونت دارایی ارتش منصوب شدند."*

(روزنامه اطلاعات- مورخ یکم اردیبهشت ۱۳۳۲- صفحه ۹ [انتصاب بالا در روز پیش صورت گرفته بوده‌است.])

ب ـ ترفیع درجه‌ی سرگرد نادری به سرهنگی و انتصاب او به ریاست اداره کارآگاهی (و آگاهی)

در متن کتاب، در مورد دستور شگفت‌انگیز **مصدق** به **افشارطوس** (چند ساعت پیش از ربوده شدن این شخص) جهت گماشتن فوری **سرگرد نادری** (که همان روز، به نحوی غیرعادی، به درجهٔ سرهنگی ارتقاء یافته بود) به **ریاست اداره کارآگاهی (و اداره آگاهی)** شرح کافی داده شده است.
و چون به دلائلی که در کتاب بیان گردیده امکان اجرای این دستور در آن شب میسر نشده بود، به اینجهت روز دوم پس از ربوده شدن **افشارطوس**، یعنی در تاریخ دوم اردیبهشت ۱۳۳۲، وزیر کشور، **غلامحسین صدیقی**، بر مبنای یک وصیّت‌نامه دروغین، که آن را به نام **افشارطوس** جعل کرده بودند، دستور انجام این انتصاب را داد.

ج ـ انتصاب یکی از ایادی سرلشکر زاهدی
به سمت فرماندار نظامی

پس از ربوده شدن **سرتیپ افشارطوس**، شخصی به نام **سرتیپ نصرالله مدبر**، که پیشتر سمت فرمانداری نظامی را داشته، به جای او به **ریاست شهربانی کل کشور** رسیده و شخص دیگری به نام **سرهنگ حسینقلی اشرفی**، از روز چهارشنبه دوم اردیبهشت ۱۳۳۲، به سمت فرماندار نظامی تهران منصوب شده‌است.

در متن این کتاب هم ضمن خاطرات و یا درحقیقت اعترافات **اردشیر زاهدی** می‌خوانیم که:

" ... تعدادی از مسئولان نظامی و انتظامی با ما تماس داشتند. سرهنگ نادری، رئیس اداره آگاهی (اطلاعات) شهربانی، و سرهنگ اشرفی، فرماندار نظامی دولت آقای مصدق، با من در رابطه بودند و اطلاع می‌دادند که چه می‌گذرد. "

تا اینجا ما به یقین درمی‌یابیم که **سرهنگ حسینقلی اشرفی**، **فرماندار نظامی دولت آقای مصدق**، با **زاهدی‌ها** رابطه و تماس داشته و در حقیقت خبربیار و جاسوس آنان محسوب می‌شده است.
البته ما هنوز نمی‌دانیم که نقش دقیق **سرهنگ اشرفی** در برنامه ریزی جهت ربودن **سرتیپ افشارطوس** چه بوده است، اما می‌توانیم حدس بزنیم که **محمد مصدق** از همکاری و ارتباط این شخص هم با **سرلشکر زاهدی** به خوبی آگاهی داشته و علت اصلی انتصاب وی به سمت **فرمانداری نظامی تهران** نیز این بوده استکه او هم در مورد پرونده‌ی ربودن و قتل **افشارطوس** به نحو مورد نظر **سرلشکر زاهدی** و در جهت برائت جنایت‌کاران حقیقی اقدام نماید و همچنین پرونده‌های ساخته شده توسط **سرهنگ نادری** را راجع به اتهامهای **دکتر بقائی** و **حسین خطیبی** مورد تأیید قرار دهد، که البته وی این وظایف را به خوبی به انجام رسانده است.

د ـ انتصاب دو نفر از ایادی سرلشکر زاهدی
به سمتهای بازپرس و دادیار ناظر

یکی از اولین اقدامات **سرهنگ اشرفی**، در سمت فرماندار نظامی، انتخاب و معرفی **بازپرس** و **دادیار ناظر** در مورد متهمان پرونده ربودن و کشتن **افشار طوس** بوده است. تا آنجا که شواهد موجود نشان می‌دهد، وی نیز دو نفر از ایادی **سرلشکر زاهدی** در ارتش را به اسامی **سرگرد موسی رحیمی لاریجانی**، به سمت **دادیارناظر**، و **سروان پرویز قانع**، به سمت بازپرس، برای بازپرسی از متهمان پرونده‌ی ربودن و کشتن **افشارطوس** انتخاب و معرفی نموده است.

حتی در خاطرات **اردشیر زاهدی** در مورد همکاری و رفتار صمیمانه‌ی این دو نفر با او و پدرش مختصر مطالبی به چشم می‌خورد:

۱ - **اردشیر زاهدی** ضمن شرح گوشه‌هایی از روابط خود با **سرهنگ نادری**، در زمانی که برای دستگیری وی و پدرش از سوی **دولت مصدق** جایزه تعیین شده بود، چنین گفته است:

" . . . آخرین ملاقات من با سرهنگ نادری در ماه مرداد بود. البته این بار یک ملاقات گروهی بود.
سرهنگ قرنی (سپهبد)، که پس از انقلاب رئیس ستاد ارتش شده بود و او را ترور کردند، سرهنگ رحیمی‌لاریجانی (سپهبد)، که آنوقت در فرمانداری نظامی بود، و چند افسر دیگر علاوه بر سرهنگ نادری در آن ملاقات حضور داشتند."
(خاطرات اردشیر زاهدی – جلد اول- ویراستار احمد احرار – صفحه ۱۴۸)

موسی رحیمی لاریجانی که در اردیبهشت ۱۳۳۲ با درجه **سرگردی**، به عنوان **دادیارناظر**، برای نظارت بر جریان پرونده قتل **افشار طوس** انتخاب شده بوده است در حدود سه ماه بعد، در زمانی که هنوز با همان سمت و در همان آن پرونده مأمور بوده، با درجه‌ی **سرهنگی**، در یک مهمانی‌ی محرمانه به میزبانی **اردشیر زاهدی** شرکت کرده است.
این شخص، که در زمان وقوع انقلاب اسلامی، با درجه‌ی سپهبدی! ریاست اداره‌ی یکم ستاد ارتش را به عهده داشته، جزو افسرانی بوده که همراه با ارتشبد قره‌باغی به تسلیم ارتش شاهنشاهی ایران به انقلابیون اسلامی رأی داده‌است.

۲ - با زهم همین آقای **اردشیر زاهدی** پس از شرح زندانی شدن و شکنجه دیدن خود با دستبند قپانی چنین گفته است:
" . . . باری، سرهنگ [سروان پرویز] قانع، افسر شرافتمندی[!!] که بازپرس یا دادستان فرمانداری نظامی بود، وقتی از من تحقیقات کرد و فهمید گناهی ندارم، قرار آزادی مرا صادر کرد و خودش همراه من تا باغ شهربانی آمد و من از در بالایی خارج شدم . . ."
(خاطرات اردشیر زاهدی – همان – صفحه ۱۰۱)

ظاهراً اجل مهلت نداده است که این " **سروان شرافتمند!!**" نیز مانند آن "**سرگرد شرافتمند!!**" یعنی **موسی رحیمی لاریجانی**، با پشتیبانی بی‌دریغ **اردشیرخان زاهدی**، به درجهٔ سپهبدی برسد و مانند وی به تسلیم ارتش شاهنشاهی ایران رأی بدهد.

۳ - در جایی دیگر نیز به صورت شرح‌حال، ولی درحقیقت از قول**اردشیر زاهدی** از این افسران چنین تعریف شده است:
" هر چه بود و با همه مشکلات در میان افسرانی که مسئولیت زندان‌بانی این پدر و پسر را در هر بازداشتی به عهده داشتند افسرانی هم بودند که عِرق ملی داشتند و مخصوصاً برای سرلشکر زاهدی به عنوان یک نظامی استخوان‌دار و وطن‌پرست احترام زیادی قائل بودند و امکان فرار اردشیر را همین افسران فراهم کردند. "
(روایت خاطرات اردشیر زاهدی، فرزند طوفان- نوشته‌ی منصوره پیرنیا- ویراستار: داریوش پیرنیا- صفحه ۱۳۷)

****

یک یادآوری کوچک- شرحی مختصر از شکنجه‌هایی همین **چهارنفر** نامبرده در بالا، همراه با چند نفر دیگر، با منتهای بیرحمی، نسبت به متهمان بیگناه و یا گناهکار پرونده‌ی ربودن و کشتن **افشارطوس**، برای گرفتن اعترافات نادرست، **جهت انحراف** مسیر پرونده از راه حقیقت و قانون، انجام داده بودند در این کتاب درج شده است. در اینجا برای کوتاه کردن مطلب فقط چند سطر از دفاع **حسین خطیبی** را که در روز پنجشنبه ۱٦ مهرماه ۱۳۳۲ در دادگاه متهمان آن پرونده بیان شده است بازگو می‌نماییم:" ***... کسانی که مرا در مدت چهارده روز شکنجه دادند سرهنگ نادری – سرهنگ سررشته – سروان قانع – سرگرد رحیمی – سروان فهیم – سرهنگ دوم رستگار – سرهنگ امینی – حاجی‌بابائی و فرهمند بودند . . ."***
(روزنامه اطلاعات- شنبه ۱۸ مهرماه ۱۳۳۲- صفحه ۱۰)

بخش نخست

ربودن افشارطوس،
گوشه‌ای از برنامه‌ی سرنگونی
محمد مصدق توسط آمریکا و انگلیس

(۱)- اخباری موثق از اسناد رسمی CIA و وزارت امور خارجه‌ی آمریکا تا پیش از تصمیم به ربودن افشارطوس

الف- بازگوشده از گزارش رسمی CIA درباره‌ی رخداد ۱۹ آگوست ۱۹۵۳ (۲۸ مرداد ۱۳۳۲):

" ۱ - گامهای اولیه

در ماههای نوامبر و دسامبر ۱۹۵۲ [آذر و دی ۱۳۳۱] نمایندگان سازمان جاسوسی انگلیس (اینتلیجنت سرویس) با نمایندگان بخش خاور نزدیک و آفریقا از سازمان جاسوسی آمریکا (سیا) در واشنگتن ملاقات کردند تا درمورد مبارزه مشترک و برنامه معوق مربوط به ایران به اتخاذ تصمیم بپردازند.
*در بین افرادی که از دو طرف در این مذاکرات داشته‌اند نام **کرمیت روزولت**، رئیس بخش خاور نزدیک و آفریقا به چشم می‌خورد که **بعدها نقش مهمی در اجرای برنامه سرنگون‌سازی مصدق بازی کرده‌است**.*
*این جلسات مشترک دارای برنامه یا دستور جلسه جهت مذاکرات معین و از پیش تعیین شده نبوده است ولی در ضمن این جلسات **نمایندگان اینتلیجنت سرویس پیشنهاد کرده‌اند که به یک اقدام سیاسی مشترک جهت براندازی مصدق از نخست‌وزیری مبادرت نمایند**.*
نمایندگان سی - آی - اِی در آن زمان به هیچوجه مایل به انجام هیچگونه مذاکره‌ای در این مورد نبوده‌اند و آمادگی چنین اقدامی را نداشته‌اند و تنها تعهد کرده‌اند که درمورد پیشنهاد نمایندگان اینتلیجنت سرویس بررسی‌های بیشتری به عمل آورده و بعدها درباره آن به بحث و مذاکره بپردازند.
در مارچ ۱۹۵۳ [اسفند ۱۳۳۱/ فروردین ۱۳۳۲] اداره مرکزی سی - آی - اِ در واشنگتن از مرکز عملیات خود در تهران تلگرامی دریافت داشته‌است مبنی بر اینکه ژنرال [نام این ژنرال در گزارش منتشره از سوی سی - آی - اِی حذف شده ولی به احتمال قوی وابسته‌ی نظامی انگلیس در

ایران بوده‌است] با معاون وابسته‌ی نظامی آمریکا در تهران ملاقات کرده و از او پرسیده است که: **به نظر هندرسن (سفیر آمریکا در ایران) آیا دولت آمریکا حاضر است که به طور پنهانی از یک اقدام نظامی جهت برکناری مصدق از نخست‌وزیری حمایت نماید؟**

متعاقباً جهت مذاکره درمورد این پیشنهاد جلسه‌ای در سفارتخانه آمریکا در تهران با شرکت افرادی از اداره مرکزی [سی- آی- اِی] که در آن زمان در تهران بوده‌اند و کارمندان مرکز عملیات تشکیل شده‌است.

پاسخ محتاطانه‌ای که در اداره مرکزی سی – آی – اِی تنظیم شده بود به ژنرال داده شده‌است. این پاسخ به هیچوجه تعهدی برای دولت آمریکا به وجود نمی‌آورده ولی مختصری تشویق‌آمیز بوده و تا اندازه‌ای علاقمندی دولت آمریکا را در این مورد نشان می‌داده‌است.

برمبنای این مذاکره و نشانه‌های روشن دیگری که از سوی مخالفان مصمم مصدق شکل گرفته بود و نظر به روش مخرب وبی‌پروایی مصدق، نخست‌وزیر، ژنرال والتر سمیت، معاون وزارت امور خارجه آمریکا نتیجه گرفت که دولت آمریکا دیگر نمی‌تواند دولت مصدق را تأیید نماید و یک دولت جانشین برای وی را ترجیح می‌دهد که در آن دولت هیچ فردی از جبهه ملی شرکت نداشته باشد.

این تغییر سیاست آمریکا به سازمان سی – آی – اِی ابلاغ شد و به شعبه آفریقا و خاور نزدیک آن سازمان اختیار داده شد که به بررسی عملیاتی بپردازد که به سقوط دولت **مصدق** خواهدانجامید.

وزارت خارجه آمریکا و سازمان سی – آی – اِی به طور مشترک خط مشی جدید را همراه با اختیارات عملیاتی **هندرسن** و رئیس پایگاه سی – آی – اِی مربوط به آن ابلاغ نمودند.

رئیس سی – آی – اِی در تاریخ ٤ آپریل ۱۹۵۳ [۱۵ فروردین ۱۳۳۲] [۱٦ روز پیش از ربوده شدن افشارطوس] **بودجه‌ای به مبلغ یک میلیون دلار تعیین کرد که می‌توانست توسط پایگاه، در هر راهی، در جهت سرنگونی مصدق، مصرف گردد.**

به سفیر آمریکا در ایران (**هندرسن**) و رئیس پایگاه اختیار کامل داده شد تا در هر مورد که اتفاق نظر داشته باشند بتوانند **هر مبلغ از این بودجه را بدون نیاز به کسب اجازه به مصرف برسانند.**

در تاریخ ۱٦ آپریل ۱۹۵۳ [۲۷ فروردین ۱۳۳۲] یک برنامه جامع، زیر عنوان «عوامل دخیل در سرنگونی مصدق» تکمیل گردید.

نتیجه این بررسی نشان می‌داد که **اتحادی مرکب از شاه و تیمسار زاهدی با حمایت عوامل محلی سی – آی – اِی و کمکهای مالی شانس خوبی در سرنگونی مصدق خواهد داشت.** به‌ویژه اینکه اگر این اتحاد بتواند گروه عظیمی از مردم را به خیابانها بکشاند و نیز هرگاه که شمار قابل توجهی از سربازخانه‌ها از قبول اوامر **مصدق** خودداری نمایند.

تماس بعدی با تیمسار [بی‌گمان زاهدی] برقرار گردید. اگر چه به نظر می‌رسید که انگیزه‌های وی در جهت اقدام در این امر جدی می‌باشد ولی وی برنامه‌ای منسجم در نظر نداشت و نیز در موقعیتی نبود که بتواند به اقدامی بر ضد **مصدق** مبادرت نماید.

تیمسار زاهدی که زمانی در کابینه مصدق عضویت داشته، به وضوح تنها شخصیت مهم و بارزی به‌شمار می‌رفته که به‌طور علنی با مصدق مخالفت می‌ورزیده است. به همین دلیل وی توفیق یافته بود که پیروان قابل توجهی را به دور خود جمع نماید.
پایگاه تهران در آپریل ۱۹۵۳ [فروردین/اردیبهشت ۱۳۳۲] [بیست روز از ماه آپریل در فروردین، یعنی پیش از ربوده‌شدن افشارطوس، و ده روز در اردیبهشت، یعنی پس از آن، می‌باشد.] تماسهای پنهانی خود با زاهدی را از طریق اریک پولارد، وابسته نیروی دریایی آمریکا، تجدید کرد.
به منظور اینکه ارتباط پنهانی با زاهدی به نحوی کارسازتر و مطمئن‌تر برقرار شود و نیز به دلایل امنیتی، ***پسر زاهدی، اردشیر زاهدی، به عنوان یک وسیله ارتباطی با تیمسار زاهدی در جون ۱۹۵۳ [خرداد/تیر ۱۳۳۲] انتخاب گردید.***
پس از ۲۱ جولای ۱۹۵۳ [۳۰ تیر ۱۳۳۲] ارتباط با زاهدی به صورت مستقیم درآمد "

(بازگویی و ترجمه از سایت زیر:
http://cryptome.org/iran-cia/cia-iran-pdf.htm)

نظر به اینکه متن بسیار مفصل گزارش " سی-آی- اِی " در اینترنت، به نشانی بالا، در دسترس همگان قرار دارد و نیز بیش از آنچه که در بالا ذکر شد در این کتاب مورد نیاز نمی‌باشد، نگارند، با پوزش از خوانندگان گرامی، این بازگویی و ترجمه را به همین‌جا خاتمه می‌دهد.

عبارات بسیار مهم در سندی که ذکر شد:

عبارات زیر در سند ذکر شده، بی‌آنکه نیاز به شرح و توضیح بیشتر داشته‌باشند، به خوبی نشان می‌دهند که در روزهای پیش از ربودن **افشارطوس**، در ارتباط با برنامه‌ی برکناری **محمد مصدق**، یک میلیون دلار در اختیار **هندرسن**، سفیر آمریکا در ایران، قرار گرفته بوده و نیز **سرلشکر فضل‌الله زاهدی** به‌طور قطع به عنوان جانشین **محمد مصدق** تعیین شده بوده‌است:

" رئیس سی – آی – اِی در تاریخ ۴ آپریل ۱۹۵۳ [۱۵ فروردین ۱۳۳۲] [۱۶ روز پیش از ربوده شدن افشارطوس] بودجه‌ای به مبلغ یک میلیون دلار تعیین کرد که می‌توانست توسط پایگاه، در هر راهی، در جهت سرنگونی مصدق مصرف گردد.

در تاریخ ۱۶ آپریل ۱۹۵۳ [۲۷ فروردین ۱۳۳۲] یک برنامه جامع، زیر عنوان «عوامل دخیل در سرنگونی مصدق» تکمیل گردید.
نتیجه این بررسی نشان می‌داد که اتحادی مرکب از شاه و تیمسار زاهدی با حمایت عوامل محلی سی – آی – اِی و کمکهای مالی شانس خوبی در سرنگونی مصدق خواهد داشت...

پایگاه تهران در آپریل ۱۹۵۳ [فروردین/اردیبهشت ۱۳۳۲] [بیست روز از ماه آپریل در فروردین، یعنی پیش از ربودهشدن افشارطوس، و ده روز در اردیبهشت، یعنی پس از آن، میباشد.] تماسهای پنهانی خود با زاهدی را از طریق اریک پولارد، وابسته نیروی دریایی آمریکا، تجدید کرد.

به منظور اینکه ارتباط پنهانی با زاهدی به نحوی کارسازتر و مطمئنتر برقرار شود و نیز به دلایل امنیتی، پسر زاهدی، اردشیر زاهدی، به عنوان یک وسیله ارتباطی با تیمسار زاهدی در جون ۱۹۵۳ [خرداد/تیر ۱۳۳۲] انتخاب گردید.

پس از ۲۱ جولای ۱۹۵۳ [۳۰ تیر ۱۳۳۲] ارتباط با زاهدی به صورت مستقیم درآمد...»

ب- بازگوشده از جلد ۱۰ مجموعه اسناد محرمانهی وزارت امور خارجه آمریکا مربوط به سالهای ۱۹۵٤ــ ۱۹۵۱

۱ ــ سوم اسفند ۱۳۳۱ (۲۲ فوریه ۱۹۵۳)
(۵۷ روز پیش از ربودن افشارطوس)

در بخش ٤ از سند فوق سری شماره ۳۳۳٤ مورخ ۲۲ فوریه ۱۹۵۳، **هندرسن**، سفیر آمریکا در ایران، به وزارت امور خارجه آن کشور، از زبان **حسین علاء**، وزیر دربار وقت ایران، چنین تلگراف کردهاست:

« ...
٤ ــ در نظر شاه، در این زمان [برای جانشینی مصدق] فقط دو امکان وجود دارد: تیمسار [فضلالله] زاهدی و [اللهیار] صالح، سفیرکبیر فعلی ایران در آمریکا.
ممکن است افراد دیگری هم وجود داشتهباشند.
یک اشکال این است که شاه بهطور کامل به زاهدی اعتماد ندارد. اشکال دیگر اینکه تا زمانی که صالح بتواند از واشنگتن به ایران بیاید و وظایف خود را به عهده بگیرد، مدت کوتاهی فاصله ایجاد خواهدشد.
علاء نمیدانست که آیا [باقر] کاظمی، معاون نخستوزیر، میتواند تا زمان مراجعت صالح وظایف نخستوزیری را به عهده بگیرد یا خیر؟
اشکال کار این است که اگر مصدق استعفا دهد، تمام اعضای کابینهٔ وی نیز خودبهخود برکنار خواهند گردید، به اینجهت کاظمی باید به عنوان کفیل نخستوزیر، از سوی مجلس تا مراجعت صالح تعیین گردد و در این زمان امکان ندارد که پیشاپیش بتوان مطمئن بود که مجلس چه روشی را در پیش خواهد گرفت.»

۲ ـ یازدهم فروردین ۱۳۳۲ (۳۱ مارچ ۱۹۵۳)
(۲۰ روز پیش از ربودن افشارطوس)

*" از: **هندرسن**، سفیر در ایران*
به: وزارت امور خارجه آمریکا
تهران، ۳۱ مارچ ۱۹۵۳ ـ ساعت ۱ بعدازظهر
فوق سری دارای تقدم برای مخابره
شماره ۳۸۵۳ - NOFORN [در خارج انتشار نیابد]
فقط برای ملاحظه Secretary و Byroade

۱ ـ *پس از بازگشتم از یک هفته مسافرت به اصفهان و شیراز، در تاریخ ۲۹ مارچ، پیامی از **علاء**، وزیر دربار، دریافت کردم که فوراً می‌خواهد مرا ملاقات کند. من او را صبح روز سی‌ام [مارچ] ملاقات کردم. او به مقالهٔ مندرج در مجلهٔ نیوزویک دربارهٔ ایران، مورخ ۲۳ مارچ (تلگرام شماره ۳۸۰۰ سفارت مورخ ۲٤ مارچ) اشاره کرد که به نظر او، به‌طور روشن، مطلبی غیردوستانه درمورد ایران دارد و نسبت به حسن رابطهٔ ایران و آمریکا زیانبخش می‌باشد زیرا به **شاه**، **مصدق** و **کاشانی**، سه رهبر کشور اهانت کرده است.*

من شرح دادم که دولت آمریکا مسؤل [مطالب مندرج در] مجلهٔ نیوزویک نمی‌باشد و من تردید ندارم که آن داستان تحریف شده و تغییر یافته [مندرج در آن مجله] از سوی مقامات دولتی آمریکا به آن مجله نرسیده بوده است.

۲ ـ ***علاء** گفت که مایل است راجع به جریان وقایع در ده روز گذشته اطلاعاتی به من بدهد. شکاف بین **شاه** و **مصدق** به‌قدری بزرگ است که قابل ترمیم نمی‌باشد. **مصدق** علناً علیه **شاه** فعالیت می‌نماید، او مأموران مخفی به ایالات می‌فرستد تا به تحریک احساسات ضد **شاه** بپردازند و کوشش نمایند تا با شرکت تعدادی هر چه بیشتر از سیاستمداران فرصت‌طلب جبهه‌ای نیرومند علیه **شاه** تشکیل دهند.*

***مصدق** به نحوی ناموفق، کوشش کرده‌است که **کاشانی** و **برادران ذوالفقاری** را به مخالفت با **شاه** برانگیزاند. وی به منظور آشتی کردن با **حائری‌زاده** به او پست بازرس سفارتخانه‌ها [ی ایران در خارج از کشور] را پیشنهاد کرده است. **حائری‌زاده** برای پذیرفتن این پیشنهاد وسوسه شده بوده، اما **کاشانی** وی را ترغیب نموده است که این پیشنهاد را نپذیرد. **مصدق** ظاهراً سعی می‌نماید که تظاهراتی در تعطیلات پایان هفته آینده، برای ترساندن نمایندگان مجلس ترتیب دهد تا گزارش هیأت هشت نفری، یعنی گزارشی که اختیارات و امتیازات **شاه** را محدود خواهدساخت، به تصویب برسانند.*

*درعمل، تمام عناصری که واقعاً به ثبات ایران در آینده علاقمند هستند اکنون متقاعد شده‌اند، **مگر اینکه اقدامات جدی برای سرنگونی مصدق، در آینده‌ای بسیار نزدیک، به عمل آید**، و الا آن اندازه نفوذی هم که **شاه** در حال حاضر دارد از بین خواهد رفت و نیرویی باقی نخواهدماند که قادر به*

متوقف ساختن مصدق از شروع به اجرای هر نوع پروژهٔ غیرمسؤلانه‌ای باشد که ممکن است مشاورانش پیشنهاد نمایند.

۳ - علاء گفت که در طول هفتهٔ گذشته تعدادی از سیاستمداران با او ملاقات کرده و از او خواسته‌اند که به شاه بگوید که اگر وی بیش از این اقدام درمورد مصدق را به تأخیر بیاندازد ممکن است که زمان برای نجات ایران بسیار دیر باشد. **علاء فکر می‌کرد که حق به جانب آنان است.**

اغلب این افراد عقیده داشتند که در حال حاضر ژنرال زاهدی تنها شخصی است که برای جانشینی مصدق وجود دارد. زاهدی از حمایت رهبران سیاسی، از قبیل کاشانی، حائری‌زاده، بقائی، برادران ذوالفقاری و همچنین بسیاری افراد محافظه‌کار و ارتش برخوردار می‌باشد.

مکی نیز ممکن است از او حمایت نماید. زاهدی، سه روز پیش، به‌طور محرمانه با علاء ملاقات کرده و خاطرنشان نموده است که مقام نخست‌وزیری را فقط درصورتی خواهد پذیرفت که شاه نسبت به این پذیرش از سوی او ابراز تمایل نماید و قول بدهد که از او حمایت خواهد نمود.

ژنرال [زاهدی] گفته است، مگر اینکه **شاه** علناً به مخالفت با **مصدق** برخیزد، والاّ، احتمال کمی وجود دارد که مجلس جرأت اقدام [بر ضد **مصدق**] را داشته باشد.

علاء به زاهدی گفته است که او اطمینان دارد شاه مایل به انجام اقدامی برخلاف قانون اساسی نخواهد بود و در هر نوع کودتایی [بر ضد مصدق] شرکت نخواهدکرد.

زاهدی اصرار داشته است که اگر **مصدق** با روشهای مسالمت‌آمیز سرنگون گردد، **شاه** باید در زمان تشکیل جلسهٔ مجلس (درتاریخ ۵ آپریل) مطالبی جهت محکومیت **مصدق** مبنی بر اینکه کشور را به سوی ویرانی می‌کشانده‌است، ابراز نماید.

علاء به من گفت که وی در نظر دارد برای ترغیب شاه جهت بیان چنین مطلبی کوشش نماید.

علاء گفت که او در تاریخ ۲۹ مارچ با **[آیت‌الله] بروجردی**، محترم‌ترین روحانی در ایران، ملاقات کرده است تا از نظر او نسبت به **زاهدی** باخبر گردد. این روحانی خودش را در این ماجرا وارد نکرده ولی به نظر می‌رسیده است که موافق باشد و قول داده است که بعداً **علاء** را از تصمیم خود باخبر سازد.

٤ - **علاء** گفت گروهی که علاقه‌مند به سرنگونی دولت **مصدق** هستند، از او خواسته‌اند

٥ - که از من [سفیر] بپرسد که: **«آیا دولت آمریکا هنوز از مصدق حمایت می‌کند؟»** و اگر به نظر من [سفیر] هنوز شانس خوبی برای **مصدق** وجود دارد که می‌تواند مسئلهٔ نفت را حل نماید آنان تصمیم خواهندگرفت که اتخاذ تصمیم [دربارهٔ برکناری وی] را به تأخیر بیاندازند.

٦ - من از اینکه **علاء** این سؤال را به میان کشیده است ابراز تعجب کردم. من قبلاً چند مرتبه، به وی اطلاع داده بودم که دولت آمریکا از **مصدق** یا هر شخص دیگر به عنوان نخست‌وزیر طرفداری نخواهد نمود.

خط مشی دولت آمریکا این است که تا آنجا که شرایط اجازه می‌دهد روابط دوستانهٔ خود را با هر نخست‌وزیری که فرمان از سوی **شاه** داشته باشد حفظ نماید. حفظ این چنین روابطی نباید به عنوان دلیلی تلقی شود که دولت آمریکا از یک نخست‌وزیر شخصاً حمایت می‌کند. **بعلاوه او باید درک نماید که دولت آمریکا با هیچ نوع کودتایی همراهی نخواهد کرد. اگر ایرانیان میهن‌دوست تشخیص دادند که انجام کودتا برای نجات کشورشان ضرورت دارد، آنان خودشان می‌توانند این کار را به مسؤلیت خود به انجام برسانند و نباید انتظار داشته باشند که یک نیروی خارجی در این ماجرا درگیر گردد.**
زمان آن فرا رسیده است که ایرانیان به‌جای اینکه منتظر باشند که خارجیان برایشان تصمیم بگیرند خودشان سرنوشت کشور خود را تعیین نمایند.
علاء گفت او قبلاً به آن گروه، که با وی صحبت کرده بودند، اطمینان داده بود که دولت آمریکا از **مصدق** به عنوان شخص حمایت نمی‌کند بلکه رفتارش با او صرفاً به ملاحظهٔ این است که وی نخست‌وزیر ایران می‌باشد. به هر حال، باز هم در برابر اصرار این گروه سؤال را با من در میان گذاشته است. او قول داد که مرا در جریان وقایع قرار دهد.

۷ - در گفتگوی دو هفته پیش، **علاء** به من گفته بود که **مصدق** او را قدری درمورد قصور **شاه** برای ترک کشور در ۲۸ فوریه سرزنش کرده و اصرار داشته است که **کاظمی** وزیر فعلی دارایی را، که از نظر ضدخارجی بودن شهرت بسیار بدی دارد، جانشین **علاء**، وزیر دربار، کند. **شاه**، به هر حال، از موافقت با این تغییر امتناع نموده است.
علاء امروز صبح گفت که اکنون **مصدق** درخواست می‌کند که **معظمی**، نمایندهٔ ملی‌گرای مجلس به‌جای او تعیین گردد.

۸ - نظرات **علاء** معمولاً منعکس‌کنندهٔ نظرات **شاه** می‌باشد. اگر هم‌اکنون نیز چنین باشد، **این اولین بار است که دربار واقعاً به کاندیدا بودن زاهدی با نظر مساعد توجه کرده است.** به هر حال، با داوری دربارهٔ کارهای **شاه**، **علاء** و مخالفان گوناگون **مصدق** در گذشته، قدری تعجب‌آور خواهد بود که این تمایل مشترک درمورد نخست‌وزیر جدید خارج از گفتگو حاصل گردد.

۹ - **زاهدی** به عنوان نخست‌وزیر جدید، پیشرفتی نسبت به **مصدق** محسوب نخواهد گردید. معهذا چون به نظر می‌رسید که این دومی [**مصدق**] با سماجت کشور را به سوی بدبختی می‌کشاند، لذا خطراتی که احتمالاً با این تغییر همراه گردد، چندان بزرگ نخواهدبود.
اگرچه **علاء** به‌طور کلی در این مورد دارای مقاصد خوبی است ولی فاقد احتیاط می‌باشد. بعلاوه **شاه** گاهی درمورد مطالب محرمانه در حضور درباریان خبرکش گفتگو می‌نماید. به اینجهت من مصلحت دیدم که به سؤال **علاء** نوعی پاسخ دهم که اگر فاش شد این تصور را به وجود نیاورد که دولت آمریکا الهام‌بخش کوشش برای تغییر دولت، خواه با وسایل مسالمت‌آمیز و یا از طریق اعمال زور بوده، است.
بی‌نهایت مهم است. به خارج درز نکند.

هندرسن

۳ ـ ۲۶ فروردین ۱۳۳۲ (۱۵ آپریل ۱۹۵۳)
(۵ روز پیش از ربوده شدن افشارطوس)

"از: **هندرسن**، سفیر در ایران
به : وزارت امور خارجه آمریکا
تهران، ۱۵ آوریل ۱۹۵۳ ـ ساعت ۱ بعدازظهر
فوق سری NIACT [در هر ساعت از شبانه‌روز که دریافت شود، بی‌درنگ باید از سوی دریافت‌کننده مورد توجه و اقدام قرارگیرد]
شماره ۴۰۲۷ ـ فقط برای ملاحظه Acting Secretary و Byroade

۱ - **[حسین] علاء، وزیر دربار، امروز صبح اول وقت با من ملاقات کرد. او گفت که دیروز یک ملاقات طولانی با شاه داشته و کوشش کرده است که او را ترغیب نماید تا به اقدامی مثبت در ارتباط با اوضاع سیاسی داخلی دست بزند. اما شاه موضعی قاطع به خود گرفته و حاضر نیست که هیچ قدمی در جهت برکناری و یا تعویض مصدق بردارد، مگر اینکه مجلس به وی رأی اعتماد ندهد و یا اینکه نسبت به جانشین او ابراز تمایل نماید.**
شاه درمورد این موضع‌گیری خود دو بهانهٔ کلی بیان داشته است:

الف- او ظنین است از اینکه دولت انگلیس مسؤل ایجاد اختلاف موجود بین دربار و دولت می‌باشد و کوشش می‌نماید که در این کشور جنگ داخلی به راه بیاندازد تا بهانه‌ای به دست بیاورد و بتواند ایران را بین خود و روسیه تقسیم کند.
اگرچه او به آمریکاییان اعتماد دارد، اما آنان در گذشته، در دفعات متعدد، توسط انگلیسیها اغفال شده‌اند و او دلیلی نمی‌بیند که باز هم فریب نخورند.
او نمی‌خواهد کاری کند که ایران در اثر نزاع و کشمکش تجزیه گردد و استقلال خود را از دست بدهد.
ب- او نمی‌خواهد کاری کند که آلت دست سیاستمداران جاه‌طلب بی‌پروا قرارگیرد.
نمایندگان مجلس که پیش او می‌آیند، داستان را به نوعی و چون پیش **مصدق** می‌روند آن را به نوعی دیگر بیان می‌نمایند.
کاملاً روشن است چند نفر نمایندهٔ مجلس که بیشترین اصرار را درمورد دخالت وی به عمل می‌آورند کوچکترین احساس وفاداری نسبت به او ندارند و فقط می‌خواهند از او جهت رسیدن به جاه‌طلبی‌های سیاسی خود استفاده نمایند.
اگر نمایندگان مجلس صمیمانه مایل به جلب پشتیبانی دربار علیه **مصدق** و مشاوران او هستند، باید به‌جای نشستن و درخواست که او رهبری در این اقدام را به عهده بگیرد خودشان در مجلس بلند شوند و این مطلب را ابراز نمایند.
او [شاه] اطمینان نداشت که اگر مصدق را عزل نماید، و این عمل با مقاومتهای شدیدی مواجه شود، همین نمایندگانی که اکنون اصرار دارند که وی آن اقدام را انجام دهد، از وی پشتیبانی نمایند.

به نظر او [حسین علاء] او [شاه] خود را کنار خواهد کشید و سیاستمداران را به حال خود رها خواهد ساخت تا مبارزه را به پایان برسانند.

۲ - علاء گفت که به شاه خاطرنشان کرده است که اگر او خاموش بماند هواخواهان سیاسی مصدق ممکن است با ارعاب و تهدید نهایتاً بر مجلس مسلط شوند و گزارش هیأت هشت نفری را به تصویب برسانند، گزارشی که قانون اساسی را به نحوی تفسیر کرده است که شاه را عملاً از اختیاراتی که هم‌اکنون دارد، محروم خواهد ساخت.

شاه پاسخ داده است که وی این گزارش را خوانده و به نظرش خیلی مهم نیامده است و در حقیقت گزارش مزبور در نظر او بر دارندهٔ روح قانون اساسی می‌باشد. هرگاه نمایندگان مجلس مایل به پذیرش آن گزارش باشند، چرا او باید در جهت ممانعت از این پذیرش کوشش به عمل آورد.

آیا پذیرش آن چیزی را تغییر خواهد داد؟

علاء پاسخ داده است که منظور از تصویب این است که برای تمام کشور و مخصوصاً برای نیروهای مسلح روشن سازد که مقام شاه به‌طور کامل پایین‌تر از مصدق می‌باشد. معنی این تصویب آن است که مصدق یا جانشین وی کنترل کامل بر نیروهای مسلح را به‌دست خواهندآورد، و اینکه دربار و نیروهای مسلح دیگر عامل ثبات در کشور محسوب نخواهند شد و باید از سیاست کنار گذاشته شوند، و اینکه شاه به صورت یک عامل بی‌اثر و ارتش نیز به صورت یک تشکیلات سیاسی ناتوان درخواهند آمد.

افسران ارتش وسوسه خواهند شد که در آینده پیشرفت شغلی خود را به جای ابراز شایستگی بر مبنای دسیسه‌چینی‌های سیاسی قرار دهند.

در طول گفتگو، شاه تا اندازه‌ای ناشکیبایی نشان داده و گفته است از اینکه علاء به عنوان وزیر دربار در این منازعه درگیر شده است متأسف می‌باشد. او از اینکه علاء با [آیت‌الله] کاشانی و دیگر سیاستمداران ملاقات کرده، تأسف خود را ابراز داشته است.

علاء پاسخ داده است که او هیچ آرزومندی به باقی ماندن در سمت وزارت دربار ندارد. خواه وزیر دربار باشد یا نباشد، هدف او به هر حال این است که منتهای کوشش خود را جهت حفظ قانون اساسی تا آنجا که به شاه ارتباط دارد به‌کار گیرد.

تلاشی که او به عمل می‌آورد برای شخص محمدرضا نیست بلکه برای حفظ موقعیت شاه می‌باشد که او فکر می‌کند در حال حاضر برای حفظ استقلال کشور ضرورت دارد.

شاه درنهایت موافقت کرده‌است که مطلب را مورد توجه بیشتر قرار دهد و قول داده است که ژنرال زاهدی را در بعدازظهر ۱۶ آوریل [۲۷ فروردین ۱۳۳۲] به‌طور مخفی به حضور بپذیرد.

۳ - علاء به من گفت که ۱۶ آوریل [۲۷ فروردین] روزی بی‌نهایت خطرناک خواهد بود. به نظر می‌رسد که بالاخره [در آن روز] حد نصاب لازم از نمایندگان برای تشکیل جلسهٔ مجلس در تهران حضور خواهند داشت. تا کنون گروه وابسته به جبههٔ ملی به‌طور آشکار خواستار حد نصاب لازم برای تشکیل جلسات مجلس نبودند زیرا باور نداشتند که بتوانند رأی

اکثریت را به نفع گزارش هیأت هشت نفری بدست بیاورند. اما اکنون به نظر می‌رسد که در این مورد اطمینان حاصل نموده‌اند و خواستار تشکیل جلسهٔ عمومی مجلس در روز ۱۶ آوریل شده‌اند. تصور علاء این است که دولت در حال ترتیب دادن تظاهرات عظیم خیابانی در ۱۶ آوریل به منظور آوردن فشار بر [نمایندگان] مجلس می‌باشد.
اعلامیه‌هایی خطاب به تمام طرفداران مصدق انتشار خواهد یافت تا [در آن روز برای انجام تظاهرات] به خیابانها بیایند. امکان دارد که بازار بسته شود و بازاریان را در یک دمونستراسیون به حرکت درآورند.
البته حزب توده نیز به آنان ملحق خواهد گردید اگرچه طرفداران دولت به صورت ظاهر کوشش خواهند کرد که خود را از هواخواهان حزب توده جدا سازند.
او [حسین علاء] در این فکر بود که در این شرایط به شاه توصیه نماید که مصدق را برکنار سازد و تا زمان اعلام رأی تمایل مجلس درمورد جانشین مصدق یک نفر را به سمت فرماندهٔ نیروی تأمین امنیت عمومی (Director Public Security) به منظور حفظ قانون و نظم منصوب نماید.
هرگاه شاه به انجام این اقدام مبادرت نماید نمایندگان جبههٔ ملی از شرکت در جلسهٔ مجلس خودداری خواهند نمود، اما اخذ رأی تمایل بدون حصول حد نصاب لازم امکان‌پذیر خواهدبود.
متأسفانه به نظر می‌رسد که وادارکردن شاه برای منصوب ساختن نخست‌وزیر بدون رأی تمایل مجلس غیرممکن باشد. علاء نظر مرا راجع به این برنامه سؤال نمود.
٤ - بعد از مذاکرهٔ طولانی علاء تصمیم گرفت که هرگاه دولت از برنامهٔ تظاهرات عظیم خود در روز ۱۶ آوریل صرف نظر ننماید، وی به شرح زیر با وضعیت موجود روبه‌رو گردد:

(الف)- به طرفداران شاه توصیه شود که از برگزاری تظاهرات مخالف دولت خودداری نمایند زیرا توسط نیروهای مسلح زیر فرمان دولت پراکنده خواهند گردید و نیز در خیابانها توانایی مقاومت در برابر گروههای مبارزی که توسط دولت و حزب توده بسیج خواهند شد، نخواهند داشت.
(ب)- کوشش به عمل خواهد آمد که نمایندگان مخالف دولت از حضور در جلسات مجلس خودداری نمایند تا اینکه حد نصاب لازم برای تشکیل جلسات حاصل نگردد.
(ج)- کوشش برای وادار کردن [آیت‌الله] کاشانی، رئیس مجلس، به عمل خواهد آمد تا نامه‌ای به شاه بنویسد مبنی بر اینکه به علت اوضاع بی‌نظم و قانون که در شهر حکمفرماست و تهدیدهایی که علیه نمایندگان مجلس، علی‌رغم محافظتی که تصور می‌رفت با وجود مقررات حکومت نظامی برقرار شده باشد، صورت گرفته‌است، آنان قادر به حضور در مجلس نمی‌باشند و به اینجهت حصول اکثریت لازم غیرممکن شده‌است.
(د)- شاه اعلامیه‌ای صادر خواهد کرد و با نقل بعضی مطالب مندرج در نامهٔ کاشانی، و ابراز قدردانی خود و مردم ایران از خدماتی که مصدق در گذشته انجام داده‌است اعلام خواهد نمود که متأسفانه مصدق زیر نفوذ مشاوران خود به اتخاذ سیاستهایی تشویق شده است که انجام وظیفه برای سازمانهای آزاد ایران

*را غیرممکن نموده‌است. **به اینجهت به او اختیار داده شد تا به زندگی خصوصی خود برگردد و تا زمانی که مجلس بتواند به نخست‌وزیر جدید ابراز تمایل بنماید، فرماندهٔ نیروی تأمین امنیت عمومی (Director Public Security) که منصوب شده است نظم و قانون را برقرارسازد.***

*اعلامیهٔ مزبور همچنین از همهٔ صاحبان مشاغل دولتی در ایران خواهد خواست که کماکان به انجام وظایف خود ادامه دهند و نیز **به نیروهای مسلح و سازمانهای امنیتی فرمان خواهد داد که از فرماندهٔ نیروی تأمین امنیت عمومی اطاعت نمایند.***

*(هـ)- **علاء** پیش از ترک جلسه، به من گفت که منتهای کوشش خود را به‌کار خواهد برد تا **شاه** را وادار سازد که به‌جای فردا بعدازظهر، همین امروز **زاهدی** را به حضور بپذیرد زیرا اقدامات سریع برای فردا ضروری خواهد بود.*

علاء** گفت: او فکر می‌کند که **اگر شاه با برنامهٔ انتصاب زاهدی و یا شخصی که مورد قبول زاهدی باشد به سمت فرماندهٔ نیروی تأمین امنیت عمومی موافقت نماید، زاهدی احتمالاً رأی تمایل مجلس را به دست خواهد آورد. تا دیروز، به هر حال، معلوم نبود که شاه زاهدی را برای نخست‌وزیری ترجیح خواهد داد.

*(و)- من البته تردید شدید دارم که بتوان **شاه** را برای انجام اقدامات جسورانه‌ای که **علاء** شرح داد، ترغیب کرد. **بعلاوه مطمئن نیستم که کاشانی** مایل باشد با نوشتن نامه به صورتی که **علاء** در بالا شرح داد، با او همراهی نماید.*

هندرسن

زیرنویس این سند در مجموعه‌ی اسناد به شرح زیر است:

*" سفیر **هندرسن**، در روز ۱۹ آوریل[۳۰ فروردین ۱۳۳۲ و یک روز پیش از ربوده شدن **افشارطوس**] گزارش داده است که وی **علاء** را در صبح آن روز ملاقات کرده و **اینکه علاء گفته است که شاه ملاقات خود با زاهدی را یک روز به تعوق انداخته‌است.***

*توضیح **علاء** برای این رفتار **شاه** این بود که وی به رفتار منفی و روش تقریباً بی‌علاقه خود نسبت به وقایع ادامه می‌دهد، شاید به علت اینکه مقدار زیادی توصیه‌های متناقض شنیده و ترجیح داده‌است که به جای تصمیم‌گیری جهت انجام یک رشته عملیات، هیچ کاری را انجام ندهد. "*

<u>اظهارنظر درباره‌ی اسناد محرمانه‌ی بالا:</u>

به‌طوری که می‌دانیم **سرتیپ افشارطوس** در شب دوشنبه ۳۱ فروردین ۱۳۳۲ (۲۰ آپریل ۱۹۵۳) ربوده شده‌است. حال ما در اسناد محرمانه‌ی وزارت امور خارجه آمریکا که پیشتر درج شده‌اند، جملات قابل توجه زیر را ملاحظه می‌نماییم (با پوزش از خوانندگان گرامی جهت تکرار این جملات):

۱ -در سند مورخ ۱۱ فروردین ۱۳۳۲ (۳۱ مارچ ۱۹۵۳) یعنی ۲۰ روز پیش از ربوده شدن **افشارطوس**:

" اغلب این افراد عقیده داشتند که در حال حاضر ژنرال زاهدی تنها شخصی است که برای جانشینی مصدق وجود دارد، زاهدی از حمایت رهبران سیاسی، از قبیل کاشانی، حائری‌زاده، بقائی، برادران ذوالفقاری و همچنین بسیاری افراد محافظه‌کار و ارتش برخوردار می‌باشد.
مکی نیز ممکن است از او حمایت نماید. زاهدی، سه روز پیش، به‌طور محرمانه با علاء ملاقات کرده و خاطرنشان نموده است که مقام نخست‌وزیری را فقط درصورتی خواهد پذیرفت که شاه نسبت به این پذیرش از سوی او ابراز تمایل نماید و قول بدهد که از او حمایت خواهد نمود. "
*" نظرات **علاء** معمولاً منعکس‌کنندهٔ نظرات شاه می‌باشد. اگر هم‌اکنون نیز چنین باشد، **این اولین بار است که دربار واقعاً به کاندیدا بودن زاهدی با نظر مساعد توجه کرده است**. به هر حال، با داوری دربارهٔ کارهای شاه، **علاء** و مخالفان گوناگون **مصدق** در گذشته، قدری تعجب‌آور خواهد بود که این تمایل مشترک درمورد نخست‌وزیر جدید خارج از گفتگو حاصل گردد.*
*زاهدی به عنوان نخست‌وزیر جدید، پیشرفتی نسبت به **مصدق** محسوب نخواهد گردید. معهذا چون به نظر می‌رسید که این دومی [مصدق] با سماجت کشور را به سوی بدبختی می‌کشاند، لذا خطراتی که احتمالاً با این تغییر همراه گردد، چندان بزرگ نخواهد بود. "*

۲ - در سند مورخ ۲۶ فروردین ۱۳۳۲ (۱۵ آپریل ۱۹۵۳)، یعنی ۵ روز پیش از ربوده شدن **افشارطوس**:
" [حسین] علاء، وزیر دربار، امروز صبح اول وقت با من ملاقات کرد. او گفت که دیروز یک ملاقات طولانی با شاه داشته و کوشش کرده است که او را ترغیب نماید تا به اقدامی مثبت در ارتباط با اوضاع سیاسی داخلی دست بزند. اما شاه قاطع به خود گرفته و حاضر نیست که هیچ قدمی در جهت برکناری و یا تعویض مصدق بردارد، مگر اینکه مجلس به وی رأی اعتماد ندهد و یا اینکه نسبت به جانشین او ابراز تمایل نماید. "
" او [شاه] اطمینان نداشت که اگر مصدق را عزل نماید، و این عمل با مقاومتهای شدیدی مواجه شود، همین نمایندگانی که اکنون اصرار دارند که وی آن اقدام را انجام دهد، از وی پشتیبانی نمایند. "
" او [حسین علاء] در این فکر بود که در این شرایط به شاه توصیه نماید که مصدق را برکنار سازد و تا زمان اعلام رأی تمایل مجلس درمورد جانشین مصدق یک نفر را به سمت فرماندهٔ نیروی تأمین امنیت عمومی به منظور حفظ قانون و نظم منصوب نماید. "
" متأسفانه به نظر می‌رسد که وادارکردن شاه برای منصوب ساختن نخست‌وزیر بدون رأی تمایل مجلس غیرممکن باشد. علاء نظر مرا راجع به این برنامه سؤال نمود. "
" کوشش برای وادار کردن [آیت‌الله] کاشانی، رئیس مجلس، به عمل خواهد آمد تا نامه‌ای به شاه بنویسد مبنی بر اینکه به علت اوضاع بی‌نظم و قانون که در شهر حکمفرماست و تهدیدهایی که علیه نمایندگان مجلس، علی‌رغم محافظتی که تصور می‌رفت با وجود مقررات حکومت نظامی برقرار شده باشد، صورت

گرفته‌است، آنان قادر به حضور در مجلس نمی‌باشند و به اینجهت حصول اکثریت لازم غیرممکن شده‌است."
" شاه اعلامیه‌ای صادر خواهد کرد و با نقل بعضی مطالب مندرج در نامهٔ کاشانی، و ابراز قدردانی خود و مردم ایران از خدماتی که مصدق در گذشته انجام داده‌است اعلام نماید که متأسفانه مصدق زیر نفوذ مشاوران خود به اتخاذ سیاستهایی تشویق شده است که انجام وظیفه برای سازمانهای آزاد ایران را غیرممکن نموده‌است. به اینجهت به او اختیار داده شد تا به زندگی خصوصی خود برگردد و تا زمانی مجلس بتواند به نخست‌وزیر جدید ابراز تمایل بنماید، فرماندهٔ نیروی تأمین امنیت عمومی منصوب شده است نظم و قانون را برقرارسازد."
" به نیروهای مسلح و سازمانهای امنیتی فرمان خواهد داد که از فرماندهٔ نیروی تأمین امنیت عمومی اطاعت نمایند."
*" **علاء** گفت: او فکر می‌کند که اگر شاه با برنامهٔ انتصاب زاهدی و یا شخصی که مورد قبول زاهدی باشد به سمت فرماندهٔ نیروی تأمین امنیت عمومی موافقت نماید، زاهدی احتمالاً رأی تمایل مجلس را به دست خواهد آورد. تا دیروز، به هر حال، معلوم نبود که شاه زاهدی را برای نخست‌وزیری ترجیح خواهد داد."*
*" من [**هندرسن**] البته تردید شدید دارم که بتوان شاه را برای انجام اقدامات جسورانه‌ای که **علاء** شرح داد، ترغیب کرد، بعلاوه مطمئن نیستم که **کاشانی** مایل باشد با نوشتن نامه به صورتی که **علاء** در بالا شرح داد، با او همراهی نماید."*

۳ -در زیرنویس سند مذکور، در گزارش **هندرسن** به تاریخ ۳۰ فروردین ۱۳۳۲ (۱۹ آپریل ۱۹۵۳)، یعنی روز پیش از ربوده شدن **افشارطوس**:

*" وی [**هندرسن**] **علاء** را در صبح آن روز ملاقات کرده و اینکه **علاء** گفته است که شاه ملاقات خود با زاهدی را یک روز به تعوق انداخته‌است.*
*توضیح **علاء** برای این رفتار شاه این بود که وی رفتار منفی و روش تقریباً بی‌علاقه خود نسبت به وقایع ادامه می‌دهد، شاید به علت اینکه مقدار زیادی توصیه‌های متناقض شنیده و ترجیح داده‌است که به جای تصمیم‌گیری جهت انجام یک رشته عملیات، هیچ کاری را انجام ندهد."*

نتیجه‌گیری‌های قطعی و غیرقابل تردید

از مطالب صددرصد موثقی که در بالا بازگو شد، می‌توان نتایج قطعی زیر را بدست آورد:

۱ - در آن زمان، سرلشکر **فضل‌الله زاهدی** کاندیدای منحصر به فرد برای جانشینی **محمد مصدق** در سمت نخست‌وزیری بوده‌است.
۲ - **سرلشکر زاهدی**، برای رسیدن به نخست‌وزیری، از سوی اکثر مخالفان **مصدق** و نیز از سوی دولت آمریکا حمایت می‌شده‌است.

۳ - منظور از سمت Director Public Security، **ریاست شهربانی کل کشور** می‌باشد و کاندیدای **سرلشکر زاهدی** نیز برای انتصاب به آن سمت **سرتیپ محمد دفتری** بوده‌است. در آن زمان که هنوز ساواک (سازمان اطلاعات و امنیت کشور) تاسیس نشده بود، رسیدگی به امور امنیتی کشور به عهده‌ی دو سازمان زیر بوده‌است:

اداره‌ی کارآگاهی در شهربانی و **رکن ۲ در ستاد ارتش**

چهارماه پس از این تاریخ (یعنی در تاریخ ۲۸ مرداد ۱۳۳۲) که **سرلشکر زاهدی** به نخست‌وزیری رسیده، نخستین حکم خود را به نام همین **سرتیپ محمد دفتری** برای پست **ریاست شهربانی کل کشور** صادر کرده‌است.

٤ - آخرین برنامه برای سرنگونی **مصدق** این بوده‌است:

اوضاعی حاکی از وجود هرج و مرج و بی‌قانونی در تهران به وجود بیاورند و **آیت‌الله کاشانی** را وادار کنند که نامه‌ای درباره‌ی آن اوضاع، به شرحی که پیشتر ذکر شد، به **شاه** بنویسد و **شاه** نیز به استناد همان نامه، **مصدق** را از نخست‌وزیری برکنار سازد و **فرمانده‌ی نیروی تأمین امنیت عمومی** را، **که بدون تردید همان سرتیپ محمد دفتری بوده‌است، به ریاست شهربانی کل کشور منصوب سازد.**

ربودن افشارطوس به منظور جرأت‌بخشی به شاه و آیت‌الله کاشانی جهت شرکت در برنامه‌ی سرنگونی مصدق

اسناد محرمانه‌ی وزارت امور خارجه آمریکا، به شرح بالا، تردیدی باقی نمیگذارد که ربودن **افشارطوس** در جهت اجرا و تحقق برنامه‌ای بوده که برای سرنگونی **مصدق** در حال انجام آن بوده‌اند. یعنی برای اینکه مأموران MI ٦ و CIA بتوانند **آیت‌الله کاشانی** را به نوشتن نامه به همان صورتی که **علاء** شرح داده بود وادار سازند و نیز **شاه** را برای مبادرت به اقدام جسورانه‌ی مورد نظر **علاء**، ترغیب نمایند، چه کاری می‌بایست انجام دهند؟ بی‌گمان در آن شرایط می‌بایست اقدامی به عمل آورند که وجود ناامنی و بی‌نظمی در تهران را به بهترین وضعی برای همگان جلوه‌گر سازد و نیز بهانه‌ای بسیار موجه برای **شاه** و **آیت‌الله کاشانی** به وجود بیاورد. در این صورت، **چه کاری بهتر و کارسازتر از ربودن رئیس شهربانی کل کشور بوده‌است** که خودش می‌بایست حافظ نظم و امنیت برای همه‌ی مردم و در سرتاسر کشور باشد؟

جملات زیر در پایان سند مورخ *۳۱ مارچ ۱۹۵۳* بالا نیز به خوبی نشان می‌دهد که در همان زمان **هندرسن** از برنامه‌های زیرزمینی و محرمانه‌ی مأموران MI ٦ و CIA، **یعنی برادران رشیدیان** و سایر جنایتکاران به خوبی آگاهی داشته ولی به گفته‌ی خودش، به‌علت اینکه **علاء**؛

" فاقد احتیاط می‌باشد. بعلاوه شاه گاهی درمورد مطالب محرمانه در حضور درباریان خبرکش گفتگو می‌نماید. به اینجهت من [هندرسن] مصلحت دیدم که به سؤال علاء نوعی پاسخ دهم که اگر فاش شد این تصور را به وجود نیاورد که دولت آمریکا الهام‌بخش کوشش برای تغییر دولت، خواه با وسایل مسالمت‌آمیز و یا از طریق اعمال زور بوده است."

پس، از افشای آن برنامه‌ها نزد **حسین علاء** خودداری نموده‌است.

ایجاد ناامنی‌های دیگر

توطئه ربودن **افشارطوس** تنها برنامه‌ای نبود که در آن زمان در تهران به منظور ایجاد ناامنی و بی‌نظمی، توسط مأموران MI ۶ و CIA، از سازمان‌های جاسوسی انگلیس و آمریکا، طرح‌ریزی شد و به مرحله‌ی اجرا درآمد، بلکه درست در همان روزها در شماری دیگر از شهرهای ایران نیز ایادی این دو سازمان شورش‌ها و آشوب‌های کم و بیش کوچک یا بزرگی به راه انداخته بودند که در زیر اخباری در این رابطه درج می‌شود:

الف- خبر نخست
(از زبان مدیر روزنامه اطلاعات)

" در محافل تهران

*موضوعی که امروز در محافل دولتی و انتظامی مورد توجه قرار گرفته و فعالیت دستگاه‌های انتظامی و انظار محافل داخلی و خارجی را به خود مشغول داشته، **اخبار و اطلاعاتی است که از بعضی شهرستانها مانند شیراز و دزفول به تهران می‌رسد** و لزوم استقرار امنیت را در آن نقاط آشکار می‌دارد. اگر چه در بعضی از نقاط دیگر مانند **ساری و چالوس و بروجرد و بهبهان و مهاباد و تبریز** نیز ناراحتی‌هایی محسوس گردیده که جلب توجه دولت را نموده ولی به عقیدهٔ محافل سیاسی و انتظامی اهمیت وقایعی که در این نقاط روی داده به آن اندازه و آن اهمیتی نیست که در **شیراز و دزفول** صورت گرفته‌است.*

محافل تهران عقیده دارند که به‌طور کلی اخبار و اطلاعاتی که در این دو روزه دربارهٔ بی‌نظمی بعضی شهرستانها به دولت رسیده، مهمتر از کلیهٔ گزارشات تلقی گردیده و محافل دولتی نظرشان این است که به هیچ اقدامی قبل از استقرار امنیت در سراسر کشور نمی‌توان و نباید دست زد ..."

(روزنامه اطلاعات- یکشنبه سی‌ام فروردین ۱۳۳۲- صفحه ۵)

ب- خبر دوم

" اغتشاش در شیراز

در اغتشاشاتی که در روزهای چهارشنبه و پنجشنبه [۲۶ و ۲۷ فروردین] در شیراز روی داد، دو نفر کشته شده و عدهٔ زیادی از جمله پنج افسر شهربانی و ده پاسبان زخمی گردیدند.
قریب پانصد نفر به ادارهٔ اصل چهار حمله بردند و در و پنجرهٔ آن را شکسته و اثاثهٔ آن را در خیابان ریخته آتش زدند.
محل حزب ایران و یک دفترخانه و چند دکان و کیوسک و منزل رئیس کارخانهٔ برق مورد دستبرد قرار گرفت. در تلگرافخانه نیز زدوخوردی روی داد.
روز پنجشنبه تمام بازار و مغازه‌ها و مدارس و ادارات تعطیل شد.
ده هزار نفر از افراد ایل قشقایی وارد شیراز گردیدند.
عصر روز پنجشنبه حکومت نظامی اعلام شد.
فرماندار و فرمانده و رئیس ستاد لشکر و رئیس شهربانی تغییر یافتند و مأمورین جدید دیروز به شیراز اعزام شدند.
رئیس اصل چهارم نیز عازم شیراز گردید و دولت دستور داده‌است که برای تجدید فعالیت ادارهٔ اصل چهارم کمک‌های لازم مبذول گردد ... "
(روزنامه اطلاعات- شنبه بیست و نهم فروردین‌ماه ۱۳۳۲ - صفحه نخست)

ج- خبر سوم،اغتشاش در دزفول

" در حوادث دزفول چهار نفر کشته شدند و بیش از هفتاد و پنج نفر مجروح گردیدند.

نمایندگان اعزامی از مرکز در مجلس سوگواری مقتولین حضور یافتند و به مردم اطمینان دادند که مسببین واقعه مجازات خواهند شد.
*به‌طوری که خبرنگار ما در دزفول ضمن خبر تلگرافی خود اطلاع می‌دهد پریروز ساکنین محلهٔ **صحرابدرمشرفی** به نام پشتیبانی از دولت قصد تظاهرات داشتند. در اثر تصادفی که بین آنها و **حزب زحمتکشان** روی داد، زدوخورد شدیدی درگرفت و **چهار نفر در این گیرودار کشته شدند و بیش از هفتاد و پنج نفر از دو طرف مجروح گردیدند که آنها را به بهداری لشکر بردند.***
*فعلاً شهر تعطیل عمومی است و مردم درنهایت اضطراب بسر می‌برند و **معلوم نیست تا کی باید در این شهر هرج ومرج و برادرکشی ادامه داشته باشد؟***
دیروز حکومت نظامی اعلام شد ... "
(روزنامه اطلاعات- دوشنبه سی و یکم فروردین ۱۳۳۲ - صفحه ٤)

د ـ خبر چهارم، طغیان ابوالقاسم بختیاری

از تاریخ ۲ اسفند ۱۳۳۱، یکی از خان‌های بختیاری به نام **ابوالقاسم بختیاری**، پسر **امیرمفخم**، سر به شورش و طغیان برداشته و با کمک شماری از افراد مسلح ایل بختیاری با سربازان و مأموران دولتی به جنگ و زدوخورد پرداخته‌است.

نخستین برخورد وی با قوای دولتی در محلی به نام **گدارلندر** صورت گرفته که در آن یک افسر و هفت سرباز به شهادت رسیده‌اند و تلفات افراد بختیاری در این زدوخورد نیز هشت نفر بوده‌است.
پس از آن دامنهٔ زدوخورد به **جلگهٔ مالمیر**، در نزدیکی **ایذه** کشیده شده و از شمار افرادی که در این زدوخوردها کشته یا شهید شده‌اند اطلاعی در دست نمی‌باشد.

گویا نخستین ادعای وی این بوده است که تمام سرزمین بختیاری، از ابتدای **فارس** تا انتهای **خوزستان** ارث پدری **خوانین بختیاری** می‌باشد. و دولت ایران باید به عنوان قسمتی از این ارث، حقوقی را که این خان‌های طبق قرارداد با دولت انگلیس جهت حفاظت از لوله‌های نفتی در سرزمین بختیاری و نیز بابت سه درصد از سهام شرکت نفت بختیاری داشته‌اند و **رضا شاه** آنها را غصب! کرده، همراه با بهره‌ی آنها، برای آن مدت طولانی به خان‌ها برگرداند!

اما به‌طوری که می‌دانیم هنگامی که **محمد مصدق** در پی کودتای ۱۲۹۹ به میان ایل بختیاری پناهنده شده‌بود، تا زمانی که در آنجا بسر می‌برده، مهمان **امیرمفخم**، پدر همین **ابوالقاسم**، بوده‌است.
به این جهت افراد این خانواده، از جمله خود **ابوالقاسم**، با **مصدق** سابقه‌ی دوستی، به اصطلاح سی ساله داشته‌اند.

در هر حال پس از اینکه **ابوالقاسم** چند بار شکست از قوای دولتی را متحمل شده بود، **مصدق** با استفاده از همان دوستی قدیمی و با فرستادن پیام خصوصی توسط **احمد فریدونی**، معاون قبلی وزارت کشور، و نیز دادن تأمین و تضمین‌های مطمئن به او، وی را برای تسلیم آماده ساخته و سپس با فرستادن **سرهنگ تیمور بختیار**، نخستین رئیس ساواک و پسر عموی **ابوالقاسم**، وی را به تهران آورده‌بود.

خبرنگار اطلاعات در روز پنجشنبه سوم اردیبهشت ۱۳۳۲ با **سرتیپ امینی**، فرمانده‌ی نیروی جنوب، درباره‌ی **ابوالقاسم بختیار** مصاحبه‌ای به عمل آورد که در همان روز در آن روزنامه به چاپ رسید. چند جمله زیر را که در بالای اخبار مربوط به **ابوالقاسم بختیار** می‌باشد، می‌توان خلاصه و نتیجه‌ی آن مصاحبه تلقی نمود:

" سرتیپ امینی فرماندهٔ نیروی جنوب می‌گوید: ابوالقاسم بختیار هرگز با قوای دولتی زدوخورد نمی‌کرد و همیشه متواری بود. وقتی به ابوالقاسم گفته شد او را با بیگانگان مربوط می‌دانند، مدتی از شدت تأثر گریست [!!] "

استفاده از رعب و وحشت‌های دولتی

همزمان با ناامنی‌های ضددولتی که پیشتر شرح داده شد، تظاهرات و میتینگ‌های بزرگ و پر سروصدای طرفداران دولت در جلوی مجلس شورای ملی برای تصویب گزارش هیأت هشت نفری، که مورد درخواست دولت بود، و تهدید **مصدق** که **ملت تکلیف مخالفان این گزارش را روشن خواهدکرد**، نه تنها نمایندگان مخالف، بلکه سایر نمایندگان حتی طرفداران دولت را نگران ساخته بود زیرا هر لحظه احتمال هجوم مردم خشمگین و بی‌منطق به مجلس وجود داشت.

در روز پنجشنبه ۲۷ فروردین ۱۳۳۲ (یعنی چهار روز پیش از ربوده شدن **افشارطوس**)، که بررسی گزارش هیأت هشت نفری در دستور کار مجلس بود، دولت با تعطیل کردن تمام ادارات دولتی، مؤسسات آموزشی، کارخانجات مختلف دولتی و غیردولتی، بازاریان و مغازه‌داران خیابان‌ها را نیز وادار کرده‌بود که دکانهای خود را بسته و در جلوی مجلس اجتماع کنند.

روزنامه‌ی اطلاعات مربوط به همان روز زیر عنوان : ***" امروز میتینگ بزرگی در میدان بهارستان انجام گرفت "*** چنین نوشته‌بود:

> ***" امروز تهران به صورت تعطیل عمومی درآمده‌بود، زیرا بازار بسته بود و صاحبان مغازه‌ها و دکاکین خیابانها نیز از صبح تعطیل کرده‌بودند و کلیهٔ مدارس نیز اعم از ابتدایی و متوسطه و دانشکده‌ها نیز از صبح تعطیل بود. کارگران کارخانهٔ دخانیات نیز از صبح سر کار خود نرفتند و کارخانه به کلی تعطیل گردید و بعضی از کارخانجات و بنگاه‌های دیگر نیز به حال تعطیل درآمده، زیرا تمام دستجات و وابسته به جمعیت‌ها و احزاب می‌خواستند در تظاهرات امروز و برای پشتیبانی و حمایت از حکومت آقای دکتر مصدق و تصویب گزارش هیأت ۸ نفری جلوی بهارستان بیایند ... "***

حال خوانندگان گرامی، بد نیست که چند لحظه در عالم خیال خود را به جای یکی از چند نماینده‌ای که با تصویب گزارش هیأت ۸ نفری مخالف بودند بگذارید و پاسخ دهید که **آیا جرأت می‌کردید در آن روز در مجلس شورای ملی حضور یابید؟**

عبدالرحمن فرامرزی، مدیر وقت روزنامه کیهان، یکی از دو روزنامه‌ی معتبر پایتخت، در عصر روز بیست و چهارم فروردین‌ماه ۱۳۳۲ در جلسه‌ی هفتگی ملاقات **آیت‌الله کاشانی** با نمایندگان شورای ملی، درباره‌ی همین تظاهرات و نیز سایر اقدامات دولت برای تهدید و ترساندن نمایندگان چنین گفته‌است:

> ***" ناچاریم تسلیم شویم***
>
> *آقای **عبدالرحمن فرامرزی** گفت:*
> *حضرت آیت‌الله [کاشانی، رئیس مجلس] فرمودند که ما مسئول هستیم. آقای رئیس! ما وقتی مسئول خواهیم بود که در اظهارنظر و عقیده خود آزاد باشیم. اینکه وضع نمی‌شود که هر وقت دولت دلش خواست و مجلس نسبت*

به آن خواستهٔ دولت نظری داشت و اظهار عقیده‌ای کرد، **یک عده‌ای را تحت حمایت یک مشت چاقوکش در مجلس بیاورند و با جاروجنجال و فحش و هتاکی و کتک‌کاری نمایندگان را مرعوب کنند و وادار نمایند که طبق نظر دولت رأی بدهند.**
اینکه مجلس نیست. اینکه مشروطه نیست. اینکه رأی آزاد نیست. این: «**بده یا میکُشَمت**» است.
اگر ما آزاد باشیم حرفی است. ولی **اگر با چاقو ما را تهدید کنند، ما چه می‌توانیم بکنیم؟**
هر کس به روی ما چاقو کشید، ما از بیم و ترس ناچاریم به او تسلیم شویم. ولی بنده عرض می‌کنم حالا که ما باید در برابر تهدید و فشار تسلیم شویم، چرا در مقابل چاقوی **حسن جگرکی** تسلیم شویم؟ در مقابل سرنیزهٔ **فلان سرلشکر** تسلیم می‌شویم که لااقل آبرویی داشته باشد. باز **فلان سرلشکر** تحصیل کرده چیزی می‌فهمد، ولی **فلان چاقوکش چه اطلاعی دارد؟**
من الان که به مجلس می‌آمدم، دیدم و شنیدم که **بلندگوهایی** در شهر راه انداخته بودند و مردم را دعوت می‌کردند که **فردا مقابل مجلس بیایند و تصویب گزارش هیأت هشت نفری را بخواهند.** آخر شما را به خدا این مجلس و مشروطه و استقلال رأی و فکر نماینده می‌شود؟
اگر دولت می‌خواست این طور کار کند، پس چه اصراری به تشکیل مجلس داشت، و ما را در اینجا جمع کرد؟
چندی پیش شنیدم **دکتر مصدق گفته‌است هرکس به گزارش هیأت هشت نفری رأی داد که هیچ. ولی هرکس رأی نداد، ملت تکلیف او را معین خواهد کرد.** من رفتم و از دکتر سؤال کردم که شما چنین حرفی زده‌اید؟ ایشان تکذیب کردند و گفتند: **من چنین مطلبی به کسی نگفته‌ام.** من دیگر اصراری نداشتم که این موضوع را تعقیب کنم."
(روزنامه اطلاعات- مورخ بیست و پنجم فروردین ۱۳۳۲- صفحه ۹- خبر جلسهٔ هفتگی ملاقات آیت‌الله کاشانی با نمایندگان مجلس شورای ملی در عصر روز بیست و چهارم فروردین ۱۳۳۲)

قسمتی از سخنان آیت‌الله کاشانی در جلسه‌ی ملاقات هفتگی با نمایندگان مجلس شورای ملی

" ... **آیت‌الله کاشانی** بار دیگر توجه نمایندگان را به وخامت اوضاع و پریشانی حال مردم و بلاتکلیفی مجلس و دولت جلب نمودند و متذکر شدند که تمام این حوادث و اتفاقات بعدی ناشی از عدم هم‌آهنگی و از دست دادن اتحاد و اتفاق در میان مؤثرترین [؟] مملکت و مقامات مسؤل می‌باشد.
با این کیفیتی که پیش می‌رویم من به هیچوجه امیدی به آیندهٔ مملکت ندارم و نمی‌دانم با این نقار و کدورت‌ها که متأسفانه هر روز دامنهٔ آن وسعت می‌یابد عاقبت کار به کجا خواهدکشید؟ ..."
(روزنامه اطلاعات- سه‌شنبه یکم اردیبهشت ۱۳۳۲- صفحه ٤)

در اینجا بد نیست یادآوری نماید که:

۱ - تشکیل این جلسه در همان بعدازظهری بوده که چند ساعت پس از آن **افشارطوس** ربوده شده‌است.

۲ - در برنامه‌ای که MI ٦ و CIA برای برکناری **مصدق** را تنظیم کرده بوده‌اند، نقش اصلی، یعنی درخواست عزل **مصدق** از **شاه**، به‌عهده‌ی **آیت‌الله کاشانی** واگذار شده بود. با این ترتیب باید پذیرفت که وی نه تنها به‌طور کلی از برنامه‌ی اصلی، یعنی ایجاد ناامنی و بی‌نظمی، آگاهی داشته بلکه به سهم خود انجام وظایفی را هم در اجرای آن به‌عهده گرفته بوده‌است. برای نمونه همین سخنان بالا را هم می‌توان قدمی به منظور تهیه‌ی مقدمات جهت اجرای همان برنامه به حساب آورد.

۳ - **آیت‌الله کاشانی** به همراه **شمس‌الدین قنات‌آبادی**، در اتومبیل پسرش، **آقاسیدمصطفی کاشانی**، که همین شخص رانندگی آن را به عهده داشته، در ساعت **پنج و نیم بعدازظهر**، به مجلس شورای ملی وارد شده‌است.

٤ - وی درحدود ساعت ۷ بعدازظهر، در همان اتومبیل به رانندگی پسرش، مجلس را ترک نموده‌است.

٥ - اکنون ما به موجب اعترافات **اسدالله رشیدیان** (در همین کتاب) می‌دانیم که این شخص اتومبیل مزبور را از **سیدمصطفی کاشانی** به امانت گرفته و آن را برای حمل پیکر بیهوش **افشارطوس** در اختیار **اردشیر زاهدی** قرار داده است.

سخنی معترضه:
محو اسناد مربوط به ربودن و قتل افشارطوس ازمجموعه‌ی اسناد وزارت امور خارجه آمریکا

بررسی اسناد، مدارک و شواهد موثق خارجی و داخلی تردیدی باقی نمی‌گذارد که برنامه‌ی ربودن (شاید بدون قتل) **سرتیپ محمود افشارطوس** یک گام از یک سلسله عملیاتی را تشکیل می‌داده که دو سازمان جاسوسی آمریکا و انگلیس، یعنی CIA و MI ٦برای سرنگونی دولت **محمد مصدق** و انتصاب **سرلشکر زاهدی** به جای او، تنظیم کرده بوده و در آن زمان در حال اجرای آن بود.

ولی عجیب این است در جلد ۱۰ مجموعه‌ی اسناد محرمانه‌ی وزارت امور خارجه آمریکا، مربوط به سال‌های ۱۹٥٤ ـ ۱۹٥۲، که یک کتاب قطور هزار و صد صفحه‌ای و درباره‌ی ایران می‌باشد حتی یک سطر خبر درباره‌ی قتل **افشارطوس** وجود ندارد!

ربودن **افشارطوس** در تاریخ ۲۰ آپریل ۱۹٥۳ (۳۱ فروردین ۱۳۳۲) اتفاق افتاده‌است اما در فاصله ۱٥ آپریل ۱۹٥۳ (۲٦ فروردین ۱۳۳۲)، یعنی ٥ روز پیش از ربودن تا ۸ می ۱۹٥۳ (۱۸ اردیبهشت ۱۳۳۲) که ۲۲ روز می‌باشد، **هیچ** سندی در آن مجموعه دیده نمی‌شود و، همچنان که ذکر شد، تنها در زیرنویس سند مورخ ۱٥ آپریل

۱۹۵۳ آگاهی مختصری درباره‌ی سند مورخ ۱۹ آپریل ۱۹۵۳ (۳۰ فروردین ۱۳۳۲) درج گردیده‌است.

در اینجا از خوانندگان گرامی اجازه می‌خواهد داستان عجیبی را که در ارتباط با دلیل نبودن همین اسناد، در آمریکا، برای نگارنده اتفاق افتاده است، در اینجا بازگو نماید:

" من و همسرم در اوایل سال ۱۹۹۱ میلادی که مطابق با اواخر سال ۱۳۶۹ و اوایل سال ۱۳۷۰ خورشیدی بود، به دعوت برادرم سفری به آمریکا نمودیم و مدت شش ماه در آن دیار به‌سر بردیم. از این مدت، ۵ ماه آن را در ویرجینیا (وصل به واشنگتن) مهمان یکی از دوستان بودیم.
یکی از مهم‌ترین کارهای من و همسرم در این مدت، رفتن به کتابخانه‌ی کنگره و کپی‌گرفتن از کتابها و اسنادی بود که من گمان می‌کردم در نوشتن کتابهایم مفید واقع شوند و بی‌نهایت مشتاق بودم از اسناد محرمانه‌ی وزارت امور خارجه آمریکا، که به‌طور معمول هر سال پس از سپری شدن ۳۰ سال از تاریخ صدورشان در اختیار علاقه‌مندان قرار می‌گیرند، تا آنجا که امکان دارد، کپی‌برداری نمایم. هم‌اکنون هم انبوهی از کپی‌های اسناد آزادشده مزبور مربوط به سال‌های گذشته را در اختیار دارم که بدبختانه هنوز فرصت بازکردن و نگاه‌کردن به بسیاری از آنها را هم نیافته‌ام.
تا آنجا که به خاطردارم کتابخانه‌ی کنگره مرکب از سه ساختمان جداگانه بود که نزدیک به هم قرار داشتند ولی از طریق زیرزمین و از زیر خیابان نیز به یکدیگر متصل بودند. هر یک از این سه ساختمان به نوبه‌ی خود کتابخانه‌ی کاملی را تشکیل می‌داد. ولی گویا مقررات هر یک مختصری با دیگری تفاوت داشت. یعنی یکی از آنها به‌صورت باز (OPEN) بود و استفاده‌کنندگان می‌توانستند در آن کتابخانه گردش نمایند و کتاب مورد نظر خود را از قفسه بردارند و پس از استفاده بر روی میز باقی بگذارند. این کتابخانه کتاب به امانت نمی‌داد، به اینجهت هر مراجعه‌کننده می‌توانست اطمینان داشته باشد که کتاب مورد نظر وی همواره در کتابخانه موجود می‌باشد.
کتابخانه‌ی دوم فقط به کسانی که عضو کتابخانه بودند کتاب به امانت می‌داد و کتابخانه‌ی سوم به صورت باز (OPEN) نبود و استفاده‌کنندگان می‌بایست نام و شماره‌ی کتاب را از فهرست کتابها پیدا نمایند و به یکی از کارمندانی که در پشت یک میز در انتظار ایستاده بودند بدهد و آنها پس از پیدا کردن کتاب، از طریق بلندگو، به او اطلاع می‌دادند که برای دریافت کتاب مورد نظر مراجعه کند و البته در همان کتابخانه هم می‌بایست کتاب را بخواند. به احتمال زیاد هنوز هم وضع آن کتابخانه‌ها به همان ترتیب است.
چند ماهی پیش از آن تاریخ، دولت آمریکا چاپ اسناد محرمانه مربوط به سال‌های ۱۹۵۱ تا ۱۹۵٤ را در جلدهای زیادی (که شمار دقیقشان به خاطرم نمانده) به پایان رسانده بود. این کتابها در کتابخانه‌ی OPEN کنگره، که من مشتری آن بودم، یک طبقه از یک قفسه را اشغال کرده بود

ولی بدبختانه جلد دهم، یعنی جلد مربوط به ایران، در میان آنها وجودنداشت.
از خانم کتابدار در این باره پرس وجو کردم. وی آمد و جای خالی را دید و از نبودن کتاب تعجب نمود و مرا به کتابخانه‌ی سوم حواله داد. با نشانی‌هایی که او داده بود، از زیرزمین به کتابخانه‌ی سوم رفتم و از فهرست کتابها نام آن کتاب را پیدا کردم و سفارش دادم. پس از چند دقیقه از بلندگو نام مرا صدا زده و خانم کتابدار به نحوی که معلوم بود متعجب می‌باشد، به من اطلاع داد که کتاب موجود نیست! و همین‌که برای وی داستان نبودن کتاب در کتابخانه‌ی نخست را شرح دادم، بیشتر متعجب شد ولی به من اطلاع داد که چون مجموعه‌ی جلدهای آن کتابها به تازگی از سوی: GOVERNMENT PRINTING OFFICE
چاپ شده‌است، پس به احتمال قوی هنوز برای فروش در آنجا وجود دارد و من می‌توانم با مراجعه به آن سازمان انتشاراتی دولتی که در همان نزدیکی می‌باشد، جلد دهم از کتابهای مورد نظر خود را خریداری کنم. در ضمن این کتابدار به من اطلاع داد که ممکن است کتابخانه‌ی **مارتین لوترکینگ** هم که در همان نزدیکی واقع بود، آن کتاب را داشته باشد.
روز دیگر به سازمان انتشاراتی دولتی رفتم، همان طور که خانم گفته بود، تمام جلدهای آن مجموعه‌ی اسناد، به‌استثنای همان جلد شماره ۱۰، در یکی از قفسه‌های کتاب آنجا وجود داشت. البته این کتابها برای نمونه بود و اگر کسی یکی یا چند تا از آنها را می‌خواست، اطلاع می‌داد و بی‌درنگ از انبار برایش می‌آوردند.
درباره‌ی جلد مورد نظر من، مسئول آن بخش گفت که بی‌گمان آن کتاب SOLD OUT شده، یعنی تمام موجودی آن به فروش رسیده‌است و هم‌اکنون در حال تجدید چاپ آن می‌باشند. من بنا به پیشنهاد کسی که مأمور فروش در آن سازمان بود، آن کتاب را سفارش دادم. البته به نام خود ولی به نشانی خانه‌ای که در آن مهمان بودم.
با اینکه کتاب را سفارش داده‌بودم، باز هم روز پس از آن به کتابخانه‌ی **مارتین لوترکینگ** رفتم و پس از شرح ماجرا برای کتابدار آنجا، از وی سراغ آن کتاب را گرفتم. وی با ابراز اطمینان از داشتن کتاب به کتابخانه رفت ولی دست خالی برگشت و از نبودن کتاب در محل خود خبر داد. این کتابدار به من توصیه کرد که بهتر است برای پیدا کردن آن به کتابخانه‌ی **امریکن یونیورسیتی** بروم. شاید لازم به گفتن نباشد که به آنجا هم رفتم و در کتابخانه‌ی آن نیز کتاب مزبور را ندیدم.
در آخر بنا به سفارش کتابدار آن دانشگاه به **کاتولیک یونیورسیتی**، که فاصله‌ی بسیار زیادی تا خانه‌ی ما داشت، رفتم. فرم ویژه‌ای را که خانم کتابدار آن دانشگاه به من داده‌بود، پر و امضاءنمودم. وی یک پلاک که روی آن شماره‌ای وجود داشت به گردن من آویزان کرد و آن شماره را هم روی فرم امضاءشده‌ی من، نوشت و سپس مرا به همراه خود از پله‌های زیرزمینی که گویا انبار کتابخانه بود، پایین برد. (پیش از ورود به من گفته‌بود: خواهشمندم راه ورود را، برای برگشت، به خاطر بسپارید!)

وی از یکی دو راهرو گذشت و در جلوی قفسه‌ای که در آن اسناد منتشرشده از سوی وزارت امور خارجه آمریکا نگاهداری شده‌بود، ایستاد و با نشان دادن آنها به من گفت: اینها تمام اسناد منتشرشده از سوی وزارت امور خارجه است. آیا راه بازگشت را یاد گرفتید؟ من که فکر می‌کردم این زیرزمین دارای چند اتاق بیش نیست و راه آمدن را هم به‌خاطر سپرده‌ام، گفتم: بلی. گفت: پس از پیدا کردن کتاب مورد نظر خود به نزد من بیایید تا ترتیب استفاده‌ی شما از آن را بدهم.
آن خانم بازگشت و من با کمال تعجب و برخلاف انتظار پس از مدتی بسیار کوتاه کتاب مورد نظر، یعنی جلد ۱۰ از مجموعه‌ی اسناد محرمانه‌ی وزارت امور خارجه آمریکا، را در آنجا یافتم و آن را از قفسه برداشتم و پس از حدود نیم‌ساعت که سایر کتابها را تماشا کردم، قصد بازگشت نمودم. ولی بدبختانه راه را گم کردم زیرا زیرزمین‌ها، نه یکی دو تا، و نه یکی دو طبقه، بلکه شمارشان بسیار و همگی هم، به نظر من، شبیه هم بودند و من به هر طرف که می‌رفتم راه ورود را پیدا نمی‌کردم. به نظر می‌رسید که آن زیرزمین‌ها در زیر تمام آن دانشگاه ادامه داشتند.
پس از مدتی این سو و آن سو رفتن کمی وحشت کردم، ولی امیدم به همسرم بود که در بالا در کتابخانه انتظار بازگشت مرا می‌کشید و فکر می‌کردم که بی‌گمان دیرکردن مرا به کتابدار گزارش خواهد داد. خوشبختانه سرانجام سه نفر هندی - آمریکایی از کارمندان کتابخانه را در یکی از زیرزمین‌ها دیدم که در حال جا دادن و مرتب کردن کتاب‌ها بودند و آنان از دری که اجازه‌ی بازکردن آن را داشتند مرا به حیاط مدرسه و در جایی دور از دفتر کتابخانه به خارج فرستادند.
از آنجا به دفتر کتابخانه رفتم، پس از شرح گم شدن خود کتاب را با خوشحالی نشان دادم و با اجازه‌ی کتابدار به کپی گرفتن از آن مشغول شدم. این کتاب متجاوز از هزار صفحه داشت و بدبختانه من فقط موفق شدم از برخی از صفحات آن که مربوط به اواخر مردادماه ۱۳۳۲ بود، فتوکپی بگیرم.
پیش از خارج شدن از کتابخانه به نزد کتابدار مذکور و رئیس او رفتم و از آنان تشکر کردم و در ضمن پرسیدم که به نظر آنان چرا آن کتاب در هیچ یک از کتابخانه‌هایی که پیشتر رفته بودم، وجود نداشت؟
رئیس کتابخانه جملاتی با مضمون زیر در پاسخ من بیان داشت:
من فکر می‌کنم که در این کتاب اشتباهات فاحشی وجود داشته و ممکن بوده‌است انتشار آنها برای وزارت امور خارجه مشکلات زیادی به وجود بیاورد و به این جهت تمام آنها را، البته در جاهایی که امکان داشته‌است، جمع‌آوری نموده‌اند تا آن جلد را پس از تصحیح آن اشتباه تجدید چاپ نمایند.
پرسیدم: پس چرا آن کتاب از دانشگاه شما پس گرفته نشده‌است؟ پاسخ داد:
ما تابع دولت واتیکان و پاپ در ایتالیا هستیم و از بسیاری جهات مستقل محسوب می‌شویم. به اینجهت به سادگی نمی‌توانند به دانشگاه ما بیایند و از کتابخانه‌ی ما کتابی را به خارج ببرند. البته اگر این حدس من درست باشد،

ممکن است پس از تصحیح و چاپ کتاب جدید، ابتدا یک جلد از آن را به اینجا بیاورند و سپس با کسب اجازه آن را تعویض نمایند."

درهرحال، چند ماهی پس از بازگشت من به ایران، میزبان گرامی ما از ویرجینیا اطلاع داد که از سازمان انتشارات دولتی به او نوشته‌اند که جلد ۱۰ از مجموعه‌ی اسناد مورد نظر آماده‌ی فروش می‌باشد.

من خواهش کردم که آن را بخرد و برای من به ایران بفرستد. خوشبختانه این خواهش انجام شد و هم‌اکنون من صاحب آن کتاب می‌باشم. ولی تا زمانی که شروع به تحقیق و بررسی درباره‌ی قتل **سرتیپ محمود افشارطوس** کردم از اینکه چه قسمتهایی از آن را تصحیح یا تعویض کرده‌اند، آگاهی نداشتم. اما درحال حاضر با جرأت و اطمینان می‌توانم بگویم که مکاتبات مربوط به ربودن و قتل **افشارطوس** (تمام و شاید یکی از قسمت‌هایی باشد که) از این جلد کتاب خارج شده‌است.

اسناد و مکاتبات درباره‌ی ریز رخدادهای سیاسی ایران در دو سال ۱۹۵۱ و ۱۹۵۲، در این کتاب قطور و هزار و صد صفحه‌ای جمع‌آوری شده‌است. ولی همان‌طور که پیشتر گفته شد، در سرتاسر آن کوچکترین اشاره‌ای به ربودن و قتل **افشار طوس** وجود ندارد. چرا؟

زیرا بی‌گمان آن اسناد به وضوح نشان می‌داده‌است که این ربودن و قتل برای رساندن **سرلشکر فضل‌الله زاهدی**، کاندیدای مشترک آمریکا و انگلیس، به نخست‌وزیری انجام شده و نیز شاید این حقیقت را روشن می‌کرده‌است که افزون بر مأموران سازمان‌های جاسوسی این دو کشور در ایران، خود این **سرلشکر** و پسر وی، یعنی **اردشیر زاهدی**، و همچنین سفیر آمریکا در ایران و شماری از افسران عضو **کانون افسران بازنشسته** (که این **سرلشکر** بر آن کانون ریاست داشته) در انجام آن جنایت شریک بوده‌اند.

محمدعلی موحد نیز به خوبی متوجه‌ی این دستکاری پر نیرنگ و تزویر وزارت امور خارجه‌ی آمریکا، و در حقیقت دولت آن کشور، در آن اسناد شده و درباره‌ی آنها چنین نوشته‌است:

"گسیختگی سلسله اسناد و سکوت محض

*سلسله اسناد وزارت خارجهٔ آمریکا از تاریخ ۱۵ آوریل ۱۹۵۳ به بعد قطع می‌شود تا ۸ ماه مه (۱۸ اردیبهشت) که در این تاریخ گزارشی ناقص از **لوی هندرسن** آمده‌است. (مقداری از اواسط و اواخر آن را نیز حذف کرده‌اند.)*

*اسناد حذف شده مربوط به دورانی است که توطئه قتل **سرتیپ افشارطوس** کشف می‌شود. اینک برای ما مسلم است که سازمان‌های جاسوسی بیگانه در طراحی این توطئه‌ها دست‌اندرکار بوده‌اند اما گسیختگی اسناد رسمی روشنگری‌های بیشتر در این زمینه را ناممکن ساخته‌است.*

*انعکاسی از برخی مطالب این اسناد حذف‌شده را در میان اسناد وزارت امور خارجهٔ بریتانیا که در دسترس قرار گرفته‌است، می‌توان یافت و ما از آن میان خلاصه‌ای از مذاکرات **دکتر فاطمی با هندرسن** را که از نظر تاریخی مهم می‌نماید نقل می‌کنیم: ..."* (خواب آشفته نفت، دکتر مصدق و نهضت ملی ایران- محمدعلی موحد- جلد ۲- صفحات ۷۳۸/۷۳۹)

(چون این خلاصه‌ی مذاکرات **حسین فاطمی** با **هندرسن** در جای دیگر، در همین کتاب، زیر عنوان «**اقدامات مصدق برای ترساندن شاه و علاج واقعه پیش از وقوع**» درج شده‌است، پس از تکرار آن در اینجا خودداری می‌شود.)

درباره‌ی اینکه چگونه برخی از اسناد محرمانه‌ی وزارت امور خارجه آمریکا، جزو اسناد محرمانه‌ی وزارت امور خارجه انگلیس منتشر شده‌است، لازم به توضیح است که در آن روزها دولت انگلیس به علت قطع رابطهٔ سیاسی با ایران، در این کشور سفیر نداشته و از طرفی چون کشورهای انگلیس و آمریکا، دارای یک هدف مشترک، یعنی سرنگونی **محمد مصدق** و برگزیدن **سرلشکر فضل‌الله زاهدی** به جای وی بوده و اقدامات سیاسی خود را، توسط مأموران سازمان‌های جاسوسی مربوط به خود، به‌صورت مشترک به انجام می‌رساندند، پس به‌طوری که در پایین شماری از تلگرام‌های سفارت آمریکا در این زمان ملاحظه می‌شود، یک رونوشت از آنها نیز به لندن مخابره می‌شده و اکنون تمام و یا قسمت‌هایی از برخی از این قبیل تلگرام‌ها جزو اسناد محرمانه‌ی وزارت امور خارجه انگلیس انتشار یافته‌است.

گمانه‌زنی راجع به دلیل حذف اسناد مربوط به افشارطوس از مجموعهٔ اسناد وزارت امور خارجه آمریکا

پیش از ورود به مطلب بی‌مناسبت نمیداند چند سطر زیر را، از نوشته‌ی ابراهیم صفائی، در مورد روش دوست‌یابی اردشیر زاهدی در ایامی که سفیر ایران در آمریکا بوده است، در اینجا بازگوئی نماید:

"...اردشیر [زاهدی] در اسفند ۱۳۵۰، به جای امیراصلان افشار، به سفارت ایران در آمریکا منصوب گردید و با برپائی ضیافت‌های پرخرج و دادن هدیه‌های ارزنده، از انواع فرش‌ها و قالیچه‌های ایرانی، از بودجه‌ی سفارت، در میان هیئت‌های سیاسی مقیم واشنگتن به زودی شهرت یافت..."

(زندگی‌نامه سپهبد زاهدی – ابراهیم صفائی – صفحه ۲۲۰)

بدیهی است که این روش، یعنی برپایی ضیافت‌های پرخرج و دادن هدیه‌های ارزنده، از بودجه سفارت، در تمام دوران خدمت **اردشیر زاهدی**، در هر کشوری که به عنوان سفیر حضور داشته، نه تنها به اعضای هیئت حاکمه و اعضای هیئت‌های سیاسی مقیم در آن کشور، بلکه به هر زن و دختر زیبائی هم که در آنجا می‌یافته، رواج داشته است.

با این ترتیب، چنین گمان میرود، که **اردشیر زاهدی** از چندی پیش از انتشار اسناد مزبور در آمریکا، در انتظار بسر میبرده و در همان اولین روز انتشار، یک نسخه از جلد دهم مورد بحث را خریداری کرده و پس از مشاهده و خواندن اسناد مربوط به ربودن و قتل **افشارطوس**، که مؤید شرکت و دخالت او و پدرش و نیز دولتهای آمریکا و انگلیس در آن جنایت بوده، بلافاصله به اولیاء وزارت امور خارجه آمریکا، که از دوران سفارت خود در آن کشور، با آنان دوستی و آشنائی داشته

مراجعه کرده و با خاطر نشان کردن حقیقت مزبور آنان را به جمع‌آوری آن جلد و حذف آن اسناد وادار نموده است.

یکی از دلایل این امر این است که در کتاب خاطرات **اردشیر زاهدی** با ویراستاری **احمد احرار**- ترجمهٔ تعدادی از اسناد وزارت امور خارجهٔ آمریکا، از جمله ترجمه اسناد زیر، به چاپ رسیده است که تاریخ همه آنها ۱۹ اوت ۱۹۵۳ [۲۸ مرداد ۱۳۳۲] میباشد و همه از سوی **هندرسن**، سفیر آمریکا در ایران، به وزارت امور خارجه آن کشور مخابره شده‌است :

۱ - سند شماره ۳۹۰ - ساعت مخابره ۱۲ ظهر
۲ - سند شماره ۳۹۸ – ساعت مخابره ۲ بعد از ظهر
۳ - سند شماره ۴۰۰ – ساعت مخابره ٤ بعد از ظهر
٤ - سند شماره ٤٠٤ – ساعت مخابره ٥ بعد از ظهر
٥ - سند شماره ٤٠٦ – ساعت مخابره ۷ بعد از ظهر
٦ - سند شماره ٤١١ – ساعت مخابره ۸ بعد از ظهر

در پایان آن اسناد (در صفحه ۲۵۲ کتاب مزبور) مأخذ آنها به شرح زیر ذکر گردیده است:

The Foreign Relations of the United States of America ۱۹٥۱- ۱۹٥٤, vol.X

اما، جلد دهم اسناد وزارت امور خارجه آمریکا، همان مجموعه‌ای است که هم‌اکنون منهم آن را در اختیار دارم ولی هیچ یک از اسناد بالا در آن وجود ندارد و این امر به خوبی و روشنی نشان میدهد که **آقای اردشیر زاهدی** مجموعه‌ای از آن اسناد را در اختیار داشته که آن را پیش از جمع‌آوری و تجدید نظر در آنها خریداری کرده بوده است ولی مجموعهٔ من مربوط به بعد از تجدید نظر مزبورمیباشد.
منتها چون در اسناد بالا، ساعت به ساعت شرح قیام مردم در روز ۲۸ مرداد ۱۳۳۲ داده شده است لذا **آقای اردشیر زاهدی**، ظاهراً بدون توجه به اینکه این اسناد نیز مانند اسناد مربوط به قتل **افشارطوس** حذف شده‌اند، ترجمه و چاپ آنها را به مصلحت خود دیده است.

(۱)- مطالبی بازگوشده از اعترافات رئیس MI ٦ (سازمان جاسوسی انگلیس) در ایران و فرمانده عملیات چکمه

سی.ام. **وودهاوس** در اواسط ماه آگوست ۱۹٥۱ (اواخر مرداد ۱۳۳۰) برای تصدی عملیات جاسوسی انگلیس به تهران آمده و خانواده وی در اکتبر همین سال در این شهر، به وی پیوسته‌اند.
به‌طوری که خاطرات **وودهاوس** نشان می‌دهد وی فرمانده‌ی سازمان جاسوسی MI ٦ بوده و مسئولیت **عملیات مشهور به چکمه** (Operation Boot) را به‌عهده داشته که در آغاز از سوی **اینتلیجنت سرویس انگلیس** برای سرنگونی دولت **محمد مصدق** ترتیب

داده‌شده بود و سپس با جلب موافقت مقامات آمریکایی و با همکاری **سازمان سیا** به **عملیات مشهور به آژاکس** (**Operation Ajax**) تبدیل شد و تا رخدادهای ۲۵ و ۲۸ مرداد ۱۳۳۲ ادامه یافت.

برای آشنا ساختن بیشتر خوانندگان گرامی با سازمان **MI ٦** و **عملیات چکمه**، نگارنده بی‌مناسبت نمی‌داند که در ابتدا قسمت‌هایی از خاطرات **وودهاوس** را بازگو نماید:

*" ... امکانات و دارایی‌های خود من [یعنی کارکنان تحت اختیار **وودهاوس**] وقتی به یک شغل صوری در سفارتخانه [انگلیس در تهران] منصوب شدم قابل ملاحظه بود. هرچند به دلیل ناکامی‌های سال گذشته، افراد روحیهٔ خود را باخته بودند.*

- سه یا چهار جوان کارآموز در سفارت دربارهٔ اطلاعات مربوط به ایران و کمونیست‌ها به طور تخصصی کار می‌کردند.

*- یکی دیگر با رهبران ایرانی که با **مصدق** دشمنی داشتند، گرم می‌گرفت.*

- دیگری، با موافقت شاه، با رئیس پلیس امنیتی که دربارهٔ حزب توده اطلاعات خوبی داشت رابطهٔ سودمندی برقرار کرده‌بود.

*- برجسته‌ترین چهره میان همهٔ افراد **رابین زاینر** بود که بعدها پروفسور ادیان شرقی در دانشگاه آکسفورد گردید.*

او فقط چند هفته قبل از من به سفارت پیوسته بود. در طول جنگ جهانی دوم او در تهران کار کرده و تماس‌های بسیار خوبی برقرار ساخته‌بود، که اینک می‌کوشید آنها را از سر بگیرد.

*- یکی از این روابط با فردی سویسی بود به نام **ارنست پرون**، که قبلاً معلم شاه بوده و هنوزشاه یکی از دوستان نزدیک شاه به‌شمار می‌رفت.*

*- **زاینر** با یک خانوادهٔ تاجر متمول، که دو نفر از سرکردگان آن را ما فقط به نام **برادران [رشیدیان]** می‌شناختیم، نیز تماس داشت.*

*- و نیز توسط **زاینر** بود که با یک جوان پارسی اهل بمبئی که با شاه هم‌مدرسه بود، آشنا شده، از خدماتش بهره‌مند شدم. گر چه وی در آن زمان شغل محقری داشت، ولی بعدها به خاطر خدماتش به روابط ایران و انگلیس به شهرت رسید و به **سرشاپور ریپورتر** ملقب گردید.*

*قرار بر این بود که **برادران [رشیدیان]** سنگ زیربنای برنامه‌های ما باشند. آن دو با **زاینر** علیه آلمانها کار کرده و تشکیلات خود را نسبتاً سالم نگاه‌داشته بودند.*

علاوه بر ثروتشان، آنان در دو زمینه تخصص داشتند:

می‌توانستند در مجلس و بازار افکار و آراء را تحت تأثیر قرار دهند و از آن مهمتر آنان می‌توانستند در خیابانها جمعیت به راه بیاندازند، امری که در سیاست ایران نیروی توانمندی به‌شمار می‌رفت.

*تظاهرات عمومی اغلب در تهران اتفاقات سیاسی را تحت تأثیر قرار می‌داد. ولی در سالهای اخیر، به شکرانهٔ فعالیت **حزب توده** و **آیت‌الله کاشانی**، این تظاهرات به‌طور مؤثری در جهت تغییر وقایع علیه غرب به‌کار گرفته شده بود.*

در اوایل کار، من نسبت به استفاده از برادران تردید داشتم ولی رفته‌رفته معتقد شدم که بهره‌گیری از همان نیروهای مردمی در جهت حمایت از سیاست‌های غرب امکان‌پذیر است. اما مشکلاتی وجود داشت. یکی اینکه برادران **سخت ضدآمریکایی بودند**، درصورتی که من اعتقاد داشتم ما به حمایت آمریکا نیاز داریم. دیگر اینکه من با برادران تماس مستقیمی نداشتم و هرگز آنان را ملاقات نکرده بودم. یا لااقل، یک بار که به‌طور اتفاقی با آنان روبه‌رو شدم، آگاهی نداشتم با که طرف هستم.

ارتباط با آنان در قُرُق زاینر بود که او هم در برابر وزارت خارجه مسؤل بود، نه در برابر من.

این برخلاف قاعده بود که عقیدهٔ سازماندهی سرنگونی مصدق نخست راساً در وزارت خارجه شکل گرفته باشد تا آنکه به دوستان واگذار شود ...

در تابستان ۱۹۵۱ یک ناوگان عظیم دریایی در دهانهٔ شطالعرب واقع در آبهای عراق، که هنوز تحت کنترل بریتانیا بود، جهت اشغال آبادان گردآوری شده بود. **یکی از مأمورین من موفق شده بود فرماندهٔ کل نیروهای ایرانی در خرمشهر را تطمیع کند که فقط به یک مقاومت ظاهری قناعت ورزد.**

بنابراین عملیات مشکل نمی‌نمود، ولی کابینهٔ انگلیس به [هربرت] موریسون [وزیر امور خارجه انگلیس] اجازه نداد به این کار دست بزنند ...

وزارت خارجه اینک [پس از شکست حزب کارگر در انتخابات] از تهور و جسارتی که در فرستادن زاینر برای اقدامات براندازی از خود نشان داده‌بود، پشیمان شده، اظهار ندامت می‌کرد. عدهٔ زیادی از مسؤلین می‌خواستند خود را از شر این عملیات خلاص و بالاخره آن را متوقف کنند. ساده‌ترین راه این بود که مسؤلیت عملیات را به من واگذار کنند، که من حاضر به قبول آن بودم، هرچند من متقاعد نشده بودم که می‌بایست طرح را به‌کلی رها کرد.

فرصت مناسب برای آنکه کنترل عملیات را من به دست گیرم به طرز عجیبی پیش آمد. تا آن موقع مسؤلیت من در مقابل برادران تنها این بود که برای اقداماتی که از جانب ما انجام می‌دادند، پول تهیه کنم. این کار را از طریق فروش پوند در بازار آزاد انجام می‌دادم و ریالهای بدست آورده را به زاینر می‌دادم تا به آنان رد کند. یک شب زاینر ناخوش بود و از من تقاضا کرد که با رابط او ملاقات کرده، پول را خودم به او بدهم. آن شب به محل ملاقات دورافتاده‌ای در خارج تهران رفتم. با آنکه تاریک بود با تحیر بسیار متوجه شدم مردی که برای دریافت پول آمده همان شخص فروشندهٔ ریالهای روز قبل است.

خطر و بلاهت داشتن دو تماس جداگانه با یک نفر را به زاینر گوشزد کردم ...

تقریباً در همین مواقع، از خوش‌شانسی **یک منبع مفید دیگر در اختیار من قرار گرفت**. یک روز صبح یک کارمند عالی‌رتبهٔ ایرانی وارد سفارت انگلیس شد تا اطلاعاتی در اختیار ما بگذارد. او آنچنان آشکارا آمد، انگار هرگز به فکر او خطور نکرده که کار ناشایسته‌ای انجام می‌دهد. در مقام مدیر کل یکی از وزارتخانه‌های مهم، او به این نتیجه رسیده بود که **مصدق**

مشغول ویران کردن و به ورشکستگی کشاندن ایران است. وی مانند اکثر ایرانیان، حتی ایرانیان خیلی تحصیل‌کرده، مانند خودش، اعتقاد داشت که در ایران هیچ چیز اتفاق نمی‌افتد مگر به میل و ارادهٔ انگلیسها ...
این شخص استدلال می‌کرد که چون به هر حال همهٔ اختیارات ایران در دست انگلیسی‌ها است، پس چنانچه به‌طور منظم و دقیق اطلاعات لازم دربارهٔ جریانات داخلی دولت **مصدق** به دست ما برسد، ما قادر خواهیم بود به‌طور مؤثرتری در جهت منافع مشترک دو کشورمان اقدام کنیم ...
به دلایل امنیتی ما نام مستعار عمر را بر او گذاردیم.
وزیر مافوق **عمر** از بخت خوب ما، چندی قبل استعفاء داده و کسی هم به جانشینی او تعیین نشده بود. بنابراین، **عمر** شخصاً به نمایندگی از سازمان مربوطه در هیأت دولت **مصدق** شرکت می‌کرد. هفته‌ای دو سه بار من و او به‌طور خصوصی ملاقات می‌کردیم و جزئیات محرمانهٔ داخل دستگاه حکومتی را می‌شنیدیم. **مصدق** جلسهٔ هیأت دولت را معمولاً در منزل خود، که اتفاقاً **خانهٔ سفید** خوانده می‌شد، تشکیل می‌داد، زیرا او خود را مردی بیمار وانمود ساخته، جلسات را از روی تختخواب خود اداره می‌کرد.
تمام تصمیمات مهم به وسیلهٔ خود او اخذ و بر دیگران تحمیل می‌شد. ما از این تصمیمات آناً اطلاع حاصل می‌کردیم. اما برای ما غیرممکن بود که در میان سیاستهای مصدق منطق یا استمراری کشف کنیم ...
اگر ناچار بودم یک نفر را به عنوان نمونهٔ بهترین چیزهایی که در ایران یافت می‌شود انتخاب کنم، **دکتر حسن علوی** را نام می‌بردم. او نه تنها یک طبیب عالی تربیت شدهٔ لندن، که مردی صاحب وجدان بود. به جای آنکه از بیماران خیلی پولدار شهر برای خود ثروتی بیاندوزد، او خود را وقف مردم فقیر تهران کرده بود.
او وکیل مجلس و چون مخالف مصدق و نگران جان خود بود همیشه یک هفت‌تیر با خود حمل می‌کرد، حتی موقعی که در منزل دوستان با هم بریج بازی می‌کردیم.
علوی یک بار داستانی دربارهٔ مجلس برایم تعریف کرد که روشنگر روحیهٔ **مصدق** و خودش و حتی شخصیت ایرانی می‌تواند باشد.
گویا روزی **مصدق** مشغول ایراد نطقی پر حرارت دربارهٔ استثمار انگلیس و اینکه انگلیسی‌ها چگونه ایران را مانند یک مالک بذات می‌دوشند، بود. با اینکه **علوی** به درستی آن حرفها اعتقاد نداشت، معذالک با چشمان پر از اشک به سخنران گوش می‌داد.
ناگهان **مصدق** ظاهراً بی‌هوش شده، روی زمین مجلس می‌افتد. **علوی** جلو دویده در حالی که سایر وکلاء را کنار می‌زند، فریاد برمی‌آورد: بگذارید رد شوم، من دکترم. و با عجله خود را به **مصدق** رسانیده، بلافاصله نبض او را می‌گیرد، از ترس آنکه مبادا رهبر بزرگ ملی از دست رفته باشد. **در آن حال مصدق آهسته یک چشمش را باز می‌کند و به علوی چشمک می‌زند.**
علوی به‌طور تحسین‌آمیزی دربارهٔ این مزاح که خود هدف آن بوده، می‌خندید ..."

(شرح عملیات چکمه، آجکس- از خاطرات سی.ام. وودهاوس، یک مقام بلندپایهٔ انگلیسی- ترجمه: نظام‌الدین دربندی- صفحات ۳۸ تا ۴۵)

وودهاوس ضمن خاطرات خود به‌طور مفصل شرح می‌دهد که پس از قطع رابطه‌ی سیاسی ایران با انگلیس، وی مرکز فرماندهی خود را به قبرس منتقل ساخته و نیز در ماه‌های آخر سال ۱۹۵۲، مذاکرات مربوط به شرکت دادن **سازمان جاسوسی آمریکا، سیا**، در عملیات براندازی دولت **مصدق** آغاز شده و ادامه یافته‌است.

در زیر قسمت‌های دیگری از خاطرات مزبور را بازگومی‌نماییم:

*" ... اما طی ماه فوریه [۱۹۵۳- بهمن و اسفند ۱۳۳۱] وزارت امور خارجهٔ انگلیس تصمیم گرفت تمام برنامه‌های عملیاتی علیه **مصدق** را متوقف سازد، به این دلیل که ما نمی‌توانستیم الی غیر نهایه به‌هزینهٔ تشکیلات برادران را تأمین کنیم، آن هم در شرایطی که همکاری آمریکایی‌ها در این زمینه تا این حد نامطمئن به نظر می‌رسید.*
*امریه‌ای برای تصویب وزیر تهیه شد مبنی بر اینکه به **برادران** دستور داده شود طرح عملیاتی خود را رها کرده، صرفاً به کارهای اطلاعاتی بپردازند. مقرری که طی ماه گذشته [ژانویه ۱۹۵۳ - دی و بهمن ۱۳۳۱] به آنان پرداخت شده بود، نیز می‌بایست به تدریج رو به کاهش رود.*
من با اکراه با این امر موافقت کردم، نه آنکه حتی اگر موافقت نمی‌کردم می‌توانست تأثیری داشته‌باشد.
*روز ۲۱ فوریه [۱۹۵۳ - ۲ اسفند ۱۳۳۱] موضوع مورد تأیید **ایدن** قرار گرفت و ما به نوبت برادران را از این تصمیم مطلع ساختیم.*
اما برادران این دستور را نپذیرفتند. آنان تصمیم گرفتند فعالیت خود را مانند گذشته ادامه دهند و مقرری عُمّال فعال خود را از جیب خویش بپردازند. این امر نمی‌بایست موجب شگفتی ما شده‌باشد.
در ماه نوامبر [۱۹۵۲ - آبان و آذر ۱۳۳۱] من به آمریکایی‌ها گفته بودم به آسانی نمی‌توان تشکیلات را به عدم فعالیت مطلق وادار ساخت، هر چند قطع کامل مقرری از جانب ما بی‌شک نهایتاً به چنین نتیجه‌ای منجر می‌شد.
*در این هنگام، تقریباً قبل از آنکه دستورات ما به **برادران** ابلاغ شده‌باشد، **طرح عملیاتی چکمه (یاآجاکس) دوباره زنده شد. تا حدی از دولت سر آمریکایی‌ها و قدری هم به‌خاطر اقدامات خود مصدق.***
*ولی امور به سرعتی که من مایل بودم پیش نمی‌رفت زیرا با در نظر گرفتن مشارکت چهار سازمان دولتی، دو سازمان در این طرف و دو سازمان در آن طرف **آتلانتیک**، چنین عدم تفاهمی دست کم قابل درک بود.*
(منظور از چهار سازمان دولتی در دو طرف آتلانتیک، وزارت خارجهٔ آمریکا و CIA از یک سو و وزارت خارجهٔ انگلیس و MI۶ از سوی دیگر است.)
*... بدبختانه کارها نامنظم و ناهم‌آهنگ پیش می‌رفت. در حالی که **ایدن** مشغول اخذ تصمیم دربارهٔ رها کردن تمامی طرح بود، گروه انگلیسی و*

آمریکایی دو جلسهٔ ملاقات در واشنگتن تشکیل دادند، یکی در مقر فرماندهی سیا و دیگری در وزارت خارجه که نتیجهٔ احیاء طرح بود.
گرچه این هیأت‌ها نمی‌توانستند تصمیمات مشخصی اتخاذ کنند، با این‌همه نفس مذاکرات این واقعیت را به روشنی آشکار می‌ساخت که آمریکایی‌ها اینک بیشتر آمادهٔ عمل بودند.
انتصاب [کرمیت] روزولت به عنوان فرماندهٔ عملیات در تهران به صراحت مورد بحث قرار گرفته و زاهدی به عنوان مناسب‌ترین جانشین مصدق کم و بیش مورد توافق قرار گرفته بود.
شاه هم به انتخاب زاهدی تمایل داشت.
در همین زمان، **مصدق** با شتاب به سوی نابودی خود گام برمی‌داشت.
اواخر ماه **فوریه** او عملاً **شاه** را وادار کرد تا تصمیم به ترک کشور گیرد، هرچند قرار بود اسماً این یک عقب‌نشینی موقت باشد، اما در واقع معادل نوعی کناره‌گیری از سلطنت بود.
وقتی روز **اول مه [باید یکم مارچ باشد]** قصد مسافرت **شاه** به خارج اعلام گردید، تظاهرات عمومی در تهران شعله‌ور شد، به‌طوری که **شاه** ناگزیر گردید تصمیم خود را عوض کند و این امر **مصدق** را به‌طور مؤثری تکان داد. روز بعد، حزب توده با تظاهرات گسترده و عظیمی علیه شاه به تظاهرات روز قبل پاسخ داد ...
وقتی روز ۲۷ آوریل [۱۹۵۳ - ۷ اردیبهشت ۱۳۳۲] تأییدیهٔ رسمی وزارت خارجهٔ آمریکا مبنی بر پذیرش زاهدی به عنوان نامزد مشترک نخست‌وزیری دریافت شد، دیگر مانعی برای برنامه‌ریزی مشترک سر راه نداشتیم.
دو مشکل هنوز باقی بود. یک آنکه **برادران [رشیدیان]** را قانع کنیم تحت فرماندهی آمریکایی‌ها کار کنند. آنان به این پیشنهاد با اکراه ولی در کمال صمیمیت و وفاداری تن دادند و بعدها **روزولت** تأیید کرد که واقعاً چنین کرده بودند. **مشکل دیگر این بود که اعصاب شاه را تقویت کرده، وی را متقاعد سازیم که هدف عملیات فقط مصدق است و نه تاج و تخت او.**
با درنظر داشتن سرنوشت پدرش، متقاعد کردن او طبیعتاً کار آسانی نبود، هرچند وخامت اوضاع ایران عملاً راهی برای او باقی نمی‌گذاشت، جز آنکه به ما اعتماد کند.
مصدق سریعاً احساس کرد اوضاع از چه قرار است. بنابراین لبهٔ تیز حملات خود را نه فقط متوجهٔ انگلیسی‌ها، بلکه متوجهٔ خانوادهٔ سلطنتی، زاهدی و لوی هندرسن، سفیر آمریکا، نیز ساخت.
او از مجلس تقاضا کرد اختیارات شاه را محدود کند ولی مجلس از مذاکره دربارهٔ موضوع با استفاده از **حیلهٔ قدیمی** فقدان حد نصاب سر باز زد. **حزب توده** علیه شاه بلوا به راه انداخت و برای حمایت از **مصدق** تظاهراتی بر پا کرد. شایع بود که **مصدق** به مسکو دعوت شده‌است. در آخر **ماه مه [۱۹۵۳ - ۱۰ خرداد ۱۳۳۲]** نامهٔ مأیوسانه‌ای به **پرزیدنت آیزنهاور** نوشت که روز ۹ ژوئیه [۱۹۵۳ - ۲۰ تیر ۱۳۳۲] پرزیدنت به آن جواب داد مبنی بر اینکه تا حل اختلاف نفت از پرداخت کمک بیشتری خودداری خواهدشد.

نظم عمومی در حال فروپاشی بود. جماعت به منازل و ادارات آمریکایی‌ها حمله می‌کردند. گروهی رئیس پلیس را ربوده و به قتل رسانیدند، جنایتی که به طرفداران زاهدی نسبت داده شد ولی احتمالاً بیشتر دلایل شخصی داشت ... "
(همان- صفحات ٦٧ تا ٧١)

(۲)- از زبان جاسوسان MI ٦ و یا بازگوشده از منابع انگلیسی درباره‌ی شرکت در توطئه ربودن افشارطوس

(الف)- افشاگری در کانال ٤ تلویزیون وابسته به بی.بی.سی.

برای نخستین بار درتاریخ ۱۷ می ۱۹۸۵ (۲۷ اردیبهشت ١٣٦٤) در تلویزیون کانال ٤ بی.بی.سی. برنامه‌ای پخش شد و طی آن یکی از مقامات عالیرتبه و آگاه سازمان جاسوسی انگلیس (اینتلیجنت سرویس)، که چهره‌اش را نامشخص کرده‌بودند، درباره‌ی نقش این سازمان در وقایعی که به رخداد ۲۸ مرداد ۱۳۳۲ منجر گردیده، به افشاگری پرداخت.

آنسان که پیداست، جاسوس مذکور درباره‌ی اقدامات همان سازمان، زیر نام (Operation Boot) ***عملیات* چکمه** ، نیز شرحی بیان کرده و در ضمن اعتراف نموده‌است که ربودن **سرتیپ محمود افشارطوس** نیز ازجملهٔ اقدامات مزبور بوده ولی قتل وی خارج از برنامه صورت گرفته بوده‌است.

چون متن اصلی این سخنان در جایی به چاپ نرسیده و نیز امکان دسترسی به یکی از نوارهایی که گویا توسط برخی از ایرانیان ساکن انگلیس از این برنامه‌ی تلویزیونی تهیه شده‌است میسر نیست، پس به ناچار به همین شرح مختصر درباره‌ی آن افشاگری بسیار مهم بسنده می‌نماید.

(ب)- شرح مندرج در روزنامه معتبر انگلیسی (OBSERVER)

۹ روز پس از افشاگری جاسوس بلندپایه‌ی انگلیسی درباره‌ی عملیات چکمه و ربودن و قتل سرتیپ **محمود افشارطوس** به شرح بالا، روزنامه **آبزِرور**، که یکی از روزنامه‌های معتبر لندن می‌باشد، شرحی در همان رابطه به چاپ رسانده است که ما ترجمه آن را با چند سطر از مقدمه‌ای که **آقای محمود طلوعی** بر آن نوشته‌است، بازگو می‌نماییم:

*" در سال ۱۹۸۰ **باری روبین**، محقق برجستهٔ آمریکایی، ... برای نخستین بار فاش کرد که انگلیسی‌ها طراح اصلی عملیات اوت ۱۹۵۳ (مرداد [۱۳]۳۲) بوده‌اند و آمریکائی‌ها فقط اجرای آن را به‌عهده گرفتند. در سال ۱۹۸۵ نیز خود انگلیسی‌ها از عملیات دیگری که مقدم بر کودتای ۲۸*

مرداد برای سرنگونی **مصدق** طرح‌ریزی شده‌بود، پرده برداشتند و مطبوعات انگلیس به تفصیل دربارهٔ آن قلمفرسایی کردند.
این طرح که به نام رمز **عملیات چکمه (OPERATION BOOT)** موسوم شده‌بود، از اوایل سال ۱۹۵۲ (اواخر سال ۱۳۳۰) پیاده شد. ولی چون به نتیجهٔ مطلوب نرسید، طرح عملیات دیگری با همکاری آمریکایی‌ها جایگزین آن گردید.
دربارهٔ **عملیات چکمه** روزنامهٔ معتبر انگلیسی *آبزرور* در شماره مورخ ۲۶ مه سال ۱۹۸۵ خود گزارش مفصلی منتشر کرده و ضمن آن چنین می‌نویسد:
برای نخستین بار داستان کامل همکاری انگلیس و آمریکا برای سقوط حکومت مصدق در سال ۱۹۵۳ فاش شد. این داستان به وسیلهٔ **یکی از مقامات پیشین MI۶ (اینتلیجنت سرویس) که خود در جریان امر بوده** افشاءگردید و بعضی از نکات تاریک این ماجرا از پرده بیرون افتاد.
این مأمور انگلیسی به‌طور مثال از این راز پرده برداشت که ربودن رئیس شهربانی مصدق (افشارطوس) قسمتی از طرحی بوده‌است که به وسیلهٔ عوامل تحت فرمان انگلیس انجام شده، لیکن قتل او که به‌طور تصادفی اتفاق افتاده، جزو برنامه نبوده‌است.
مأمور مذکور همچنین فاش کرد که طرحی که او مستقیماً مسؤل آن بوده ۷۰۰،۰۰۰ لیره خرج برداشته که در آن زمان مبلغ قابل توجهی بود. وی گفت مبالغ هنگفت دیگری نیز به وسیلهٔ سایر مأموران خرج شده که او در جریان آن نیست.
پول‌هایی که برای ساقط کردن **مصدق** خرج می‌شد، بیشتر از طریق یک خانوادهٔ ثروتمند طرفدار انگلیس که در گزارش‌های مخفی از آنها به نام **برادران یاد**می‌شد، توزیع می‌گردید.
آنها درواقع سه برادر به نام **سیف‌الله** و **قدرت‌الله** و **اسدالله رشیدیان** بودند که اکنون هر سه مرده‌اند.
آنها پول‌هایی را که از مأموران انگلیسی دریافت می‌نمودند، صرف پرداخت رشوه به سیاستمداران و مقامات رسمی یا تأمین مخارج به‌راه‌انداختن دستجات برای تظاهرات سیاسی می‌کردند.
انگلستان در آغاز بحران نفت ایران قصد داشت با دخالت نظامی کار را یکسره کند و مأموریت **رزمناو موریشس** که در آن هنگام به آبادان فرستاده شد، جدی بود. ولی تحت فشار آمریکایی‌ها، انگلستان مجبور شد از مداخلهٔ نظامی در ایران صرف‌نظر کند.
انگلیسی‌ها سپس دست به عملیات خرابکارانه در داخل ایران زدند و سرپرستی این عملیات در ایران به **روبین زانر** سپرده شد. زانر سابقهٔ دانشگاهی داشت و بعداً به استادی مذاهب شرقی در آکسفورد انتخاب شد.
زانر اسکناس‌های درشت را در جعبه‌های بیسکویت حمل می‌کرد و **برادران رشیدیان** با این بیسکویت‌های کاغذی دهان سیاستمداران و متنفذین ایرانی را شیرین می‌کردند.

*تا وقتی که روابط سیاسی ایران و انگلیس قطع نشده بود، **عملیات چکمه** با استفاده از پوشش دیپلماتیک پیش می‌رفت ولی بعد از اینکه **مصدق** دیپلماتهای انگلیسی را از ایران اخراج کرد، تماس مأموران انگلیسی با طرف‌های ایرانی دشوارتر شد. با وجود این، تماس با **برادران رشیدیان** به وسیلهٔ رادیو از قبرس ادامه داشت و هزینهٔ عملیات از طرق مختلف به تهران ارسال می‌گردید.*
*از اوایل سال ۱۹۵٤ **ایدن**، که پس از پیروزی محافظه‌کاران در انتخابات انگلیس مجدداً عهده‌دار وزارت امور خارجه شده بود، تصمیم گرفت با تشریک مساعی آمریکا طرح جدیدی را برای ساقط کردن **مصدق** به موقع اجرا بگذارد. در آمریکا نیز با روی کار آمدن حکومت **آیزنهاور** هم‌آهنگی بیشتری با سیاست انگلستان احساس می‌شد.*
*سرانجام دربارهٔ یک طرح مشترک توافق حاصل شد و **عملیات چکمه** متوقف گردید."*
(ترس از انگلیس- محمود طلوعی- صفحات ١٦١/١٦٤- بازگوشده از روزنامه:
(THE OBSERVER - ٢٦ MAY ١٩٨٥

(ج)- به گفته‌ی اسدالله، یکی از برادران رشیدیان (جاسوسان مسلم انگلیس)

محمود طلوعی در مقدمه‌ی کتاب خاطرات **دکتر مظفر بقائی‌کرمانی** چنین نوشته‌است:

*" ... **دکتر بقائی** دربارهٔ یکی از بزرگترین اتهاماتی که در اواخر حکومت **مصدق** به او نسبت داده شد، یعنی مشارکت در توطئه ربودن و قتل **افشارطوس**، رئیس شهربانی **مصدق**، به اختصار سخن می‌گوید و تأکید می‌کند که مطلقاً در جریان این ماجرا نبوده‌است.*
اطلاعات شخصی نویسنده [محمود طلوعی] نیز کم‌وبیش این موضوع را تأیید می‌کند.
*با اسنادی که در چند سال اخیر منتشر شده، نقش **برادران رشیدیان** در این ماجرا محرز شده و خوانندگان می‌توانند برای پی‌بردن به جزئیات آن به مقالهٔ مفصل آقای **پرویز اعتصامی** در کتاب **مصدق در پیشگاه تاریخ** مراجعه نمایند ..."*
(خاطرات دکتر مظفر بقائی‌کرمانی- مصاحبه‌کننده: حبیب لاجوردی- با مقدمه و ویرایش: محمود طلوعی- بازگوشده از مقدمه- صفحه ١٣)

در زیرنویس همین صفحه نیز توضیح داده شده‌است:

*" ... **پرویز اعتصامی** که از محارم **برادران رشیدیان** بود، در این مقاله از زبان **اسدالله رشیدیان** به نقش آنها در توطئه ربودن و قتل **افشارطوس** اشاره می‌کند."*

قسمتی از مقاله مورد نظر **محمود طلوعی** به قلم **پرویز اعتصامی** به شرح زیر می‌باشد:

*" ... در تمام این مدت انگلیسی‌ها هرگز بیکار ننشسته بودند. در سال ۱۳۳۱ نقشهٔ یک کودتای آنان عقیم ماند. **سرلشکر زاهدی** در مجلس متحصن شد و دو برادر از سه برادر **رشیدیان (قدرت‌الله و اسدالله رشیدیان)** و پدر آنان **حبیب‌الله رشیدیان** دستگیر و روانهٔ زندان شدند. دادگستری که زیر نظر [**عبدالعلی] لطفی** قرار داشت، پس از چند جلسه بازجویی متهمان را آزاد کرد. **رشیدیان‌ها** نیز از زندان خلاص شدند. در اینجا خاطره‌ای دارم که بهتر است بنویسم تا خوانندگان ارجمند به درجهٔ سستی و بی‌حالی و بی‌خبری بازپرسی که دارد به یک توطئه کودتا رسیدگی می‌کند، پی ببرند. گرچه به احتمال قوی عمداً بازپرسی در حد اعلای نادانی را مأمور رسیدگی ساخته بودند.*

*__قدرت‌الله رشیدیان__ برایم روزی نقل کرد که در آن زمان مهمترین سؤال بازپرس از من این بود که ما به اسناد تو از جمله دستهٔ چک بانکی رسیدگی کرده‌ایم، باید بگویی این «**مستر کوک**» کیست که به او پول داده‌ای و در کار جاسوسی شرکت داشته‌ای؟*

*در جواب گفتم: اگر من جاسوسم که باید پول گرفته باشم نه اینکه پولی هم از حساب خودم بدهم وانگهی این ته‌چک که شما نشان می‌دهید «**مستر**» ندارد و فقط «**کوک**» تنهاست و این پولی است که بابت کوک پیانوی منزلم پرداخته‌ام!! رسیدگی‌کنندگان به کودتا را ببینید!! ... "*

*" ... جداشدگان [از **محمد مصدق**] خود چند گروه بودند. گروهی به همان مخالفت با دولت **دکتر مصدق** اکتفاء نمودند. اما گروه دیگر عملاً وارد حلقه‌های توطئه شدند. نمونهٔ بارز آن را می‌توان در ماجرای به دام انداختن و قتل **افشارطوس**، رئیس شهربانی کل، در حکومت **مصدق**، یافت.*

*__افشارطوس__ حقیقتاً یکی از موانع عمدهٔ توطئه‌گران در رسیدن به هدف بود. کما اینکه بعد از قتل **افشارطوس**، افسر وفادار و باقدرت دیگری نتوانست جای او را بگیرد.*

در جای خود خواهم آورد که در حساس‌ترین روزها یکی از افسران مرتبط با عوامل کودتا به ریاست شهربانی کل کشور رسید.

*مسلم این است که ربودن و کشتن رئیس شهربانی کل کشور آن هم با آن وضع فجیع کار آسانی نبود. در اینکه تعدادی افسر بازنشسته در این قتل شرکت داشتند، شکی نیست. اینکه چگونه **افشارطوس** را تا به آن خانه و به دام کشیدند، حداقل بر بنده مجهول است.*

من فقط دو خاطره در این زمینه به یاد دارم و می‌توانم برای خوانندگان عزیز و ارجمند بازگوکنم.

*یک روز در اواسط دههٔ چهل **سیف‌الله رشیدیان** خواهش کرد دو سه دقیقه او را در دفترش ببینم. اتاق ما به هم نزدیک بود.*

*تا او را دیدم گفت: **بلوچ غرائی** (سروان یا سرگرد به خاطر نمی‌آورم) آمده است مرا ببیند. این همان است که **افشارطوس** را خفه کرد. فعلاً وضع خیلی بدی دارد. دو هزار تومان بگو از حساب من بیاورند و خودت به او بده.*

دو هزار تومان آن زمان البته پول خوبی بود. نام **بلوچ قرائی** را از همان زمان قتل **افشارطوس** شنیده بودم و می‌دانستم که جزء دستگیرشدگان و متهمان همان قتل بوده‌است، که بعداً آزاد شده‌است.

او را در دفترم دیدم. مردی کوتاه قد و بسیار لاغر بود. با صورتی کریه و چشمان معوج. اصلاً و ابداً به یک افسر در هر رده‌ای شباهت نداشت. لباسش مندرس بود. تعارف کردم و نشست. گفتم: به من توصیه شده‌است که این پول را به شما بدهم. گرفت و بی‌محابا گفت: من همان کس هستم که **افشارطوس را دستمال در دهانش گذاردم و طناب هم به گردنش بستم و خفه کردم. در دهانش ادرار کردم و کاملاً نمرده بود که خاکش کردیم.** اما امروز برای نان شب محتاجم.

راستش ترسیدم از او توضیح بیشتری بخواهم. کنجکاو بودم اما ترس مانعم بود. در خیلی از موارد ندانستن یک راز بهتر از وقوف و آگاهی بر آن است. از او بدم آمد و می‌خواستم زودتر از شرش خلاص شوم و خلاص هم شدم. اما شاید امروز پشیمانم که چرا خیلی از سؤالات را که حتماً جواب می‌داد در میان نیاوردم. حال عادی نداشت و مسلط بر اعصاب خود نیز نبود. از آن مواردی بود که طرف حاضر است همهٔ دانسته‌ها را بر سر هر کوی و برزن جار بزند.

عاقبت او چه شد؟ نمی‌دانم.

سالها بعد از **اسدالله رشیدیان** پرسیدم دانسته‌های شما از قتل **افشارطوس** چیست؟

گفت: ما اطلاع پیدا کردیم که **افشارطوس** می‌خواهد شخصاً **شاه** را ترور کند و چون به عنوان رئیس شهربانی همیشه می‌توانست نزد **شاه** برود، انجام این قصد آسان بود.

افشارطوس به این نتیجه رسیده بود که با وجود **شاه** کار ملی شدن صنعت نفت و کار مملکت سامان نمی‌گیرد و بعد **اسدالله رشیدیان** مطلب دیگری گفت که حیرت بر حیرتم افزود.

گفت: **اتومبیل پونتیاک آبی رنگ که با آن افشارطوس را به خارج شهر و به طرف غار بردند من به امانت از ... [نام در کتاب ذکر نشده‌است] گرفته بودم. یعنی روزی به ... تلفن کردم که خانه‌شان در پامنار بود و گفتم اتومبیل من خراب است و اتومبیل تو را برای چهل و هشت ساعت لازم دارم.**

او هم اتومبیلش را فرستاد و من این اتومبیل را در اختیار زاهدی قرار دادم.

اما وقتی مشخصات اتومبیل که **افشارطوس** را به طرف غار برده بود، اعلام شد، ... متوجهٔ موضوع شد و گرفتار اسهال گردید، در حالی که ما اتومبیل را برایش برگردانده بودیم.

اینها را **رشیدیان** بعد از انقلاب اسلامی ایران در لندن و با خنده و شوخی گفت و اضافه کرد: کتابچه‌ای در جیب **افشارطوس** بود که خیلی مسائل را برای ما روشن کرد. حتی روزی که می‌خواست به ترور **شاه** دست بزند که با اقرارهایی که از او گرفته بودند تطبیق داشت.

حال بین این ادعا و اطلاع و دخالت و مباشرت **دکتر مظفر بقائی‌کرمانی**، **خطیبی** و چند افسر بازنشسته چه رابطه‌ای وجود داشته است؟ من نمی‌توانم

*حدس بزنم یا حتی به نتیجه‌گیری بپردازم. روابط این اشخاص با **رشیدیان‌ها** منفرداً و مجتمعاً چه بوده‌است؟ نمی‌دانم. شاید بهتر بود باز هم سؤال می‌کردم، اما به احتمال زیاد با شناسایی که روی این فرد و برادرش داشتم، بیش از حالا به مقصود نزدیک نمی‌شدم، مگر آنکه خودشان به حرف‌زدن می‌پرداختند. قدر مسلم این است که آشنایی **بلوچ‌قرائی** با **برادران رشیدیان** و اظهارات اسدالله **رشیدیان** راجع به اتومبیل حامل **افشارطوس** به سوی غار تلو ارتباط نزدیکی وجود دارد.*
*دلیل نداشت که **بلوچ‌قرائی** برای دریافت کمک مالی به اینان مراجعه کند و چون ممکن بود سخنان هرزه هم بگوید او را به طرف اتاق من انداختند.*
*عاقبت **بلوچ‌قرائی** چه شد؟ نه دانستم و نه پرسیدم ..."*
(مصدق در پیشگاه تاریخ- به کوشش محمود طلوعی- بازگوشده از مقاله‌ای به قلم پرویز اعتصامی با عنوان: اسرار ناگفته‌ای از کودتای مرداد ۱۳۳۲- صفحات ۱۹۹/۲۰۳)

(د)- از زبان مارک گازیوروسکی، استاد علوم سیاسی

مارک گازیوروسکی استاد علوم سیاسی دانشگاه لوئیزیانای آمریکا می‌باشد و بیشتر در زمینه‌ی سیاست خارجی آمریکا و روابط این کشور با کشورهای جهان سوم بررسی و تحقیق می‌کند.

حاصل این تحقیقات تاکنون تألیف و انتشار چند کتاب بوده که دو جلد از آنها به نام‌های «**کودتای ۲۸ مرداد ۱۳۳۲**» و «**سیاست خارجی آمریکا و شاه**» به فارسی ترجمه شده و به چاپ رسیده‌است. سطور زیر بازگوشده از کتاب اخیر می‌باشد:

*" ... در اواخر آوریل، رئیس شهربانی کل کشور، **سرتیپ افشارطوس** ربوده شد و به قتل رسید.*
ظاهراً MI۶ آدم‌ربایی را ترتیب داده بود تا انگیزهٔ کودتا شود، اما قتل جزو برنامه نبود.
***زاهدی**، **بقائی** و برخی از یاران آنها، ازجمله پسر **کاشانی**، متهم به دست داشتن در قتل شدند و حکم بازداشت آنها صادرشد. موقعیت **کاشانی**، در سمت ریاست مجلس، به **زاهدی** کمک کرد تا با تحصن در مجلس از بازداشت بگریزد ..."*
(سیاست خارجی آمریکا و شاه- مارک. ج. گازیوروسکی- ترجمه: فریدون ناظمی- صفحه ۱۳۲)

در زیرنویس همین صفحه‌ی ۱۳۲ از علاقمندان درخواست شده‌است که برای آگاهی از «**شرح نقش MI ۶ در قتل افشارطوس**»، به منابع زیر مراجعه نمایند:

"- Iran Times, May **۳۱, ۱۹۸۵**
- The Murder of the Persian Chief of Police Afshartus, April **۲۴, ۱۹۵۳, *FO/*۳۷۱/۱۰۴۵۶۵**

- The Murder of Chief of Police Afshartus, May ۸, ۱۹۵۳, FO/۳۷۱/۱۰۴۵۶۶
- Summary for the Period April ۳۰- May ۱۳, ۱۹۵۳, June ۲۳, ۱۹۵۳, FO/۳۷۱/۱۰۴۵۶۸"

(هـ)- بازگوشده از کتاب بازی قدرت، نوشته‌ی لئونارد موزلی و محمود طلوعی

کتاب «**بازی قدرت**» تلفیقی می‌باشد از ترجمه‌ی بخشی از کتابی به همین نام، نوشته‌ی **لئونارد موزلی** روزنامه‌نگار و محقق معروف انگلیسی، و اطلاعات جدیدی که **محمود طلوعی** با استفاده از منابع معتبر خارجی و تجربیات و مطالعات شخصی بر آن افزوده‌است.

هر چند به نظر می‌رسد که متن زیر از نوشته‌های **محمود طلوعی** باشد، ولی چون مستند به منابع انگلیسی است، پس به بازگونمودن آن مبادرت گردید:

*" ... برخلاف آمریکایی‌ها که بیش از اندازه دربارهٔ نقش خود در جریان سقوط **مصدق** و بازگشت شاه به مسند قدرت سروصدا به راه انداختند، انگلیسی‌ها دربارهٔ نقش حساسی که در این کار داشتند، سکوت اختیار کردند و گناه همهٔ مسائل و مشکلات بعدی را به گردن آمریکایی‌ها انداختند.*
*همان طور که می‌دانیم طرح اصلی سرنگونی **مصدق** که به طرح **آجاکس** معروف شد، از طرف انگلیسی‌ها تهیه شده بود، ولی وقتی که **کرمیت روزولت** می‌خواست کتابی دربارهٔ جریان وقایع سال ۱۹۵۳ در ایران بنویسد، به او توصیه شد به نقش دولت انگلیس در این ماجرا اشاره نکند. **کرمیت روزولت** نقش دولت انگلیس را در جریان این وقایع مسکوت گذاشت و در مواردی که ناچار بود به نقش انگلیسی‌ها اشاره کند، آن را به **شرکت نفت انگلیس و ایران** نسبت داد. با وجود این پس از چاپ کتاب، **بریتیش پترولیوم** (جانشین شرکت **نفت انگلیس و ایران**) تهدید کرد که اقدامات قانونی علیه نویسنده و ناشر به عمل خواهد آورد و درنتیجه چاپ اول کتاب از بازار جمع‌آوری شده پس از تجدیدنظر چاپ و منتشر شد.*
*... [بعدها] اسرار بیشتری از نقش انگلیسی‌ها در عملیات سقوط **مصدق** افشاءگردید. در اوائل سال ۱۹۸۵ جزئیات این عملیات در بخشی از برنامه‌ای که تحت عنوان پایان یک امپراطوری از طرف **بنگاه سخن‌پراکنی انگلستان** (بی.بی.سی.) پخش شد، فاش گردید و به دنبال آن روزنامه‌های معتبر انگلیسی هم از این ماجرا پرده برداشتند. با افشای این راز از طرف خود انگلیسی‌ها معلوم شد که پیش از پیاده‌شدن طرح مشترک آمریکا و انگلیس برای سرنگونی **مصدق**، **انگلیسی‌ها مستقلاً طرحی را با نام رمز عملیات چکمه در ایران به موقع اجرا گذاشته بودند**. روزنامهٔ آبزرور لندن در شمارهٔ مورخ ۲۶ مه سال ۱۹۸۵ خود بخشی از این طرح را از زبان یکی از مقامات سابق **انتلیجنس سرویس** منتشر کرده و از آن جمله می‌نویسد:*

*... مقام مذکور به‌طور مثال از این راز پرده برداشت که **ربودن رئیس شهربانی مصدق، افشارطوس، قسمتی از طرحی بوده‌است که بوسیلهٔ عوامل تحت فرمان انگلیس انجام شده، لیکن قتل او که به‌طور تصادفی اتفاق افتاده جزو برنامه نبوده‌است** ..."*

(بازی قدرت- لئونارد موزلی و محمود طلوعی- صفحه ۲۱۸)

(و)- بازگوشده از کتاب نقش انگلیس در کودتای ۲۸ مرداد ۱۳۳۲

در مقدمه‌ی این کتاب چنین می‌خوانیم:

*" ... مشهورترین روایت کودتا، یعنی نوشتهٔ **کرمیت روزولت** مأمور عالیرتبهٔ سیا، که رهبری عملیات را به عهده داشت، اشتباهات و لغزشهای بسیاری دارد.*
***روزولت** به نقش انگلیس در کودتا اشاره‌ای نکرده و بیشتر کوشیده‌است آن را یک کودتای آمریکایی معرفی کند.*
*در تحقیق حاضر سعی شده‌است **با بررسی اسناد دیپلماتیکی که اخیراً انتشار یافته و یا استفاده از کتب و مقالات جدیدی که به تازگی منتشر شده‌است و** همچنین با مراجعه به جراید آن زمان، نقش انگلیس مورد بحث و بررسی قرار گیرد ..."*

چند سطر زیر از کتاب مزبور بازگو شده‌است:

*" ... در این هنگام بین **مصدق** و **آیت‌الله کاشانی** هم‌آهنگی و اتحاد لازم وجود نداشت زیرا آن دو، پس از وقایع نهم اسفند ۱۳۳۱ در دو جبهه، رودرروی هم قرار گرفتند. شاید بتوان یکی از عوامل مؤثر در پیروزی کودتاچیان را، همین اختلاف و جدایی دانست. زیرا دولت **مصدق** در این زمان بیش از پیش تضعیف شده بود و مانند سی تیر از حمایت عمومی برخوردار نبود. زمینه به تدریج برای اجرای یک کودتا در حال فراهم شدن بود. **ربودن افشارطوس رئیس کل شهربانی کشور در اردیبهشت‌ماه ۱۳۳۲ از جمله اقدامهایی بود که به وسیلهٔ سازمان MI6 برای مهیاساختن زمینهٔ کودتا صورت گرفت** ..."*

(نقش انگلیس در کودتای ۲۸ مرداد ۱۳۳۲- اسماعیل اقبال- انتشارات اطلاعات- صفحه ۱۳۹)

بخش دوم

بدگمانی مصدق نسبت به افشارطوس
و بعضی از انگیزه‌های آن

پیشگفتار نخست

بعضی از خصوصیّات ویژه مصدق از نظروزیردادگستری‌اش:
عصبانی، بی‌گذشت و بی‌اندازه سوءظنی!

بیشتر کسانی که شخصیت و خصوصیات اخلاقی محمد مصدق را مورد بررسی قرار داده‌اند، به این ویژگیها پی برده و آنها را تذکر داده‌اند که وی با مشاهده‌ی کوچکترین عملی از هر کس که برخلاف میل و نظرش صورت می‌گرفته، به شدت عصبانی و خشمگین می‌شده و خیلی زود نسبت به آن شخص بدگمانی پیدا می‌کرده است و هرگاه به دلایلی برکناری فرد مورد مورد سوءظن را به مصلحت نمی‌دانسته، بی‌گمان به نحوی محرمانه جهت آزمایش یا زیر نظرگرفتن او به انجام اقداماتی مبادرت می‌ورزیده است.

عبدالعلی لطفی، وزیر دادگستری مصدق، که شاهد بسیاری از بیدادگری‌های این شخص بوده، در بازجویی‌های خود نزد دادستان ارتش چنین گفته است:

> *" ... من در حضورشان صریحاً عرض می‌کنم که یک **شخص فوق‌العاده عصبانی و بی‌گذشت هستند. نظیر ایشان را دیده‌ام [ندیده‌ام صحیح است].** فکرکردم اگر بدون رضایت ایشان و جلب خاطر ایشان استعفاء بدهم به ایشان برخواهد خورد و بعد دیگر کاری به من رجوع نمی‌کنند. و من یک*

شخص بی‌بضاعت، ادامهٔ زندگی من مشکل خواهد شد. از طرفی قضات سلب صلاحیت شده وقتی بفهمند من از کابینه رانده شدم، می‌ریزند و مرا می‌کشند.
*آقای دکتر محمد مصدق **بی‌اندازه سوءظنی هستند** و احتمال قوی می‌دادم که اگر بدون جلب رضایت ایشان استعفاء بدهم، ایشان فوراً سوءظن حاصل کرده و به مردم می‌گویند که فلان کس جاسوس درآمده، **هیچ استبعادی** نمی‌کردم که همین قضات سلب صلاحیت شده بروند به ایشان گزارش دهند که **لطفی** برعلیه دولت مشغول دسیسه است. **یک دفعه بی‌خبر صبح‌شده مشمول مادهٔ ٥ قانون حکومت نظامی بشوم و به همین زندان بروم [!]**. برای اینکه **ایشان فوق‌العاده سوءظنی و مرد زودباور و خوش‌باور هستند**. به گزارش‌های رفقایشان خیلی اعتماد داشتند. گزارش‌ها در مزاج ایشان خیلی مؤثر می‌شد ..."*
(مصدق در محکمهٔ نظامی- ادعانامهٔ دادستان ارتش علیه مصدق- جلیل بزرگمهر- صفحات ٤٩/٥٠)

پیشگفتار دوم

بزرگترین اشتباه مصدق، بازنشسته‌کردن افسران ارشد و شاه‌دوست به اتهام نادرستی و فساد

بدون تردید بزرگترین اشتباه **محمد مصدق** در دوران نخست‌وزیری وی در تاریخ یکم شهریور ۱۳۳۱ (۲۳ آگوست ۱۹۵۲) انجام شد و واکنش‌های شدید آن تا ۲۸ مرداد ۱۳۳۲ (۱۹ آگوست ۱۹۵۳)، که به برکناری وی انجامید، ادامه یافت.

اشتباه مزبور این بود که بنا به پیشنهاد یک گروه مخفی از افسران طرفدار خود در ارتش، به‌نام «**سازمان گروه ملی**»، تصمیم گرفته بود که تمام افسران ارشد از سرتیپ به بالا (به‌جز شمار اندکی سرتیپ که عضو همان سازمان بودند)، همچنین افسران دیگرکه در درجات پایین‌تر، که به طرفداری از **محمدرضا شاه پهلوی** شهرت داشتند، (در کل ۱۳٦۰ نفر) **به اتهام نادرستی و فساد**، بازنشسته شوند.

وی در اجرای این تصمیم، و به‌عنوان نخستین گام، یکدهم از افسران مورد بحث (یعنی ۱۳٦ نفر) را در تاریخ یکم شهریور ۱۳۳۱ بازنشسته کرد.

همان‌طور که گفته شد، این اقدام را باید بزرگترین اشتباه محمد مصدق به‌شمارآورد. زیرا این تربیت‌یافتگان جنگ، که به اسلحه‌ی شخصی هم مجهز و مسلح بودند، با تمام قوا برای اعاده‌ی حیثیت و تبرئه‌ی خود از اتهامات وارده و نیز برگشت به خدمت، فعالیت می‌نمودند و در این راه از مبادرت به هر اقدامی که ممکن بود نتیجه‌ای مفید برایشان

دربر داشته باشد، روگردان نبودند. به‌ویژه اینکه ١٢٢٤ نفر افسر شاغل و بانفوذ دیگر نیز که از بودن اسامی خود در فهرست افسران **نالایق**، **نادرست**، و **فاسد**، آگاهی یافته بودند و همواره با دلهره در انتظار بازنشسته شدن بودند، همراه با هزاران نفر افسران شاه‌دوست دیگر، از آن بازنشستگان در مبارزاتشان حمایت‌می‌کردند.

تشکیل سازمان " فدائیان ارتش و شاه "

در آن زمان **افسران بازنشسته‌ی ارتش** دارای **کانونی** در **خیابان خانقاه** بوده‌اند که به‌طور قانونی به ثبت رسیده و **ریاست** و **نیابت ریاست آن را، به ترتیب، سرلشکر فضل‌الله زاهدی، سناتور، و سرلشکر عبدالحسین حجازی به‌عهده داشتند**. این کانون گویا در آغاز به‌منظور تفریح، سرگرمی و وقت‌گذرانی تشکیل شده بوده است.

این بازنشستگان جدید نیز بی‌درنگ به آن کانون ملحق شده‌بودند. ولی چون بازنشستگی خود را مغرضانه می‌دانسته و قصد مبارزه به منظور بازگشت به خدمت را داشتند، پس در آن کانون گروهی جداگانه به‌نام «**فدائیان ارتش و شاه**» تشکیل داده و **با حمایت دو سرلشکر مزبور مبارزات و اقدامات شدید خود را بر ضد دولت محمد مصدق آغاز کردند.**

به‌طوری که می‌دانیم خانه‌ی **محمد مصدق** در دوران نخست‌وزیری وی به‌صورت دژی به‌ظاهر نفوذناپذیر درآمده بود و از سوی چند تانک و شمار زیادی سرباز و افسر مسلح حفاظت می‌شد. ولی این دژ مستحکم در همان دوران قدرت و حکومت **مصدق** دو مرتبه مورد هجوم قرار گرفته، درهم شکسته و **مصدق** مجبور به فرار از آن گردیده بود. نخستین بار در روز ١٩ اسفند ١٣٣١ و دومین بار در روز ٢٨ مرداد ١٣٣٢، که روز پایان نخست‌وزیری وی بود. در این دو مرتبه، و نیز در توطئه ربودن **سرتیپ افشارطوس**، این افسران بازنشسته نقش اصلی را به‌عهده داشتند.

در روزشمار تاریخ ایران- نوشته **باقر عاقلی**- درباره‌ی رخداد ٩ اسفند ١٣٣١ چنین می‌خوانیم:

> *" عده‌ای از **مخالفین دکتر مصدق که غالباً افسران بازنشسته بودند** به خانهٔ او ریختند و قصد قتل او را نمودند. **مصدق** با جامهٔ خواب از راه پشت‌بام به ادارهٔ اصل **چهار ترومن** رفت و از آنجا خود را به ستاد ارتش رساند و به اتفاق **سرلشکر بهارمست** به مجلس رفت. "*

یکی از اخبار روز پس از این رخداد (١٠ اسفند ١٣٣١) نیز چنین می‌باشد:

> ***" عدهٔ زیادی از امراء بازنشسته و رجال از طرف فرمانداری نظامی بازداشت شدند. "***

اینک شرح این بازنشستگی‌ها را از آغاز تشکیل **سازمان گروه ملی** بیان می‌نماییم:

سازمان گروه ملی (افسران)

در **اوایل سال ۱۳۳۱** خورشیدی شماری از افسران ارتش ایران، به‌طور مخفی، جمعیتی به‌نام «**سازمان گروه ملی**» تشکیل دادند و در جهت طرفداری از دولت **محمد مصدق** و مخالفت با **محمدرضا شاه پهلوی** به فعالیت پرداختند.

به‌طوری که **سرهنگ غلامرضا مصوررحمانی** در خاطرات خود شرح داده‌است، تصمیم به تشکیل این سازمان در منزل **سرهنگ محمود افشارطوس** با شرکت پنج نفر **سرهنگ** گرفته شده که دو نفر مذکور از جمله آنان بوده‌اند.

اساسنامه‌ای که پس از آن برای این گروه نوشته بوده‌اند، دارای چهار اصل به شرح زیر بوده است:

*" اصل ۱ ـ سازمان گروه ملی برای ملت ایران « **دموکراسی** » را مطالبه می‌کند.*
*سازمان در وضع فعلی، با رژیم موجود، که در آن تحت رهبری **دکتر مصدق** اختیارات کلی به ملت برگردانده شده، همکاری خواهد کرد.*

اصل ۲ ـ نتیجهٔ مسلم اجرای اصل ۱، قرار دادن نیروهای مسلح کشور است، در اختیار ملت.
بنابراین ادارهٔ امور نیروهای مسلح و سازمان‌های انتظامی کشور، اعم از ارتش، ژاندارمری و شهربانی، از دربار و شاه باید منتزع، و در اختیار هیأت دولت قانونی قرار گیرد.

*اصل ۳ ـ به‌علت فساد مشهود ادارهٔ کارگزینی کل ارتش، که موجب شده است اکثریت امراء ارتش وشاغلین مقامات مهم، به دلائلی غیر از لیاقت و صلاحیت خدمتی، به احراز درجه و مقام بالا نائل شده باشند، **امراء ارتش در درجات ارتشبدی و سپهبدی و سرلشکری به‌طور مطلق، و در درجهٔ سرتیپی به استثناء عده‌ای معدود، باید از خدمت برکنارشوند و به‌جای آنان افسران صالح و جوان به‌کار گمارده شوند.***
علاوه بر آن، کمیسیون‌هایی، به انتخاب خود افسران، به سوابق و صلاحیت خدمتی عموم افسران از درجه سرهنگی به پایین رسیدگی خواهد کرد تا عناصر ناصالح تجسس و از کار خارج شوند.

*اصل ٤ ـ چون حکومت **دکتر مصدق** در مسیر خدمت به ملت و در راه اعتلای ایران گام برمی‌دارد، سازمان بی‌دریغ در تمام مراحل در مقابل عناصر اخلال‌گر از آن پشتیبانی خواهد کرد.*
*مدیر [**سرهنگ محمود افشارطوس**] و دبیر کل [**سرهنگ غلامرضا مصوررحمانی**] مشترکاً مسئولیت عملی ساختن اصول اساسنامه و برقراری ارتباط‌های سیاسی و نظامی مهم را به‌عهده خواهند داشت."*
(خاطرات سیاسی غلامرضا مصوررحمانی- انتشارات رواق - صفحات ۱۰۶/۱۰۷)

به‌طوری‌که ملاحظه می‌شود، تمام مواد اساسنامه‌ی گروه مزبور درجهت حمایت از دولت **محمد مصدق** و محدود ساختن اختیارات و قدرت **محمدرضا شاه پهلوی** تدوین شده بود.

به‌موجب همان خاطرات، هیأت مدیره همین گروه، **مصدق** را ترغیب و قانع کرده است که در درجه‌ی نخست باید **وزارت جنگ (دفاع ملی)**، **ستاد ارتش**، **اداره ژاندارمری**، **و شهربانی کل کشور** را به‌طور کامل از تسلط و نفوذ **شاه** خارج نماید و با انتصاب افسران مورد اعتماد بر این سازمان‌ها قدرت و اختیار خود را بر آنها مستقر سازد.

محمد مصدق در پی گفتگو با هیأت مدیره «**سازمان گروه ملی**»، شماری از افسران عضو سازمان را به مشاغل حساس و مورد نظرشان گماشته و نیز در اواخر تیرماه ۱۳۳۱، تصمیم گرفته بود که خود تصدی **وزارت جنگ** را عهده‌دار گردد. (پستی که تا آن زمان متصدی آن از سوی **شاه** تعیین می‌شد) چون این امر مورد موافقت **شاه** قرارنگرفت، پس **محمد مصدق** ناگزیر مستعفی گردید.

دلایل بی‌شماری وجود دارد که **محمد مصدق** در هنگام استعفا یقین داشته است که **شاه** مجبور خواهدگردید که بار دیگر وی را به‌عنوان نخست‌وزیر تعیین نماید. زیرا در آن زمان که هنوز افرادی همچون **آیت‌الله کاشانی** و **دکتر مظفر بقائی‌کرمانی**، از **مصدق** طرفداری می‌نموده‌اند، وی، از یکسو، به برگزاری تظاهرات عظیم به طرفداری از خود اطمینان داشت و، از سوی دیگر، توسط فرماندهان **سازمان گروه ملی** به طور محرمانه ترتیبی فراهم شده بود که برخی از افسران متعلق به آن سازمان که به‌ظاهر برای مقابله با تظاهرات و جلوگیری از آن اعزام می‌شدند، به هر بهانه که شده است، به سوی مردم تیراندازی نمایند و عده‌ای را به قتل برسانند.

اما، **سرهنگ مصوررحمانی** داستان را به نوعی دیگر شرح داده و در این رابطه چنین نوشته‌است:

> *" ... قرارشد فرماندهان واحدهایی که برای تیراندازی به مردم انتخاب شده بودند، و افرادشان فشنگ جنگی در اختیار داشتند، بدون هیچ‌گونه تظاهر و حتی ابراز اکراه، واحدهای خود را به میدان بهارستان ببرند و فقط وقتی به آنجا رسیدند، علیرغم امر* ***شاه*** *از بازکردن آتش به روی مردم خودداری کنند. چرا که در آن وضع برای دستگاه احضار آن واحدها و تعویض آنها با واحدهای دیگر امکان نداشت ...*
>
> *پس مطلب به این صورت کیفیت قطعی به خود گرفت و فرماندهان بدون افشاءساختن این راز مهم، روز بعد، واحدهای خود را به میدان بهارستان بردند.*
>
> *روز بعد سی‌ام تیر [۱۳۳۱] مردم در بهارستان تجمع کردند. واحدهای زرهی و زمینی برای کشتار مردم به بهارستان اعزام شدند و به نیروی هوایی فرمان آماده باش و پرواز داده شد. آن روز تنها روزی بود در تاریخ*

*جدید ارتش ایران که واحدها (جز دو سه واحد کوچک پیاده که دستور سازمان به آنها نرسید) از اجرای امر فرماندهٔ کل صریحاً تمرد کردند ... خلبانان اجرای آمادگی برای دستور پرواز را نادیده گرفتند و افسران و خلبانان سازمان و دیگر خلبانان را به اهمیت وظیفه خطیرشان در آن روز تاریخی آگاه ساختند و چنان جوّی در واحدهای پرواز به وجود آوردند که شاه جرأت نکرد به خلبانان دستور حمله و تیراندازی به مردم را در میدان بهارستان و خیابان‌های مجاور آن ابلاغ کند، زیرا متوجه شده بود که خلبانان در صف مردم قرار دارند و همگان با ملت تا پای جان از **دکتر مصدق** طرفداری می‌کنند ..."*

(خاطرات سیاسی سرهنگ ستاد هوایی غلامرضا مصوررحمانی- همان- صفحات ۱۱۶/۱۱۸)

البته کسی هم از این **جناب سرهنگ** نپرسید که اگر افسران و سربازان اعزامی به میدان بهارستان از تیراندازی به سوی مردم منع شده بودند، پس آن همه کشتار از کجا آمده بود؟

درهرحال، به‌طوری که گفته شد، به موجب پیشنهاد «**سازمان گروه ملی**» قرار بوده است که **تمام امرای ارتش از سرتیپ به بالا، به‌جز چند نفر سرتیپ** [البته همان چند نفری که عضو سازمان بوده‌اند!]، از **خدمت برکنار شوند** و نیز درباره‌ی سایر افسران که صلاحیت خدمتی‌شان طبق نظر گروهی که برای این کار تعیین شده بودند، مخدوش شناخته شود، به همین ترتیب رفتارشود.

کمیسیون مأمور تصفیه‌ی ارتش به ریاست **محمود افشارطوس** (که به درجه سرتیپی مفتخر شده‌بوده) در مرحله‌ی نخست، با بازنشستگی یکدهم از افسران مذکور، یعنی ۱۳٦ نفر، موافقت به‌عمل آورده بود.

در زیر چند جمله از خاطرات **سرهنگ مصوررحمانی** در این باره را بازگومی‌نماییم:

*" ... **دکتر مصدق** قانع شد و اجازه داد طرح اجراء شود و سازمان بدون اینکه بگذارد فرصت لحظه‌ای فوت شود، دست به‌کار شد، تا همه با عمل انجام یافته مواجه شوند:*

الف- تمام امرء ارتش به استثناء چند نفر سرتیپ که پروندهٔ کارگزینی بدون خدشه‌ای داشتند، از خدمت دور شوند.

ب- ... بر اثر بررسی‌های نمایندگان تعداد ۱۳٦۰ نفر از افسران صلاحیت خدمتشان مخدوش شمرده شد که در مرحلهٔ اول ۱۳٦ نفر از آنها از کار دور شدند. از نظر واگذاری مشاغل به افسران جوان، تغییرات زیر انجام شد:

۱ - سرتیپ افشارطوس، رئیس شهربانی از تاریخ ۳۰ بهمن ۱۳۳۱

۲ - ..."

(همان- صفحات ۱۲۵/۱۲٦)

سرهنگ مصوررحمانی فقط اسامی ۷ نفر را که بی‌درنگ در مشاغل عمده‌ی نظامی و انتظامی به نوایی رسیده بوده‌اند ذکر کرده ولی اسامی ده‌ها نفر افسر دیگر را که به‌جای همین افراد و یا به‌جای سایر بازنشسته شدگان به مشاغل بالاتر منصوب شده بودند ناگفته گذاشته است.

به هر صورت، در آن زمان خوشحالی چشمگیری اعضای **سازمان گروه ملی** را فراگرفته بود و یقین داشت که پس از بازنشسته شدن تمام سپهبدها، سرلشکرها، و سرتیپ‌های موجود، **تمام سرتیپ‌ها و سرهنگ‌های عضو این سازمان،** ازجمله **افشارطوس،** به **سپهبدی و سرلشکری** خواهندرسید. و نیز **کم‌سابقه‌ترین سروان‌های عضو سازمان، درجه‌ی سرتیپی را برای خود قطعی می‌دانستند.** اما **ناگهان به‌دستور محمد مصدق، نخست‌وزیر،** از **بازنشسته شدن ۱۳۶ نفر افسران سری دوم جلوگیری به‌عمل آمده و بازنشسته کردن بقیه افسران نیز منتفی گردید.**
چرا؟
پاسخ این سئوال را پس از شرح انحلال آن سازمان بیان می‌نماییم.

انحلال سازمان گروه ملی

اعضای **سازمان گروه ملی** با عضویت در سازمان مزبور در حکم کسانی بوده‌اند که شماره بلیت بخت‌آزمایی خود را جزو شماره‌های برنده دیده و خود را به یقین برنده می‌دانسته‌اند ولی برخلاف انتظارشان معلوم شده که بیشتر آن شماره‌ها اشتباه و پوچ بوده است.

هر **سروانی** از این افسران نیز، همان طور که در جای دیگر گفته شده، بر این تصور بوده است که به‌علت عضویتش در آن سازمان (پس از برکناری یا بازنشسته کردن ۱۳۶۰ نفر افسران ارشد) به درجه‌ای که کمترینش **سرتیپ** خواهد بود، ارتقاء خواهد یافت، که البته موانع قانونی احتمالی موجود نیز با توجه به اختیار قانون‌گزاری **مصدق،** مشکلی محسوب نمی‌شده است.

اما متوقف شدن ناگهانی طرح برکناری یا بازنشسته کردن افسران، آن هم پس از آنکه رؤسای سطح بالای سازمان به اصطلاح به مشروطهٔ خود رسیده و به مشاغل عالی انتظامی یا نظامی منصوب شده بودند، سایر درجه نگرفتگان و به مقام نرسیده‌ها را دلسرد و ناراحت ساخته‌است. آنان عدم توفیق خود را معلول کوتاهیِ تازه درجه گرفتگان و به مقام رسیدگان جدیدِ مذکور، به‌ویژه سرهنگ قبلی و سرتیپ جدید، **محمود افشارطوس،** رئیس شهربانی کل کشور، می‌دانستند و برای همین او را تحت فشار قرار داده و نسبت به وی ابراز مخالفت و بدبینی می‌نمودند.

به عبارت دیگر، هم افسران بازنشسته، به این جهت که **سرتیپ افشارطوس** رئیس کمیسیونی بوده که به بازنشستگی آنان به دلیل **فساد و نادرستی** رأی داده است، به شدت از وی تنفر داشتند و هم **محمد مصدق،** به چند دلیل که در بالا و نیز در بخش دیگری

در همین کتاب شرح داده شده ، نسبت به وی بدگمان بود و هم افسران **سازمان مخفی گروه ملی** از او ناخشنود بودند.

سرهنگ **غلامرضا نجاتی**، یکی از اعضای هیأت مدیره **سازمان گروه ملی**، درباره‌ی فروپاشی آن سازمان چنین نوشته است:

" ... *متعاقب خنثی شدن توطئه ۹ اسفند ۱۳۳۱ که طراح اصلی آن* ***محمدرضا شاه*** *بود، نخست‌وزیر تغییراتی در کادر فرماندهی ارتش و سازمان‌های انتظامی به‌عمل آورد،* ***سرتیپ تقی ریاحی به ریاست ستاد ارتش، سرتیپ محمود امینی به فرماندهی ژاندارمری کل کشور،*** *و* ***سرتیپ محمود افشارطوس به ریاست کل شهربانی*** *محسوب شدند.* ***این سه نفر از اعضای شورای فرماندهی سازمان افسران ناسیونالیست [نام بعدی سازمان گروه ملی] بودند.***

فرماندهان پنج تیپ پادگان تهران را افسران قسم‌خوردهٔ سازمان افسران ناسیونالیست به‌عهده گرفتند.

انتصاب [سرتیپ تقی] ریاحی به ریاست ستاد ارتش، در سطح شورای فرماندهی و نیز از سوی برخی از افسران عضو سازمان که خود را برای احراز مقامات فرماندهی و اداری، نسبت به دیگران اولی می‌دانستند، مورد بحث و گفتگو و اعتراض قرار گرفت.

در دورانی که ***حفظ اتحاد*** *و* ***همبستگی*** *برای مقابله با دشمن، بیش از هر زمان ضرورت داشت، رقابت بین افسران به* ***خصومت*** *و دشمنی انجامید.*

در این میان، دشمن با استفاده از امکانات خود از طریق تبلیغ و تطمیع به پراکندگی افسران و تضعیف سازمان پرداخت.

از اوایل فروردین ۱۳۳۲ *اختلافات بین اعضای شورای فرماندهی تا بدان حد بالا گرفت که* ***فعالیت شورا عملاً متوقف شد.*** *ربودن و قتل* ***سرتیپ محمود افشارطوس، رئیس شهربانی،*** *در اردیبهشت ۱۳۳۲ به اعتبار سازمان و روحیهٔ افسران عضو آن، سخت لطمه وارد ساخت.*

از اواسط تیرماه، ***سازمان افسران ناسیونالیست*** *در سراشیبی فروپاشی افتاد و* ***در روزهای بحرانی نیمهٔ مرداد*** *و نزدیک شدن کودتا،* ***سازمان عملاً متلاشی شده بود*** *و افسران در روزهای ۲۵ و ۲۸ مرداد، نظاره‌گر سرکوب نهضت ملی ایران بودند."*

(تاریخ سیاسی بیست و پنج ساله ایران، از کودتا تا انقلاب- نوشته: سرهنگ غلامرضا نجاتی- صفحه ۵۸)

انگیزه‌ی اصلی مصدق به ادامه ندادن برنامه‌ی بازنشسته کردن افسران

بهتر آن است که این انگیزه را از زبان **دکتر غلامحسین مصدق**، که با **محمد مصدق** در یک خانه زندگی می‌کرده و حتی به‌عنوان پزشک مخصوص (هرچند که متخصص

بیماری‌های زنان بوده) و محرم او در هنگام تشکیل اغلب جلسات دولتی و غیردولتی در حضور **مصدق** حضور داشته است، بیان نماییم:

*" ... گفتند ارتش را بیایید درست کنیم. حالا کِی؟ بعد از ۳۰ تیر [۱۳۳۱] است که پدرم **وزیر جنگ** است.*
***وزارت جنگ** را در ۳۰ تیر می‌خواست **وزارت جنگ** را از دست **شاه** بگیرد. علتش هم این بود که می‌خواست **وزارت جنگ** را بگیرد. پدرم نمی‌خواست **ژنرال** بشود. یا **فرماندهٔ قوا** بشود. پدرم می‌خواست این دست ارتش را از دخالت در انتخابات و در مملکت کوتاه کند. چون رئیس در هر کجایی، تمام وکیل آنجا را او درمی‌آورد، به زور قشون ارتش، **میراشرافی** را از آنجا درآوردند.*
*هر کدام را به‌دستور ارتش، به دستور دربار. **نظامی ها** هم که خوب نوکر **شاه** بودند همه‌شان دیگر. این است که بوسیلهٔ زور دربار هر کسی را می‌خواستند در بیاورند. انتخابات وکیل‌های ناجور تو مجلس می‌آوردند که **این وکیل‌ها مانع ملی کردن صنعت بودند** و امثال **میراشرافی** و **اینها** بودند و خائن بودند. کثافت می‌کردند. به همین دلیل هم مجلس را بستند. روی این اصل شد.*
*این است که پدر من **وزارت جنگ** را از **شاه** گرفت. دعوایش ۳۰ تیر همین **وزارت جنگ** بود. اختیار را می‌خواست بگیرد.*
*گفت: فرماندهٔ کل قوا **شاه** باشد، چون **نظامی‌ها** قسم خوردند به **شاه**. او گفت: هر کسی قسم‌خورده باید نوکر **شاه** باشد تا آخر و حرفش را هم گوش کند، اما دخالت در سیاست نکنند. تا اینکه سر همین **وزارت جنگ** قضیه‌اش را بگوییم.*
*[به] پدر من آمدند و گفتند: در **وزارت جنگ** هم یک عده‌ای از **افسرها** دزدی کردند و خائن هستند، **اینها** هم باید تصفیه بشود. **آمدند یک شب و لیست** [آوردند] و پدرم گفت: والله من که، **وزارت جنگ را هم شاه گفته در وزارت جنگ بعضی از این افسرها هم تصفیه‌کنید یک مقداری، آن عده‌ای هم که دزد هستند بیاندازید بیرون، خود شاه گفته بود.***
*س: **خود شاه گفته بود؟***
*ج: **خوب، بله. که اینها به دست پدر من بشود که تشنج ایجاد بشود و نگذارند نفت ملی بشود. خود هدف این بود. نقشه این بود** و آمدند.*
*پدرم گفت: والله من که نمی‌شناسم افسران کی هستند، **اطلاع** ندارم که افسران کی هستند. خوب نمایندهٔ خود **اعلیحضرت همایونی، سپهبد نقدی** وزیر جنگ من است. **ایشان** هستند و یک کمیسیون معین کنند. **ایشان** با کفیل وزارت جنگ و یا دو سه نفر دیگر بنشینند و **اینها** را تصفیه کنند. و یک رفراندوم هم کردند در خود ارتش یا توی ارتش رفراندوم کردند که بگویید دزدهای شما کی هستند؟*
*خود ارتشی‌ها یک لیست درست کردند، دادند. ۱۳۰ نفر بودند، افسر. **اینها کثیف‌ترین افسر بودند**. چقدر پول دزدی کردند؟ و **این افسرها هم اتفاقاً بهترین***

دوسیه‌ها را داشتند با دزدی‌هایشان. بهترین دوسیه‌ها [پرونده‌ها] را همین‌ها داشتند در دستگاه، اما باطناً دزدترین اشخاص بودند.
درنتیجه پول می‌دزدیدند و درضمن پول می‌دادند، صد آفرین هم تو دوسیه‌شان بود. که حتی یکی از اینها یک سرهنگ خواجه‌نوری بود، که بعد تیرباران‌اش کردند، همین دستگاه خمینی تیرباران‌اش کرد. یکی از دزدهای کثیف ارتش بود.
این آمد منزل ما، صبح سحر که آقای دکتر مصدق! شما ببینید این دوسیه را که من چقدر خدمت کردم.
حالا مثلاً تو دوسیه کاغذ نشان داد که برداشتند نوشتند، افسران و درجه‌داران ارتش شما از این سرهنگ خواجه‌نوری سرمشق بگیرید، مثل این باشید، فلان باشید. این افسر فلان است. نمرهٔ صد آفرین به او داده بودند. [او می‌گفت:] مرا هم بیرون کردند با این دوسیه به این خوبی که دارم. رئیس دزدها بود خلاصه. اینها همه را بیرون کردند. هی بیرون کردند، هی بیرون کردند، هی اینها افتادند به مخالفت با دولت. از این افسرهای آمریکایی نشستند در باشگاه افسران. هر شب جلسه می‌کردند که به تشکیلات این لوطی‌بازی، کثافت‌کاری، ۲۸ مرداد درست کردند.
س: قانون افسران بازنشسته یا ... ؟
ج: آره همان، این را بازنشسته کردند. بعد از اینکه کردند دیدند مزه کرد دهانشان. شلوغ شده، دیدند به، خوب کاری کردند. هفتهٔ بعد دویست تای دیگر آوردند. حالا این هفته بین آن هفته، [داستان؟] خیلی بامزه‌ای است، به شما بگویم: یک سفیری داشتیم در تهران سفیر ترکیه بود، به اسم ترک یلدی. این پیرمرد هم از آن ترک‌های جوان آتاتورک نبود. از آن ترک‌های پیرمردهای قدیم دولت عثمانی بود. این سفیر [ترکیه در] ایران بود. مرد پیری بود، هفتاد و پنج سالش بود. خیلی مرد شریف و آدم پاکی بود. این آمد و یک دفعه آمد.
با پدرم هم خیلی دوست بود، و گفت: دکتر مصدق چکار می‌کنی، شما؟ چرا اینها را بازنشسته می‌کنی؟ اینها شلوغ می‌کنند، نمی‌گذارند نفت ملی شود. پدرت را درمی‌آورند. مملکت را در تشنج می‌اندازند، اینها. مبادا این کار را بکنید.
[پدرم] می‌گفت: آره راست گفتی، راست گفتی.
بعد دفعهٔ بعد دیدیم یک دویست تای دیگر آوردند که اینها را باید بیرون کنید.
[پدرم] گفت: بس است، دیگر نمی‌کنیم.
س: دیگر بس است؟
ج: دیگر بس است. هر غلطی کردید دیگر بس‌تان است.
ولی اینها، همان صد و سی تا که اول [بازنشسته] کردند همان‌ها ۲۸ مرداد را راه‌انداختند و هر شب دسته‌دسته جمع می‌شدند و تو خانه‌هایشان جلسه می‌کردند و در باشگاه افسران با آمریکایی‌ها بندوبست کردند با آن شوارتسکف که آمدند به ایران و آن کثافتکاری را کرد. ۲۸ مرداد را راه‌انداخت.
س: افشارطوس را هم اینها [افسران بازنشسته] کشتند؟
ج: افشارطوس را، او را، اول چیز بود، از همین افسرها بود که همان چیز کشتش، بیچاره.

*دکتر ژیانپور بود؟ یا یکی دیگر بود؟ **سرتیپ** بود و یا؟ اسمش را فراموش کردم [شاید **سرتیپ دکتر علی‌اکبر منزه** مورد نظر بوده‌است].*
***اصغر مزینی** که او هم **سرتیپ** بود- اینها را بردنشان- تو رگش آمپول زدند و بیهوشش کردند تو تپه‌های گلندوک- آن بالای تهران، آنجا بردند کشتندش. خلاصه همهٔ اینها این کارها را می‌کردند.*
***دستور شاه بود همهٔ این کارها را بکنند. خلاصه افشارطوس هم، خوب، یکی از نوکرهای شاه بود.** اما خوب می‌خواست که برای اینکه دولت **دکتر مصدق** را ضعیف کنند، رئیس شهربانی‌اش را ریختند و این بلا را سرش آوردند."*
(مصاحبه دکتر حبیب لاجوردی با دکتر غلامحسین مصدق- از سری مصاحبه‌های تاریخ شفاهی که توسط دانشگاه هاروارد ترتیب داده شده است- صفحات ۲۲/۲۴- در آدرس:
(www.fas.harvard.edu/~iohp/transcripts)

نخستین بدگمانی مصدق نسبت به افشارطوس

حال هرگاه بعضی از خصوصیت‌های ویژه‌ی اخلاقی **مصدق** را به شرحی که پیشتر از زبان **عبدالعلی لطفی**، وزیر دادگستری وی، ذکرشد همراه با جملات زیر، بازگوشده از مصاحبه‌ی **دکتر غلامحسین مصدق** با **دکتر حبیب لاجوردی**، مورد بررسی قرار دهیم، آن وقت تا اندازه‌ی زیادی می‌توانیم به دلیل ایجاد بدگمانی در **مصدق** نسبت به **افشارطوس** پی ببریم:

" وزارت جنگ را هم شاه گفته در وزارت جنگ بعضی از این افسرها هم تصفیه کنید یک مقداری، آن عده‌ای هم که دزد هستند بیاندازید بیرون، خود شاه گفته بود.
*س: **خود شاه گفته بود؟***
*ج: **خوب، بله. که اینها به دست پدر من بشود که تشنج ایجاد بشود و نگذارند نفت ملی بشود. خود هدف این بود. نقشه این بود."***

" هی بیرون کردند، هی بیرون کردند، هی اینها افتادند به مخالفت با دولت. از این افسرهای آمریکایی نشستند در باشگاه افسران. هر شب جلسه می‌کردند که به تشکیلات این لوطی‌بازی، کثافت‌کاری، ۲۸ مرداد درست کردند."

" همان صد و سی تا که اول [بازنشسته] کردند همان‌ها ۲۸ مرداد را راه انداختند."

" خلاصه افشارطوس هم. خوب، یکی از نوکرهای شاه بود."

خلاصه اینکه مبارزات کارساز و مشکل‌ساز افسران بازنشسته بر ضد **دولت مصدق**، همان‌طور که **دکتر غلامحسین مصدق** بیان نموده، این تصور را در **محمد مصدق** بوجود آورده بود که پیشنهاد بازنشسته کردن افسران به‌منزله‌ی پوست خربزه‌ای بوده که **شاه**، درباریان و سایر مخالفان وی، توسط **افشارطوس**، زیر پای وی گذاشته بودند.

یک بدگمانی دیگر:

رخدادهایی در ارتباط با این بدگمانی در روزهای پیش و پس از قتل افشارطوس

شش روز پیش از قتل:

*" جوانی سی ساله دارای لباس سورمه‌ای راه‌راه - متوسطالقامه - سفیدپوست - چشم زاغ - ابرو و موی سر مشکی به نام **حسین ذبیح‌پور**، کارمند شهربانی کل کشور از روز [**یکشنبه**] **سوم فروردین‌ماه** [۱۳۳۲] (۲۳ مارس ۱۹۵۳) [۲۸ **روز پیش از قتل**] تاکنون مفقود شده‌است.*
کسانی که از نامبرده خبری دارند به تهران خیابان صاحب‌جمع - جنب میدان جدید - فروشگاه نفت شماره ۸٤ و در شهرستانها به شهربانی محل اطلاع داده و مژدگانی دریافت دارند و ضمناً خانوادهٔ او را از پریشانی نجات بخشند. آ - ٧٤٧
(روزنامه اطلاعات- ٢٥ فروردین ١٣٣٢، صفحه ٦- ستون ٣)

پنج روز پیش از قتل:

*" **مقداری اسلحه و مهمات در کوههای صعب‌العبور کرج کشف شد.***
این سلاحها طوری موضع داده شده‌بود که از عبور و مرور وسائط نقلیه، حتی تانک، جلوگیری به عمل آید.
دو نفر از چهار نفر اشخاص مشکوکی که در محل مشاهده شده‌اند، با سد کردن جاده خود را از محل دور کرده‌اند.
خبرنگار ما از کرج چنین گزارش می‌دهد:
*دیروز به ژاندارمری آدران اطلاع رسید **که چهار نفر اشخاص غیر بومی در کوههای صعب‌العبور آدران به طرز مشکوکی دیده شده‌اند** و مأموران راه نسبت به آنان مظنون [ظنین] گردیده‌اند.*
پس از تحقیقات محلی که به عمل آمد این سوءظن تقویت شد و مراتب به ژاندارمری کرج اطلاع داده شد.
*آقای **سرگرد شهبازی**، رئیس ژاندارمری کرج، بلافاصله یک ساعت بعد از نصف شب دیشب با عده‌ای مأمور به محل رفت و در کوههای اطراف مشغول تفحص و تفتیش گردید و ساعت ۷ صبح امروز تعداد **چهار مسلسل خودکار، که گفته می‌شود ساخت کارخانجات روس است، و مقداری فشنگ و بمب و نارنجکهای با ضامن، فتیله، چاشنی و گلولهٔ ضد تانک، بازوکا و سه عدد شنل** در بیست و دو کیلومتری دربند لورا، در کوههای مرتفع که مسلط بر بسیاری از جاده‌های اطراف می‌باشد مشاهده شد که به سمت هدفهای معینی*

موضع گرفته شده و در نقطه‌های مخصوص پلاکهایی با ذکر شماره نصب گردیده است.
مطلعین اظهار می‌دارند که این اسلحه‌ها با این طرز موضع گرفتن کاملاً کافی بود که از عبور و مرور وسائط نقلیه حتی تانک جلوگیری نمایند.
طبق تحقیقاتی که به عمل آمده دو نفر از این چهار نفر جلو اتومبیلهای کشورتور را گرفته و می‌خواستند به وسیله آنها از محل دور شوند و چون رانندگان آنها توقف نکردند با سنگ جاده را سد نمودند و به این وسیله قصد داشتند عبور و مرور را متوقف کرده و خود را از محل دور سازند."
(روزنامه اطلاعات- بیست و ششم فروردین ۱۳۳۲ - صفحه نخست)

به‌طوری که پیشتر در تلگرام مورخ ۱۵ آپریل ۱۹۵۳ (۲٦ فروردین ۱۳۳۲) **هندرسن**، سفیر آمریکا در ایران، به وزارت امور خارجه آمریکا (سند شماره ٤۰۲۷) (یعنی فقط ٥ روز پیش از ربوده شدن **افشارطوس**) ملاحظه شد، قرار بوده که نوعی هرج ومرج و بی‌نظمی مصنوعی در تهران به وجود بیاورند و سپس **آیت‌الله کاشانی** به بهانه‌ی آن وضع، نامه‌ای به **شاه** بنویسد و اعلام نماید که وکلاء به علت نداشتن امنیت قادر به حضور در مجلس نمی‌باشند و **شاه** نیز به استناد آن نامه، **محمد مصدق** را به ترتیبی که در آن سند شرح داده شده است، از نخست‌وزیری برکنار سازد.

حال باکمال تعجب در خبر بالا، در روزنامه اطلاعات (که درست به تاریخ همان روز ۲٦ فروردین ۱۳۳۲ ولی مربوط به روز پیش از آن!! است) می‌بینیم که سلاح‌هایی در کوه‌های کرج کشف کرده‌اند؛ ***" که این اسلحه‌ها با این طرز موضع گرفتن کاملاً کافی بود که از عبور و مرور وسائط نقلیه حتی تانک جلوگیری نمایند."*** و وجود این سلاح‌ها را جز به همان قصد ایجاد هرج ومرج در آن زمان، به منظور جرأت بخشیدن به **شاه** برای برکناری **مصدق**، به چیزی دیگر نمی‌توان تعبیر نمود.

مطلبی معترضه از زبان
رئیس سازمان جاسوسی MI ٦
(بی‌گمان) در ارتباط با خبر بالا

در اعترافات **سی. ام. وودهاوس**، رئیس سازمان جاسوسی MI ٦ انگلیس در ایران، و فرمانده‌ی **عملیات چکمه** مطلب زیر نیز وجود دارد:

*" ... قدم بعدی **مصدق** قطع روابط دیپلماتیک با بریتانیا به نظر می‌رسید. با نزدیک شدن اوج وقایع من ناگزیر بودم برای آمادگی در برابر هر حادثه‌ای خطراتی را بپذیرم.*
یک خطر این بود که اگر ایران در هرج ومرج فرومی‌رفت ارتش سرخ می‌توانست از شمال وارد ایران شده کشور را تصرف کند، در آن صورت ما به نوعی جنبش مقاومت در برابر آنها احتیاج می‌داشتیم.

*برای ورود اسلحه به کشور و پنهان کردن آن من محتاج کمک وابسته‌های نظامی خودمان بودم. وابستهٔ هوایی یک هواپیمای کوچک در اختیار داشت و قبول کرد که با آن مرا به **حبانیه**، پایگاه مرکزی نیروی هوایی انگلیس در خاورمیانه، برساند و نیز ترتیب دادم تا در آنجا **یک محمولهٔ اسلحهٔ سبک و وسائل دیگر به ما تحویل دهند** ...*

*بالاخره با دو ساعت تأخیر از لابلای ابرها در **حبانیهٔ عراق** فرود آمدیم در حالی که بنزین برای ده دقیقه پرواز هم نداشتیم. شب را در آنجا گذرانده صبح بسته‌ها را بار زدیم. چون هوا صاف شده بود پرواز مراجعت به تهران آسان بود. هواپیما را قفل کرده تحت مراقبت خلبان آن را در یک گوشهٔ دورافتادهٔ فرودگاه تهران برای یک شب دیگر گذاردیم.*

روز بعد، بسته‌ها را به وسیلهٔ کامیون برای دفن کردن در تپه‌های تهران، که در مسافت امنی قرار داشتند، حمل کردیم.

*در عمل، به این مهمات اصلاً نیازی پیدا نکردیم چراکه آن شرایط اضطراری هرگز پیش نیامد. فقط یک نفر در **عراق** می‌دانست در کجا این مهمات پنهان شده‌است و شاید هرگز دیگر کسی آنها را ندیده باشد ..."*

(شرح عملیات چکمه- از خاطرات سی. ام. وودهاوس- ترجمه نظام‌الدین دربندی- صفحات ۵۰/۵۱)

آقای **وودهاوس** تاریخ آورده شدن این سلاح‌ها به ایران را ذکر نکرده‌است ولی با توجه به تاریخ انجام سایر اقدامات وی در قبل و پس از این کار، ما می‌توانیم دریابیم که حمل آنها به ایران بی‌درنگ پس از قیام ۳۰ تیر ۱۳۳۱ (۲۱ جولای ۱۹۵۲) بوده‌است.

افزون‌برآن **وودهاوس** گفته‌است که وی سلاح‌های مورد بحث را به این جهت به ایران آورده بوده‌است که هرگاه ارتش سرخ ایران را تصرف نماید وی بتواند با استفاده از آنها نوعی جنبش مقاومت در برابر آن ارتش به وجود بیاورد.

این گفته‌ی **وودهاوس** منطقی و معقول به نظر نمی‌رسد. زیرا، نخست: تصرف ایران توسط ارتش سرخ مسئله کوچک و ساده‌ای نبوده که وی به آسانی بتواند آن را پیش‌بینی نماید و فقط با یک محمولهٔ سلاح که توسط هواپیمای کوچک به ایران آورده شده بودند در ایران جنبش مقاومت ایجاد کند، دوم: وی منحصراً مأمور اجرای برنامه‌ای بوده‌است که پیشتر اینتلیجنت سرویس و وزارت امور خارجه انگلیس برای سرنگونی **مصدق** تنظیم کرده بوده‌اند و پیش‌بینی هجوم ارتش سرخ و تصرف ایران و نحوه ایجاد جنبش مقاومت دربرابر آن مسئله‌ای بسیار پیچیده و بزرگ بوده و نیاز به آگاهی‌های همه‌جانبه‌ی فراوان، از خارج از ایران، به‌ویژه از داخل روسیه داشته و سرانجام نیز خارج از اختیار، وظیفه و توانایی وی به‌شمار می‌رفته‌است، و سوم: امکان نداشته‌است که وی به تنهایی بتواند "***روز بعد، بسته‌ها[ی سلاح‌ها] را به وسیلهٔ کامیون [؟!] برای دفن کردن در تپه‌های تهران، که در مسافت امنی قرار داشتند، حمل***" کند و هیچکس نیز در تهران در این کار شریک نباشد و از وجود آن سلاح‌ها آگاهی پیدا نکرده باشد.

در هر حال ما اکنون به خوبی می‌توانیم دریابیم که این سلاح‌ها را **وودهاوس** در جهت اجرای برنامه‌ی تحت تصدی خود، یعنی سرنگونی **مصدق**، با هواپیما به ایران آورده و توسط اعضای سازمان MI ۶ با کامیون به محلی امن، نزدیک به کوه‌های کرج، برده و سپس (هنگامی که زمان استفاده از آنها برای ایجاد هرج ومرج رسیده بود) آنها را توسط همان اعضای MI ۶ به نقطه‌ای مناسب در بالای کوه‌های کرج انتقال داده‌است.

سه روز پس از قتل:

" یک کشف تازه

اینک به مطلب قابل توجهی که خبرنگار ما در ضمن تحقیقاتی که شخصاً به عمل آورده و بدان دست یافته است توجه فرمائید.
خبرنگار ما در این باره چنین می‌نویسد:
*روز بیست و پنجم فروردین‌ماه در صفحهٔ ششم روزنامهٔ اطلاعات در اول ستون سوم خبری بدین مضمون آگهی شده بود: جوانی سی ساله دارای لباس سورمه‌ای راه‌راه - متوسط‌القامه - سفیدپوست - چشم زاغ - ابرو و موی سر مشکی به نام **حسین ذبیح‌پور**، کارمند شهربانی کل کشور از روز سوم فروردین‌ماه تاکنون مفقود شده‌است.*
کسانی که از نامبرده خبری دارند به ... اطلاع بدهند.
انتشار این آگهی البته در روز ۲۵ فروردین‌ماه چندان غیرعادی نبود ولی پس از اینکه خبر گم شدن رئیس شهربانی منتشر گردید، این خبر مورد توجه خبرنگار ما قرار گرفت و در صدد تحقیق برآمد.
درنتیجهٔ تحقیقات معلوم شد حسین ذبیح‌پور دو سال از مأمورین فعال ادارهٔ آگاهی شهربانی بوده و احساسات و تعصب خاصی نسبت به آقای دکتر مصدق داشته و بعد از فروردین‌ماه دائماً به برادر و خواهر خود می‌گفته‌است که بالاخره اقداماتی که علیه دولت می‌شود و ما از آن اطلاع داریم موجب سقوط حکومت دکتر مصدق خواهد شد.
این شخص در موقع خلع‌ید از شرکت سابق به آبادان رفته و توطئه‌ای را که در آنجا ترتیب داده شده بود کشف نموده و بارها به این کشف خود که رنگ وطن‌پرستی داشته افتخار می‌کرده‌است.
*چند ماه قبل، **ذبیح‌پور** از خدمت در ادارهٔ آگاهی و کارآگاهی دلسرد شد و تقاضا کرد که او را به ادارهٔ حسابداری منتقل کنند و دربارهٔ این تغییر روش نیز به برادر خود گفته بود من از این همه توطئه‌هایی که می‌شود بیزارم و می‌خواهم در آرامش زندگی نمایم.*
*بالاخره **ذبیح‌پور** به ادارهٔ حسابداری منتقل می‌شود تا اینکه در اواخر اسفند دوباره مثل اینکه مشغول فعالیتی می‌شود و **روز سوم فروردین‌ماه نیز اسلحهٔ خود را به کمر بسته و صبح زود از منزل خارج می‌گردد و دیگر مراجعت نمی‌کند.***
*نکتهٔ قابل ملاحظه اینست که اولاً بعضی از رفقای او، **ذبیح‌پور را دیده بودند که با وجود اینکه یک عضو عادی ادارهٔ حسابداری بود ولی در اواخر اسفندماه چند مرتبه به ملاقات تیمسار افشارطوس رئیس شهربانی رفته و با ایشان مذاکره***

*کرده بود و در ثانی مشارالیه چند ماه بود که اسلحهٔ خود را به کمر نمی‌بست و اسلحه همیشه در خانه قرار داشت ولی روز سوم فروردین‌ماه **پس از مدتی متارکه، مسلح از خانه بیرون رفته بود و این نشان می‌دهد که به دنبال مأموریتی می‌رفته که احتیاج به اسلحه داشته‌است.**"*
(روزنامه اطلاعات- شماره ۸۰۷۶- سوم اردیبهشت ۱۳۳۲- صفحه ٤)

شانزده روز پس از قتل:

" در کوههای کلاک کرج جنازه‌ای کشف شد.
احتمال داده می‌شود که این جسد متعلق به ذبیح‌پور کارمند آگاهی تهران، که قبل از واقعهٔ قتل افشارطوس مفقود شده‌است، باشد.
ظهر امروز خبرنگار اداره از کرج به وسیلهٔ تلفن چنین اطلاع داد:

روز گذشته جنازه‌ای در کوههای کلاک پیدا شد و امروز مأمورین فرمانداری نظامی و پزشک قانونی به بالین جنازه رفته و جسد را به تهران منتقل نمودند.

کشف جنازه
چند روز قبل هفت رأس گاو یکی از ملاکین کرج که برای چرا به کوههای کلاک رفته بودند به وسیلهٔ چند نفر دزد سرقت شدند.
یکی از مأمورین انتظامی کرج که ساکن کلاک بود مأمور می‌شود در این خصوص تحقیقات لازم را به عمل آورده و نتیجه را گزارش دهد. این شخص چون تنها بود از چوپانهای محل کمک طلبید و در ارتفاعات کوهها مشغول جستجو شد.
*در موقعی که در مرتفع‌ترین قسمت کوههای کلاک مشغول جستجو بودند به جنازه‌ای برخورد می‌نمایند که **لباس و کفش به تن نداشته و بدنش به‌کلی سیاه و کبود شده بود.** بلافاصله ژاندارم مزبور مراتب را به ژاندارمری کرج اطلاع می‌دهد. از طرف فرمانداری نظامی آقای **سرگرد شهبازی** و رئیس ژاندارمری کرج و چند نفر مأمور روز گذشته به محل رفته و از نزدیک جنازه را مشاهده نمودند و دو نفر مأمور برای حفظ جسد در محل گماردند و به کرج عزیمت نمودند.*
*صبح امروز آقای **قریشی**، رئیس دادگاه کرج، و دکتر **سپهر**، طبیب قانونی، و آقای **سرهنگ ۲ دانش**، بازپرس فرمانداری نظامی، و آقای **اسدالله سرهنگ‌پور**، نمایندهٔ شهربانی، و آقای **صادقی**، رئیس ادارهٔ آگاهی کرج، به محل واقعه رفتند و پس از سه ساعت کوه‌پیمایی در مرتفع‌ترین نقاط کوههای کرج به بالین جنازه رسیدند.*
*پس از معاینهٔ جسد، پزشک قانونی اظهار داشت **این شخص در حدود یک ماه پیش مقتول شده‌است** [یعنی تقریباً اواسط فروردین ۱۳۳۲] و چون جسدش در محل سرد و مرتفعی قرار گرفته بود متلاشی نشده‌است و علت فوت مقتول را در اثر ضربات وارده به سر و شکم مقتول تشخیص دادند و این*

طور گفته شد که در اثر کشمکشی که بین مقتول و قاتل روی داده، مقداری از موی سر مقتول کنده شده‌است.
*به‌طوری که آقای **صادقی**، رئیس آگاهی کرج، اظهار می‌داشت شباهتهای زیادی بین این جسد و **ذبیح‌پور**، کارمند ادارهٔ آگاهی تهران، که مفقود شده‌است موجود است و بدین جهت حدس زده می‌شود که این جنازه متعلق به همان آقای **ذبیح‌پور**، کارمند ادارهٔ آگاهی، باشد.*
کت و شلوار مقتول به سرقت رفته بود و جنازه در حالی که پیراهن سفید یقه آهاری با کراوات مشکی و یک زیرشلواری داشت، دفن شده بود. در بالای سر جنازه یک آینه و شانه و یک دفترچه که اوراق نوشتهٔ آن کنده شده بود، دیده می‌شد.
جنازه توسط مأمورین حمل و به وسیلهٔ آمبولانس ظهر امروز برای کالبدشکافی به ادارهٔ پزشک قانونی حمل گردید."
(روزنامه اطلاعات- شانزدهم اردیبهشت ۱۳۳۲- صفحه ۸)

هفده روز پس از قتل:

" جنازه‌ای که دیروز در کوههای کرج کشف شد متعلق به ذبیح‌پور کارمند مفقود شدهٔ شهربانی است. با اسلحهٔ ارتشی به جمجمهٔ او شلیک شده و احتمال می‌رود که خودکشی نموده‌باشد.
*به‌طوری که دیروز به اطلاع خوانندگان رسید جنازه‌ای در کوههای کلاک نزدیک کرج کشف گردید که احتمال می‌رفت متعلق به **حسین ذبیح‌پور** کارمند حسابداری شهربانی باشد.*
*جسد، پس از معاینهٔ مقدماتی به ادارهٔ پزشکی قانونی حمل گردید تا در صورت لزوم کالبدشکافی شود و در اداره پس از اینکه کسان **ذبیح‌پور** آن را مشاهده کردند تأیید نمودند که حدس مزبور صحیح است.*
*خبرنگار ما امروز با یکی از کسان **ذبیح‌پور** تماس گرفت و دربارهٔ آن مرحوم اطلاعاتی به شرح زیر از وی کسب نمود.*
حسین ذبیح‌پور** فرزند **ذبیح‌الله** اهل بابل بود و در حدود ۳۰ سال از عمر او می‌گذشت. تحصیلات وی در حدود پنجم متوسطه بود و خدمت نظام وظیفه را هم انجام داده‌است. **خدمات اداری او تمام در شهربانی بود و مدت پنج سال در تهران و اهواز و آبادان مأمور آگاهی بود و اخیراً در حسابداری شهربانی انجام وظیفه می‌کرد.
*مرحوم **ذبیح‌پور** شخصی قوی و سالم بود و به مشروب و افیون معتاد نبود. حقوق کافی می‌گرفت و از زندگانی خود کاملاً راضی و خرسند بود.*
*به‌طوری که شخص مزبور نقل کرد، **روز سوم فروردین مرحوم ذبیح‌پور از خانه بیرون رفت** و، به طوری که گفته شد، چون تعطیل نوروز بود به عنوان گردش از شهر خارج شد. در موقع خروج از خانه اسلحهٔ کمری خود را همراه داشت.*

وی شب به خانه نیامد و از آن تاریخ تاکنون کاملاً مفقودالاثر شده بود. کسان وی در این مدت به تمام مقامات شکایت کرده بودند ولی تا حال قضیه کشف نشده بود.
*مرحوم **ذبیح‌پور** زن ندارد و دارای خواهر و برادر می‌باشد و پدر و مادر او هم فوت کرده‌اند.*
پزشک معاینه‌کننده درمورد متوفی این طور گزارش داده‌است:
آثار سرماخوردگی در بدن مشهود است، صورت قرمز تیره و خشکیده شده و در گودی بین انگشتان شصت و سبابه اثر زنگزدگی فلزی مثلثی شکلی که فرورفتگی در این ناحیه پیدا کرده به نظر می‌رسد.
تمام عضلات صورت خشکیده و دهان و گوش و بینی کرم زده و به داخل مغز راه پیدا کرده است.
در بالای گوش راست سوراخی به قطر ۱۲ میلیمتر مشاهده می‌شود که مقداری از موی سر در آن فرورفته‌است.
مرگ ناشی از شلیک گلوله به جمجمه توسط اسلحهٔ ارتشی به کالیبر ۹ میلیمتر می‌باشد.
*به‌طوری که مأمورین اظهار می‌دارند **ذبیح‌پور** به ظن قوی شخصاً اقدام به خودکشی کرده و اسلحهٔ وی به انضمام لباسش پس از مرگ توسط افراد ناشناس به سرقت رفته‌است.*
*تقریباً [؟ در روزنامه در این محل عددی ذکر نشده] هفته از موقع مرگ وی گذشته و **جنازه کاملاً فاسد شده‌است.***
برادر ذبیح‌پور اظهار می‌دارد که وی را مقتول ساخته‌اند و تقاضای تعقیب مرتکبین را دارد.
اجازهٔ دفن به نام متوفی صادر و جسد تحویل بستگانش گردید و قضیه تحت تعقیب قرار گرفت."
(روزنامه اطلاعات- هفدهم اردیبهشت ۱۳۳۲- صفحه ۱۰)

سی و هفت روز پس از قتل:

"ارتباط قتل ذبیح‌پور با قتل افشارطوس

*چون گفته می‌شد که **قتل ذبیح‌پور کارمند حسابداری شهربانی با قتل مرحوم افشارطوس ارتباط دارد**، لذا صبح امروز خبرنگار ما برای تحقیق در این باره با **سرهنگ** [دانش] بازپرس شعبهٔ چهار دادسرای نظامی تماس گرفت. بازپرس نظامی در جواب خبرنگار ما اظهار داشت:*

چندی قبل روزی که جسد مرحوم ذبیح‌پور در کوههای کرج پیدا شد گفته شد که او خودکشی کرده‌است.
***ولی در نتیجهٔ تحقیقات ما [بازپرس دادسرای نظامی] ثابت شد که او خودکشی نکرده‌است، بلکه او را کشته‌اند** و دلائلی که می‌توانم برای صحت گفته‌های خود ارائه دهم از این قرار است:*

۱ - اولاً محل جرم سی کیلومتر از کرج دور است و در میان کوههای صعب‌العبور قرار دارد و به عقیدهٔ من اگر کسی بخواهد خودکشی کند هیچوقت سی کیلومتر راه دور و دراز و صعب‌العبور را طی نمی‌کند و از کوه بالا نمی‌رود.

۲ - در محلی که جنازه کشف شد مقدار زیادی موی سر سالم دیده شده که معلوم می‌دارد مقتول با شخص دیگری قبل از مرگ در آنجا گلاویز گردیده و موهای سر او در اثر کشمکش کنده شده‌است.

۳ - در محل جرم جای پای زیادی دیده شد که از جای پای طبیعی عمیق‌تر بود و نشان می‌دهد که این جای پاها در اثر کشمکش بین چند نفر به وجود آمده‌است.

٤ - در روی شکم مقتول آثار ضربه‌های زیادی دیده شد که خود دلیل این است که با سنگ یا شیء دیگری بر آن ضرباتی وارد آورده‌اند.

*٥ - چیزی که بیش از هر چیز دلیل مقتول شدن **ذبیح‌پور** می‌باشد این است که مطابق قرائن و مدارکی که ما به دست آورده‌ایم **حسین ذبیح‌پور کارآگاه شخص مرحوم افشارطوس بوده و چند روز قبل از ربودن افشارطوس مفقود شده بود** و وقتی جنازهٔ او پیدا شد لباسی که بر تن داشت عبارت بود از یک پولوور و یک پیراهن و یک زیرشلوار.*

*علاوه بر این قاتل یا قاتلین، **ذبیح‌پور را در حدود بیست قدم دورتر به قتل رسانده و به اتاقی که از سنگ درست کرده بودند برده‌اند.***

*آقای **سرهنگ دانش**، بازپرس دادسرای نظامی که مأمور رسیدگی به این پرونده است در آخر اضافه نمود: من امیدوارم بتوانم از روی آثار جرم که بدست آورده‌ام قاتل یا قاتلین **ذبیح‌پور** را در آتیهٔ نزدیکی دستگیر نمایم."*

(روزنامه اطلاعات- مورخ ٦ خرداد ۱۳۳۲- صفحه ۱۰)

آگاهی‌هایی درباره‌ی حسین ذبیح‌پور

- وی از حدود ٥ سال پیش از آن به عنوان کارآگاه در آبادان استخدام شده بود و از ۲ سال پیش او را با همان عنوان به شهربانی کل کشور در تهران انتقال داده بودند. وی از چند ماه پیش از مفقود شدن از اداره‌ی آگاهی به حسابداری شهربانی منتقل شده بود.

- پس از پیدا شدن جسدش معلوم شد که وی، دست کم از تاریخ انتقال به حسابداری به صورت کارآگاه شخصی و مخصوص **سرتیپ افشارطوس** عمل می‌کرده و حتی در اواخر اسفندماه ۱۳۳۱ چند مرتبه به طور خصوصی و محرمانه با **افشارطوس** ملاقات کرده است.

- با این آگاهی معلوم شده که انتقال وی به حسابداری به‌طور صوری و ظاهری انجام شده و علت آن این بوده که این شخص بتواند آزادانه و در هر زمان که مایل باشد، بدون کسب اجازه از مقامی بالاتر، از اداره خارج شود و به دنبال انجام مأموریت‌های محرمانه‌ای که از سوی رئیس شهربانی به او محول شده بود و یا خود انجام آنها را در نظر داشته‌است، برود.

- جملات زیر که پیشتر از روزنامه اطلاعات مورخ سوم اردیبهشت ۱۳۳۲ بازگو گردید، بسیار قابل توجه می‌باشند:

> ***" ... بعد از فروردین‌ماه دائماً به برادر و خواهر خود می‌گفته‌است که بالاخره اقداماتی که علیه دولت می‌شود و ما از آن اطلاع داریم موجب سقوط حکومت دکتر مصدق خواهد شد ...***
> *در اواخر اسفند [یعنی همان روزهایی که چند مرتبه به طور خصوصی با افشارطوس ملاقات کرده بود] دوباره مثل اینکه مشغول فعالیتی می‌شود و* ***روز سوم فروردین‌ماه نیز اسلحهٔ خود را به کمر بسته و صبح زود از منزل خارج می‌گردد و دیگر مراجعت نمی‌کند ...***
> ***روز سوم فروردین‌ماه پس از مدتی متارکه، مسلح از خانه بیرون رفته بود و این نشان می‌دهد که به دنبال مأموریتی می‌رفته که احتیاج به اسلحه داشته‌است. "***

- به طوری که پیشتر در اعترافات **سی.ام. وودهاوس**، رئیس سازمان جاسوسی MI۶ انگلیس در ایران و فرمانده‌ی عملیات چکمه خواندیم، وی سلاح‌هایی را که با هواپیما از **حبانیه**، پایگاه مرکزی نیروی هوایی انگلیس در خاورمیانه، به **فرودگاه تهران** آورده بود، **به وسیله‌ی کامیون برای دفن کردن در تپه‌های تهران که در مسافت امنی قرار داشتند، حمل کرده بود.**
باز هم دیدیم، سلاح‌های مزبور که چند روزی پیش از ربودن **افشارطوس** به بالای کوه‌های کرج انتقال یافته بودند در تاریخ ۲۵ فروردین ۱۳۳۲ کشف و ضبط شدند و برنامه‌ی ایجاد هرج ومرج از طریق استفاده از آنها عقیم ماند.

- اما شاید ارتباط **حسین ذبیح‌پور** با سلاح‌های مزبور به این شرح بوده‌باشد؛ وی در شهر آبادان به تنهایی به کشف توطئه‌ای توفیق یافته، مورد تشویق و تقدیر قرار گرفته و در میان همکاران و آشنایان خود تا اندازه‌ای به شهرت و افتخار رسیده بوده‌است. به اینجهت، پس از انتقال به تهران نیز مرتب در صدد بوده که به کشف توطئه‌ای بسیار بزرگتر توفیق یابد و به کسب شهرت و افتخاری بسیار بزرگتر برسد. شواهد نشان می‌دهد که وی در آن زمان به این هدف خود بسیار نزدیک شده بوده‌است. یعنی به احتمال زیاد با استفاده از شیوه‌های کارآگاهی مخصوص به خود از یک توطئه (بی‌گمان به سرپرستی **برادران رشیدیان**) جهت حمل اسلحه به بالای کوه‌های کرج و نصب آنها در نقطه‌ی مناسبی در آنجا آگاهی یافته و شخصاً در صدد کشف آنها بوده‌است.

- وی آگاهی یافته بوده که پیشتر برخی از وسایل و ابزار مهندسی ارتشی به بالای کوه‌های کرج حمل شده و قرار است یک یا چند نفر از افسران متخصص و بازنشسته‌ی ارتشی نیز در **صبح روز یکشنبه سوم فروردین ۱۳۳۲** به آنجا بروند و با استفاده از آن وسایل و ابزار و پس از بررسی و اندازه‌گیری‌های دقیق، بهترین جایگاه مناسب برای هدف مطلوب جهت نصب سلاح‌های مورد نظر را انتخاب نمایند.

به همین جهت وی نیز در همان روز، صبح زود، با برداشتن اسلحه‌ی کمری خود به سوی آن کوه‌ها روانه شده‌است.

- گویا آن افسران یا مأمورانشان **حسین ذبیح‌پور** را دیده‌اند، و به نحوی که ما آگاه نیستیم با وی روبه‌رو گردیده، گلاویز شده، به زدوخورد پرداخته، و سرانجام او را پس از شکنجه‌ی فراوان، به منظور اعتراف‌گیری، به قتل رسانده‌اند.

پیشتر از زبان پزشک معاینه‌کننده‌ی جسد **ذبیح‌پور** خواندیم که:

" مرگ ناشی از شلیک گلوله به جمجمه توسط اسلحهٔ ارتشی به کالیبر ۹ میلیمتر می‌باشد. "

یعنی ما باید قاتل او را در میان نظامی‌ها جستجو نماییم.

و نیز مطالب زیر را از زبان **سرهنگ دانش**، بازپرس دادسرای نظامی رسیدگی به پرونده‌ی **ذبیح‌پور**، مطالعه کردیم که نشان‌دهنده‌ی گلاویز شدن او با قاتلان می‌باشد:

" - در محلی که جنازه کشف شد مقدار زیادی موی سر سالم دیده شده که معلوم می‌دارد مقتول با شخص دیگری قبل از مرگ در آنجا گلاویز گردیده و موهای سر او در اثر کشمکش کنده شده‌است.
- در محل جرم جای پای زیادی دیده شد که از جای پای طبیعی عمیق‌تر بود و نشان می‌دهد که این جای پاها در اثر کشمکش بین چند نفر به وجود آمده‌است.
- در روی شکم مقتول آثار ضربه‌های زیادی دیده شد که خود دلیل این است که با سنگ یا شیء دیگری بر آن ضرباتی وارد آورده‌اند. "

- ما در حال حاضر به خوبی می‌توانیم حدس بزنیم که چون **ذبیح‌پور** در آن زمان به هدف بزرگ و مهم خود، یعنی قهرمان شدن و کسب شهرت و افتخار از طریق کشف یک توطئه بزرگ ضد دولتی،نزدیک شده بوده‌است، گمان نمی‌رود که ریز فعالیت‌های خود را حتی برای **سرتیپ افشارطوس** افشاء کرده باشد. زیرا یقین داشته است که درصورت بیان آن، **پیش از کشف کامل توطئه**، بی‌درنگ ادامه تمام زحماتی که وی متحمل شده‌است به سازمان‌های ارتشی که دارای تشکیلات وسیع و وسایل مجهز می‌باشند، محول می‌گردد و به مصداق «**کار را که کرد؟ آنکه تمام کرد**»، و نتیجه و افتخار زحمات او نصیب دیگران می‌شود.

- گویا توطئه‌گران نیز از اعترافاتی که **حسین ذبیح‌پور** در زیر شکنجه به عمل آورده بود، اطمینان یافته‌اند که وی اسراری را که خود به تنهایی درباره‌ی آن توطئه کشف کرده بوده، به هیچ‌کس، حتی به **سرتیپ افشارطوس**، بروز نداده‌است. به این جهت پس از قتل او با خیال راحت به اقدامات خود ادامه داده، یعنی پس از تعیین محل مناسب، سلاح‌ها را به آنجا انتقال داده و نصب کرده‌اند.

- اما به‌طوری که پیشتر گفته شد، مبارزات کارساز و مشکل‌ساز افسران بازنشسته بر ضد دولت **مصدق**، این بدگمانی را در **مصدق** به وجود آورده بوده‌است که پیشنهاد بازنشسته کردن افسران به منزله‌ی پوست خربزه‌ای بوده که **شاه** و درباریان و سایر مخالفان وی، توسط **افشارطوس**، زیر پای وی گذاشته بوده‌اند.

در اینجا نیز **محمد مصدق**، پس از کشف و ضبط سلاح‌ها در روز ۲۵ فروردین ۱۳۳۲، در کوه‌های کرج، و آگاهی از اینکه **حسین ذبیح‌پور**، کارآگاه ویژه **افشارطوس**، بی‌گمان از توطئه مربوط به آنها آگاهی یافته بوده و با رفتن به کوه‌های کرج در روز ۳ فروردین ۱۳۳۲ قصد کشف محل نصب سلاح‌های مربوط به توطئه مزبور را داشته، بی‌نهایت نسبت به **افشارطوس** خشمگین و بدگمان شده و نه‌تنها باور نکرده‌است که وی از ریز عملیات آن کشف مهم کارآگاه ویژه خود بی‌اطلاع بوده بلکه حتی بر این گمان رفته‌است که **افشارطوس پیشتر خبر رفتن ذبیح‌پور به کوه‌های کرج را به آگاهی توطئه‌گران رسانده و احتمالاً زمینه‌های قتل او را فراهم ساخته‌است.**

استعفای افشارطوس چند روز پیش از ربوده‌شدن و قتل

در همان نخستین روزهای مفقود شدن **افشارطوس**، خبری در روزنامه‌ها انتشار یافته مبنی بر اینکه **افشارطوس** چند روز پیش از آنکه مفقود گردد از سمت خود مستعفی شده بوده‌است. گویا کارکنان برکنارشده از ادارات آگاهی و کارآگاهی شهربانی منشاء این خبر بوده‌اند.

با این ترتیب می‌توان حدس زد که استعفای مزبور نتیجه‌ی ابراز عصبانیت **مصدق** نسبت به **افشارطوس** در ارتباط با همان جریان **ذبیح‌پور** بوده‌است.

اینک به نمونه‌ای از این اخبار توجه بفرمایید:

> ***" استعفای رئیس شهربانی چه بود؟ آیا رئیس شهربانی مدارکی از بازیهای پشت‌پردهٔ دولت در دست داشت؟***
> *یکی از براهین مستدل مخالفین شایعه‌ای است که **حتی بعضی مقامات نیز آن را تأیید کرده‌اند، استعفای چند روز قبل رئیس شهربانی است** که می‌گویند **رئیس شهربانی چند روز قبل از آنکه مفقود بشود استعفای خود را آماده روی میزش گذاشت** و حتی چند روز آخر ریاست به کارهای روزانه هم رسیدگی کاملی نمی‌کرده! این موضوع این توهم را پیش می‌آورد که ممکن است **رئیس شهربانی مدارک و یا اسنادی از بازیهای پشت‌پردهٔ دولت در دست داشته که دولت پس از استعفای او خواسته‌است برای پرده‌پوشی او را از بین ببرد.** "*
> (روزنامه شاهد- شماره ۹۲۱- مورخ ۵ اردیبهشت ۱۳۳۲- صفحه ۲)

بخش سوم

جاسوسان دوجانبه و چندجانبه

اول - سرتیپ محمد دفتری، مار دست‌آموز مصدق در آستین شاه، رزم‌آرا، و زاهدی

می‌گویند در هر جنایت، برای پیداکردن جنایتکار حقیقی، باید تحقیق کنید و ببینید که چه کسی از آن سود می‌برده است.

حال ما می‌دانیم که در کشور ایران، از تاریخ ۲۲ بهمن ۱۳۲۶ تا ۱٦ اسفند ۱۳۲۹ یعنی فقط در مدت **سه سال و بیست و چهار روز**، پنج ترور تاریخی به شرح زیر اتفاق افتاده است:

نخست: قتل **محمد مسعود**، مدیر هفته نامه مرد امروز (۲۲ بهمن ۱۳۲٦)
دوم: توطئه ناموفق قتل **محمدرضا شاه پهلوی** (۱۵ بهمن ۱۳۲۷)
سوم: قتل **عبدالحسین هژیر**، وزیر دربار (۱۳ آبان ۱۳۲۸)
چهارم: توطئه ناموفق قتل **دکتر مظفر بقائی** (و کشته شدن **احمد دهقان**، مدیر مجله تهران‌مصور به‌جای او) (٦ خرداد ۱۳۲۹)
پنجم: قتل **حاجیعلی** رزم‌آرا، نخست‌وزیر (۱٦ اسفند ۱۳۲۹)

تمام مدارک و شواهد موجود نشان می‌دهد که **محمد دفتری** (ابتدا با درجه سرهنگی و سپس با درجه سرتیپی، در سمت ریاست دژبان و ریاست شهربانی کل کشور)، پیشاپیش، از آن توطئه‌ها آگاهی‌داشته و نیز وجه مشترک تمام آنها این بوده‌است که همین شخص پس از رخداد هر توطئه در جریان رسیدگی به آن به نحوی دخالت‌کرده

و تحقیقات را در جهت رسیدن **مصدق** به بزرگترین هدفش یعنی نخست‌وزیری، هدایت و کارگردانی نموده‌است.

محمد دفتری در آغاز، به‌ظاهر به‌عنوان محرم اسرار ومأمور مورد اعتماد (سرلشکر یا سپهبد) **حاجیعلی** رزم‌آرا و از سوی این شخص، اجرای چهار ترور نخست را سرپرستی و کارگردانی کرده ولی در پایان به ولی‌نعمت خود خیانت ورزیده و برنامه‌ی ترور خود او را نیز، با موافقت و هم‌آهنگی با **محمدرضا شاه پهلوی**، به مرحله‌ی اجرا درآورده است.

به‌طوری که نگارنده در کتاب «**پنج ترور تاریخی راهگشای صدارت مصدق**» بر مبنای اسناد معتبر و شواهد موثق شرح داده است، تمام برنامه‌های ترورهای مزبور، از نخستین آنها، یعنی ترور **محمد مسعود**، تا آخرینشان، یعنی ترور **حاجیعلی** رزم‌آرا، همگی در راستای کسب منافع سیاسی برای **محمد مصدق** نیز قرار داشته و به نحوی تنظیم شده بوده‌اند که درصورت موفقیت، راه رسیدن وی را به اوج قدرت، در مسیر انقراض سلطنت **پهلوی** هموار می‌ساخته و درصورت شکست باز هم متضمن منافع قابل توجهی برای **مصدق** بوده‌اند.

(سرهنگ یا سرتیپ) محمد دفتری، برادرزاده و برادر داماد **محمد مصدق**، در سمت ریاست دژبان یا ریاست شهربانی، زیر فرمان **(سرلشکر یا سپهبد) حاجیعلی** رزم‌آرا، را می‌توان به راننده‌ای تشبیه نمود که رانندگی اتومبیل را در چهار توطئه به سوی هدف‌های مورد نظر رزم‌آرا، و در آخرین آنها، به سوی هدف مورد نظر **محمدرضا شاه پهلوی** به‌عهده داشته ولی رسیدن به تمام آن هدف‌ها برای **محمد مصدق** دارای منافعی بیش از رزم‌آرا و **شاه** بوده است؛ و نیز، چون تعیین مسیر حرکت اتومبیل تا رسیدن به هدف‌های مورد نظر به عهده‌ی **محمد دفتری** بوده، پس وی همواره (و بی‌گمان با راهنمایی‌های **مصدق**) اتومبیل توطئه را از راه‌هایی هدایت می‌کرده که در طول مسیر عبور نیز، تا آنجا که امکان داشته، بتواند یک یا چند هدف مهم یا غیر مهم فرعی از منافع **محمد مصدق** را برآورده سازد و، حتی درصورت شکست توطئه و نرسیدن اتومبیل به هدف مورد نظر، باز هم اتومبیل مفروض در جهت تأمین منافع سیاسی **مصدق** به حرکت خود ادامه دهد.

سه برنامه از پنج برنامه‌ی ترور مزبور، یعنی توطئه ناموفق قتل **محمدرضا شاه پهلوی**، قتل **عبدالحسین هژیر**، وزیر دربار، و قتل **حاجیعلی** رزم‌آرا، نخست‌وزیر (۱۶ اسفند ۱۳۲۹)، به‌منزله‌ی سه پله‌ی بسیار ضروری برای صعود به صدارت محسوب می‌شده‌اند. که اگر هر کدام از آنها به مرحله‌ی اجرا درنمی‌آمد، امکان نخست‌وزیر شدن **مصدق** وجود نداشت.

در زیر شرح مختصری از این سه پله را به اطلاع خوانندگان گرامی می‌رساند:

پله نخست- سوءقصد به جان شاه

پیشگفتار

نگارنده، بهتر آن می‌داند که چند سالی به گذشته برگشته و داستان مورد نظر در ارتباط با این سوءقصد را با بازگونمودن چند خبر از کتاب «**روزشمار تاریخ ایران**» نوشته‌ی **باقر عاقلی** درباره‌ی برگزاری انتخابات دوره پانزدهم مجلس شورای ملی توسط **احمد قوام، قوام‌السلطنه**، آغاز نماید:

*" ۲۰ دی‌ماه ۱۳۲۵ [۱۱ ژانویه ۱۹٤۷]- عدهٔ کثیری از مردم تهران در مسجد شاه اجتماع نموده، سخنرانی **دکتر محمد مصدق** را دربارهٔ انتخابات استماع نمودند. **مصدق** در نطق تند و آتشین خود به **قوام** هشدارداد تا از دخالت در انتخابات خودداری نماید.*

۲۲ دی‌ماه ۱۳۲۵ [۱۳ ژانویه ۱۹٤۷]- عدهٔ زیادی از رجال و معاریف با اعتراض به انتخابات در دربار متحصن‌شدند. مانند ...

۲۶ دی‌ماه ۱۳۲۵ [۱۷ ژانویه ۱۹٤۷]- متحصنین در دربار بدون اخذ نتیجه به تحصن خود پایان دادند. "

در آن زمان **روزنامه مرد امروز** که سخنگوی **مصدق** و سایر متحصنان محسوب می‌شده، در شماره مورخ ۲۸ دی‌ماه ۱۳۲۵ نوشت:

*" آقایان [**احمد**] **سمیعی** [یکی از رؤسای دربار] و [**یوسف**] **شکرائی** (رئیس تشریفات دربار شاهنشاهی)، از سوی دربار، و نیز [**احمد**] **فریدونی** (کفیل وزارت کشور)، [**دکتر سیدعلی**] **شایگان** (وزیر فرهنگ) و [**جواد**] **عامری**، در روز ۲٤ دی‌ماه ۱۳۲۵، از سوی دولت با متحصنان [و در حقیقت با **محمد مصدق**] مذاکراتی به‌عمل آورده‌اند. "*

گویا **احمد فریدونی** و **یوسف شکرائی** یک مذاکره‌ی محرمانه و سه نفری با **محمد مصدق** داشته‌اند که ضمن آن موافقت شده‌است دو داماد **مصدق**، یعنی **عزت‌الله بیات** و **دکتر احمد متین‌دفتری**، بدون آنکه عضو **حزب دموکرات قوام‌السلطنه** باشند، به نمایندگی مجلس در دوره پانزدهم انتخاب شوند و در عوض **مصدق**؛ نخست متحصنین را وادار به ترک تحصن در دربار بنماید و دوم تا پایان دوره پانزدهم مجلس شورای ملی در ملک شخصی خود در احمدآباد، بدون هیچ‌گونه فعالیت سیاسی، اقامت نماید.

اجرای این توافق درباره‌ی **عزت‌الله بیات** مشکل زیادی نداشته و انتخاب وی از اراک یعنی محل تولد خود وی صورت گرفته‌است. اما برای انتخاب **متین‌دفتری** جای مناسبی باقی‌نمانده بوده‌است و سرانجام مجبورشده‌اند که وی را به‌عنوان نماینده **مشکین‌شهر**، یعنی جایی که **مردمش** و **متین‌دفتری** همدیگر را نمی‌شناخته‌اند و **متین‌دفتری** حتی نام آنجا را هم نشنیده بوده‌است، معرفی نمایند.

البته **مصدق** هم گویا به قول خود عمل کرده و تا پایان دوره پانزدهم با اعلام انزوای سیاسی، تا اندازه زیادی از فعالیت‌های سیاسی دست برداشته‌بود.

اما این انزوای سیاسی از یک نظر به ضرر **مصدق** تمام شد، زیرا وی که در آن زمان هنوز شهرت چندانی نداشت، در این دو سال نیز به مصداق «**از دل برود هر آنکه از دیده رود**» تا اندازه‌ای فراموش‌شده بود. ولی در غیاب وی دو نیروی مخالف دولت در صحنه سیاسی ایران به قدرت رسیده‌بوده‌اند که هر یک درصورت لزوم می‌توانسته‌اند شمار زیادی را جهت تظاهرات خیابانی و یا در جلوی مجلس شورای ملی بسیج نمایند. این دو نیرو عبارت بوده‌اند از:

۱ – **حزب توده ایران**، که بیشتر در میان دانشجویان و کارگران نفوذ داشت.
۲ – **آیت‌الله کاشانی**، که مریدان و گوش به فرمان‌هایش را بیشتر افراد مسجدی و مذهبی و بازاری‌ها تشکیل می‌دادند. (تروریست‌های **فدائیان اسلام** در آن زمان در زمره این مریدان بودند.)

آیت‌الله سیدابوالقاسم کاشانی با توجه به چاپ و انتشار داستان‌هایی در مطبوعات وقت، از مبارزات پدرش و خودش با انگلیسی‌ها (در عراق)، و یا شرح آنها ضمن سخنرانی‌ها در منابر و مساجد و نیز با توجه به محبوبیتی که خودش به علت مدتی زندانی‌شدن از سوی ارتش اشغالگر متفقین کسب کرده‌بوده، **در آن زمان رهبر سیاسی-مذهبی در کشور محسوب می‌شد.**

بی‌گمان در **چنین اوضاع و احوالی برای محمد مصدق، که هرگز کسی را در بالادست خود نمی‌پذیرفته، امکان خروج از انزوای سیاسی میسرنبوده،** زیرا در مبارزات ضد دولتی آن زمان نه برایش امکان داشته‌است که **آیت‌الله کاشانی** را از مقام رهبری به زیر بیاورد و او را زیر فرمان خود قراردهد و نه حاضر بوده‌است که رهبری او را بر خود بپذیرد و یا برای نمونه در مبارزات سیاسی به صورت رقیب او درآید.

اما رخداد سوءقصد به جان **محمدرضا شاه پهلوی** این مشکل را به‌خوبی برای **محمد مصدق** حل نموده است.

شرح این توطئه و اینکه چه کسانی و با چه هدف‌هایی آن را طرح‌ریزی کرده‌بودند، در اینجا مورد بحث ما نمی‌باشد. تنها یادآوری می‌نماییم که طبق برنامه‌ی سوءقصد، یعنی اعم از اینکه آن برنامه موفق‌می‌شده و یا به شکست می‌انجامیده، قرار بوده که در هر حال **حزب قدرتمند توده ایران** و **آیت‌الله کاشانی** از صحنه سیاسی ایران خارج‌گردند تا مقام رهبری بدون رقیبِ **نهضت نوپای ملی ایران**، در غیاب **آیت‌الله کاشانی** برای **مصدق** خالی و به طور کامل آماده‌شود.

به عبارت دیگر، در برنامه‌ی آن سوءقصد، اعم از اینکه موفق می‌گردیده یا ناکام می‌مانده، دستگیری و تبعید **آیت‌الله کاشانی** را پیش‌بینی کرده و انجام آن را به نحوی محترمانه به‌عهده‌ی **سرهنگ محمد دفتری** واگذار کرده‌بودند.

اما در همان شب و در پی شکست سوءقصد، **محمد دفتری**، فرمانده دژبان، که هنوز درجه‌ی سرهنگی داشته، خود به همراه شماری از افراد دژبان با نردبان! و از پشت بام! به داخل منزل **آیت‌الله کاشانی** رفته و او را از رختخواب بیرون‌کشیده و با لباس خواب به دژبانی می‌برد و در آنجا او را مورد اهانت و ضرب و شتم فراوان قرارمی‌دهد تا جایی که وی خون استفراغ‌می‌نماید.

آیت‌الله کاشانی در همان شب با حال خراب ابتدا به خرم‌آباد فرستاده‌می‌شود و از آنجا به لبنان تبعیدمی‌گردد.

آیا برای انجام این‌همه اهانت و تحقیر غیرمنطقی و بی‌اجازه و بی‌دلیل توسط **سرهنگ محمد دفتری** که گویا در همان زمان از سوی **محمد ساعد**، نخست‌وزیر وقت، و **حاجیعلی رزم‌آرا**، رئیس وقت ستاد ارتش، به شدت مورد سرزنش قرارگرفته بود، می‌توان دلیلی جز این اقامه‌نمود که وی در راه خدمت به **محمد مصدق**، عموی پدر خودش و پدرزن برادرش، می‌خواسته که بت سیاسی و مذهبی زمان، یعنی **آیت‌الله کاشانی**، را پیش از تبعید به‌طور کامل بشکند و او را در نظر مریدان و پیروانش خوار و خفیف و حقیر و ذلیل جلوه‌گر سازد؟

دوره پانزدهم مجلس شورای ملی در تاریخ ٦ امرداد ١٣٢٨ (٢٩ جولای ١٩٤٩) خاتمه‌یافت و با مبارزاتی که سه نفر اقلیت دوره پانزدهم (**دکتر مظفر بقائی کرمانی، سیدحسین مکی، و سیدابوالحسن حائری‌زاده**) در اواخر آن دوره به‌عمل آورده‌بودند نهضت ضدانگلیسی بزرگی را در این کشور پایه‌گذاری کرده و در عین حال خودشان نیز به شهرت و محبوبیت کم‌سابقه‌ای دست یافته‌بودند.

مکی در سال ١٣٢٣ کتابی در شرح حال **احمد شاه قاجار** انتشارداده و با درج مطالبی خلاف واقع در آن، به طرفداری از وی، زمینه‌های نزدیکی و محبت بسیاری از دشمنان شاهان پهلوی، به‌ویژه افراد منتسب به خاندان قاجاریه را نسبت به خود فراهم‌ساخته بود.

مهندس منوچهر فرمانفرمائیان، پسردایی **مصدق**، در این باره چنین می‌نویسد:

*" ... هر هفته **قدسی** [خواهر **مظفر فیروز**، خواهرزاده تنی **مصدق** و همسر **مهندس احمد مصدق**] ناهار خوبی در منزلش که در خیابان کاخ بود- **منزل دکتر مصدق**- ترتیب می‌داد و ما می‌رفتیم آنجا ناهار می‌خوردیم ... به هر حال در یکی از این ناهارها گفتند کسی کتابی دربارهٔ **احمد شاه** نوشته و از او تعریف‌هایی کرده‌است و نمونهٔ کتاب را هم آوردند و دیدیم.*
*مؤلف آن **حسین مکی** بود. ما همه خواهان دیدار او شدیم.*
***احمد مصدق** گفت: من ترتیب این کار را می‌دهم. هفتهٔ بعد که برای ناهار بدانجا رفتیم، **مکی** را که قبل از ما آمده‌بود ملاقات‌کردیم و طولی‌نکشید که او دوست صمیمی **مصدق‌ها** و **مظفر فیروز** شد ..."*
(از تهران تا کاراکاس- منوچهر فرمانفرمائیان- صفحات ١٩١/١٩٠)

حسین مکی مرتب با **مصدق** در تماس بوده و اغلب به خانه او می‌رفته و از راهنمایی‌های او استفاده می‌کرده‌است. در طول دوره پانزدهم مجلس شورای ملی نیز **مصدق** چند بار نامه‌هایی خطاب به مجلس توسط **مکی** نوشته که این شخص آنها را در مجلس خوانده‌است.

با سوابقی که ذکرشد، **حسین مکی** در جهت بازگرداندن **محمد مصدق** به صحنه‌ی سیاست و تسجیل رهبری وی دارای دو وظیفه‌ی اصلی و مهم بوده‌است:

الف- گرفتن فتوا از آیت‌الله کاشانی برای فدائیان اسلام جهت اطاعت از مصدق

ما درحال حاضر به طور قطع و یقین می‌دانیم که در آن زمان، **نواب‌صفوی** و، به تبعیت از وی سایر اعضای **فدائیان اسلام**، به اطاعت شرعی و بی چون و چرا از فتواهای **آیت‌الله کاشانی** گردن نهاده و او را به عنوان مجتهد و مرجع تقلید خود پذیرفته بودند.

در این زمان، **حسین مکی** که پس از تبعید **آیت‌الله کاشانی** به لبنان، به اتفاق **ابوالحسن حائری‌زاده**، دولت **محمد ساعد** را برای این اقدام استیضاح کرده و به این جهت نزد خود **آیت‌الله** و همچنین نزد بستگان و طرفداران وی محبوبیت زیادی به دست آورده‌بود، با فرستادن پیک موثق و مخصوص به لبنان، از **آیت‌الله کاشانی** درخواست کرده‌بود که از همان راه دور از مردم ایران و به خصوص از پیروان و طرفداران خود درخواست نماید که از دستورات **مصدق** پیروی نمایند و نیز برای **فدائیان اسلام** دستور شرعی صادر کند که اطاعت از مصدق را الزام شرعی به حساب بیاورند.

شواهد بی‌شماری نشان می‌دهد که آیت‌الله این درخواست را انجام داده‌است.

ب- وادارکردن دکتر بقائی به دعوت از مصدق برای رهبری نهضت ملی ایران

دکتر مظفر بقائی‌کرمانی پس از پایان دوره پانزدهم مجلس شورای ملی به مبارزات خود در خارج از مجلس ادامه داده و در تاریخ دوشنبه ۲۱ شهریور ۱۳۲۸ با انتشار نخستین شماره **روزنامه شاهد**، در عمل رهبری **نهضت ملی ایران** را به‌عهده گرفته‌بود.

به قرار اطلاع موثق، **سیدحسین مکی** که خود از رهبری **دکتر بقائی** بر نهضت رو به رشد ملی ایران به انگیزه‌ی حسادت شخصی به شدت ناراحت بوده، بی‌گمان با راهنمایی **مصدق**، نزد **دکتر بقائی** رفته و به‌عنوان دلسوزی و مصلحت‌اندیشی، جوانی و

کم‌سابقه‌بودن وی در صحنه سیاسی ایران را یادآور شده و او را وادار کرده‌است که از تکروی دست بردارد و، به منظور یکپارچه نگاه‌داشتن اقلیت دوره پانزدهم و حتی کشاندن پیران باتجربه‌ی سیاسی به نهضت نوپای ملی ایران، از **محمد مصدق** دعوت نماید تا رهبری این نهضت را به‌عهده بگیرد.

پله دوم- ترور هژیر

پیگیری رویدادها از ورود مجدد مصدق به صحنه سیاست، در مسیر زمان

باز هم رویدادهای سیاسی مربوط را از زمان ورود مجدد **محمد مصدق** به صحنه سیاسی کشور تا پس از قتل **عبدالحسین هژیر**، در مسیر زمان پیگیری می‌نماییم:

چهارشنبه ۲۳ شهریور ۱۳۲۸- دکتر مظفر بقائی‌کرمانی، سیدحسین مکی، و **سیدابوالحسن حائری‌زاده** کاندیدا بودن خود از تهران را در **روزنامه شاهد** اعلام نموده‌اند.

در همین روز **محمد مصدق** طبق دعوت هر سه نفر مذکور، نخستین سخنرانی را در منزل خود، درباره‌ی عدم آزادی انتخابات دوره شانزدهم، ایراد نموده‌است.

سه‌شنبه ۱۹ مهر ۱۳۲۸- محمد مصدق در این روز دومین جلسه‌ی مطبوعاتی خود را ترتیب داده و در این جلسه به پیشنهاد وی با رأی‌گیری از حاضران یک کمیته‌ی ۷ نفری برای اتخاذ تصمیم درباره‌ی نحوه‌ی آغاز فعالیت انتخاب شده‌اند.

چهارشنبه ۲۰ مهر ۱۳۲۸- کمیته‌ی ۷ نفری مزبور تشکیل جلسه داده و تصمیم گرفته‌است که در محلی به تحصن مبادرت نمایند ولی انتخاب محل تحصن را به **مصدق** واگذار نموده‌است.

پنجشنبه ۲۱ مهر ۱۳۲۸- محمد مصدق پس از آگاهی! از پیشنهاد کمیته‌ی ۷ نفری، تصمیم به تحصن در دربار (آن هم در روز بعد، ۲۲ مهرماه) گرفته و این تصمیم را طی اعلامیه‌ای که همان روز در چند روزنامه‌ی مختلف دولت، ازجمله **روزنامه شاهد**، درج‌شده، به اطلاع مردم رسانده‌است.

توافق محرمانه‌ی مصدق و سه نفر اقلیت دوره پانزدهم با عبدالحسین هژیر

توافق شده‌بود که دولت رأی‌گیری در این انتخابات را آزاد بگذارد و به اعضای **سازمان نظارت بر آزادی انتخابات**، به رهبری **دکتر مظفر بقائی‌کرمانی**، نیز اجازه دهد که

در داخل شهر تهران بر جریان انتخابات نظارت داشته‌باشند و درعوض جبهه‌ی ملی نیز از انتشار لیست برای کاندیداهای مورد نظر خود خودداری کند.

در این شرایط، انتخاب سه نفر اقلیت دوره پانزدهم وهمچنین **محمد مصدق**، که در بین مردم از شهرت و محبوبیت شگفت‌انگیزی برخوردار شده‌بود، قطعی می‌نمود زیرا بیشتر مردم و رأی‌دهندگان که از هواداران نهضت تازه‌پای ملی محسوب می‌شدند، جهت انتخاب نماینده برای مجلس شورای ملی، همگی با اسم این چهار نفر آشنایی داشتند و به‌طور مسلم آنها را انتخاب می‌کردند ولی با عدم انتشار لیست کاندیداها از سوی جبهه‌ی ملی، گمان می‌رفت که از نفر پنجم به بعد آرای مردم بین بیست و چند نفر کاندیداهای طرفدار نهضت ملی پخش شود و آنوقت کاندیداهای دولتی با آرای یکپارچه‌ی افرادی از قبیل کارگران کوره‌پزخانه‌ها، میدانهای پخش میوه و سبزی، سپورهای شهرداری، و از این قبیل و نیز آرای قلابی لواسانات موفق شوند که هشت نفر انتخاب‌شدگان آتی از تهران را به خود اختصاص دهند.

البته **آیت‌الله سیدابوالقاسم کاشانی** که پس از آن به‌عنوان **رهبر مذهبی نهضت ملی** محسوب گردید (درمقابل **محمد مصدق** که **رهبر سیاسی نهضت** شمرده‌می‌شد) از نظر شهرت و محبوبیت، دست کمی از این چهار نفر نداشته ولی همگان حتی مقلدان و پیروان او بر این تصور بوده‌اند که وی شأن و مقام مذهبی و روحانی خود را بسیار بالاتر از مقام نمایندگی مجلس شورای ملی می‌داند و هرگز مایل به کاندیدا شدن برای نمایندگی نخواهدبود.

شکست توافق محرمانه‌ی مصدق با هژیر و کوشش زیان‌دیدگان جهت جبران آن

پس از پایان اخذ رأی، صندوق‌های رای را به مسجد سپهسالار انتقال داده‌اند و با آغاز قرائت آراء معلوم شده‌است که اجرای توافق محرمانه‌ی **مصدق** و سه نفر دیگر از متحصنان دربار با **هژیر** و مقامات دولتی، در حقیقت با شکست روبه‌رو گردیده و نتیجه‌ی مقدماتی حاصله از قرائت آرای صندوق‌های داخل شهر تهران، تا پایان روز جمعه ٦ آبان ١٣٢٨، نشان می‌داداست که ١٠ نفر از کاندیداهای به‌اصطلاح ملیون در فهرست ١٢ نفر نخست قراردارند که حتی درصورت منظور داشتن آرای قلابی صندوق‌های لواسانات باز هم شانس انتخاب‌شدن برای ٨ نفر از کاندیداهای ملیون وجود داشته‌است.

اقدامات هژیر، وزیر دربار، جهت جبران فریب‌خوردگی خود

مکی در این رابطه چنین نوشته‌است:

*" ... دولتیها ادامهٔ قرائت آراء را در **مسجد سپهسالار** جائزندیدند و به بهانهٔ عزاداری **خامس‌آل‌عبا(ع)** صندوقها را به **عمارت فرهنگستان** انتقال دادند و از ورود ملیون بدانجا ممانعت به‌عمل آوردند. **سرتیپ صفاری**، رئیس شهربانی وقت به کمک **سرهنگ سیاسی** شبانه هر چه خواستند با صندوق‌های آراء که بیش از سه، چهارم آن قرائت شده‌بود، کردند.*

روز بعد دکتر مصدق از نفر اول به نفر دهم و دکتر بقائی از دوم به یازدهم و من از نفر سوم به نفر دوازدهم تنزل یافتیم و اگر یک روز دیگر وضع به همین منوال ادامه می‌یافت، به‌طور قطع همهٔ ماها از سری دوازده نفر اول خارج می‌شدیم ..."

(خاطرات سیاسی حسین مکی- حسین مکی- صفحه ۲۰۹)

تیراندازی به هژیر و قتل او

به‌طوری که خوانندگان گرامی در همین کتاب ملاحظه‌می‌فرمایند، **محمد مصدق** با استفاده از دستوراتی که **آیت‌الله کاشانی** به **فدائیان اسلام** جهت اطاعت از وی صادر کرده‌بود، ترتیب ترور **عبدالحسین هژیر**، وزیر وقت دربار، را توسط **سیدحسین امامی**، یکی از اعضای آن گروه (البته با آگاهی و جلب موافقت رزم‌آرا جهت همکاری) داده‌بود.

اقدامات پس از قتل هژیر

حرمت‌دهی بی‌سابقه و غیرقانونی نسبت به محمد مصدق و خفت‌دهی بی‌دلیل و شگفت‌آور نسبت به دکتر مظفر بقائی

پس از اعلام حکومت نظامی، جبههٔ ملی به رهبری **محمد مصدق** به شرکت در توطئه قتل **هژیر** متهم شده و دستور بازداشت اعضای آن صادر گردید. ولی دربارهٔ آنان بنا به میل و دستور **سرتیپ محمد دفتری**، بازوی اجرایی فرمانداری نظامی، به سه ترتیب رفتار شده‌است:

۱ - از **محمد مصدق**، متهم اصلی، محترمانه درخواست کرده‌اند به **احمدآباد**، ملک شخصی خود، **که خارج از قلمرو حکومت نظامی تهران بوده‌است**، برود و در آنجا آزادانه زندگی کند.
۲ - برای **سیدحسین مکی**، **ابوالحسن حائری‌زاده**، **عبدالقدیر آزاد**، **و چند نفر دیگر** شرایطی شبیه به زندگی در یک هتل آبرومند، با وسایل خواب و زندگی، که از منزل‌هایشان برای هر یک آورده‌بوده‌اند و با غذاهای متنوع که هر روز طبق قرار قبلی از منزل بعضی از آنان به زندان برده می‌شد، فراهم شده‌بود.
۳ - **دکتر مظفر بقائی‌کرمانی**، که رقیب بالقوه‌ی **مصدق** محسوب می‌شده، **با بیست و هفت نفر** بازداشت‌شدگان گمنام، از همان ابتدا به زندان موقت شهربانی منتقل‌شده و **با بسیاری از محکومان، مجرمان، و متهمان به قتل و جنایت و قاچاق و از این قبیل هم‌زندان گردیده‌است.**

اقدامات خلاف قانون و غیرعادی، در ۳٤ ساعت درپی تیراندازی به هژیر، نسبت به سید حسین امامی

واقعه‌ی تیرخوردن **هژیر** در ساعت ٤ بعدازظهر روز ۱۳ آبان ۱۳۲۸ و در زمانی اتفاق‌افتاده که حکومت نظامی برقرار نبوده‌است، یعنی وضع کشور از نظر قانونی عادی به‌حساب می‌آمده و رسماً تمام قوانین و مقررات زمان صلح حکمفرما بوده‌است.

در این شرایط، با اینکه دژبان‌ها به طور قانونی حق دخالت در واقعه تیراندازی را نداشته‌اند، اما بی‌درنگ پس از این رخداد، **مأموران دژبان** به دستور **سرتیپ محمد دفتری**، **رئیس دژبان**، بر خلاف قانون دخالت کردند و با جلوگیری از هرگونه مداخله‌ی پلیس کلانتری محل، از یک طرف، ترتیب اعزام **هژیر** را به بیمارستان ارتش! داده و، از سوی دیگر، ضارب را دستگیر و به مقر دژبان در خیابان سوم اسفند منتقل ساختند.

- پرونده‌ی تیراندازی به **عبدالحسین هژیر** در بعدازظهر همان روز، (گویا) از سوی دژبان کلانتری تکمیل و به دادسرای تهران ارسال گردیده‌است.

- بازپرس شعبه‌ی سوم دادسرای تهران به نام **مرتضی رستم‌پور**، در شب همان روز! به آن پرونده رسیدگی کرده و با اعلام عدم صلاحیت، پرونده را برای تأیید دادستان تهران، به نام **علی افخمی**، ارسال نموده‌است.

- دادستان تهران نیز بی‌درنگ! با نظر بازپرس موافقت نموده و پرونده را برای دادسرای نظامی ارسال کرده‌است.

ادامهٔ داستان این قانون‌شکنی عجیب را از زبان یک حقوق‌دان باتجربه میشنویم:

" اینکه بازپرس در قرار خود استناد به آیین‌نامه نموده صحیح نیست، چه در مادهٔ ۵۵ می‌نویسد: **کلیه بزه‌هایی که از تاریخ اعلام حکومت نظامی وقوع یافته ...**
و قید عبارت از تاریخ اعلام حکومت نظامی، **اعمال مقدم بر اعلام حکومت نظامی مشمول صلاحیت محاکم نظامی نخواهد بود.**
به نظرمی‌رسد بازپرس و دادستان برخلاف قانون و عقل سلیم اظهارنظر کرده‌اند.

- در روز ۱۴ آبان ۱۳۲۸ که مرگ هژیر مسلم شده بود، اقدامات زیر به‌عمل آمده‌است:

دادسرای نظامی فرمانداری تهران سه اتهام به **سیدحسین امامی** وارد آورده:
۱ - قتل عمد
۲ - اقدام بر علیه امنیت و آسایش کشور
۳ - قیام مسلحانه بر ضد دولت

در تاریخ ۱۴ آبان، ادعانامه به دادگاه فرماندار نظامی تهران فرستاده شد. **از بعدازظهر ۱۳ آبان تا روز ۱۴ آبان یک پرونده، که بیش از صد صفحه آن مربوط به بازجویی از امامی [بود]، تشکیل شده‌بود و به نظر می‌رسید از لحظه دستگیری تا ساعت محاکمه از او بازجویی به عمل می‌آمده است و امامی مجال لحظه‌ای استراحت نداشته‌است.** یا باید گفت برگ‌های بازجویی ساختگی بوده، در هر صورت این موضوع به خوبی شدت و حدّت و غیر طبیعی بودن جریان تحقیق را ثابت می‌کند.
روز چهاردهم آبان در دادگاه نظامی به **مرحوم امامی** اخطار شد که وکیل مدافع برای خود تعیین کند. در ذیل این اخطار دادگاه، آن مرحوم می‌نویسد: من وکیل نمی‌خواهم خودم صحبت‌می‌کنم. این جمله نشان‌می‌دهد امامی از تعیین وکیل امتناع کرده ولی جملهٔ دیگری در آن برگ وجود داشت از این قرار: وکیل برای دفاع معین فرمایید.
این جمله عادی نیست و بلافاصله از طرف دادگاه آقای **ستوان مفتاحی** به سمت وکالت تعیین می‌شود.

جلسهٔ مقدماتی دادگاه

در ساعت ۵ بعدازظهر همان روز (۱۴ آبان) جلسهٔ مقدماتی دادگاه تشکیل می‌شود. این در حالی صورت می‌گیرد **که دادگاه مکلف بود از پنج الی ده روز به وکیل مدافع و متهم برای مطالعهٔ پرونده مهلت بدهد و ملاحظه می‌شود که مرحوم امامی از این حق قانونی محروم شده است** و جلسهٔ مقدماتی دادگاه همان روز برای تعیین وکیل تسخیری به متهم تشکیل گردید.
ساعت شش و نیم همان روز (۱۴ آبان) دادگاه به دادستانی سرهنگ ۲ جهانگیری به ریاست سرهنگ جهانشاهی قاجار و به عضویت سرهنگ دوم کامرانی و سرگرد شهیدی تشکیل یافت. در جواب سؤال، متهم راجع به داشتن بزه می‌گوید: من این محکمه را صالح نمی‌دانم برای اینکه قضیهٔ من قبل از اعلام حکومت نظامی واقع شده و حق این بود پرونده احاله شود به دادگستری و یک مجلسی آنجا تشکیل شود از چندین هزار نفر از طبقات

مختلف این کشور از اشخاص دانشمند و مخبرین جراید، تمامی آنجا حضور داشته باشند. حال این دادگاه تشکیل شده و خودم می‌دانم حکمی که درباره من صادر شود چیست و این محکمه کاملاً سفارشی است.
سیدحسین امامی در آخرین دفاع از خود باز عدم صلاحیت رسیدگی به پرونده را تکرار می‌کند. ولی **دادگاه دربارهٔ صلاحیت خود هیچ‌گونه اظهارنظر نمی‌کند و به صدور حکم می‌پردازد.** حکم دادگاه همان روز ۱٤ آبان ساعت ده شب بدین قرار صادرمی‌شود:

تاریخ ۲۸/۸/۱٤[۱۳]
شماره ۱
دادگاه جنایی فرماندار نظامی به ریاست **سرهنگ جهانشاهی قاجار و کارمند دادرسان نامبرده سرهنگ ۲ کامرانی، سرگرد شهیدی** در تاریخ ۲۸/۸/۱٤ علناً برای دادرسی پرونده غیر نظامی **حسین** شهرت **امامی** دارای شناسنامه ۲۸ صادره از تهران متولد ۱۳۰۳ ... بازداشت طی یک جلسهٔ مقدماتی و یک جلسهٔ دادرسی، پس از استماع بیانات دادستان و دفاعیات وکیل مدافع و متهم، هیأت دادرسان به اجراء مقررات ماده ۲۰۹ قانون دادرسی و کیفری ارتش در ساعت ۲۲ از شور خارج، به شرح آتی به صدور رأی مبادرت می‌نماید:

محتویات پرونده و بیانات دادستان و وکیل مدافع و متهم علاوه بر اینکه می‌رساند قتل وزیر دربار شاهنشاهی، **مرحوم عبدالحسین هژیر**، عالماً و عامداً و با تهیهٔ قبلی به وقوع پیوسته، تردیدی نیست و هیچ گونه ابهامی ندارد و با این عمل نیز لطمه به امنیت و آسایش جامعه وارد ساخته و تولید بیم و هراس در میان اهالی به وجود آورده است، علیهذا هیأت دادرسان به اتفاق آراء مواد استنادی بند ۳ ماده ٦ مصوب ۲۲ خرداد ۱۳۱۰ [را] وارد دانسته و متهم حاضر را از نظر قتل عمد با رعایت ماده ٤۱۲ قانون دادرسی ارتش به استناد ماده ۱۷ قانون کیفر همگانی و از نظر اینکه **پرونده حاکی از هیأت و دسته را می‌نماید**، به استناد ماده ٤ قانون حکومت نظامی مصوب ۲۷ سرطان ۱۲۹۰ محکوم به اعدام می‌نماید.
پرونده برای دیگر کسانی که در این توطئه شرکت داشته‌اند مطرح خواهد بود.
رئیس دادگاه سرهنگ جهانشاهی قاجار
سرهنگ کامران – سرگرد شهیدی
ستوان مفتاحی – حسین امامی
دادستان: سرهنگ ۲ جهانگیری

در حکم اشاره شده دادگاه علنی بوده، در حالی که کسی از جریان تحقیقات و ادعانامه مطلع نبود و فاصله بین دستگیری، تحقیق و محاکمه بیست و چهار ساعت بیشتر نبوده و پر واضح است که در این مورد [حقوق متهم] رعایت نشده‌است.

ماده ٤ قانون حکومت نظامی از این قرار است:
«اشخاصی که بر ضد دولت مشروطه و امنیت عمومی اقدام [کرده] و خیانت آنها مدلل شده باشد، محکوم به قتل خواهند بود.»

این قانون حکومت نظامی ابداً منطبق با اتهام امامی نبوده است. اگر درست به عبارات حکم صادره توجه‌شود، حتی قضات دادگاه آشنا به اصطلاحات معمولی قضایی نبوده‌اند، تا چه برسد به داشتن معلومات قضایی.
مورد دیگر اینکه، دادرسی فقط در یک جلسه صورت گرفته و منتهی به صدور حکم شده‌است.
به موجب قانون مصوب ۲۲ اردیبهشت ۱۳۲۱ احکام صادره از محاکم نظامی زمان حکومت نظامی قابل تجدید نظراست و از زمان ابلاغ حکم، محکوم می‌تواند تا ده روز تقاضای تجدید نظر کند.
در موقع ابلاغ حکم به محکوم به او تذکر داده می‌شود که ظرف دو [ده صحیح است] روز حق تقاضای تجدید نظر دارد.
ولی در صورت‌جلسه جمله‌ای منسوب به مرحوم امامی با خط متزلزل به این معنی نوشته شده بود:
« به رأی فوق مشروحه در رأی اعتراضی ندارم – سیدحسین امامی »

در جمله، قلم‌خوردگی وجود دارد و اگر **مرحوم امامی** این جمله را نوشته حالت عادی نداشته و در وضعی بوده که نمی‌توانسته مثل زمان عادی فکر کند، یا وضعی وجودداشته که سبب خارج شدن از وضع عادی بوده‌است.
معقول نیست شخصی مثل امامی که با جرأت و شهامت به صلاحیت دادگاه ایراد گرفته، به میل خود از حق تجدید نظر صرف‌نظر کرده باشد. درحالی که **مرحوم امامی** به اتهام قتل **کسروی** سابقه‌ای در دادگاه‌های موقت زمان حکومت نظامی داشته و **می‌دانسته درمورد حکم اعدام، دیوان کشور حق رسیدگی دارد، او از حق قانونی خود صرف‌نظرنماید.**
مورد قابل توجه دیگر در پرونده صرف نظر کردن وکیل مدافع **امامی** از حق تجدید نظر است.

ستوان مفتاحی در ذیل صورتجلسه می‌نویسد:
«چون موکل اعتراضی نداشت و در کلیه اوراق اعتراف صریح نموده‌است، لذا اینجانب نیز تقاضای تجدید نظر ندارد. ستوان مفتاحی»

چیزی که بیشتر وجود وضع غیرعادی بودن در انصراف از تجدید نظر را تأییدمی‌کند، منصرف شدن وکیل مدافع از حق تجدید نظراست، این نشان‌دهندهٔ این است آن **مرحوم** زیر فشار قرار داشته‌است. **پس از صدور رأی اعدام معمولاً به متهم ده روز وقت داده‌می‌شود، در رأی خود تجدیدنظر کند و اگر در این فاصله محکوم تقاضای تجدید داد، دادگاه مکلف به رسیدگی است و محکمه نمی‌تواند رسیدگی مجدد را از خود سلب کند.**
با این حال ملاحظه می‌شود که در اجرای اعدام آن **مرحوم** این اصول رعایت نشده و فردای آن روز صدور رأی، او را بدون سر و صدا و ساعتی بعد از نیمه شب در میدان توپخانه (سابق) به دار زدند."
(زندگی سیاسی عبدالحسین هژیر- جعفر مهدی‌نیا- انتشارات پانوس- صفحات ۲۱۱/۲۱۶ - بازگوشده از نوشته ارسلان خلعتبری در دو شماره روزنامه ستاره)

بزرگترین نتیجه‌ی قتل هژیر
پیروزی مصدق و هواداران او

نخستین نتیجه‌ی قتل **عبدالحسین هژیر** اعلام ابطال انتخابات انجام‌شده در تهران و انحلال انجمن نظارت مربوط به آن بود. انتخاباتی که بنا بر تمام شواهد موجود اگر ادامه می‌یافت، امیدی به انتخاب هیچ یک از اعضای **جبهه‌ی ملی** و هواداران **مصدق** وجودنداشت. ولی با تشکیل انجمن جدید نظارت بر انتخابات تهران و تجدید انتخابات، سرانجام در تاریخ سه‌شنبه ۲۳ فروردین ۱۳۲۹، ۱۲ نفر از دارندگان بیشترین شمارش آرای آن دوره، معرفی شده‌اند که شش نفر نخست و نیز نفرات هشتم و نهم از اعضای جبهه‌ی ملی و هواداران نهضت به‌اصطلاح ملی بوده‌اند.

پله سوم- ترور حاجیعلی رزم‌آرا

برنامه این ترور کپی‌برداری از ترور **میرزا علی‌اصغرخان اتابک** بوده، تروری که در دوران سلطنت **محمدعلی شاه قاجار** با شرکت کارساز **محمد مصدق** به انجام رسیده بوده‌است. (علاقه‌مندان به آگاهی از ریزبرنامه‌ی این ترور، می‌توانند کتاب «**اسرار قتل میرزا علی‌اصغرخان اتابک**»- نوشته‌ی نگارنده- را مطالعه فرمایند.)

در آن زمان مخالفان **اتابک** که بیشتر از ایادی انگلیس بودند و در گروه آزادیخواهان و مشروطه‌طلبان جای داشتند، از یک طرف به مردم وانمود می‌کردند که **اتابک** را **محمدعلی شاه** برای نابودی اساس مشروطیت به ایران دعوت کرده و از طرف دیگر به آگاهی **محمدعلی شاه** و طرفداران استبدادطلب او می‌رسانده‌اند که **اتابک** در اروپا به انگلیسی‌ها سرسپرده و قول داده‌است که حکومت استبدادی قاجاریه را سرنگون سازد و رژیمی مشروطه با نظر انگلیس در ایران بر سر کار بیاورد.

با این ترتیب با تبلیغاتی حساب‌شده و هم‌آهنگ در مدتی بسیار کوتاه، **اتابک** را آنچنان منفور همگان ساخته‌بودند که بیشتر مردم، از شاه تا گدا، همگی از صمیم قلب آرزوی مرگ وی را می‌نمودند.
در این زمان نیز تبلیغات بر ضد رزم‌آرا درست در دو مسیر به رهبری **مصدق** با هدف منفورساختن وی نزد مردم و **شاه**، به شرح زیر جریان داشت:

مسیر نخست اینکه مردم را به شدت بر ضد نخست‌وزیر بشورانند و به آنان تلقین نمایند که وی به دستور انگلستان و توسط **پادشاه وقت** بر کشور تحمیل شده و قصد دارد که با نابودی آزادی و ایجاد خفقان در کشور، منافع حامیان بیگانه‌ی خود را تأمین نماید.
مسیر دوم هم اینکه، **شاه** را به شدت از نخست‌وزیر بترسانند و او را نگران سازند که نخست‌وزیر درصدد نابودی او و تبدیل رژیم سلطنتی به جمهوری می‌باشد.

مسیر نخست

استیضاح کارساز و کوبنده **دکتر مظفر بقائی‌کرمانی** بر ضد **حاجیعلی رزم‌آرا**، در اواخر دوره پانزدهم مجلس شورای ملی، مبنی بر اینکه وی در صدد رسیدن به قدرت مطلق و استقرار دیکتاتوری در ایران می‌باشد، به‌میزان زیادی **دکتر بقائی** را مشهور و محبوب ساخته و **رزم‌آرا** را منفور و بدنام نموده‌بود.

تبلیغات شدید اقلیت محبوب و مشهورشده دوره پانزدهم بر ضد رزم‌آرا، پس از پایان این دوره و پس از تشکیل **جبهه‌ی ملی** به رهبری **محمد مصدق**، در روزنامه‌های بی‌شماری که خودشان راه انداخته و یا دیگران به طرفداری از آن بوجود آورده‌بودند، ادامه می یافت و پس از نخست‌وزیر شدن رزم‌آرا نیز شماری از همین افراد که به دوره شانزدهم مجلس شورای ملی راه یافته‌بودند، به‌عنوان اقلیت مجلس شدیدترین حملات پرهیاهو با بدترین اتهامات را بر ضد رزم‌آرا به‌عمل آوردند.

در روز یکشنبه ٦ تیر ١٣٢٩ که قراربود رزم‌آرا برای معرفی وزرای کابینه و اعلام برنامه‌ی دولت خود به مجلس شورای ملی برود، سه نفر از وکلای اقلیت **(مصدق، بقائی، و آزاد)**، وکلای اکثریت را غافلگیر ساخته و به‌عنوان سخنرانی پیش از دستور نام‌نویسی کرده‌بودند. با این ترتیب در زمانی که هنوز مجلس وارد دستور نشده و رزم‌آرا در مجلس حضور نیافته‌بود، تبلیغات خود را به شدیدترین وضعی بر ضد دولت او آغاز نمودند.

این تبلیغات وسیع و همه‌جانبه، رزم‌آرا را به‌صورت منفورترین فرد در میان مردم ایران درآورده بود تا جایی‌که بدون تردید بیشتر مردم آن روز ایران، در آرزوی مرگ وی به سرمی‌بردند و قتل او را با شادی و پایکوبی و پخش نقل و شیرینی استقبال‌کردند. تا جایی که چون نمایندگان اقلیت دوره شانزدهم، در تاریخ ١٦ مرداد ١٣٣١، طرح آزادی **خلیل طهماسبی**، قاتل اسمی رزم‌آرا، را با قید سه فوریت در مجلس شورای ملی مطرح ساختند، هیچ نماینده‌ای زهره مخالفت با آن را نداشت؛ و این طرح بی‌درنگ بدون ابراز نظر مخالفت از سوی نمایندگان به‌تصویب رسید.

مسیر دوم

تبلیغات مربوط به ترساندن **شاه** از رزم‌آرا و اینکه رزم‌آرا در صدد برچیدن بساط سلطنت پهلوی و برقراری حکومت دیکتاتوری برای خود می‌باشد از مدتها پیش از آن تاریخ آغاز شده بود و حتی در استیضاحی که سه نفر نماینده اقلیت دوره پانزدهم، در پی توقیف و تبعید **آیت‌الله کاشانی**، از دولت وقت به‌عمل آوردند، موضوع اصلی مورد ادعای استیضاح‌کنندگان را مطالبی در همین رابطه تشکیل می‌داد.

نقش کارساز سرتیپ محمد دفتری در هر دو مسیر

در مسیر نخست

ما در حال حاضر به خوبی می‌توانیم درباره‌ی **سرتیپ محمد دفتری** قضاوت نماییم که وی در حکم ماری زهرآلود در آستین رزم‌آرا جای گرفته بود. وی از همان نخستین روزهای انتصاب به سمت **ریاست شهربانی کل کشور**، در ظاهر به بهانه‌ی حفظ نظم و امنیت در کشور و نشان دادن قدرت دولت، ولی در حقیقت در هر دو مسیر مورد نظر جبهه‌ی ملی، که سرانجام در جهت تحقق هدفهای قلبی **مصدق** بوده، فعالانه به کوشش پرداخته‌بود.

وی در همان روز معرفی وزرای کابینه و اعلام برنامه‌ی دولت، در مقابل **مجلس شورای ملی** و در برابر چشم خبرنگاران خارجی و داخلی، با صدور دستور سرکوبی مخالفان دولت توسط پلیس‌های اسب‌سوار سیمایی پرخشونت و دیکتاتوری برای دولت رزم‌آرا رسم نمود و در عمل ادعای اقلیت مجلس را در این باره به اثبات رساند.

در روز یکشنبه ۱۱ تیرماه ۱۳۲۹ نیز که سخنرانی‌های نمایندگان موافق و مخالف با برنامه‌ی دولت رزم‌آرا در مجلس شورای ملی در جریان بود، باز هم به دستور **سرتیپ محمد دفتری** تظاهرات مردم به شدت سرکوب شد.

در کتاب «**زندگی سیاسی رزم‌آرا**» صفحه ٤٧ درباره این تظاهرات چنین نوشته شده‌است:

> *" تظاهرات مخالفین و موافقین که روز دوم هفته در **جلوی مجلس** روی داد، منجر به تصادم با **پلیس** گردید. ظاهراً مخالفین دولت تحریک شده و با سنگ و آجر و **چوب** به **پلیس حمله**کردند. **گفته‌می‌شود در این حمله مُقَدّم پلیس بوده‌است**. به‌هرحال، دراین زدوخورد بیش از ۱۹ نفر از مردم و چند نفر از افراد **پلیس** سخت مجروح شدند که **حال یک‌نفر از پاسبان‌ها و یک‌نفر از افراد تظاهرکننده وخیم‌است**.*
> *مخبرین خارجی ماهیت سیاسی این عده را طرفداری از **آیت‌الله کاشانی** می‌دانند ... "*

در مسیر دوم

در بیشترین قسمت از دوران سلطنت دو **پادشاه پهلوی**، رسم بر این بوده‌است که هر روز و یا در فواصل معین و مرتب مقامات مهم مملکتی، از جمله شاغلین دو پست بسیار مهم و حساس ستاد ارتش و شهربانی کل کشور، به حضور **شاه** برسند و گزارش کار واحدهای زیر نظر خود، به‌ویژه کشفیاتی را که توسط نیروهای مخفی آن

واحدها (رکن ۲ و آگاهی) از جریانات و اسرار سیاسی پشت پرده به‌عمل آمده‌بود، به‌اصطلاح آن روز «**به شرف عرض ملوکانه**»! برسانند و «**اوامر مبارک**» را آویزه گوش کنند.

این وضع در تمام دوران نخست‌وزیری رزم‌آرا ادامه‌داشته و از آنجا که وی همواره کوشش می‌کرده که هرگونه بدگمانی نسبت به خود را از ذهن و فکر **شاه** خارج سازد، پس در وضع و میزان ملاقات‌های **شاه** با خود و سایر دست‌اندرکاران دولتی، از جمله **سرتیپ محمد دفتری**، رئیس شهربانی کل کشور، تغییر و یا کاهشی بوجود نیاورده‌بود.

بی‌گمان هنگامی که **مصدق** و سایر رهبران **جبهه‌ی ملی** با آن قاطعیت و شدت، چه در مجلس شورای ملی و چه در خارج از آن، از استقرار دیکتاتوری و **خلع شاه**، به‌عنوان قصد و نیت واقعی رزم‌آرا صحبت می‌نمودند، **سرتیپ محمد دفتری** نیز در ملاقات‌های خود با **شاه** نه تنها عموی پدر خود را دروغگو قلمداد نمی‌کرده، بلکه با راهنمایی خود **مصدق**، آنها را تأیید هم می‌نموده‌است و تردیدی نباید داشت که به محض نخستین تأیید، دیگر برای وی امکان اینکه در مقابل **شاه**، خود را با رزم‌آرا و یا با قصد و نیت او موافق نشان دهد، وجود نداشته‌است.

سرتیپ دفتری در این ملاقات‌های روزانه و یا چند بار در هفته‌ی خود که با **شاه** داشته، از یک طرف اخباری راست یا دروغ در تأیید قصد رزم‌آرا به کودتا و برکناری یا قتل **شاه** به آگاهی وی می‌رسانده، و از طرف دیگر با ابراز مراتب شاه‌دوستی و وفاداری دروغین نسبت به **شاه**، آمادگی صمیمانه خود را برای هر نوع فداکاری و جانبازی در راه **شاه** اعلام می‌کرده‌است.

خلاصه اینکه، شاید ضمن همین ملاقات‌های مکرر، برنامه همکاری بین **شاه** و **دفتری** تنظیم‌گردیده، و **دفتری** با دریافت پول و امتیازات مورد علاقه خود از **شاه**، درظاهر خود را دراختیار او قرار داده‌است.

نقشه‌ی «**یک قتل با دو توطئه**»، که از نقشه‌ی قتل **میرزاعلی‌اصغرخان اتابک** و توسط **مصدق**، که در هر دو قتل شرکت و دخالت داشته، کپی‌برداری شده بود، از طریق **سرتیپ دفتری** (و البته به‌نام خودش) برای اجرا درباره‌ی رزم‌آرا به **شاه** پیشنهاد شده و مورد تصویب قرار گرفت.

قاتلان رزم‌آرا همان محافظان او بودند!

سرتیپ محمد دفتری از اعتماد و اطمینان کامل رزم‌آرا برخوردار بود و به همین جهت هم از نخستین روزهای نخست‌وزیری او به یکی از حساس‌ترین پست‌های کشور یعنی **ریاست شهربانی کل کشور** گماشته شد.

در این زمان، سرتیپ دفتری از بین تروریست‌هایی که تحت نظر خود او در دژبان تربیت شده‌بودند (والبته عنوان تروریست نداشته‌اند) شش نفر را انتخاب‌کرده و آنان را مأمور محافظت از جان رزم‌آرا نموده‌بود.

شش نفر مذکور تمام شرایط لازم برای یک تروریست ماهر را، داشته‌اند، منتهی اینکه برای انجام دستورات خلاف قانون و جنایتکارانه فقط رویشان به **سرتیپ دفتری**، به‌عنوان فرمانده و رئیس، بازبوده و تا آن زمان همواره وفاداری به او و اطاعت از او را تمرین کرده و بر خود فرض و لازم دانسته‌بوده‌اند.

به عبارت دیگر این **سرتیپ دفتری** بوده که به شش نفر مذکور اعتماد و اطمینان کافی داشته و می‌دانسته‌است که آنان در هر زمان، درصورت لزوم از او حرف‌شنوی خواهند داشت و دستورات وی را هراندازه که جنایتکارانه باشند، البته درمقابل دستمزد کافی، به مرحله اجرا درخواهند آورد.

در روز وقوع جنایت سه نفر از این تروریست‌ها به اسامی **لطیف طاهونی، اللهیار جلیلوند، و مصطفی پازوکی**، وظیفه‌ی محافظت!! از رزم‌آرا را به‌عهده داشتند که دو نفر نخست، یعنی **لطیف طاهونی و اللهیار جلیلوند** مأمور بودند که بی‌درنگ پس از بلندشدن صدای شلیک نخستین گلوله، توسط **خلیل طهماسبی**، که تمام توجه حاضران به سوی آن صدا معطوف می‌باشد، رزم‌آرا را از پشت سر هدف قراردهند.

آن روز در کل چهار گلوله به سوی رزم‌آرا شلیک شد که فقط نخستین گلوله از اسلحه‌ی **خلیل طهماسبی** بود و از سه گلوله‌ی دیگر، یکی را **اللهیار جلیلوند** و دو تای دیگر را **لطیف طاهونی** شلیک کرده‌بودد.

خوشبختانه در حال حاضر دلایل، شواهد و اسناد فراوانی درباره‌ی اثبات مطلب مزبور وجود دارد که **از جمله آنها می‌توان اظهارات و گزارشات چند نفر شاهد عینی را نام برد که محافظان مذکور را در حال تیراندازی دیده و آنان را به عنوان قاتل دستگیر کرده‌بودند** و نگارنده شرح آنها را به تفصیل در بخش پنجم کتاب «**پنج ترور تاریخی راهگشای صدارت مصدق**» درج نموده‌و از علاقه مندان درخواست می‌نماید که برای آگاهی کامل درباره‌ی جنایت مورد بحث به آن کتاب مراجعه فرمایند؛ ولی به‌اصطلاح برای خالی نبودن عریضه، در زیر به درج یکی از مهمترین دلایل مورد استناد مبادرت می‌نماید:

گزارش پزشکی قانونی، دلیلی قاطع و غیرقابل انکار بر جنایت محافظان رزم‌آرا

در مقدمه بی‌مناسبت نمی‌داند که ضرب‌المثل زیر و شرح مربوط به آن را از کتاب امثال و حکم **دهخدا** بازگو نماید:

" به هزار و یک دلیل، اولش آنکه باورت نداشتم

سرتیپی از سرباز مؤاخذه می‌کرد که چرا هنگام نزدیک شدن دشمن توپ نینداخته است؟
*سرباز گفت: **به هزار و یک دلیل.** سرتیپ گفت: دلائل خود را بشمار.*
*گفت: **اول آنکه باورت نداشتم.***
*سرتیپ گفت: **ادلهٔ دیگر ضرور نیست.** "*

در موضوع قتل رزم‌آرا نیز می‌توان به دلایل فراوانی ثابت‌نمود که **خلیل طهماسبی** قاتل واقعی رزم‌آرا نبوده، بلکه **اللهیار جلیلوند و لطیف طاهونی** وی را به‌قتل رسانده‌اند. گزارش پزشکی قانونی، که در پائین درج شده، به‌قدری روشن و واضح این مطلب را به‌اثبات می‌رساند که با وجود آن دیگر نیازی به ادله دیگر نمی‌باشد:

اینک متن کامل گزارش پزشکی قانونی:

" تاریخ ۱۳۲۹/۱۲/۲۱
شماره ٤٦۹۲/۳٦۸

شعبه ۱ بازپرسی

*طبق یادداشت فوری مورخه [۱۳]۲۹/۱۲/۱٦، در ساعت ۱۱ صبح مورخه [۱۳]۲۹/۱۲/۱٦ جهت معاینهٔ جناب آقای **نخست‌وزیر** (رزم‌آرا) که مورد اصابت گلوله قرارگرفته و به‌منظور جراحی به بیمارستان سینا انتقال داده شده‌بود، در آن بیمارستان از جنازه عریان متوفی که در اثر اصابت گلوله قبل از اقدام به عمل جراحی فوت نموده و در روی تخت عمل بیمارستان سینا گذارده شده بوده دقیقاً به‌شرح زیر توسط آقای **دکتر معرفت** معاینه به‌عمل آمد.*
در ناحیه قسمت وسطی پیشانی، حدفاصل بین دو ابرو، شکاف مثلثی شکل سه‌شاخه (ستاره) مشاهده‌گردید** که پوست از قسمت استخوانی جمجمه کندگی داشته، و قطعات شکسته استخوان جمجمه در زیر آن مشهود بود و با آزمایش استیله (میله آزمایش) به‌طول پانزده سانتیمتر داخل مغز می‌شد و **این شکاف محل خروج گلوله بود، اندازهٔ هر ضلع یک سانتیمتر و قطر زخم تقریباً دو سانتیمتر بوده‌است.
سوراخ دیگری که محل دخول همین گلوله بوده در شش سانتیمتری طرف خارج برجستگی استخوان ماستوئید طرف چپ به محاذات خط افقی که در فاصله ۷ سانتیمتر از لاله گوش قرارداشت، دیده شد** که محل دخول گلوله بوده، به‌قطر ۷ میلیمتر و استیله به‌طول ۱۵ بوده‌است و بدین ترتیب **سوراخ روی پیشانی سوراخ خروج و سوراخ واقع در پشت گردن سوراخ دخول بوده‌است.
درگوشه چپ، و بالای ابروی راست برجستگی دیده شد که در اثر برخورد با جسم سخت تولید شده.
***در ناحیهٔ گوشهٔ داخلی فوقانی استخوان کتف، طرف راست دو سوراخ عمودی به‌فاصلهٔ سه سانتیمتر و نیم مشاهده گردید،** که هر دو سوراخ به‌قطر هفت میلیمتر بوده، میله استیله در **سوراخ بالایی زیر ترقوه** به‌فاصله سه سانتیمتر و*

نیم از کنار خارجی استخوان ترقوه، و فاصله دو سانتیمتر و نیم زیر آن، مشاهده گردید که به‌قطر یازده میلیمتر و تقریباً بیضی شکل بوده و نشان می‌داد که **مخرج گلوله است** که وارد قفسه صدری از پشت شده و با استیله این مسیر به‌خوبی نمایان بود.

مسیر سوراخ دومی در پشت، از خارج به داخل، از پایین به بالا، به‌طرف راست گردن منحرف شده و از ناحیه واقع در کنار خارجی در دو ثلث تحتانی عضله، (استرنو کلنید و ماستوئیدین) خارج شده و شکافی بیضی شکل به‌طول یک سانتیمتر و نیم و عرض شش میلیمتر ایجاد نموده و محل خروج گلوله را نشان می‌دهد- این شکاف در فاصله پنج سانتیمتر و نیم از استخوان ترقوه فاصله داشته‌است. اطراف این سوراخ به‌قطر سه سانتیمتر خون‌مردگی زیرجلدی داشت و **بدین ترتیب هر سه گلوله از پشت زده‌شده و از جلو خارج گردیده‌است.**

در سایر نقاط بدن آثاری مشاهده نگردید.

ضمناً بایستی متوجه بود که **از این سه گلوله یک گلولهٔ آن از طرف چپ از ناحیهٔ خلفی گردن وارد جمجمه شده و از پیشانی خارج گردیده، و دو گلولهٔ دیگر از طرف راست اصابت و از قسمت داخلی استخوان کتف وارد، و یکی از آنها از ناحیهٔ گردن و دیگری از محوطهٔ قفسه صدری از زیر استخوان ترقوه بیرون رفته‌است** و چون اثر سوختگی جلدی موجود نبوده بنابراین **در فاصلهٔ بیش از یک متر اصابت صورت گرفته‌است.**

علت فوت متلاشی‌شدن مغز و پاره شدن قسمتی از ریهٔ راست بوده و طبق مشاهدات، مرگ در اثر گلوله وارده به مغز، در لحظات اول صورت گرفته، البته متوفی به‌وسیلهٔ آقای **مهدوی** بازپرس شعبه ۱ لاک و مهر و به دادگستری حمل گردید.

پروانهٔ دفن به‌نام **حاج‌علی** رزم‌آرا، **فرزند محمد** صادر و به مدیر داخلی بیمارستان (آقای **بهمن**) داده شد.

۲-۰۳-۲۱/۱۲/۲۹[۱۳]

رئیس پزشکی قانونی

امضاء **دکتر میرسپاسی**

(اسرار قتل رزم‌آرا- همان- صفحات ۱۴۸/۱۴۷)

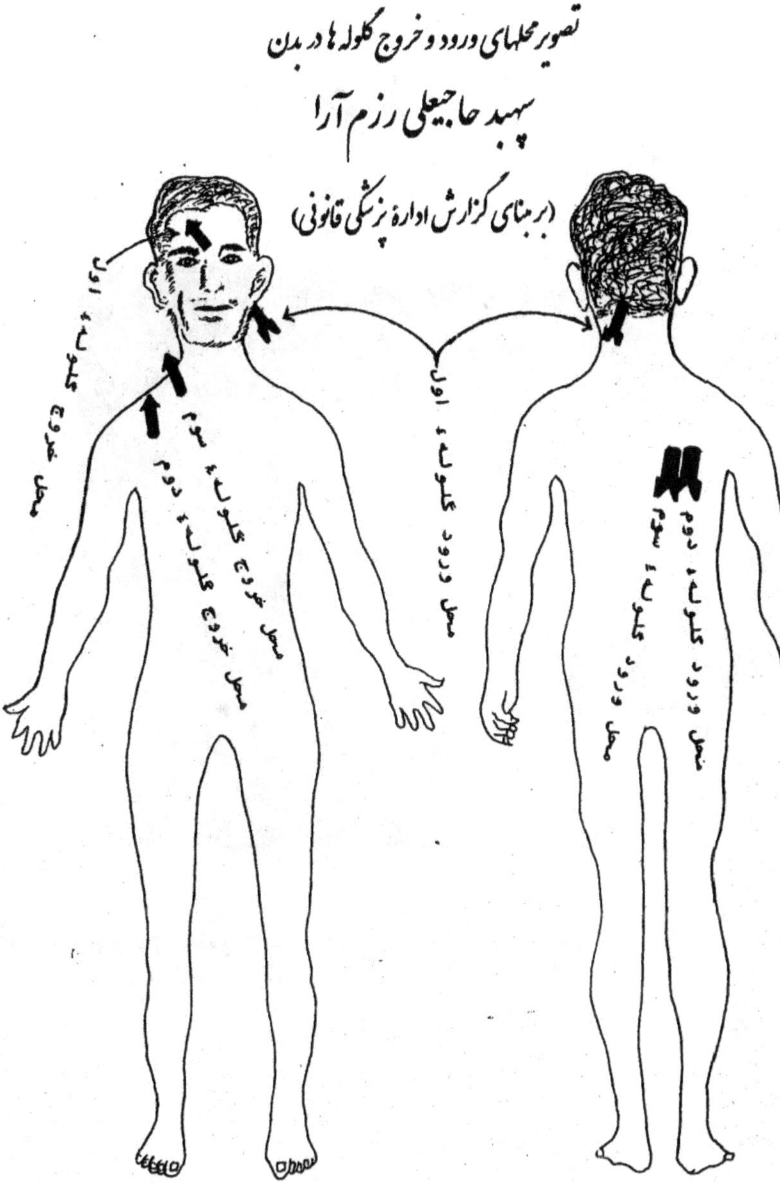

شکل شماره «۲» شکل شماره «۱»

این شکل‌ها، محل‌های ورود و خروج گلوله‌ها به بدن **حاجیعلی** رزم‌آرا را بر مبنای گزارش پزشکی قانونی که پیشتر آورده‌شده، نشان‌می‌دهد.

با توجه به گزارش مزبور درمی‌یابیم که مسیر هر سه گلوله (تا حدودی) به طور موازی، از پایین به بالا، و هر سه کمی به جانب دست راست رزم‌آرا تمایل داشته‌اند.

تصویر واقعی از جسد رزم آرا در بیمارستان

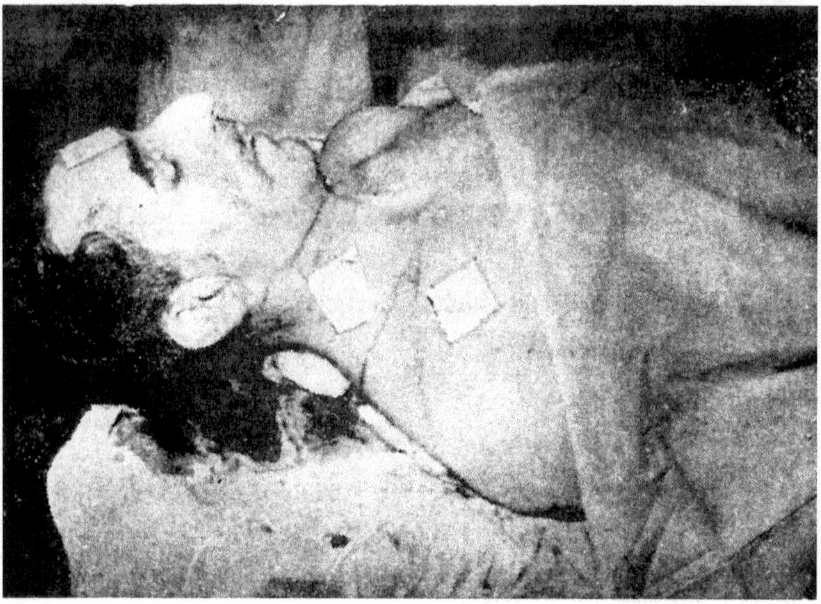

تصویر بالا به‌خوبی نشان می‌دهد محل خروج گلوله‌های دوم و سوم در طرف راست بدن و در بالای سینه قراردارند.

نمودار طراحان و مجریان اصلی دو توطئه

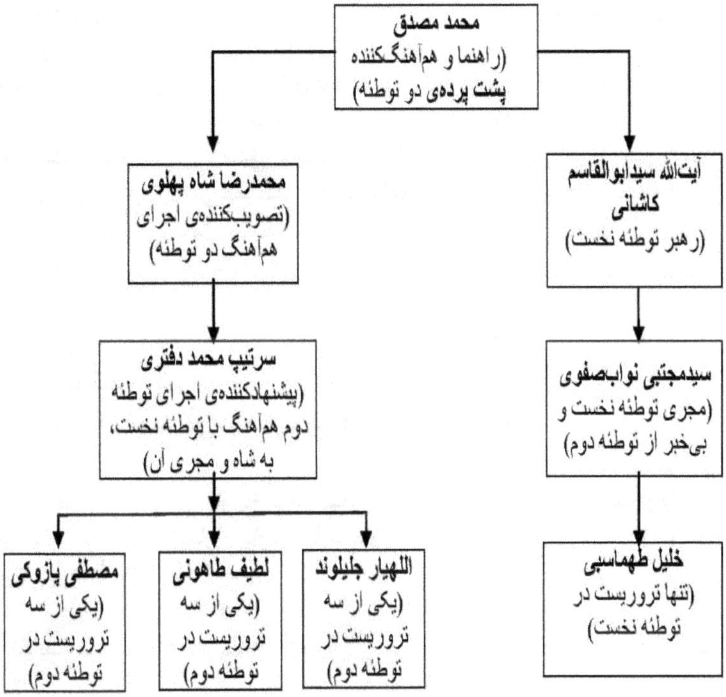

فرار سرتیپ دفتری به اروپا

با تبلیغات گسترده و کارساز و همه جانبه‌ای که اعضای جبهه‌ی ملی به رهبری **محمد مصدق** در آن روزها در طول نخست‌وزیری رزم‌آرا بر ضد او و منصوبان حکومتی‌اش به عمل آورده بودند، جو سیاسی ایران به منتهی درجه بر ضد آنان در جریان بوده و اتهام همکاری با رزم‌آرا به‌عنوان سندی غیرقابل انکار جهت خیانتکاری هر یک از آنان تلقی می‌گردید، تا جایی که اعضای مجلس شورای ملی به پیروی از افکار عمومی قاتل ظاهری او، یعنی **خلیل طهماسبی** را از هر مجازاتی معاف ساختند.
در آن شرایط و احوال که بیشتر مردم ایران، از جمله اعضای جبهه‌ی ملی، به‌ویژه **آیت‌الله کاشانی** و به‌ظاهر **مصدق** نسبت به سرتیپ **محمد دفتری** نفرتی بسیار بیش از سایر همکاران رزم‌آرا ابراز می‌داشتند و وی و مأموران دژبان زیر فرمانش را بازوی ظلم و دیکتاتوری رزم‌آرا و عامل سرکوبگری‌های ستمگرانه او می‌دانستند، وی برای فرار از مجازات به صورتی محرمانه به اروپا گریخت.

احضار سرتیپ دفتری از اروپا و
انتصابش به سمت فرماندهی گارد مسلح گمرک

سرتیپ محمد دفتری در تاریخ پنجشنبه ۲۰ آذرماه ۱۳۳۱ به سمت ریاست سازمانی تازه‌بنیان به نام سازمان مبارزه با قاچاق که مرکب از دو واحد **گارد مسلح گمرک و مرزبانی** بود، گماشته شد.

در نهایت نام «**پلیس گمرک ایران**» برای این سازمان تازه بنیان انتخاب شده و **محمد مصدق** نیز در تاریخ ۲۹ آذر ۱۳۳۱، به استناد قانون اختیارات خود لایحه‌ی قانونی تأسیس این پلیس را در هشت ماده مورد تصویب قرار داد که ماده‌ی نخست آن به شرح زیر می‌باشد:

> *" ماده ۱ – به منظور کشف و جلوگیری از قاچاق و اجرای مقررات و قوانین اختصاصی گمرک، به ادارهٔ کل گمرک اجازه داده می‌شود عده‌ای که لازم می‌داند برای تشکیل کادر ثابت پلیس گمرک به طور داوطلب، درحدود بودجهٔ مصوب، استخدام نماید و همچنین عده‌ای را که لازم می‌داند برای انجام کارهای مخفی، به طور موقت و بدون رعایت تشریفات استخدامی مأمور نموده و حق‌الزحمه‌ای را که مقتضی بداند پرداخت نماید. "*

تردیدی نباید داشت که **محمد مصدق** با پایه‌گذاری این سازمان جدید به ریاست **سرتیپ محمد دفتری** و دادن این اختیار به وی که؛ ***" عده‌ای را که لازم می‌داند برای انجام کارهای مخفی، به طور موقت و بدون رعایت تشریفات استخدامی مأمور نموده "***، درحقیقت وی را مأمور ایجاد یک تشکیلات مخفی تروریستی کرده بود.

در آن زمان بیشتر همکاران سیاسی **مصدق**، با **سرتیپ محمد دفتری** و با این انتصاب به شدت مخالفت می‌ورزیدند. به‌ویژه **آیت‌الله کاشانی**، رهبر سیاسی – مذهبی وقت و متحد قدرتمند **مصدق**، که در آن روزها در دنیا از هیچ فردی به اندازه‌ی **دفتری** متنفر نبود، به همین علت به سختی از **مصدق** رنجیده و از همین تاریخ مخالفت با وی را آغاز کرد.

محمدناصر صولت‌قشقائی، از رؤسای وقت **ایل قشقائی**، که از حامیان پر و پا قرص **مصدق** محسوب می‌شده، در خاطرات خود در تاریخ‌های یکم و دوم اسفند ۱۳۳۱، چنین نوشته‌است:

*" **جمعه** اول اسفندماه سی و یک – منزل آقای **افخمی**، **امیراشرف**، میهمان بودیم، صحبت غیر از دلتنگی بین **آیت‌الله کاشانی و دکتر مصدق و شکاف در جبههٔ ملی** نبود.*
*شنبه دوم اسفند سی و یک– . . . چهار بعدازظهر رفتم خدمت **آیت‌الله کاشانی** تا ساعت شش بعدازظهر مشغول مذاکره و کشمکش بودیم. ایشان عقیده دارند که:*
***دکتر مصدق با سر کار آوردن اشخاص خائن و بدسابقه‌ای مثل سرتیپ دفتری و سرتیپ افشارطوس و مهندس فلاح و از این قبیل اشخاص، بهترین دوستان خود آقای مصدق، از قبیل حسین مکی و دکتر بقائی و حائری‌زاده را از دست داده‌است و با این وضع نمی‌تواند با ایشان همکاری کند.** مخالفت هم ندارد. ولی اگر تغییری در رویه‌اش بدهد کاملاً حاضر به همراهی است ... "*
(سالهای بحران- خاطرات محمدناصر صولت‌قشقائی- صفحات ۳۴۷/۳۴۸)

وی در تاریخ ۱۶ آبان ۱۳۳۲ نیز به سلیقه‌ی خود وقایع دو سال پیش از آن را در سه پرده خلاصه کرده و ضمن پرده‌سوم از زبان **آیت‌الله کاشانی** به‌عنوان علت اختلاف وی با **مصدق** چنین نوشته‌است:

*" ... **سرتیپ دفتری** که من را در دورهٔ رزم‌آرا کتک زد و گریخت و فرستاد به **قلعهٔ فلک‌الافلاک** و چه کارها کرد، چرا رئیس گمرک می‌شود؟! ... "*
(همان- صفحه ۴۴۲)

خود **مصدق** در بیستمین جلسه دادگاه نظامی در تاریخ ۲۰ آذر ۱۳۳۲، آشکارا به مخالفت شدیدی که به‌علت انتصاب **سرتیپ دفتری** به وجود آمده‌بود، اعتراف کرده و چنین گفته‌است:

*" ... **سرتیپ دفتری** در اروپا بود، من او را خواستم و به **ریاست گارد مسلح گمرک** منصوب کردم، همین مسئله سبب مخالفت شدیدی شد ... "*
(مصدق در محکمهٔ نظامی- جلیل بزرگمهر- صفحه ۴۸۱)

هیچکس هم از ایشان نپرسیده‌است که چرا انتصاب این فرد مطرود و منفور و بدسابقه، از نظر شما تا آن اندازه مهم و ضروری بوده که حاضرشده‌اید پیه‌ی آن همه مخالفت

را به تن بمالید و **جبهه‌ی ملی** را دچار دودستگی و اختلاف نمایید، ولی انصراف از آن انتصاب را نپذیرفته‌اید؟

البته چون مردم از جاسوسی‌ها، روابط پنهانی، خدمات تروریستی و ارزنده‌ی **محمد دفتری** به سود **مصدق** در سال‌های پیش از آن که متضمن تخصصی کم‌نظیر در تظاهر به مخالفت با **مصدق بود** آگاهی نداشته‌اند،پس نمی‌دانسته‌اند که **مصدق** از یک سو از نظر اخلاقی مجبور به جبران و پاداش دهی به آن خدمات بوده و از سوی دیگر به نظیر آن خدمات تروریستی و انجام جاسوسی از فعالیت‌های مخالفان دولت نیاز داشته‌است.
تعجب‌آورتر اینکه **محمد دفتری**، پس از بازگشت به ایران به‌عنوان یکی از شاه‌دوستان سرسخت، به گروه مخالفان فعال **محمد مصدق**، از جمله **سرلشکر زاهدی** و افسران بازنشسته پیوسته و گویا در جهت سرنگونی **مصدق** در فعالیت‌های بسیار محرمانه و مخفی آنان که به رخداد ۲۸ مرداد ۱۳۳۲ و نخست‌وزیری **سرلشکر زاهدی** منجر شده، شرکت داشته‌است.

به همین جهت **سرلشکر فضل‌الله زاهدی** نخستین حکم دوران نخست‌وزیری خود را در روز ۲۸ مرداد ۱۳۳۲ به نام همین شخص، یعنی **سرتیپ محمد دفتری**، به سمت **ریاست شهربانی کل کشور** صادر کرده‌است و نیز همان طور که می‌دانیم، **محمد مصدق** در صبح همان روز در مقابل تعجب بسیار شدید تمام اطرافیان و مشاوران سیاسی خود دستور داده بود که فرمان «**ریاست شهربانی کل کشور و فرمانداری نظامی تهران**» را به نام او صادرنمایند.

در این رابطه گفته شده‌است که **محمد مصدق** در صبح روز ۲۸ مرداد ۱۳۳۲، این شخص را احضارکرده و به او گفته‌است که دیگر **شاه** برگشتنی نیست و به این جهت از این پس تظاهر به شاه‌دوستی ضرورتی ندارد و وی از آن لحظه به بعد باید در قیافه‌ی اصلی خودش که مخالفت با **محمدرضا شاه پهلوی** و طرفداری از او می‌باشد ظاهرگردد.

البته در آن زمان سیل خروشان قیام عمومی مردم بر ضد **مصدق** به درجه‌ای از شدت رسیده‌بود که دیگر هیچ نیرویی در مقابل آن تاب مقاومت نداشته‌است.

اردشیر زاهدی در شرح خاطرات خود در پاسخ یکی از پرسش‌های **احمد احرار** چنین گفته‌است:

*" ... پدرم ناچار می‌بایستی یک جایی را مرکز کار خود قراردهد، نظر به سابقه ریاستش در باشگاه افسران و موقعیت مناسب باشگاه، آنجا را برای شروع کار در نظر گرفته‌بود، **قراربود که سرتیپ دفتری پدرم را اسکورت کند و برساند به باشگاه افسران.***
*س: **سرتیپ دفتری چه کاره بود؟***

*ج: آنوقت رئیس گارد گمرک بود و روز بیست و پنجم مرداد [روز بیست و هشتم مرداد صحیح است] از طرف **دکتر مصدق** به ریاست شهربانی منصوب شد. **شهرت داشت او برنامهٔ ما را به مصدق اطلاع داده‌است ولی چون پدرم او را در مقام ریاست شهربانی نگهداشت تردید دارم که حقیقت داشته‌باشد.** نمی‌دانم خدا عالم است.*
به هر حال قراربود دفتری با دو جیپ بیاید جلوی بیمارستان شماره ۲ ارتش در خیابان پهلوی، نزدیک آبشار. من به اتفاق سرتیپ گیلانشاه دوبار با اتومبیل رفتم به آنجا و دیدم از دفتری و گروه او خبری نیست ..."
(خاطرات اردشیر زاهدی- به کوشش احمد احرار- صفحات ۱۵۵/۱۵٤)

اسناد محرمانه‌ی وزارت امور خارجه آمریکا، به شرح زیر، نشان می‌دهد که **سرتیپ دفتری** در روز ۲۸ مرداد ۱۳۳۲ ابتدا در سمت ریاست شهربانی دولت **مصدق**، در صدد استفاده از **گارد مسلح گمرک** برای مقابله با قیام مردم بوده، ولی شدت قیام اجازه این کار را به وی نداده‌است.

لوئی هندرسن، سفیرکبیر آمریکا در ایران، در بعدازظهر روز تاریخی ۱۹ آگوست ۱۹۵۳ (۲۸ مرداد ۱۳۳۲) ضمن گزارش تلگرافی شماره ٤۰۰ به آمریکا این طور نوشته‌است:

*" ... به قرار گزارش واصله **سرتیپ دفتری** به ریاست شهربانی منصوب شده‌است. **از قرار معلوم سرتیپ دفتری سعی می‌کند از گارد گمرک که قبلاً از جانب مصدق ریاست آن را داشت، استفاده کند. این مطلب را مرکز شنود سفارت از مکالمات تلفنی به دست آورده‌است."***
(خاطرات اردشیر زاهدی- به کوشش احمد احرار- صفحه ۲۲٤)

هندرسن در همان بعدازظهر، گزارش بالا را به شرح زیر تصحیح نموده‌است:

*" ... اکنون تأیید شده که **سرتیپ دفتری رئیس شهربانی منصوب زاهدی است.** بنابراین گزارش قبلی سفارت (تلگراف ٤۰۰) اشتباه بوده یا **سرتیپ دفتری** در آخرین لحظه تغییر موضع داده‌است."*
(خاطرات اردشیر زاهدی- همان- سند مندرج درصفحه ۲٤۷)

سرهنگ غلامرضا نجاتی، از افسران **سازمان گروه ملی**، که بی‌گمان از اسرار مخالفت ظاهری **سرتیپ دفتری** با دولت **مصدق** و جاسوسی‌های وی برای **مصدق** آگاهی نداشته، درباره‌ی او چنین نوشته‌است:

*" ... دو تن از خویشاوندان **دکتر مصدق**، نخست‌وزیر، که از سرسپردگان دربار نیز بوده‌اند، اولین کسانی هستند که مزدوری بیگانگان را به عهده گرفته‌اند. **سرتیپ محمد دفتری**، فرماندهٔ گمرک، **از آغاز با توطنه‌چینان ارتباط و همکاری داشته و در پیروزی کودتای ۲۸ مرداد نقش تعیین‌کننده‌ای ایفاء کرده‌است** ..."*
(جنبش ملی‌شدن صنعت نفت و کودتای ۲۸ مرداد ۱۳۳۲- سرهنگ غلامرضا نجاتی- صفحه ۳۹۳)

زیرنویس صفحه بالا نیز به شرح زیر می‌باشد:

> " *سرتیپ دفتری با استفاده از خویشاوندی با دکتر مصدق توانست با حیله و نیرنگ نخست‌وزیر را فریب دهد [؟!]. دفتری روز ۲۸ مرداد به دستور دکتر مصدق رئیس شهربانی کل کشور شد. او قبلاً از سرلشکر زاهدی حکم ریاست شهربانی را گرفته‌بود و با استفاده از این سمت نیروهای انتظامی را علیه دولت مصدق و به سود کودتاچیان بسیج کرد.* "

شباهت تعزیه‌ی شیر و فضه
با داستان سرتیپ دفتری و مصدق

در جای دیگری در همین کتاب شرح داده‌ایم که **محمد مصدق** با مشاهده‌ی کوچکترین عملی از هر کس که برخلاف میل و نظرش صورت می‌گرفته، نسبت به آن شخص بدگمان و ظنین می‌شده‌است و نیز از گفته‌ی **عبدالعلی لطفی**، وزیر دادگستری او، مثال آوردیم که در دادگاه نظامی گفته بود:

> " ***آقای دکتر محمد مصدق بی‌اندازه سوءظنی هستند ... یک شخص فوق‌العاده عصبانی و بی‌گذشت هستند. نظیر ایشان را ندیده‌ام.*** "

جلیل بزرگمهر، وکیل مدافع **مصدق**، در همان دادگاه نیز درباره‌ی خصوصیات اخلاقی و روش سیاسی این شخص چنین اظهار نظر نموده‌است:

> " ... *دکتر مصدق در زندگی سیاسی و اجتماعی خود با اشخاصی که سر و کار داشت **فقط یک بار آنها را آزمایش می‌کرد و هیچگاه به دو بار آزمایی نمی‌پرداخت ... دکتر مصدق یک بار بد امتحان داده را دوباره به محک آزمایش نمی‌زد.*** "
>
> (خاطرات جلیل بزرگمهر از دکتر محمد مصدق- جلیل بزرگمهر- صفحه ۳۳۹)

اما می‌بینیم که **سرتیپ دفتری** پس از سالها که (به ظاهر) در خدمت رقیبان و مخالفان سیاسی **مصدق** بوده و در سمت ریاست دژبان و ریاست شهربانی بر ضد **مصدق** و هواداران سیاسی او به شدت فعالیت می‌نموده‌است، هرگز حمایت و اعتماد کامل **مصدق** را از دست نداده‌بوده تا جایی که **مصدق** در سخت‌ترین لحظات زندگی سیاسی خود در روز ۲۸ مرداد ۱۳۳۲، **وی را با حفظ سمت ریاست گارد مسلح گمرک که داشته، به سمت ریاست شهربانی کل کشور و فرمانداری نظامی نیز منصوب کرده‌است.**

چرا؟ برای اینکه **سرتیپ دفتری** جاسوس و مأمور مخفی او در دستگاه مخالفان و رقیبان سیاسی‌اش بوده‌است.
دکتر مظفر بقائی‌کرمانی در جلسه ۲۵ دی‌ماه ۱۳۳۱ ضمن مخالفت با لایحه‌ی درخواست اختیارات یک ساله‌ی **محمد مصدق**، چنین گفته‌است:

" ... یکی از کسانی که در این نهضت بسیار بسیار مؤثر بود، در اینجا بنده باید با کمال احترام حضور آقایان عرض بکنم، **تیمسار سرتیپ دفتری، رئیس اسبق دژبانی و رئیس شهربانی رزم‌آرا بود**. در این نهضت بسیار مؤثر بود. برای اینکه **اگر نفرستاده‌بود، پاسبانها را و کماندوهایی را که درست کرده‌بودند چاپخانهٔ شاهد را تاراج بکنند، اگر نفرستاده‌بود روزنامهٔ شاهد را از بین ببرند و اگر نفرستاده‌بود روزنامه‌فروشها را بزنند من و مکی و حائری‌زاده** روزنامه‌فروشی نمی‌کردیم. **اگر نمی‌فرستاد کوچهٔ خدابنده‌لوها را محاصره‌بکنند، به قصد کشتن ما، اگر این کار را نکرده‌بود ملت ایران متوجه نمی‌شد**. این **تیمسار سرتیپ دفتری** یکی از کسانی است که **در این نهضت یک خدمت بسیار بسیار بزرگی کرد**. چون اگر این کار را نکرده‌بود به این زودیها ممکن بود که ملت ایران بیدار نشود و متوجه نشود و این مبارزه‌ها به‌وجود نیاید.
این مبارزات از چاپخانهٔ شاهد سرچشمه گرفت. **از چاپخانهٔ شاهد بود که رزم‌آرا نابود شد**.
آنوقت آن مردمی که شب تا صبح می‌آمدند توی آن سرمای اواخر آذرماه توی کوچهٔ خدابنده‌لوها و کوچه‌های اطراف کشیک می‌دادند جان خودشان را کف دستشان می‌گرفتند جلو سرنیزهٔ دژبان و باتون پاسبان می‌ایستادند.
در آن موقعی که جناب آقای دکتر مصدق آمدند در اینجا از پشت این تریبون به دستگاه انتظامی رزم‌آرا اعتراض می‌کردند، بیایید صورت‌جلسات را بخوانید، **رئیس انتظامات آن وقت سرتیپ دفتری بود**. آن کسانی که جان خودشان را کف دستشان می‌گرفتند و تا صبح با سرما و گرسنگی می‌ساختند برای آنکه جان چند تا از خدمتگزاران خودشان را حفظ بکنند، اینها به این امید می‌آمدند که دیگر **سرتیپ دفتری‌ها** مقدرات این مملکت دستشان نباشد.
سرتیپ **دفتری شخص بسیار کوچکی است، می‌دانم، ولی سر کار آوردن سرتیپ دفتری عمل بسیار بزرگی است**. این عملی است که تمام آنهایی را که جانشان را کف دستشان گذارده و مبارزه می‌کردند مأیوس می‌کند (**حائری‌زاده**: صحیح است) مأیوس می‌کند و می‌گویند که این هم باز **تعزیهٔ شیر و فضه** بود ... در تعزیه یک عده‌ای یک رلهایی برایشان معین می‌شود، یکی مثلاً بلاتشبیه **امام حسین** می‌شود، یکی **حضرت عباس** می‌شود، یکی **زینب** می‌شود، یکی **ابن‌سعد** می‌شود و **تعزیه** را در می‌آورند، رجزها می‌خوانند، شمشیرها می‌کشند، به جان هم می‌افتند، مردم را می‌گریانند و بعد این تعزیه تمام می‌شود، آن تجیری که می‌کشند توی تعزیه‌ها، می‌روند پشت آن تجیر خسته شده‌اند استراحت کنند، **شمر چپق چاق می‌کند می‌دهد به امام حسین می‌کشد. امام حسین چای می‌ریزد می‌دهد به خولی، خولی آب‌نبات می‌گذارد دهان زینب** و قس علیهذا ... "
(سالهای نهضت ملی- جلد ششم کتاب سیاه- حسین مکی- صفحه ۳۴۳)

به‌طوری که خوانندگان گرامی ملاحظه‌می‌فرمایند، **دکتر بقائی** روابط سیاسی به‌ظاهر دشمنانه و مخالفت‌آمیز **سرتیپ دفتری** با **مصدق** را، به حق و درستی، به نمایش **تعزیه‌ی شیر و فضه** تشبیه کرده‌است که در آن نمایش مردهایی که با یکدیگر دوست و یا خویشاوند بوده‌اند، هر یک در نقش یکی از شهدا یا اسیران زن و مرد دشت کربلا و

دشمنان آنان، در ظاهر به جنگ می‌پردازند و شهید می‌شوند و پس از نمایش بار دیگر روابط واقعی خود را از سر می‌گیرند.

احضار **سرتیپ دفتری** از اروپا و انتصابش به سمت ریاست **گارد مسلح گمرک** و نیز انتصابش در روز ۲۸ مرداد ۱۳۳۲ به مشاغلی که ذکرشد به خوبی ثابت می‌نماید که دشمنی‌های سابق **سرتیپ دفتری** با **مصدق** شبیه به همان نمایش تعزیه‌ی **شیر و فضه** بوده‌است.

مصدق بعدها متوجه شده‌است که انتصابات مزبور خیلی دیر و در زمانی انجام گردیده که دیگر کاری از دست **سرتیپ دفتری** ساخته نبوده‌است.

بیشتر طرفداران **مصدق، سرتیپ دفتری** را به خیانت نسبت **مصدق** متهم کرده و تمام یا قسمتی از گناه سرنگونی دولت وی در روز ۲۸ مرداد ۱۳۳۲ را به گردن او انداخته‌اند. در حالی که اگر این اظهار نظر صحیح بود، بی‌گمان **محمد مصدق** خود ضمن خاطراتش، در یکی از جاهایی که شرح سرنگونی دولت خود را بیان می‌نموده، اشاره‌ای هرچند بسیار مختصر نیز به این خیانت و یا اشتباه به عمل می‌آورد ولی در سرتاسر کتاب **خاطرات و تأملات مصدق** حتی یک بار نیز نامی از **سرتیپ دفتری** برده نشده‌است. زیرا **مصدق** نه می‌توانسته خدمات بسیار ارزنده‌ی او را برای طرفدارانش بیان نماید و به آنان بگوید که در تمام اقدامات سرکوبگرانه‌ی وی، در زمان نخست‌وزیران اسبق، من راهنمای او بوده‌ام و نه می‌توانسته‌است که مانند طرفداران مذکور او را خائن قلمداد کند.

برکناری از ریاست شهربانی کل کشور به گمان قصد مبادرت به کودتا

به موجب برنامه‌ای که .C.I.A و MI ۶ جهت سرنگون سازی **مصدق** ترتیب داده‌بوده‌اند، افزون بر نخست‌وزیری **سرلشکر زاهدی**، ریاست شهربانی کل کشور نیز برای **سرتیپ دفتری** پیش‌بینی شده بوده‌است.

اما انتصاب **سرتیپ دفتری** در روز ۲۸ مرداد ۱۳۳۲ از سوی **مصدق**، که با حفظ سمت ریاست **گارد مسلح گمرک** به پستهای **ریاست کل شهربانی** و **فرمانداری نظامی** منصوب شده‌بود، زمینه‌های ایجاد بدگمانی نسبت به وی را فراهم ساخته بود. خود این شخص نیز پس از دریافت حکم ریاست شهربانی کل کشور، درهمان روز از سوی **سرلشکر زاهدی**، بی‌درنگ به اقدامی دست زده که بدگمانی مزبور را به شدت تقویت نموده، یعنی **شاه، نخست‌وزیر** و بسیاری از رجال دیگر را به این فکر انداخته بود که شاید وی قصد مبادرت به کودتا به سود **مصدق** را داشته‌باشد.

سه خبر زیر مربوط به اقدام مزبور و نیز برکناری وی می‌باشد:

خبر نخست

" افراد گارد مسلح گمرک در شهربانی موقتاً انجام وظیفه می‌کنند

...

*از روزی که آقای **سرتیپ دفتری** به ریاست شهربانی منصوب شده‌است **کلیهٔ افراد و افسران گارد مسلح و همچنین جیپ‌ها و وسایل و تجهیزات موجود گارد مسلح گمرک تهران که در باغشاه [؟!] متمرکز بود** مورد استفادهٔ قوای کمکی انتظامی قرار گرفته‌است و **در حال حاضر انتظامات شهربانی و محوطهٔ خارج آن در دست افراد پلیس گمرک است و مأمورین انتظامات شهر نیز اغلب از افراد مسلح گارد پلیس گمرک هستند** که طبق برنامهٔ معین انتظامات قسمت‌های مختلف شهر را عهده‌دار می‌باشند. "*

(روزنامه اطلاعات- مورخ ۲ شهریور ۱۳۳۲- صفحه ۷- ستون‌های ۱ و ۲)

خبر دوم

" معرفی رئیس جدید شهربانی

*ساعت ده صبح روز یکشنبه [۸ شهریور ۱۳۳۲] آقای **سرتیپ جهانبانی**، معاون وزارت کشور، حضور **اعلیحضرت همایونی** شرفیاب شد و آقای **سرلشکر مهدیقلی علوی‌مقدم** را به سمت رئیس شهربانی کل کشور به حضور ملوکانه معرفی کردند و سپس ساعت ده و نیم آقای **سرتیپ جهانبانی**، معاون وزارت کشور، به اتفاق آقای **سرلشکر مهدیقلی علوی‌مقدم** در دفتر ریاست شهربانی حضور پیدا کرده و **تیمسار سرلشکر علوی‌مقدم**، رئیس شهربانی، را به رؤسای ادارات تابعه معرفی کردند. "*

(روزنامه اطلاعات- مورخ دهم شهریورماه ۱۳۳۲- صفحه ۱۱- ستون ٦)

پس با این ترتیب، این دوره از ریاست شهربانی **سرتیپ دفتری** فقط ده روز به طول انجامیده‌است.

خبر سوم

"سرتیپ دفتری در ادارهٔ پلیس گمرک مشغول کار شد.

*آقای **سرتیپ دفتری** پس از استعفاء از ریاست شهربانی مجدداً در ادارهٔ پلیس و کادر گمرک مشغول کار گردید.*

*امروز **سرتیپ دفتری** به خبرنگار ما اظهارداشت چون اخیراً دچار کسالت شده‌بودم و نمی‌توانستم در دو اداره انجام وظیفه کنم از این نظر از **ریاست شهربانی استعفاء دادم** و کمافی‌السابق در کادر پلیس گمرک که کارش سبکتر است انجام وظیفه خواهمکرد. "*

(روزنامه اطلاعات- ۱۰ شهریور ۱۳۳۲- صفحه ۱۱- ستون‌های ۲ و ۳)

شرح بقیه‌ی دوران خدمت سرتیپ دفتری
و پایان زندگی مطرود و نکبت‌بار وی

مهم‌ترین حوادث ناگوار در زندگی **محمد دفتری**، پس از بازنشستگی وی، به شرح زیر اتفاق افتاده‌است:

- در ۳۰ اردیبهشت ۱۳۴۰، با درجه‌ی سرلشکری بازنشسته شده‌است.
- در ۲۳ فروردین ۱۳۴۱، به اتهام سوءاستفاده، زندانی شده‌است.
- در ۱۲ دی ۱۳۴۲، در نخستین محاکمه به ۵ سال حبس مجرد و تادیه نصف مبلغ مدعی‌به (درحدود پنج میلیون تومان) محکوم شده‌است.
- در ۲۸ اردیبهشت ۱۳۴۳، آنسان که پیداست، در دادگاه دیگری (به همراه جمعی دیگر) مربوط به پرونده‌ی خرید باطری برای ارتش محاکمه شده و به ۱۰ سال حبس مجرد محکومیت یافته‌است.
- در ۱۵ شهریور ۱۳۴۳، در دادگاه تجدیدنظر نظامی محکومیت وی به ۸ سال حبس مجرد کاهش‌داده شده‌است.

جلیل بزرگمهر، وکیل **مصدق** در دادگاه نظامی، درباره‌ی این شخص چنین می‌نویسد:

*" ... برادر **احمد متین‌دفتری، سرتیپ محمد دفتری**، که **سرلشکر هم شد**، جاسوسی و خیانتش را بارها با یاد خیر! از او شرح داده‌ام: از شرح و وصف برون است - از عاملین دست اول در دستگاه جاسوسی سیا - **در درجهٔ سرلشکری و ریاست تسلیحات ارتش شاهنشاهی، در کارخانهٔ باطری‌سازی، با جمعی دیگر از رسوایان مثل خودش ... به جرم ارتشاء به حبس محکوم گردید** و در همان زندان شهربانی کل در قصر قاجار، که در **نخست‌وزیری حاجی‌علی رزم‌آرا و فضل‌الله زاهدی رئیس شهربانی بود و روز ۲۸ مرداد فرمان ریاست شهربانی از حکومت دکتر مصدق هم در جیب داشت، حکم محکومیت ۸ ساله‌اش را پاداش! گرفت** و سپری کرد. خدا رحمت کند **سرتیپ علی‌اصغر مسعودی**، از افسران ملی، را که در محاکمهٔ مرحوم **آیت‌الله سید محمود طالقانی** و دیگر یارانش از وکلای مدافع بود، تعریف کرد: مقارن زندانی بودن [سرلشکر] **دفتری** در زندان قصر به جهاتی گذارش به آنجا می‌افتد و در عبور با **دفتری** که در هواخوری و در حال پیاده‌روی بوده‌است برخورد می‌کند. **دفتری با چشمانی پر از اشک به‌عنوان درد دل به** او گفته‌بود: عاقبت کارم به جایی رسیده که دو سر (ط) شدم. **از حکومت دکتر مصدق چه بگویم که چگونه معروف شده‌ام و در این حکومت با آن همه خدمات! می‌بینی که در کجایم."***

(خاطرات جلیل بزرگمهر از دکتر محمد مصدق- همان- صفحه ۱۴۰)

در تکمیل شرح بالا، جمله‌ی زیر را از زبان **دکتر غلامحسین مصدق** بازگومی‌نماییم:

" ... پس از مدتی شاه او را عفو کرد. چندی بعد با بدنامی درگذشت."

(در کنار پدرم مصدق- غلامحسین مصدق- صفحه ۱۶۰)

دوم و سوم - سرگرد امیرهوشنگ (قدرت‌الله) نادری و سرهنگ حسینقلی اشرفی

این دو نفر از اعضای **سازمان افسران گروه ملی** بودند. گویا بدون آگاهی از جاسوسی‌های یکدیگر و **با دریافت حق خیانتی کلان**، برای **سرلشکر زاهدی** خبربیاری و جاسوسی می‌کرده‌اند و دست کم، **سرگرد نادری** (که نامش در جایی **امیرهوشنگ** و در جایی دیگر **قدرت‌الله** ذکر شده)، این جاسوسی و خبرکشی را با آگاهی و اجازه‌ی **مصدق** به انجام می‌رسانده‌است. یعنی هر خبر راست یا دروغ را که **مصدق** مایل بوده به **زاهدی** و پسر وی (**اردشیر**) اطلاع می‌داده و در مقابل اخبار صحیح و مهمی را که از فعالیت‌های آنان و گروه افسران بازنشسته کسب می‌نموده برای **محمد مصدق** برمی‌گردانده‌است.

مختصر شرحی در معرفی سرگرد امیرهوشنگ (قدرت‌الله) نادری

الف- سابقه

سرگرد نادری که در **شعبه‌ی تجسس رکن دوم ستاد ارتش** به عنوان کارمند خدمت می‌کرده، آنسان که پیداست، افزون بر وظیفه‌ی اداری خود که کسب خبر از فعالیت‌های مخالفین سیاسی دولت بوده، از سوی **سازمان مخفی گروه افسران ملی** نیز همین وظیفه را به‌عهده داشته‌است و برای انجام آن به **شاه‌دوستی و مخالفت با دولت محمد مصدق** تظاهر می‌کرده‌است.

در دولت **مصدق** تا روز ۹ اسفند ۱۳۳۱، که رخداد مشهور جلوگیری از مسافرت **شاه** به خارج از کشور اتفاق افتاده، **سرلشکر محمود بهارمست** ریاست ستاد ارتش را عهده‌دار بوده ولی **محمد مصدق** در روز ۱۰ اسفند ۱۳۳۱ وی را از این سمت برکنار و **سرتیپ تقی ریاحی**، از **اعضای سازمان مزبور** را بجای وی منصوب نموده‌است.

سرتیپ بهارمست که با وجود طرفداری از **مصدق**، در **سازمان گروه ملی** عضویت نداشته و گویا از پایه‌گذاری آن و نیز از مأموریت **سرگرد نادری** ناآگاه بوده، وی را از خدمت در ستاد ارتش معاف ساخته‌است.

سرهنگ سررشته، رئیس وقت **شعبه‌ی تجسس رکن دوم**، در این باره چنین گفته‌است:

> *" ... روزی در **بازرسی کل ارتش** مشغول کار بودم که **سرلشکر جوادی**، رئیس بازرسی ارتش، مرا خواست و گفت: **سرلشکر بهارمست**، رئیس ستاد ارتش، شما را احضار کرده‌اند، فوراً بروید و خود را به ایشان معرفی کنید. به ستاد ارتش رفتم. پس از احوالپرسی، **سرلشکر بهارمست** به من پیشنهاد کردند بروم به رکن دوم ستاد و شعبهٔ تجسس را از **سرهنگ علوی‌کیا** تحویل*

بگیرم. چون این پیشنهاد ابتدا به ساکن بود و قبلاً دربارهٔ آن فکر نکرده‌بودم، عرض کردم: من اصولاً خدمت در رکن دوم را دوست ندارم چه رسد به شعبهٔ تجسس.
پرسیدند: چرا؟ گفتم: آن خلق و خوی افسر رکن دومی در وجودم نیست و نمی‌توانم علیه اشخاص پرونده‌سازی کنم. گفتند: مگر رکن دوم برای اشخاص پرونده‌سازی می‌کند که شما چنین تهمتی می‌زنید؟
گفتم: این طور شایع است. گفتند: چون شما را مدتها می‌شناسم و می‌دانم اهل پرونده‌سازی نیستید، شما را برای این شغل درنظر گرفته‌ام که فکرم از این جهت آسوده باشد. عرض کردم: اگر منظور این است، قبول می‌کنم.
*گفتند: ضمن معرفی خودتان به رئیس رکن دوم، **سرهنگ حسن پاکروان**، به او ابلاغ کنید که **سرهنگ علوی‌کیا**، رئیس **شعبهٔ تجسس**، و **سرگرد امیرهوشنگ نادری**، افسر این شعبه، **فوراً پروند خود را به کارگزینی ارتش معرفی کنند.***
*به‌خاطر آشنایی با **سرلشکر بهارمست** به خود جرأت دادم و از ایشان پرسیدم: مگر این دو افسر چه کرده‌اند که نباید در رکن دوم باشند؟ **مرحوم بهارمست** گفتند: **این دو افسر ارتباط محرمانه‌ای با دربار دارند، هر دو از مخالفان حکومت ملی دکتر مصدق هستند.** در بعضی امور کارشکنی می‌کنند و اقدامات و اطلاعات محرمانه را به مخالفین حکومت می‌رسانند ..."*
(خاطرات من- حسینقلی سررشته- صفحات ۲۰/۲۱)

البته چون **سرلشکر بهارمست** و **سرهنگ سررشته** از اعضای **«سازمان مخفی گروه ملی»** نبوده و از ارتباطهای شغلی و مأموریت‌های محرمانه‌ای که **سرگرد نادری** به دستور مدیران آن سازمان، یعنی **سرتیپ افشارطوس** و دیگران در دربار به انجام می‌رسانده آگاهی نداشته‌اند، پس ارتباط وی با دربار و مخالفان **محمد مصدق** را به حساب خطا و خیانت گذاشته و به خیال خود او را از رکن ۲ ستاد ارتش اخراج نموده‌اند. اما چون **سرتیپ افشارطوس**، رئیس کل شهربانی، از واقعیت امر آگاهی داشته‌است، پس بی‌درنگ وی را به شهربانی انتقال داده و در سمت مشاور خود به کار گماشته‌است. **سرهنگ سررشته** در این ارتباط چنین نوشته‌است:

*" ... اما اینکه چگونه **نادری** که از رکن دوم ستاد ارتش به جرم ارتباط با دربار اخراج شده‌بود، **از شهربانی سر در می‌آورد**، خود جای بحث دارد.*
*به گفتهٔ **سرهنگ علی‌اکبر فهمی**، رئیس آگاهی شهربانی، **نادری** پس از اخراج از رکن دوم، **اتاقی را در مجاورت دفتر رئیس شهربانی کل، در طبقهٔ دوم عمارت شهربانی، تصاحب می‌کند و در واقع سمت مشاورت مرحوم افشارطوس را داشته‌است** ..."*
(همان- صفحه ۹۸)

ب- ارتباط با سرلشکر فضل‌الله زاهدی

در روزهایی که **سرلشکر زاهدی** در زیرزمین شهربانی به صورت ممنوع از ملاقات، زندانی بوده‌است، **سرگرد امیرهوشنگ نادری** هر روز بدون هیچ مشکل و مانعی با وی ملاقات می‌کرد و **با تظاهر به علاقمندی و عشق به شاه و خود او و نیز با ابراز مخالفت شدید با مصدق** به صورت محرم راز و رابط او با خانواده و دوستانش در خارج از زندان درآمده بود.
ارتباط **سرگرد نادری** با **سرلشکر زاهدی** و خدمات و خبربیاری‌هایش برای او، پس از آزادی **زاهدی** از زندان نیز، درست تا یک روز پیش از رسیدن این شخص به نخست‌وزیری بی‌وقفه ادامه داشته‌است.

به‌طوری که ما می‌دانیم، در روزهای پیش و پس از ۲۵ مرداد ۱۳۳۲، که یافتن و بازداشت **سرلشکر فضل‌الله زاهدی** برای دولت **محمد مصدق** به صورت مهم‌ترین موضوع درآمده بوده‌است و رؤسای دو واحد **کارآگاهی** در **شهربانی**، و **شعبه‌ی تجسس رکن دوم** در **ستاد ارتش**، به منظور تحقق این امر به سختی از سوی دستگاه‌های دولتی و شخص **مصدق** تحت فشار قرار داشته‌اند، با وجود کوشش فراوانی که از سوی کارکنان این واحدها به عمل می‌آمده به بازداشت وی توفیق نیافته‌اند و **دار و دسته‌ی زاهدی در این باره خود را مرهون همین سرهنگ (سرگرد سابق) نادری می‌دانسته‌اند.**
شرح زیر که بازگوشده از خاطرات **اردشیر زاهدی** می‌باشد، فقط گوشه‌ای بسیار کوچک (و به اصطلاح سانسورشده) از خدمات و همکاری‌های این سرهنگ جدید و سرگرد سابق را به دار و دسته‌ی **زاهدی** نشان می‌دهد.

> " ... ***تعدادی از مسئولان نظامی و انتظامی با ما تماس داشتند. سرهنگ نادری رئیس اداره آگاهی (اطلاعات) شهربانی و سرهنگ اشرفی، فرماندار نظامی دولت آقای مصدق با من در رابطه بودند و اطلاع می‌دادند که چه می‌گذرد.***
> *[س]: با وجود آنکه برای دستگیری شما و پدرتان از طرف فرمانداری نظامی جایزه تعیین شده بود؟*
> *[ج]: بله البته خطر داشت و هر روز خطر بیشتر می‌شد. به* ***اعلیحضرت*** *گزارش شده‌بود که این ملاقات‌ها برای فلان کس خطرناک است و اینها نقشه دارند که او را بگیرند.*
> ***سرهنگ نادری کم‌کم دو دوزه بازی می‌کرد. یک اتومبیل بیوک کروکی، از نوع اتومبیل‌های اسکورت مال دربار، دکتر مصدق به او پاداش داده‌بود و او با همان اتومبیل به میعادگاه می‌آمد.***
> *شبی با هم در بالای سلطنت‌آباد جایی که تفریحگاه بود و شعر می‌خواندند و ساز و ضرب می‌زدند و مثل سر پل تجریش مردم با اتومبیل می‌آمدند و جوجه‌کباب می‌خوردند،* ***قرار ملاقات داشتیم.***
> ***سرهنگ با آنکه زن و بچه داشت، با همان اتومبیل کروکی اسکورت همراه خانم زیبایی آمد که رفیقه‌اش بود. از داخل دستگاه شهربانی به ما خبر داده‌بودند که قصد دارد مرا زیر نظر بگیرد و ببیند کجا می‌روم و کجا می‌خوابم تا بفرستند دستگیرم کنند.*** *این خطرها وجود داشت ولی من هم اگر قرار بود بترسم*

کارمان به جایی نمی‌رسید. برای بدست آوردن اطلاعات این دیدارها ضرورت داشت.
نشستیم نقشه کشیدیم. در حالی که **سرهنگ** نشسته بود توی اتومبیل ما و مشغول صحبت بودیم، **هرمز شاهرخشاهی** خودش را به مستی زد، رفت نشست پشت فرمان اتومبیل کروکی و اتومبیل را برد انداخت توی چالهٔ بزرگی در فضای تاریک.
بیچاره **سرهنگ** نزدیک بود قبض روح بشود. از طرفی اتومبیل نو داغان شده‌بود، از طرف دیگر متحیر مانده‌بود که با آن خانم چه کند و چه خاکی به سرش بریزد؟ تا سرش به این مسائل گرم بود مرحوم **یارافشار** پرید بالا و اتومبیل را روشن کرد و آنها را به حال خودشان گذاشتیم و به سرعت برگشتیم به مخفیگاه من، یعنی منزل **میراشرافی** در خیابان باغ صبا.
یک بار دیگر من در مقابل **مهندس ستوده** که معروف بود به **مهندس سبیل** با **سرهنگ نادری** ملاقات کردم. این دفعه او را دوستان خودمان سوار کردند و تا وقتی رسید نمی‌دانست به کجا می‌برندش. منزل **ستوده** در خیابان فرمانیه بود.
برای شام فرستادیم از بیرون جوجه‌کباب و کباب کوبیده آوردند. وقتی به خانه برگشتیم حال من به هم خورد و دچار مسمومیت شدم. بعضی دوستان معتقد بودند که آقای **نادری** چیزی توی غذا ریخته‌است. شاید هم گوشت کباب فاسد بود یا اینکه چون مدتی بود فراری بودم و غذای درستی نمی‌خوردم معده‌ام حسّاس شده‌بود. خدا می‌داند.
آخرین ملاقات من با **سرهنگ نادری** در ماه مرداد بود. البته این بار یک ملاقات گروهی بود.
سرهنگ قرنی (سپهبد) که پس از انقلاب رئیس ستاد ارتش شد و او را ترور کردند، سرهنگ رحیمی‌لاریجانی (سپهبد) که آنوقت در فرمانداری نظامی بود و چند افسر دیگر علاوه بر سرهنگ نادری در آن ملاقات حضور داشتند.
وعدهٔ ملاقات را در محل باغ‌وحش تهران گذاشته‌بودیم که متعلق به **برادران دولتشاهی** بود. در آنجا یک نهر آبی، شبیه سیل‌گیر هست و چند تفنگچی را من مأمور کرده‌بودم که آن طرف سیل‌گیر مراقب باشند و اتومبیل جیپی هم آماده بود تا اگر خطری احساس شد بتوانم از مهلکه بگریزم.
مشغول گفتگو بودم که آقای **یارافشار** آمد و آهسته به من گفت که **اعلیحضرت** مرا خواسته‌است. به او گفتم: تو تظاهر کن که قصد نداری برگردی. اتومبیلت را همین جا که هست بگذار بماند، به بهانهٔ ادرارکردن برو پشت درخت‌ها و خودت را برسان به اتومبیل جیپ.
پشت سرش من هم برخاستم و رفتم و جیپ را سوار شدیم و به سرعت کوبیدیم تا ولنجک. در آنجا پدرم منتظر من بود. گفت: من از پیش **اعلیحضرت** می‌آیم و ایشان گفتند: که این ملاقات‌ها خطرناک است و هر لحظه ممکن است تو را بگیرند. گویا **علوی‌مقدم** گزارش داده و گفته‌بود اشخاصی که **اردشیر** با آنها ملاقات می‌کند قابل اعتماد نیستند. به هر حال مرا خواسته‌بودند که هشدار بدهند و مطلب مهم دیگری هم البته می‌خواستند بگویند.

باز لوله شدم توی صندوق عقب اتومبیل و مرا بردند به سعدآباد.
***اعلیحضرت** سرزنش فرمودند و گفتند: شما احتیاط نمی‌کنید و خودتان را به خطر می‌اندازید. هم من و هم پدرتان نگران شما هستیم.*
*همانجا بود که **اعلیحضرت** به من فرمودند تصمیم گرفته‌اند فرمان نخست‌وزیری پدرم را صادرکنند. این در حالیست که برای دستگیری پدرم جایزه تعیین شده‌بود."*
(خاطرات اردشیر زاهدی- جلد نخست از کودکی تا استعفای پدر از نخست‌وزیری- ویراستار احمد احرار- صفحات ۱۴۶/۱۴۹)

به‌طوری که **اردشیر زاهدی** در جایی دیگر گفته است:

*" بعد از آنکه فرمان **اعلیحضرت** به دست پدرم رسید، من مأمور شدم چند نفری را که لازم بود از جریان اطلاع پیدا کنند و برای بعضی از آنها وظایفی درنظر گرفته شده‌بود، برای مذاکره دعوت کنم."*

این دعوت انجام شد و جلسه‌ای مرکب از دعوت‌شدگان از ساعت ۸ صبح ۲۴ مرداد ۱۳۳۲ در حضور **سرلشکر زاهدی** تشکیل گردید که چندین ساعت به‌طول انجامید.

*" نزدیک ظهر چند نفری از حاضران به شهر برگشتند و چند نفری برای ناهار ماندند. حدود ساعت ۲ بعدازظهر که ناهار تقریباً تمام شده‌بود پسر عمهٔ من **ابوالقاسم زاهدی** به اتفاق **هرمز شاهرخشاهی** سراسیمه واردشدند و اطلاع دادند که مأمورین حکومت نظامی از محل اقامتمان باخبر شده‌اند و اگر دیر بجنبیم همگی گرفتار خواهیمشد. **این خبر را هم سرهنگ نادری به آنها رسانده‌بود.**"*
(همان- صفحات ۱۵۵/۱۵۴)

هرگاه شرح بالا که از **خاطرات اردشیر زاهدی** بازگوشده وجود نداشت، مطلب زیر از خاطرات **سرهنگ سررشته**، رئیس وقت **شعبه‌ی تجسس رکن دوم ستاد ارتش** (که ۱۸ سال پیش از **خاطرات زاهدی** انتشار یافته‌است) بسیار عجیب و باورنکردنی به‌نظر می‌رسید.

این **سرهنگ** در خاطرات خود مدعی شده‌است که **سرهنگ نادری**، رئیس وقت **کارآگاهی شهربانی**، در روز ۲۵ مرداد ۱۳۳۲، پیش از وی از محل اختفای **سرلشکر زاهدی** آگاهی یافته بود ولی به‌علت رشوه‌ای که از او دریافت کرده‌بود، نه‌تنها از بازداشتش خودداری نموده بود، بلکه زمینه‌های انتقال او را به جایی امن نیز فراهم ساخته‌بود.

عین مطالب **سرهنگ حسینقلی سررشته، رئیس وقت شعبه‌ی تجسس رکن دوم ستاد ارتش**، در این رابطه، به شرح زیر می‌باشد:

" ...
*د – پس از کودتای نافرجام ۲۵ مرداد و صدور دستور دولت درمورد دستگیری **سرلشکر فضل‌الله زاهدی**، من به وسیله عوامل غیر ارتشی خود*

متوجه شده‌بودم که **زاهدی** در باغ **مصطفی مقدم**، در شمال شرقی تهران، مخفی شده‌است. بدون اینکه با کسی صحبت کنم دستور دادم پس از شروع حکومت نظامی، عده‌ای از مأموران دژبانی در دفتر دژبانی حاضر شوند تا مأموریت مهمی را در آن شب انجام دهیم. پس از حضور مأموران به طرف باغ **مصطفی مقدم** رفتیم و با کمک پاسبانان گشت محل، که آنجا را می‌شناختند وارد باغ شدیم. **پس از پرس و جو از ساکنان باغ متوجه شدیم که نیم‌ساعت قبل، سرلشکر زاهدی با دو ماشین دیگر آنجا را ترک کرده و به محل نامعلومی رفته‌است.**

با اینکه سعی کرده‌بودم از ابتدای این اقدام، کسی از جزئیات امر باخبر نشود ولی از این مخفی‌کاری نتیجه‌ای نگرفته بودم، تصمیم گرفتم از طریق تجریش و خیابان پهلوی به محل کار خود مراجعت کنیم.

در حال عبور از تجریش بودیم که مأموران فرمانداری نظامی، اطراف ماشین‌های ما را گرفتند و فرماندهٔ آنان برای شناسایی ما به طرفمان آمد.

پس از سلام و احوالپرسی، از فرماندهٔ آن عده پرسیدیم: آیا نیم‌ساعت پیش دو ماشین را با این مشخصات ندیدید که از اینجا عبورکنند؟ آن افسر فرمانده گفت: **نیم‌ساعت پیش دو ماشین به اینجا رسیدند، سرهنگ دوم نادری در ماشین جلویی بودند و گفتند که ماشین عقبی هم از ما هستند، مزاحم آنها نشوید و بگذارید دنبال ما حرکت کنند.**

مطلبی که در سطرهای آینده خواهم نوشت روشن می‌کند که در ماشین دومی چه کسی نشسته بود.

پس از کودتای ۲۸ مرداد، من در محلی زندانی بودم که مدتها، رئیس ستاد آن اداره بودم، یعنی دژبان مرکز ...

پس از سپری شدن مدت زندان انفرادی، یک بار دیگر **سرهنگ غفاری** نزد من آمد و گفت: **سررشته!** از این به بعد از **سرهنگ دوم نادری** بر حذر باش. گفتم: مگر چه شده است؟ گفت: پدر **سرهنگ دوم نادری** برای ملاقات پسرش به زندان آمده‌بود، من هم بر حسب وظیفهٔ مقرره می‌بایست در اتاق ملاقات حضور داشته‌باشم. پدر **سرهنگ دوم نادری**، که گویا طبیب است، به پسرش گفت: **چند روز قبل آقای دکتر غلامحسین مصدق (فرزند دکتر مصدق) مرا احضارکرد و پیغام پدرش (دکتر مصدق) را چنین به من ابلاغ کرده: بروید به سرهنگ دوم نادری بگویید من (دکتر مصدق) در حق تو چه بدی کرده‌بودم که تو در قبال دریافت سی هزار تومان از سرلشکر فضل‌الله زاهدی، زحمات و کوشش‌های ملت و حکومت ملی ایران را به باد فنا دادی؟** ...

پس از کودتای ۲۸ مرداد، روزی که **دکتر مصدق** دستگیر شد و به سمت باشگاه افسران هدایت می‌شد، افسران حاضر می‌بینند که **سرلشکر زاهدی** از دفتر خود در طبقهٔ بالای باشگاه افسران به پایین آمد و برای استقبال از آقای **دکتر مصدق**، نیمی از پله‌های باشگاه را طی کرد و در برخورد با ایشان، گویا پس از روبوسی، زیر بغل آقای **دکتر مصدق** را گرفته ایشان را با احترام به اتاق پذیرایی هدایت می‌کند. البته این خصلت ذاتی و فامیلی **سرلشکر زاهدی** را نباید با سیاست آن روز که موضوعی جداگانه است ربط داد.

زاهدی در همان شب، ضمن گفتگوهای مختلف، می‌گوید: آقای دکتر مصدق، بی‌جهت با من مخالفت می‌کردید، شما تصور می‌کردید که با آن دستگاه عریض و طویلتان می‌توانید از اقدامات من جلوگیری کنید؟ همین‌قدر کافی‌است به شما بگویم که من (زاهدی) با دادن سی هزار تومان به سرهنگ دوم نادری، رئیس کارآگاهی شهربانی شما، از تمام جزئیات اقدامات حکومت، ساعت‌ها قبل از شما، باخبر می‌شدم، دیدید که نتوانستید مرا دستگیر کنید؟
در واقع روی این سخنان زاهدی بود که دکتر مصدق فرزند خود را احضار می‌کند و پیغام خود را به سرهنگ دوم نادری می‌رساند.
با توجه به این مطالب، خوانندگان تشخیص خواهند داد که آنچه افسر فرمانداری نظامی در تجریش به من گفت چه معنی داشته‌است؟ یعنی در واقع سرنشین ماشین عقبی که به دنبال ماشین سرهنگ دوم نادری در حرکت بوده، خود سرلشکر فضل‌الله زاهدی بوده‌است. با مدارکی که بعداً به دست آمد، روشن شد که زاهدی از تجریش گذشته و در خیابان پهلوی در حوالی باغ فردوس در باغ آقای سهیلی مخفی شده‌بود ..."
(خاطرات من- حسینقلی سررشته- صفحات ۱۰۴/۱۰۱)

درباره‌ی اینکه **سرلشکر زاهدی** پس از بازداشت **محمد مصدق** راز پرداخت **رشوه‌ی سی هزار تومانی** به **سرهنگ نادری** را به سادگی و با آن سخنان شماتت‌آمیز افشاء کرده‌باشد جای تردید بسیار وجود دارد ولی نگارنده با توجه به خصوصیات رفتاری و اخلاقی **مصدق**، قسمت دوم، یعنی فرستادن پیغام از طریق پسر خود، **دکتر غلامحسین مصدق**، و پدر **سرهنگ نادری** برای **نادری** را بعید نمی‌داند زیرا **مصدق** با این پیغام خواسته‌است به **سرگرد نادری** بگوید: **نجات تو در این است که در زمان بازجویی به دشمنی با من تظاهر نمایی و اعتراف کنی که در روزهای خدمت با سرلشکر زاهدی ارتباط داشته‌ای و بر ضد من فعالیت می‌کرده‌ای!**

در هر حال تردیدی نباید داشت که **سرهنگ نادری** با دریافت حق خیانتی کلان، از **سرلشکر زاهدی** و پسر وی، **اردشیر**، خود را نسبت به آنان مطیع محض نشان می‌داده و وانمود می‌کرده‌است که به‌طور کامل در اختیار آنان قرار دارد، در حالی که هر گونه ارتباط وی با آنان با آگاهی **مصدق** انجام می‌شده و تمام اخبار و اطلاعاتی را که وی به **سرلشکر زاهدی** و پسر او می‌رسانده به دستور و یا با آگاهی **مصدق** بوده‌است.

سرهنگ غلامرضا نجاتی که خود از اعضای سازمان گروه ملی افسران بوده درباره‌ی **سرهنگ ۲ نادری** (که همان **سرگرد نادری** مورد نظر ما می‌باشد) چنین اظهار نظر کرده‌است:

" ... سرهنگ ۲ نادری، رئیس اطلاعات و آگاهی شهربانی، دو سره بازی می‌کرده و با سرلشکر زاهدی ارتباط داشته‌است ..."
(جنبش ملی شدن صنعت نفت و کودتای ۲۸ مرداد ۱۳۳۲- سرهنگ غلامرضا نجاتی- صفحه ۳۹۳)

و بی‌گمان امکان نداشته که **محمد مصدق** از این دوسره بازی کردن **سرهنگ نادری** و ارتباطش با **سرلشکر زاهدی** ناآگاه بوده‌باشد.

سرلشکر زاهدی به پاداش خدمات ارزنده‌ای که **سرهنگ نادری** در زمان دولت **مصدق** نسبت به او انجام داده بود، پس از رسیدن به نخست‌وزیری، مدت کوتاهی، وی را در سمتهای سابق خود، یعنی ریاست کارآگاهی (بعلاوه ریاست آگاهی) باقی گذاشت ولی چون چند اعلام جرم که در زمان **مصدق** نسبت به این شخص (در مورد شکنجه‌هائی که به بعضی متهمان قتل **افشارطوس** انجام داده بود) هنوزمفتوح بود و همان متهمان اعلام جرمهای جدیدی نیز در همان رابطه نسبت به وی صورت داده بودند لذا دولت **سپهبد زاهدی** ناچار شد که وی را برکنار ساخته و مدتی در زندان در کنار طرفداران **مصدق** جای دهد و، به احتمال زیاد، از او به عنوان جاسوس و خبربیار از سخنان محرمانه‌ی آن طرفداران استفاده نماید.

(تصویر صفحه بعد که در فاصله صفحات ۳۲۰ تا ۳۲۱ کتاب " **خاطرات اردشیر زاهدی** "، ضمن عکسهای دیگر، و نیز در صفحه ۱۰۵ کتاب " **اردشیر زاهدی و اشاراتی به رازهای ناگفته** . . ." به چاپ رسیده است، مربوط به ۲۸ مرداد ۱۳۳۲، یعنی اولین روز استقرار **سرلشکر زاهدی** بر مسند نخست‌وزیری میباشد و در آن تصویر**سرهنگ نادری** در سمت راست **سرلشکر زاهدی** مشاهده میشود.

حال هرگاه **سرلشکر زاهدی** نسبت به شکنجه‌هائی که همین **جناب سرهنگ**، شخصاً، در مورد تعدادی از متهمان ربودن و قتل **افشارطوس**، به ویژه نسبت به **حسین خطیبی**، معمول داشته بود، کوچکترین نظر مخالفی داشت، بدون تردید، از یکسو، یکی از اولین دستوراتی که صادر میکرد راجع به دستگیری همین **جنایتکار** بود و ، از سوی دیگر، خود این **جناب سرهنگ** میبایست به اصطلاح مشهور در هفت سوراخ مخفی شده باشد. اما، بطوری که در عکس ملاحظه میشود، وی مانند یکی از وزراء نخست‌وزیر، در کنار او ایستاده است!!

شخص دیگری که در آن تصویر دیده میشود، **پرویز یارافشار**، یکی از صمیمی‌ترین دوستان **زاهدی‌ها** میباشد.)

مختصری درباره‌ی سرهنگ حسینقلی اشرفی

اردشیر زاهدی ضمن شرح خاطرات خود برای **احمد احرار**، در پاسخ به پرسشی، چنین اعتراف کرده‌است:

> *" ... ما از خرابی اوضاع کشور و نابسامانی‌های دستگاه و فلج اقتصادی و خالی‌بودن خزانه و فعال‌شدن حزب توده در ارتش و جاهای دیگر اطلاعات دست اول داشتیم.*
>
> ***تعدادی از مسئولان نظامی و انتظامی با ما تماس داشتند.***
>
> ***سرهنگ نادری، رئیس آگاهی (اطلاعات) شهربانی، و سرهنگ اشرفی فرماندار نظامی دولت آقای مصدق با من در رابطه بودند و اطلاع می‌دادند که چه می‌گذرد ..."***

جای تصویر سرلشکر زاهدی با سرهنگ نادری

چهارم - رانندگان اتومبیل ریاست کل شهربانی

در آن زمان اتومبیل شماره ۱ شهربانی که مخصوص استفاده‌ی رئیس کل شهربانی بوده، دو نفر راننده داشته‌است به اسامی **حسن ثابت‌قدم** و **حسین اسکندری** که طبق برنامه و به نوبت رانندگی آن اتومبیل را عهده‌دار بوده‌اند. گویا در دوران ریاست شهربانی **سرلشکر زاهدی** نیز همین دو نفر به همان شغل اشتغال داشته‌اند.

توضیح اینکه **سرلشکر فضل‌الله زاهدی**، در تاریخ ۲۲ آبان‌ماه ۱۳۲۸، در زمان نخست‌وزیری **محمد ساعد**، که **محمدرضا شاه پهلوی** عازم مسافرت به آمریکا بوده، به سمت ریاست شهربانی کل کشور منصوب گردیده و تا یکم خردادماه ۱۳۲۹ که خودش قصد سفر به اروپا را داشته، آن سمت را عهده‌دار بوده‌است.
خصوصیت و صمیمیتی که در آن مدت به عنوان رئیس و مرئوس بین **زاهدی** و این دو راننده به‌وجود آمده‌بود، موجب شده بود که **زاهدی** بعدها بتواند دست کم نفر نخست، یعنی **حسن ثابت‌قدم** را به خدمت بگیرد و از جاسوسی و خبربیاری او (ویا هر دو نفر)، با پرداخت مزد در موارد بسیار، به‌ویژه درباره‌ی تماسها و ملاقات‌های **سرتیپ افشارطوس** در خارج از شهربانی آگاهی‌های ارزنده‌ای به‌دست بیاورد.

بخش چهارم

اقدامات مصدق برای ترساندن شاه
وعلاج واقعه پیش از وقوع

الف- ترساندن شاه از تظاهرات خشم‌آلود مردم

به‌طوری که پیشتر به اطلاع خوانندگان گرامی رسید، در روز پنجشنبه ۲۷ فروردین ۱۳۳۲ (یعنی چهار روز پیش از ربوده شدن **افشارطوس**)، دولت افزون‌بر تعطیل کردن تمام ادارات دولتی، مؤسسات آموزشی، کارخانجات مختلف دولتی و غیردولتی، بازاریان و مغازه‌داران خیابان‌ها را نیز وادار کرده بود که دکان‌های خود را بسته و در جلوی مجلس اجتماع کنند و تصویب گزارش هیأت هشت نفری را از نمایندگان مجلس بخواهند و این اجتماع با تبلیغات احزاب چپ‌گرا و راست‌گرا و شرکت آنان به صورتی عظیم برگزار گردیده‌بود.

اما گویا هدف اصلی **محمد مصدق** از این تظاهرات ترساندن **محمدرضا شاه پهلوی** بوده‌است. به این معنی که وی عصر روز پیش از برگزاری تظاهرات مزبور **مهندس احمد رضوی**، نایب رئیس مجلس شورای ملی، را به نزد **شاه** فرستاده و به او پیغام داده‌بود که **وی قصد دارد در تظاهرات روز آینده شرکت کند و شرح همکاری شاه با مخالفان دولت و ایادی بیگانه، برای برکناری دولت وی را به آگاهی ملت برساند و از آنان بخواهد که تکلیف دربار و مخالفان را روشن نماید.**
اما شاه تسلیم شده و قول داده‌بود که هرگز برخلاف اصول قانون اساسی و متمم آن، آن **هم به نحوی که مصدق آنها را تفسیر می‌نماید**، رفتار نکند، **برای نمونه پیش از کسب نظر مجلس شورای ملی نسبت به برکناری دولت مصدق اقدامی به عمل نیاورد.**
گزارش **مهندس رضوی** به مجلس شورای ملی درباره‌ی مذاکرات خود با **شاه** به شرح زیر می‌باشد:

" ... ***مهندس رضوی*** *راجع به مذاکرات دیروز عصر خود با* ***اعلیحضرت همایونی*** *گفت:* ***در شرفیابی دیروز قریب دو ساعت راجع به حوادث اخیر و مسائل جاری گفتگو شد.*** *بنده به* ***اعلیحضرت همایونی*** *اطمینان دادم که در فراکسیون نهضت ملی نظری که تجاوز به قانون اساسی باشد در میان نیست، بلکه نظر ما این است که با کمال احترام به مقام شامخ سلطنت امور مملکت بر وفق موازین قانون اساسی اجراءشود.*
اعلیحضرت همایونی *نیز این نظر را تأیید فرمودند و* ***اظهارداشتند، من هم میل دارم پادشاه مشروطه و حافظ قانون اساسی باشم.*** *ولی گله‌مندیهایی از شایعات اخیر و بعضی از مطبوعات داشتند و متذکر شدند که همین قانون اساسی برای من حقوقی قائل است.*
بنده بار دیگر به عرض رساندم که ما هم واقف به اصول و موارد قانون اساسی و حقوقی که در آن برای مقام سلطنت ذکر شده هستیم و نظری هم جز اجرای مفهوم واقعی قانون اساسی نداریم ***منتهی نظرمان این است اعلیحضرت همایونی به هیچوجه خودشان را در مقابل نهضت ملت ایران قرار ندهند[؟!]*** *و همان طوری که ظرف این دو سال همیشه از نهضت ملی پشتیبانی و حمایت فرموده‌اند و این حمایت و پشتیبانی هم مورد استفاده عمومی قرار گرفته، اکنون هم به این مسائل توجه فرمایند و* ***طوری نباشد که مخالفین نهضت مقام سلطنت را نقطهٔ تمرکزی برای خودشان قرار دهند*** ... "
(روزنامه اطلاعات- ۲۷ فروردین ۱۳۳۲- صفحه ٤- ستون‌های ٥/٦)

وقتی **مهندس رضوی** به‌طور سربسته به نمایندگان مجلس می‌گوید که به **شاه** گفته‌است:

" نظرمان این است اعلیحضرت همایونی به هیچوجه خودشان را در مقابل نهضت ملت ایران قرار ندهند[؟!] "

مفهوم مخالفش این است که **اگر شاه قدمی برخلاف نظر مصدق بردارد، خود را در مقابل نهضت ملت ایران قرار خواهد داد** که (**بر مبنای آن تهدید) نتیجه‌ای جز نابودی برایش متصور نخواهد بود.**

ب- جلوگیری از پیاده‌شدن شاپورعبدالرضا از هواپیما، در تهران

محمد مصدق از این زمان مخالفت‌های آشکار خود با **محمدرضا شاه پهلوی** را تشدید کرده بود. برای نمونه، **شاپور عبدالرضا پهلوی** با هواپیمایی که از هندوستان عازم استانبول بوده ولی برای پیاده و سوار کردن مسافر در تهران و بیروت توقف می‌کرده، به ایران برمی‌گشته است.
اما مقامات دولتی ایران در فرودگاه مهرآباد، از پیاده شدن وی جلوگیری به عمل آورده‌بودند و به همین جهت وی به ناچار به استانبول رفته‌بود.
خبر مربوط به این رخداد به شرح زیر در روزنامه اطلاعات درج شده‌است:

*" **شاهپور عبدالرضا از هندوستان به استانبول وارد شد***

*به‌طوری که خبرگزاری اسوشیتدپرس از استانبول خبر می‌دهد، **والاحضرت شاهپور عبدالرضا** در مراجعت، از هندوستان با هواپیما به بیروت و از آنجا به استانبول وارد شده‌اند.*
***شاهپور عبدالرضا** به خبرنگاران اظهار داشت که یک هفته در استانبول اقامت نموده و سپس به اروپای غربی مسافرت خواهند نمود.*
خبرنگار اداره امروز با مقامات دربار تماس گرفت و دربارهٔ مسافرت والاحضرت شاهپور عبدالرضا به استانبول و از آنجا به اروپا سؤالاتی نمود. مقامات مزبور اظهار داشتند: قرار بود والاحضرت بعد از انجام مسافرت هندوستان به ایران مراجعت کنند و از عزیمت ایشان به اروپا هیچگونه اطلاعی ندارد."
(روزنامه اطلاعات- پنجشنبه سوم اردیبهشت ۱۳۳۲- صفحه نخست)

ج- دو ملاقات حسین فاطمی با شاه و تعیین شرح دقیق وظایف شاه!

۱ -ملاقات نخست (یک روز پیش از ربودن افشارطوس):

*" **مذاکرات با شاه***
*دربارهٔ شرفیابی آقای **دکتر فاطمی**، وزیر امور خارجه، که **دیروز عصر** [یکشنبه سی‌ام فروردین ۱۳۳۲] صورت گرفت تفسیرات زیادی می‌شود که با حقیقت وفق ندارد.*
*به قرار اطلاعی که خبرنگار ما کسب نموده جریان مذاکرات به‌طور کلی مربوط به اعزام یک هیأت رسمی برای شرکت در مراسم تاجگذاری **ملک فیصل دوم**، پادشاه عراق، بوده‌است.*

...
*... اما پاره‌ای از ناظرین سیاسی ضمن تأیید مراتب بالا عقیده داشتند که **قسمت مهمی از مذاکرات دیروز ارتباط به اوضاع سیاسی روز و اختلافات دربار و دولت داشته و آقای دکتر فاطمی حاوی نظریات آقای نخست‌وزیر بوده و مأموریت داشته‌است که بیانات شاه را در باب پاره‌ای از مسائل داخلی کشور اصغاء نماید."***
(روزنامه اطلاعات- سی و یکم فروردین ۱۳۳۲- صفحه نخست)

۲ ـ ملاقات دوم (پنج روز پس از ربودن افشارطوس):

*" **دیشب وزیر امور خارجه شرفیاب شد***
*از ساعت هفت تا هشت و ربع بعدازظهر دیروز [جمعه ٤ اردیبهشت ۱۳۳۲] آقای **دکتر فاطمی** وزیر امور خارجه به حضور **اعلیحضرت همایونی** شرفیاب شد. "*
(روزنامه اطلاعات- شنبه ٥ اردیبهشت ۱۳۳۲- صفحه آخر- ستون ۲)

۳ ـ در این دو ملاقات چه گذشت؟

همان طور که پیشتر به اطلاع خوانندگان گرامی رسیده‌است، اسناد مربوط به فاصله ۱٥ آپریل تا ۸ می ۱۹٥۳ (۲٦ فروردین تا ۱۸ اردیبهشت ۱۳۳۲)، که بدون تردید حاوی اخبار و اطلاعات مهمی درباره‌ی توطئه ربودن و قتل **افشارطوس** بوده‌اند، از مجموعه‌ی اسناد محرمانه‌ی وزارت امور خارجه آمریکا حذف شده‌اند.

خوشبختانه بازتابی از برخی از مطالب مندرج در آن اسناد حذف شده در میان اسناد منتشره از سوی وزارت امور خارجه انگلیس در دسترس قرار گرفته‌است.
محمدعلی موحد که به این اسناد دسترسی داشته، چکیده‌ای از مذاکرات **حسین فاطمی** با **هندرسن** را، به شرح زیر در کتاب خود درج نموده‌است:

*" **پیامهای دکتر مصدق به شاه***
*به حکایت این اسناد، **دکتر مصدق** دوبار **دکتر فاطمی** را نزد **شاه** فرستاد تا مطالب خود را به اطلاع او برساند.*
*بار اول **فاطمی** در [یکشنبه] ۳۰ فروردین [۱۳۳۲ - ۱۹ آپریل ۱۹٥۳] **[روز پیش از ربوده شدن افشارطوس]** و بار دوم در [جمعه] ٤ اردیبهشت ۱۳۳۲ [۲٤ آپریل ۱۹٥۳] **با شاه** به گفتگو نشست و آنگاه در ۲٦ آوریل ۱۹٥۳ (٦ اردیبهشت) مضمون گفت‌وگوها را با **هندرسن** نیز درمیان نهاد.*
***فاطمی** در ملاقات نخست به **شاه** گفته بود که او طی دوازده سال سلطنت، همواره با دخالت‌های خود مانع کار دولتها بوده‌است و اینک باید روش خود را ترک کند و از دخالت در امور دولت دست باز دارد.*
*اگر **شاه** بخواهد با **مصدق** درافتد و از روشن شدن روابط دولت و دربار ـ که خواستهٔ **مصدق** است ـ ممانعت ورزد عاقبت ناگواری در انتظارش خواهد بود.*
اگر کودتایی رخ دهد به پیروزی نهضت ملی خواهد انجامید و شاه یکبار از صحنه بیرون رانده خواهد شد.
*مصدق نمی‌خواهد شاه را برکنار کند اما **شاه** باید از اصرار در اینکه کنترل نیروهای مسلح را در دست داشته باشد چشم بپوشد و **به لحاظ درآمد هم به بودجه‌ای که از سوی دولت تعیین می‌شود قناعت کند و نیز باید به نشان همکاری با دولت، علاء را که دکتر مصدق نسبت به او بدگمان شده‌است***

*برکنارسازد. در غیر اینصورت، نه **فاطمی** و نه دیگر اعضای نهضت ملی تعهدی به وفاداری از او نمی‌توانند داشت.*

*به روایت **دکتر فاطمی**، **شاه** تحت تأثیر این حرف‌ها قرار گرفته و قول همکاری و سازگاری داده‌بود. در ملاقات دوم هم **شاه** گفته بود که رهبری کشور با **مصدق** است و او نظر **مصدق** دربارهٔ روشن کردن روابط دولت و دربار را قبول دارد و به **امینی** دستور می‌دهد که بیانیه‌ای در این زمینه صادرکند.*

هندرسن** از **فاطمی** پرسیده بود که آیا به نظر او **شاه** از مخالفت با گزارش هیأت هشت نفری دست برخواهد داشت؟ **فاطمی** پاسخ داده بود: آری، ولی شاید به رغم موافقت **شاه** گروه کوچکی که رهبریش با **حائری‌زاده** است به مخالفت خود باقی بمانند و همچنان مانع تشکیل جلسات مجلس شوند. **فاطمی گفته بود که به نظر او زندگی سیاسی کاشانی، قنات‌آبادی، بقائی و برخی دیگر از مخالفان مصدق رو به پایان است.

*ظاهراً در این گفتگوها که **فاطمی** با **هندرسن** داشته، سخن از بزرگترین حادثهٔ روز، یعنی قتل **افشارطوس**، نیز در میان بوده‌است. چه در گزارش اول ماه مه ۱۹۵۳ به امضای روتنی آمده‌است که **فاطمی** در ملاقات ۲۶ آوریل (۶ اردیبهشت ۱۳۳۲) به **هندرسن** گفت: **بقائی** چندی پیش از **افشارطوس** خواسته بود که میان او و **دکتر مصدق** وساطت کند و **افشارطوس** با اجازهٔ خود **مصدق** چند جلسه با **بقائی** در همان خانهٔ **خطیبی** گفت‌وگو داشته‌است. به روایت **دکتر فاطمی**: **رانندگی اتومبیلی که افشارطوس را پس از ربوده شدن به لشکرک برد با سید مصطفی کاشانی پسر آیت‌الله کاشانی بود** ... "*

(خواب آشفته نفت- محمدعلی موحد- صفحات ۷۳۸/۷۴۰)

د- وادارکردن حسین علاء، وزیر دربار، به کناره‌گیری از کار، برخلاف میل شاه

پیشتر در اسناد وزارت امور خارجه آمریکا از کوشش‌های فعالانه‌ی **حسین علاء** بر ضد **مصدق** آگاه شدیم و نیز دیدیم که وی تنها کسی بوده که **محمدرضا شاه پهلوی** را جهت صدور حکم برکناری **مصدق** تشویق می‌نموده‌است و در سند بالا هم دیدیم که **حسین فاطمی**، در ملاقات نخست به صراحت از **شاه** خواسته بود که:

" باید به نشان همکاری با دولت، [حسین] علاء را که دکتر مصدق نسبت به او بدگمان شده‌است برکنار سازد. "

حال ببینید که **محمد مصدق** چگونه **حسین علاء** را مجبور به کناره‌گیری از کار نموده‌است:

" در محافل تهران

روز پنجشنبه در آخر وقت، به‌طور ناگهانی خبر استعفای آقای علاء وزیر دربار در محافل تهران انتشاریافت و مورد بحث و تفسیر و توجه قرارگرفت.
امروز در محافل تهران گفته می‌شد که علت کناره‌گیری آقای علاء کسالت ایشان و خستگی از کار مداوم بوده‌است.
سخنگوی دربار نیز علت استعفای ایشان را در همین زمینه به خبرنگاران اطلاع داد ولی این موضوع مورد تأیید و توجه مطلعین قرار نگرفت و به همین جهت شایعات زیادی در اطراف چگونگی و علت استعفای وزیر دربار انتشار یافت.
در بعضی محافل گفته می‌شد که کناره‌گیری ایشان با تقاضای سابق دولت مبنی بر لزوم تغییر وزیر دربار و انتخاب شخص دیگری بجای آقای علاء ارتباط دارد.
شایعهٔ دیگری که امروز در محافل تهران انتشار یافته بود حکایت از این می‌کرد که ظهر روز پنجشنبه هنگامی که آقای علاء به منزل مراجعت می‌کنند مشاهده می‌نمایند که عده‌ای سرباز و پاسبان داخل منزل ایشان گردیده و به تفتیش اشتغال دارند و حتی اتومبیل ایشان را نیز پس از توقف مورد بازرسی قرار می‌دهند که درنتیجهٔ این عمل آقای وزیر دربار عصبانی شده و اقدامات مأمورین را توهین به خود تلقی کرده و بلافاصله به دربار مراجعت کرده و استعفای خود را تقدیم می‌دارد.
لکن مقامات مطلع این شایعه را تکذیب نموده و استعفای علاء را مربوط به اختلافات دربار و نخست‌وزیر می‌دانند ... "
(روزنامه اطلاعات- مورخ ۵ اردیبهشت ۱۳۳۲- صفحه ۷)

هـ - تحمیل کفیل وزارت دربار شاهنشاهی به شاه

" کفیل وزارت دربار شاهنشاهی امروز رسماً شروع بکار نمود.

استعفای آقای علاء عصر پنجشنبه تحقق یافت و به‌دنبال آن آقای ابوالقاسم امینی تا تعیین وزیر دربار به کفالت منصوب گردید.
محافل مطلع دربارهٔ این تغییرات تعبیراتی می‌کنند و انتخاب کفیل دربار را در مرتفع شدن اختلافات شاه و مصدق مفید می‌دانند.
شایعهٔ استعفاء و کناره‌گیری آقای حسین علاء از وزارت دربار شاهنشاهی اواخر هفتهٔ پیش بر زبانها جاری گردید، حدس زده نمی‌شد که استعفای ایشان تحقق یابد و مورد قبول واقع شود.
صبح روز چهارشنبه آقای علاء استعفای خویش را از وزارت دربار حضور اعلیحضرت همایونی تقدیم نمود. به این مطلب جز خود ایشان و شخص شاه کسی واقف نبود تا وقتی که قبولی استعفاء از طرف اعلیحضرت اعلام و مشخص گردید.

شاه دو روز استعفانامهٔ **علاء** را نگاه‌داشت و معلوم نیست در خلال این مدت و حتی پیش از آنکه **علاء** استعفاء دهد چه افکاری در شخص **اعلیحضرت** وجود داشت؟ **چه صحبت تغییر وزیر دربار از چندی به این طرف ابتدا از طرف آقای دکتر مصدق شایع گردید و ایشان به لزوم چنین تغییراتی اشاره می‌نمود** ولی این مسئله در دربار و نزد **اعلیحضرت** همایونی انعکاسی نداشت تا عصر روز پنجشنبه که قبول استعفای **علاء** از جانب **شاه** علنی گردید ولی هنوز هم محافل دربار در این خصوص سکوت اختیار کرده و آن را رسمی نمی‌دانستند ...

انتخاب کفیل دربار شاهنشاهی

از دیروز در اطراف انتخاب یکی از رجال باصلاحیت برای پست وزارت دربار شایعاتی در جریان بود که بیش از همه انتخاب آقای **قراگزلو (بهاءالملک)** شهرت داشت.
خبرنگار ما امروز در اطراف این موضوع تحقیق نمود و معلوم شد که شایعهٔ انتخاب **بهاءالملک** حقیقت داشته و **اعلیحضرت همایونی** توجه داشته‌اند به اینکه ایشان را به سمت وزارت دربار و آقای **ابوالقاسم امینی** را به سمت معاونت و ریاست دربار تعیین فرمایند لکن کسالت آقای **بهاءالملک** و عدم توانایی ایشان به کار موجب انصراف **اعلیحضرت همایونی** گردیده و بنابراین آقای **ابوالقاسم امینی** تا تعیین وزیر دربار با سمت کفالت دربار شاهنشاهی انجام وظیفه خواهد نمود.

حضور در دربار

اگرچه آقای **ابوالقاسم امینی** به‌واسطهٔ قرابتی که با خانوادهٔ سلطنتی دارد چون خانم ایشان و خانم **والاحضرت شاهپور عبدالرضا** دختران آقای **زند** هستند و درنتیجه با دربار شاهنشاهی ارتباط بسیار داشت و اغلب حضور **اعلیحضرت همایونی** شرفیاب می‌گردید و به‌واسطهٔ قرابتی هم که با آقای **دکتر مصدق** دارد پیوسته بین دربار و نخست‌وزیری در گفتگو و تماس بود.
لکن پس از آنکه ایشان رسماً به سمت کفالت وزارت دربار شاهنشاهی منصوب گردید **امروز [پنجم اردیبهشت ۱۳۳۲] از صبح رسماً در وزارت دربار حضور یافته مشغول کار شد.**
محافل مطلع پیش‌بینی می‌کنند که انتخاب آقای **امینی** برای از میان بردن هرگونه شایعهٔ اختلاف بین **شاه** و **مصدق** مؤثر می‌باشد زیرا ایشان با نخست‌وزیر علاوه بر قرابت ارتباط بسیار نزدیک نیز دارد و مکرر در جریان این مسائل واقع می‌شد و حالا با سمت رسمی در این کار توفیق حاصل خواهد نمود ..."
(روزنامه اطلاعات- مورخ شنبه پنجم اردیبهشت ۱۳۳۲- صفحات ۱ و ٤)

و- نخستین اقدام کفیل وزارت دربار، وادارکردن شاه به فرستادن ملکه ثریا به اروپا

به‌طوری که می‌دانیم، **محمد مصدق** در تاریخ ۹ اسفند ۱۳۳۱ موفق نشده بود **شاه** و **ملکه ثریا** را بی‌سروصدا و بدون اعلام قبلی از ایران خارج ساخته و به صورت نوعی تبعید، به اروپا بفرستد. زیرا **آیت‌الله کاشانی** و **آیت‌الله بهبهانی** و شماری دیگر از رجال کشور از این امر آگاهی یافته و با ترتیبی که داده‌بودند شمار زیادی از مردم کوچه و خیابان به اتفاق افسران بازنشسته را در جلوی دربار گرد هم آورده‌بودند و بازاریان نیز با تعطیل دکان‌های خود به آنان پیوسته و **شاه** را وادار ساخته‌بودند که از انجام مسافرت مورد نظر، صرف نظر نماید.
اما در این زمان، **مصدق** با توجه به تجربه‌ی ناموفق مزبور، ترتیبی داده بود که ابتدا **ملکه ثریا** به بهانه‌ی بیماری و لزوم درمان در اروپا، از ایران خارج شود و سپس **شاه** به بهانه‌ای دیگر، برای نمونه، احوالپرسی از **ملکه** و یا لزوم درمان خودش، به دنبال وی به صورت اقامت نامحدود، روانه آن دیار گردد.

در هر حال اعلامیه زیر از سوی **ابوالقاسم امینی**، کفیل وزارت دربار، در همان نخستین روز شروع به کار وی صادر شده‌است:

" اعلامیه دربار

دربارهٔ مسافرت علیاحضرت ملکه ثریا به اروپا
*چون **علیا حضرت ملکه ثریا** در اثر کسالت محتاج به معالجه هستند با کسب اجازه از پیشگاه مبارک ملوکانه عصر روز یکشنبه ششم اردیبهشت‌ماه به اروپا عزیمت خواهند فرمود.*

کفیل وزارت دربار شاهنشاهی
ابوالقاسم امینی "

(روزنامه اطلاعات- مورخ شنبه پنجم اردیبهشت ۱۳۳۲ - صفحه نخست)

بخش پنجم

پیدا شدن فروغ خطیبی
کشانده شدن وی به توطئه
تنظیم و اجرای برنامهٔ توطئه

۱ - شرحی کوتاه درباره‌ی کشانده‌شدن فروغ خطیبی به توطئه

در روز پنجشنبه سیزدهم فروردین سال ۱۳۳۲، اعضای خانواده‌ی **حسین خطیبی** به منظور برگزاری مراسم سیزده‌بدر، به نقطه‌ای در خارج از تهران می‌روند و خوش می‌گذرانند. ولی همین‌که عصر آن روز به خانه بازمی‌گردند، مشخص می‌شود که دزدان از غیبتشان سوءاستفاده کرده و اشیاء بسیاری را از خانه‌ی آنان به سرقت برده‌اند که از جمله آنها جواهرات خانم **فروغ خطیبی**، خواهر **حسین**، و **محتشمه خطیبی**، مادر وی، بوده‌است.

نظر به اینکه **کانون افسران بازنشسته** در سوی دیگر خیابان کم‌طول و عرض **خانقاه**، در آن زمان تحت مراقبت همیشگی مأموران انتظامی قرار داشته و به این جهت ورود دزد به آن خانه بعید می‌نموده‌است، پس حدس زده می‌شود که خود آن مأموران در این سرقت دست داشته‌اند.

جواهر مهم‌ترین شیء مورد علاقه‌ی خانم‌ها می‌باشد و حال وقتی ما تصور نماییم که این دو خانم تاحدودی تمام مجموعه‌ی گرانبهای جواهرات خود را (که شاید شماری از آنها یادگارهای خانوادگی هم بوده و از نظر شخصی برایشان بسیار ارزشمندتر از

بهای اسمی‌شان به حساب می‌آمده است) از دست داده بوده‌اند، در این صورت تا اندازه‌ای می‌توانیم ناراحتی آنان را حدس بزنیم.

درهرحال، شکایت به کلانتری و پلیس انجام می‌گردد و مأموران مربوط به منزل مزبور می‌آیند و صورتجلسات لازم را تنظیم می‌نمایند. ولی دزد زده‌ها از همان ابتدا درمی‌یابند که امید چندانی به پیدا کردن دزد یا دزدان وجود ندارد.

فروغ خطیبی که گویا زنی جوان و از زیبایی شگفت‌انگیزی هم برخوردار بوده‌است، خود تصمیم می‌گیرد که از **افشارطوس**، رئیس کل شهربانی کشور، وقت ملاقات بگیرد و از او بخواهد که نسبت به پیدا کردن دزد یا دزدان و بازگرداندن اموال و یا دست کم جواهرات دزدیده شده، دستورات ویژه‌ای صادرنماید.

وی همین کار را انجام می‌دهد و گویا با گرفتن وقت قبلی، در روز شنبه ۲۲ فروردین ۱۳۳۲ با رئیس شهربانی ملاقات می‌نماید. احتمال زیاد می‌رود که **فروغ** خانم برای این ملاقات زیباترین لباس خود را پوشیده و دستی هم به سر و روی زیبای خود کشیده‌باشد؛ یعنی با آرایش سر و صورت، روی دل‌آرا را زیباتر ساخته و آنچنان را آنچنان‌تر نموده‌باشد.

درهرحال **افشارطوس** با دیدن آن‌همه زیبایی بی‌درنگ به طمع سوءاستفاده افتاده و ضمن دادن قول کوشش جهت بازگرداندن اموال به‌ویژه جواهرات دزدیده شده، به او می‌فهماند که این کار او به‌اصطلاح خرج دارد، یعنی در مقابل پیدا کردن و بازگرداندن آن اموال، باید کام وی را روا سازد و او را از وصال خویش بهره‌مند نماید.

چنین به نظر می‌رسد که **افشارطوس** از همان لحظه در جهت انجام قول خود به فعالیت افتاده و رئیس اداره آگاهی را برای پیدا کردن دزد یا دزدها تحت فشار قرار داده باشد. وی پس از پیدا شدن سرنخ‌های مثبتی در این رابطه، گویا به بهانه‌ی بازدید محلی، و درحقیقت برای دیدار معشوقه‌ی زیبا، درحدود ساعت ۹ بعدازظهر روز یکشنبه ۲۳ فروردین ۱۳۳۲ مطابق با ۱۲ آپریل ۱۹۵۳ با همان اتومبیل شماره یک شهربانی ولی با راننده‌ی دیگر آن اداره به نام **حسین اسکندری**، به منزل **حسین خطیبی** می رود.

در ادعانامه‌ی دادستان بر ضد متهمین به قتل **افشارطوس** درباره‌ی این رفتن **افشارطوس** به منزل **حسین خطیبی** چنین می‌خوانیم:

> *" ... ضمناً **حسن ثابت‌قدم**، [پس از شرح نحوه‌ی بردن **افشارطوس** به **خیابان خانقاه**] اضافه نمود که **تیمسار افشارطوس** یک مرتبه دیگر هم با راننده دیگر ماشین شماره ۱ شهربانی به نام **حسین اسکندری** به آن حدود رفته‌اند، لذا از **حسین اسکندری** بازجویی معمول و مشارالیه اظهار می‌دارد در چندی قبل در حدود ساعت ۲۱ **تیمسار افشارطوس** را به **خیابان صفی‌علیشاه** برده و چون چند قدم از **خیابان خانقاه** گذشتم، فرمود که: **خانقاه کدام است؟** گفتم:*

*همین خیابان بود که الساعه گذشتیم. که دستور توقف دادند و پیاده شده گفتند برو کلانتری ۲ تا من بیایم که **پس از ۲ ساعت مراجعت فرمودند**. و تاریخ آن شب را به آن اندازه به خاطر دارم که **علی‌اکبری**، مأمور آگاهی نگهبانی کلانتری۲، درمورد مراجعت **تیمسار** از من پرسش کرد و می‌گفت: چون ساعت ۱۲ نزدیک می‌شود می‌ترسم از کلانتری بروم و **تیمسار** بیایند بازرسی و من نباشم. (صفحه ۷۳ پرونده شماره ۱ و صفحه ۱۳۷ پرونده شماره ۲) بلافاصله از **غلامعلی علی‌اکبری**، مأمور آگاهی کلانتری بخش ۲، تحقیق شد، اظهار **حسین اسکندری**، راننده، را تأیید و **تاریخ آن شب نگهبانی خود را روز ۳۲/۱/۲۳ [۱۳] بیان داشت**. (صفحه ۱۱۷ پرونده شماره۲) "*

(روزنامه اطلاعات- مورخ ۱۱ مهرماه ۱۳۳۲- صفحه ٤)

گویا پس از این دیدار، جواهرات مسروقه کشف و از دزدان پس‌گرفته شده و **سرتیپ افشارطوس** طی ملاقات‌های دیگری در شهربانی و یا تلفنی که با **فروغ** خانم داشته این مژده را به آگاهی وی رسانده و درضمن اطلاع داده‌بود که تحویل جواهرات به **فروغ** خانم و مادرش باید پس از انجام تشریفات قانونی و توسط دادگاه صورت پذیرد که مدتی طول خواهد کشید، ولی باز هم به نوعی به وی فهمانده‌بود که برای رسیدن به وصال جواهرات، باید دست کم یک بار وی را به وصال خود برساند.

فروغ خانم که هنوز ازدواج نکرده و دوشیزه بوده، و گویا با وجود اطمینان‌بخشی‌های فراوان **تیمسار افشارطوس** که از این جهت لطمه‌ای به جایی نخواهد رسید، باز هم درباره‌ی انجام درخواست **تیمسار** شاید به دلایل اخلاقی یا مذهبی و شاید هم به علت نگرانی از عواقب احتمالی آن عمل، با خواهش و التماس و چانه‌زنی، از دادن پاسخ قطعی خودداری نموده‌بود.

۲ - مأموریت محرمانه‌ی نادری جهت آگاه ساختن زاهدی ها از داستان افشارطوس و فروغ خطیبی

شواهد و مدارک موجود این حقیقت را تأیید می‌نماید که **در این زمان محمد مصدق از برنامه‌ی مربوط به ایجاد هرج ومرج به منظور ایجاد جرأت در شاه جهت برکناری خود** (به شرحی که از اسناد وزارت امور خارجه آمریکا بازگو گردید) به خوبی آگاهی داشته‌است. پیشتر هم دیدیم که سی. ام. **وودهاوس**، در اعترافات خود، در جایی که به شرح اوضاع ایران پیش از ربودن **افشارطوس** ارتباط داشت، چنین نوشته بود:

" مصدق سریعاً احساس کرد اوضاع از چه قرار است. بنابراین لبهٔ تیز حملات خود را نه فقط متوجهٔ انگلیسی‌ها، بلکه متوجهٔ خانوادهٔ سلطنتی، زاهدی و لوی هندرسن، سفیر آمریکا، نیز ساخت. "

به این جهت بدون تردید **محمد مصدق** از هدف مخالفان خود جهت ایجاد هرج ومرج به منظور برکناری خود و نیز از قصد سوء **افشارطوس** درباره‌ی وادارکردن **فروغ خطیبی**

به تن دادن به درخواست نامشروع خود آگاهی یافته بوده است. وی توسط **سرگرد نادری**، این قصد **افشارطوس** را به آگاهی **سرلشکر (یا اردشیر) زاهدی** رسانده‌بود.

زاهدی‌ها نیز بی‌درنگ مطلب را به **برادران رشیدیان** اطلاع داده و سازمان MI ۶ جهت بررسی نحوه‌ی بهره‌برداری از آن ماجرا به مذاکره و تبادل نظر پرداخته و سرانجام قرار گذاشته‌اند که:

۱- **اردشیر زاهدی** پس از مذاکره با **مادام نلی** (که در بخش آتی شرح کوتاهی درباره‌ی این خانم زیبا و دلایل آشنایی‌اش با **اردشیر زاهدی** داده شده‌است) و آماده ساختن وی، او را به نزد **فروغ خطیبی** بفرستد تا از این **خانم** بخواهد که به ظاهر با درخواست **افشارطوس** با دو شرط موافقت کند:
شرط نخست اینکه محل عشق‌بازی خارج از خانه‌ی او و در جایی بسیار خلوت و امن باشد و شرط دوم اینکه جواهرات را به همراه خود داشته باشد و در همان‌جا به او تحویل دهد.
۲- همچنین **مادام نلی** می‌بایست به **فروغ خطیبی** اطمینان بدهد که شماری مرد قدرتمند پیشاپیش در اطراف محلی که **افشارطوس** با وی قرار خواهد گذاشت حاضر خواهند بود و با دخالت به موقع از اینکه کوچکترین زیانی به وی وارد گردد، جلوگیری خواهند نمود.
۳- **افشارطوس** را توسط جمعی ناشناس و نقابدار دستگیر کنند و بدون آنکه آسیبی بر وی وارد شود در محلی که از پیش تعیین شده‌است، نگاهداری نمایند.
٤ - در مدت زندانی بودن **افشارطوس**، همان برنامه‌ی مورد نظر سازمان‌های CIA و MI ۶ را به شرحی که در اسناد وزارت امور خارجه آمریکا وجود دارد، به اجرا درآورند. یعنی مخالفان دولت در خارج و داخل مجلس شورای ملی به عنوان اینکه امنیت برای هیچ‌کس، حتی برای رئیس شهربانی هم وجود ندارد، هیاهو راه بیاندازند.
٥ - **آیت‌الله کاشانی**، رئیس مجلس، در این رابطه به طور کتبی به **شاه** شکایت کند و **شاه** نیز **مصدق** را از نخست‌وزیری برکنار نماید و **سرلشکر زاهدی** را به جای وی منصوب سازد.
٦-**سرتیپ دفتری** نیز به عنوان نخستین قدم از سوی **سرلشکر زاهدی** به سمت رئیس شهربانی گماشته شود و با اعمال قدرت و زور مخالفان را سرکوب سازد و نیز **سرتیپ افشارطوس** را صحیح و سالم آزاد نماید.

البته در آن شرایط که **سرتیپ افشارطوس** رباینگان واقعی خود را ندیده و نشناخته بوده و تمایلی هم به افشای داستان واقعی ربوده شدن خود از مجلس عیاشی نداشته، پس به احتمال زیاد نسبت به پیگیری ماجرا سماجت و پافشاری نمی‌نموده است.

****

آنسان که پیداست، **سرگرد نادری** (سرهنگ بعدی) پس از دادن آگاهی مزبور، بدون تردید، با آگاهی **مصدق**، شخصاً نیز در تنظیم برنامه‌ی ربودن **افشارطوس** شرکت داشته

و نیز در جهت اجرای آن با **زاهدی‌ها** و افسران بازنشسته به‌طور کامل همکاری می‌کرده است.

به‌طوری که گفته شده است، **سرگرد نادری** در مقابل خدمات خود به **سرلشکر زاهدی** در جهت کمک به تنظیم و اجرای برنامه‌ی مزبور مبلغی که مقدار آن را **سی هزار تومان** می‌گفته‌اند مزد جنایت دریافت داشته و، همچنین، قرار بوده‌است بی‌درنگ پس از نخست‌وزیر شدن **زاهدی** (و ریاست شهربانی **سرتیپ دفتری**) او را به ریاست اداره‌ی آگاهی بگمارند تا او بتواند در آن سمت اوضاع و رخدادهای آتی را نیز به نحو مطلوب اداره و کنترل نماید.

مختصری در معرفی تامارای روسی رقاصه‌ی زیبا و مشهور وقت

در آن زمان دو سه **کاباره** و شمار زیادی **کافه رستوران** در طول **خیابان لاله‌زار** و یا در خیابان‌های کم‌عرض دیگری که از دو سو به این خیابان می‌رسیدند، وجود داشت و یکی از رقاصه‌های مشهور و زیبای آن روزها نیز، به نام **مادام تامارا**، به تنهایی و یا همراه با گروه رقص خود که بیشتر از زیبارویان ارمنی و لبنانی بودند، در برخی از این کاباره‌ها می‌رقصیدند.

تامارا و رقاصه‌های گروه او نه‌تنها در جشن‌ها و مراسم باشکوه و مفصلی که در آن روزها به عناوین مختلف از قبیل عروسی و تولد در خانواده‌های ثروتمند و مشهور برپا می‌شد، شرکت می‌کردند، بلکه بسیاری از رجال ثروتمند، عیاش و ولخرج تهران نیز به‌طور محرمانه با خود او (که گویا دارای نرخ گزافی هم بوده) ارتباط داشته و یا از رقاصه‌ها و روسپی‌های گروه او در عیاشی‌های محرمانه‌ی انفرادی یا چند نفری خود استفاده می‌کردند.

افزون‌برآن، کم و بیش در تمام کافه‌رستوران‌های آن زمان انواع مشروب‌های الکلی سِرو می‌شده و در بیشترشان نیز برای جلب مشتری بیشتر و درآمد زیادتر، به تقلید از اروپا و آمریکا، همواره دو سه نفر خانم جوان و زیبا حضور داشتند که روی نیمکت و یا صندلی‌های جلوی بار، انتظار مشتری را می‌کشیدند و یا در سر میزی که مشتری یا مشتریان را مردان عیاش و تا حدودی پولدار تشکیل می‌دادند در حال مشروب‌خوری، خنده و تفریح، و یا بالارفتن از سر و دوش مشتریان بودند.

همین که مشتریان میزی در کافه‌رستوران، یکی از این روسپیان زیبارو را به نزد خود دعوت می‌کردند، خواه ناخواه مجبور بودند که بنا به درخواست وی، از مشروبی گران‌قیمت که بهایش در کافه‌ها و کاباره‌ها چند برابر بود، برایش سفارش دهند. اما جام‌های مشروبی که گارسن‌ها برای این زیبارویان می‌آورده‌اند، آب خالص و یا شربتی به رنگ مشروب مورد سفارش بوده که در پایان، آنها را به بهای گزاف در

صورتحساب مشتری منظور می‌کردند و سپس درصدی از وجوه دریافتی بابت آن مشروب‌ها را به روسپی مربوط پرداخت می‌کردند.

این زیبارویان روسپی، گاهی هم با دریافت وجوه کافی برای خدمات اضافی پس از شام!، با آگاهی و دریافت اجازه از مدیران کاباره و یا کافه به خارج از محل و یا خوابگاه‌هایی در همان محل می‌رفتند و درصدی از دستمزد (و یا درحقیقت پامزد!) دریافتی را به صاحب کاباره و یا کافه‌دار می‌پرداختند.

گویا باندهای بی‌شماری برای انتخاب، استخدام و معرفی روسپیان به کافه‌رستورانهای تهران وجود داشتند و بیشتر کافه‌هایی که در دو سوی خیابان لاله‌زار، یعنی در فاصله‌ی خیابان‌های سعدی و فردوسی، و نیز در این دو خیابان قرار داشتند، از روسپیانی که متعلق به باند تامارا بودند، استفاده می‌کردند.
یکی از این باندها، در پارک‌هتل به سرپرستی زیبارویی به نام مادام نلی وجود داشت که از منزل مادام تامارا برای پذیرایی از مشتریان خود استفاده می‌کردند.

اردشیر زاهدی، مشتری همیشگی و دست و دلباز پارک‌هتل و مادام نلی

در حال حاضر همگان می‌دانند که بزرگترین نقطه ضعف **سپهبد فضل‌الله زاهدی** و پسرش، **اردشیرخان**، را «**زن**» تشکیل می‌داده‌است و این دو نفر در برابر یک «**زن زیبا**» دست و پای خود را گم می‌کرده و تمام توانایی و قدرت مقاومت خود را از دست می‌داده‌اند.
محمدناصر قشقایی، در خاطرات روزانه ی خود، زیر تاریخ دوم اسفند ۱۳۳۱، این حقیقت را چنین نوشته است:

" . . . بعد صحبت [سرلشکر] زاهدی شد که مرد عمل است یا نه؟ من جواب دادم: در تجربه فهمیده‌ام که ایشان مرد عمل نیستند و بزرگترین و مهمترین سیاستها را به طاق ابروی خانمی فدا مینمایند . . ."
(سالهای بحران – محمد ناصر صولت قشقائی – صفحات ۳۴۸۴۹)

سپهبد زاهدی و پسرش در هر زمان که تصدی مقامی را برعهده داشته‌اند، با سوءاستفاده از بودجه و انتصابات در واحد زیر فرماندهی، ریاست و یا سفارت خود، هیچ فرصتی را در این رابطه از دست نمی‌داده‌اند.
تعدادی از نمایندگان دوره هجدهم مجلس شورای ملی که در دوران نخست‌وزیری **سپهبد زاهدی** انتخاب شدند کسانی بودند که ابتدا یکی از زنان زیبای خانواده، مثل دختر یا همسر خود را در اختیار او، یا **اردشیر** و یا مشترکاً در اختیار هر دو نفر، قرار داده بودند که از جمله‌ی افراد اخیر میتوان داستان مشهورنماینده‌ی تحمیلی به کرمان را مثال زد که به دستور این پدر و پسر و به پاداش عشق‌ورزی با دختر (یا دختران) او، در روز ۲۱ آذر ۱۳۳۳، مردم کرمان را به گلوله بستند، چند نفر را کشتند، عده‌ی زیادی را مجروح کردند، و جمعی کارمند دولت از جمله ۱۴۰ نفر دبیر و آموزگار را

بلاپست ساختند و از کرمان تبعید نمودند تا شخص مورد نظر را از صندوق بیرون آوردند. (خوشبختانه این نماینده ی تحمیلی، پیش از رفتن به مجلس شورای ملی به دستور **محمد رضا شاه** پهلوی مجبور به استعفاء گردید.)

این دو نفر، برای رسیدن به وصال زن‌های مورد نظر خود آمادگی داشته‌اند که مخارج گزافی را تحمل نمایند، از شهرت و آبروی خود مایه بگذارند، و حتی درصورت لزوم به جنایت هم دست بزنند. هم‌اکنون نیز مهم‌ترین شهرتی که **سپهبد فضل‌الله زاهدی** و پسرش، **اردشیرخان**، از خود به جای گذاشته‌اند در **زن‌بازی** و **زن‌بارگی** آنان می‌باشد و این دو نفر، به‌ویژه **اردشیرخان**، با توجه به زیبایی ظاهری، مقام، منزلت و شهرت شخصی و اجتماعی و نیز به علت آمادگی برای خرج از بودجه دولتی ویا پول‌های بادآورده‌ای که داشته‌اند و خریدن هدایای گرانبها برای زیبارویان، اغلب به مراد دل هم می‌رسیده‌اند.

در این شرایط و در آن روزها، **اردشیرخان زاهدی** مهم‌ترین مشتری مورد علاقه‌ی تمام کارکنان **پارک‌هتل**، به‌ویژه **مادام نلی** و سایر زیبارویان وابسته یا مرتبط به وی و همچنین **مادام تامارا** بوده‌است. یعنی در بیشتر روزها که حوصله‌ی رفتن از اداره‌ی اصل چهار، در خیابان کاخ، به حصارک یا ولی‌آباد برای ناهار را نداشته به **پارک‌هتل** می‌رفته و یا سفارش آوردن غذا از آن هتل را می‌داده‌است. دوستان و مهمانان **اردشیر زاهدی** نیز بیشتر در همان هتل پذیرایی می‌شده‌اند.

به طوری که خوانندگان گرامی در زیر از زبان خود او ملاحظه می‌فرمایند، دوره‌های دوستانه‌ی هفتگی او نیز در همان **پارک‌هتل** تشکیل می‌شده‌است:

> " ... ***مصدق*** *به حبس کردن* ***زاهدی*** *هم اکتفاء نکرده شروع به اقدام بر ضد* ***اردشیر*** *می‌کند.* ***اردشیر*** *در خدمت اصل چهار برای دلگرمی تیم منسجمی که با او کار می‌کردند و* ***دیگر دوستان، یک دورهٔ هفتگی دیدار با دوستان*** *برپا کرده بود، که سه‌شنبه‌های هر هفته برقرار می‌شد. محل گردهم‌آیی اردشیر و یاران* ***ابتدا در خانهٔ شهری ولی‌آباد و یا در حصارک خانهٔ ییلاقی زاهدی‌ها بود.*** *آبگوشت همدانی معروف یادگار همین ایام است.*
> ***زاهدی‌ها*** *آشپزی داشتند که تخصص در تهیهٔ آبگوشت نوع همدانی داشت. دوستان در بدو ورود به این نوع گردهم‌آیی‌ها کاسه‌ای برمی‌داشتند، آبگوشت و گوشت کوبیدهٔ سهم خود را در آن می‌ریختند و با یک تکهٔ پیاز و سبزی تازه شروع به خوردن می‌کردند. جلسات ساده و صمیمی بود.*
> *بعدها که* ***اردشیر*** *آشپزی، از جمله پختن کباب را، یادگرفت، ناهارهای آبگوشت همدانی تبدیل به چلوکباب مخصوص پخته روی اجاق ذغالی شد.*
> *آشپز چلو عالی از برنج دم سیاه درست می‌کرد، گوجه فرنگی هم که در حصارک فراوان بود. هر کس وارد می‌شد، ظرفی پر از چلو برمی‌داشت و کباب را روی آن می‌گذاشت و وارد بحث می‌شد.*
> ***<u>این دوره‌ها در ایام زمستان کم‌کم به پارک‌هتل منتقل شد و به قولی هر کس میهمان جیب خودش بود</u>*** *... "*
>
> (روایت خاطرات اردشیر زاهدی- فرزند طوفان- همان- صفحات ۱۳۵/۱۳۶)

آماده ساختن تامارای روسی و معرفی او به سرتیپ افشارطوس

الف- آماده ساختن تامارا

به‌طوری که به اطلاع خوانندگان گرامی رسید، یکی از روسپی‌های زیبارو به نام **مادام نلی** که در **پارک‌هتل** به خدمات آبرومندانه! اشتغال داشت از معشوقه‌های **اردشیر زاهدی** و به احتمال زیاد از واسطه‌های او در فریب دادن و آوردن زیبارویان، حتی از خانواده‌های به ظاهر محترم و آبرومند! برای او بوده‌است.

گویا این **مادام**، افزون‌بر مأموریت مذاکره و آماده ساختن **فروغ خطیبی**، مأمور مذاکره و آماده ساختن **مادام تامارا** و تعیین میزان دستمزد و تهیه‌ی برخی از سایر مقدمات ضروری برای اجرای توطئه نیز بوده‌است.

ب- معرفی مادام تامارا به سرتیپ افشارطوس

چون **افشارطوس** یک نفر ارتشی بود و مانند بیشتر افسران شهربانی تهران از آمادگی **مادام تامارا** برای انجام امور محرمانه، به جای رشوه و حق و حساب!، و نیز تخصص او در دلالی محبت، آگاهی نداشت، پس ضروری بود که این مطلب بسیار مهم به آگاهی وی رسانده شود. در اینجا یکی از افسران ارشد ارتش، از دوستان قدیم **افشارطوس**، گویا تلفنی از **افشارطوس** برای **مادام تامارا** وقت ملاقات گرفته و از او خواسته‌بود که درخواست این رقاصه‌ی زیبا را به انجام برساند.

این افسر در ضمن به طور خصوصی و محرمانه به **افشارطوس** گفته‌بود که سفارش وی درباره‌ی آن رقاصه به این جهت می‌باشد که همواره از منزل او به عنوان جایی امن برای بردن زیبارویان به آنجا و عیاشی استفاده می‌نمایند.

روز پس از آن، **تامارا** به شهربانی نزد آجودان **افشارطوس** می رود و با معرفی خود درخواست وقت ملاقات می کند. **افشارطوس** طبق سفارش دوست خود، بی‌درنگ او را می پذیرد.

تامارا ضمن دادن سفارش‌نامه‌ی دوست **افشارطوس** به وی، دو درخواست خود را که در عین حال بهانه بوده‌اند، به آگاهی **افشارطوس** می رساند. یکی اینکه اداره‌ی اماکن شهربانی برای **خانمی** (از دوستان او که در هتل فردوسی تهران خدمت می‌نماید) جواز صادر کند و دیگر اینکه یک نفر **ستوان یکم شهربانی** از کلانتری شمیران به تهران انتقال یابد.

افشارطوس بی‌درنگ دستور انجام هر دو درخواست **تامارا** را می دهد و سپس درباره‌ی درخواست خودش، که اجازه‌ی رفتن به خانه وی برای یک شب هم‌خوابی با معشوقه‌ی مورد نظر بوده، با **تامارا** به گفتگو می نشیند.

گویا **تامارا** اظهار داشته که همان شب در منزل تنها می‌باشد و به خوبی می‌تواند از **افشارطوس** و معشوقه‌اش، به صورت مهمان، پذیرایی نماید و سپس اتاقی خلوت و مناسب تا صبح در اختیار آنان قرار دهد.

با اینکه **افشارطوس** در آن شب شماری از افسران همکار و دوست خود را به منزلش دعوت کرده بوده، با این وجود اشتیاق وصال **فروغ** خانم موجب می‌شود که با **تامارا** برای همان شب قرار و مدار لازم را بگذارد.

چه کسی مأمور انتخاب و استخدام عاملان جنایت بوده‌است؟

الف- خاندان افشارقاسملو خویشاوندان و دوستان بسیار نزدیک زاهدی‌ها

۱- خوشبختانه در صفحه‌ی ۹۹ کتاب خاطرات **اردشیر زاهدی** که با کوشش **احمد احرار** به چاپ رسیده‌است، در جایی که **اردشیر** شرح تصادف **دکتر هریس**، رئیس سابق اصل چهار، با اتومبیل به پسربچه‌ای در چهارراه قصر را بیان می‌نماید، درباره‌ی گرفتن وکیل برای **هریس**، چنین گفته‌است:

" ما وکیل گرفتیم که افشارقاسملو از اقوام خودمان بود. "

پس **افشارقاسملو** از اقوام **زاهدی‌ها** بوده‌اند.
(در فهرست نام‌یاب آن کتاب، نام کوچک این شخص «**حسین**» ذکر شده‌است.)
۲- **بزرگ خاندان افشارقاسملو** در آن زمان شخصی بوده‌است به نام **سرتیپ علی‌اکبر افشارقاسملو**، ملقب به **سیف‌السلطنه** که در همه‌جا، به‌طور خلاصه به سرتیپ **سیف‌السلطنه افشار** و یا **سیف افشار** (بدون ذکر **قاسملو**) شهرت داشته‌است.
۳- **سرلشکر زاهدی** و پسرش، **اردشیر**، به حسن تدبیر، فهم و شعور **سیف‌السلطنه** افشار اعتقاد و اعتماد زیادی داشتند و در اغلب موارد با وی مشورت کردند و از او همکاری و یا کمک فکری می‌خواستند. به‌طور مثال در زمانی که **محمدرضا شاه پهلوی** قصد طلاق دادن **ملکه ثریا** را داشت و در صدد بود که این امر را در جلسه‌ای متشکل از شماری از رجال کشور و بستگان **ثریا** مطرح سازد و گویا از آنان نظرخواهی نماید، به **اردشیر زاهدی** مأموریت داده بود که با برخی از رجال مورد نظر تماس بگیرد و موضوع را با آنان درمیان بگذارد تا اینکه در زمان تشکیل آن جلسه

خالی‌الذهن نباشند و یکی از این افراد **نصیرخان بختیاری**، سردار جنگ، بوده‌است. حال ببینید که **اردشیر زاهدی** چگونه این مأموریت را انجام داده‌است:

*" ... با **امیر جنگ**، البته آشنایی داشتم ولی چون از لحاظ سنی مثل نوهٔ او بودم به **سیف‌السلطنه افشار**، پدر **امیرخسرو افشار**، که بعدها [البته با حمایت **زاهدی‌ها**] وزیر امور خارجه شد، تلفن کردم و قرار شد با او برویم.*
*نزد **امیر جنگ** رفتیم و مسائل را درمیان گذاشتیم که فکرهایش را بکنند و وقتی دعوت شد خالی‌الذهن نباشد ... "*
(خاطرات اردشیر زاهدی- به کوشش احمد احرار- صفحه ۳۱۰)

۶ شرکت این **سرتیپ سیف‌السلطنه افشار**، در محرمانه‌ترین و خطرناک‌ترین فعالیت‌هایی که توسط **سرلشکر زاهدی** در پیش از ۲۸ مرداد ۱۳۳۲ انجام می‌شد نشان‌دهنده‌ی نزدیکی و اعتماد بسیار زیاد **سرلشکر زاهدی** به این شخص می‌باشد.

در زیر برای نمونه مواردی از این فعالیت‌ها را از کتاب خاطرات **اردشیر زاهدی** ذکر می‌نماید:

*" ... همان روز عصر، یعنی یکشنبه ۲۵ مرداد [۱۳۳۲]، **جلسه‌ای تشکیل** شد در منزل **سیف‌السلطنه افشار** که پدرم در آن جلسه شرکت داشت و تفصیل آن را در پنج روز بحرانی داده‌ام.*
*جلسهٔ منزل **سیف‌السلطنه افشار** (پدر **امیرخسرو افشار** که **بعدها سفیر ایران در لندن و وزیر امور خارجه شد**) بیش از شش ساعت طول کشید. در آنجا پدرم دو نامه نوشت یکی برای **سرهنگ تیمور بختیار** و یکی برای **سرهنگ امیرقلی ضرغام** که قرار شد آن نامه‌ها را همراه با عکس فرمان **اعلیحضرت** به آن دو نفر در کرمانشاه و اصفهان برسانیم. **فرزانگان** مأمور رفتن به کرمانشاه و ملاقات با **تیمور بختیار** شد که همان شب حرکت کرد و رفت.*
من داوطلب شدم که بروم به اصفهان، اما پدرم مخالفت کرد ... "
(خاطرات اردشیر زاهدی- به کوشش احمد احرار- صفحه ۱۷۹)

اما **اردشیر زاهدی** برخلاف میل پدر به اصفهان می رود و حدود ساعت سه و نیم یا چهار صبح سه‌شنبه ۲۷ مرداد ۱۳۳۲ به تهران برمی گردد. اینک بقیه‌ی داستان به گفته‌ی خود او:

*" ... رفتم منزل دخترعمه‌ام - **صادق نراقی**، شوهر دخترعمه‌ام، نزدیک منزل خودمان در جماران منزل داشت. برای آنکه اهل منزل را از خواب بیدار نکنم، شب را داخل اتومبیل خوابیدم. صبح که از خواب برخاستم و جویای حال پدر شدم، **نراقی گفت که ایشان شب را در منزل سیف افشار[قاسملو] گذرانده‌است** ...*
*شرح مسافرت به اصفهان و مذاکراتم را با **سرهنگ ضرغام** به اطلاع پدرم رساندم ...*

*نشستیم دور میز ناهارخوری منزل **سیف افشار** به مذاکره، پدرم گفت: فرصت زیادی نداریم و باید همین امروز تصمیم بگیریم که چه باید بکنیم ..."*
(همان- صفحات ۱۸۶/۱۸۷)

" ... سرتیپ سیف افشارقاسملو از منسوبان و دوستان نزدیک خانوادهٔ زاهدی بود و در خیابان بهار خانه‌ای دنج و اعیانی داشت ... "
(روایت خاطرات اردشیر زاهدی، فرزند توفان- تألیف منصوره پیرنیا- صفحه ۱۵۳)

ب- مأموریت هادی افشارقاسملو جهت انتخاب و استخدام عاملان جنایت!

افرادی که در نخستین شب اجرای توطئه در دستگیری و ربودن **افشارطوس** شرکت داشتند، غیر از طراحان اصلی، شش نفر بودند، به این شرح:
هادی افشارقاسملو، سرگرد فریدون بلوچ‌قرائی، احمد بلوچ‌قرائی، شهریار بلوچ‌قرائی، و امیر رستمی (مشهور به پهلوان).

سه نفر آخر توسط **سرگرد بلوچ‌قرائی** در این برنامه شرکت داده شده بودند و این سرگرد نیز توسط **هادی افشارقاسملو** انتخاب و استخدام شده بود.
در اعترافات سرتیپ **سرتیپ بایندر** دربارهٔ **سرگرد بلوچ‌قرائی** چنین می‌خوانیم:

" ... بلوچ همیشه می‌گفت: من اهل زدوخورد و کشتن و ربودن و غیره هستم – البته قبل از قضایا – و می‌گفت: هر وقت کار کتک، زدن، یا کشتن باشد من حاضرم.
*این بود که وقتی ربودن رئیس شهربانی را **خطیبی** پیشنهاد کرد، همه متوجهٔ **بلوچ** شدند."*
(توطئه ربودن و قتل افشارطوس- همان- صفحه ۲۵)

و ضمن بازجویی از **سرتیپ مزینی** نیزدربارهٔ **سرگرد بلوچ‌قرائی**، پاسخی به شرح زیر ملاحظه می‌نماییم:

" سرگرد قرائی اولاً برحسب ساختمان روحی و شخصی مناسب این کار و تقریباً همیشه داوطلب بود ... "
(همان- صفحه ۶۹)

بدون تردید دست‌اندرکاران توطئه به خوبی می‌دانسته‌اند که ربودن **افشارطوس**، ولو اینکه به منظور کشتنش نباشد، جُرم یا جنایتی است بسیار بزرگ و شرم‌آور، و درصورتی که کشف شود، دارای مجازاتی بسیار سنگین می‌باشد. به این‌جهت بیش از حد ضروری بوده‌است که کسی را مأمور انتخاب و استخدام عاملان اجرای برنامه‌ی مورد نظر بنمایند که افزون‌بر داشتن خصوصیات اخلاقی، روحی و اعتقادی سیاسی

مناسب، از هر حیث قابل اعتماد باشد. و گویا **هادی افشارقاسملو** که از خویشاوندان و علاقمندان به خانواده‌ی **زاهدی** بوده توسط **اردشیر زاهدی**، برای این کار به سایر توطئه‌گران معرفی می شود و وی **سرگرد بلوچ‌قرائی** را انتخاب و معرفی می کند.

هادی افشارقاسملو، کارمند راه‌آهن دولتی ایران بوده‌است. وی که با انتشار روزنامه‌ای به نام «**راهبان خط**»، در آن سازمان در میان کارکنان راه‌آهن شهرت و نفوذی برای خود به وجود آورده بوده، از چند سال پیش از آن فعالیت سیاسی داشته و تا آنجا که می‌دانیم در انتخابات دوره شانزدهم مجلس شورای ملی، نیز به سود کاندیداهای دولتی و درباری فعالیت می‌کرده‌است.
(رج: زندگی سیاسی **عبدالحسین هژیر- جعفر مهدی‌نیا**- صفحات ۲۳۲/۲۳۳)

قسمت نخست اعترافات **هادی افشارقاسملو** که قابل اعتماد می‌باشد، به شرح زیر است:

*" بنده گذشته از اینکه کارمند راه‌آهن هستم، صاحب امتیاز و نگارنده روزنامهٔ «**راهبان خط**» می‌باشم. اگر روزنامه‌های بنده را مطالعه فرمایید ملاحظه خواهید فرمود که ابتدا از طرفداران جدی جناب آقای **دکتر مصدق** بودم و بعداً به علت وضع بعض قوانین مخالف شدم.*
*با آقای **سرگرد بلوچ** در ۹ اسفند [۱۳۳۱] جلوی مجلس آشنا شدم و احساسات شدید شاه‌دوستی دارم. مرتباً در تماس بودم تا اینکه حتی روزهایی که مجلس تشکیل می‌شد به اتفاق ایشان جلو مجلس می‌رفتیم ... "*

ج- سکوت کامل درباره‌ی مزد جنایت؟

در اینکه سرگرد **فریدون بلوچ‌قرائی** و سه نفر دیگر، که توسط وی برای همکاری درباره‌ی دستگیری **سرتیپ افشارطوس** آورده شده بوده‌اند، مبلغ قابل توجهی دریافت کرده‌بودند، تردیدی وجود ندارد.

چون از اعترافات مشترک متهمان چنین برمی‌آید که وظیفه‌ی اصلی درباره‌ی گرفتن و بستن **افشارطوس** به‌عهده‌ی **امیر رستمی** (مشهور به **پهلوان**) بوده، پس می‌توان حدس زد که وی نسبت به دیگران مزد بیشتری دریافت کرده بود:

از اعترافات **سرتیپ زاهدی**:

*" ... اشخاصی که برای بستن انتخاب شده بودند **یک جوان پهلوان**، **سرگرد بلوچ**، **یک نفر** که منسوب **بلوچ** بود، **یک نفر** که **نوکر** او بود و **افشار** نام که اینها در بستن شرکت کردند ... "*
(توطئه ربودن و قتل سرلشکر افشارطوس، رئیس شهربانی حکومت ملی- گردآورنده: محمد ترکمان- صفحه ۱۵)

از اعترافات سرتیپ بایندر:

*" ... اشخاصی که باید عمل را انجام دهند یعنی سرگرد **بلوچ** و یک **پهلوان** نسبتاً کوتاه قد و **افشار** نام و **دو نفر بستگان بلوچ** هم آنجا آمدند، این اشخاص را رفقای ما حاضر کرده بودند ... "*

(همان- صفحه ۲۲)

از اعترافات سرگرد **بلوچ‌قرائی**:

*" ... او را گرفتند و بستند به طناب. **اول پهلوان وارد شد بعد از او افشار** و بعد که **افشار** و **احمد** ایشان را با طناب بستند **دکتر منزه** هم آمپول را آورد و تزریق کرد و اتر هم روی دماغ ایشان ریخت و بقیهٔ سرتیپ‌ها که در منزل بودند **مزینی، بایندر، زاهدی با من و بقیه** شروع به بستن کردند. **شهریار و پهلوان از منزل خارج شدند** ... "*

(همان- صفحه ۲۷)

از اعترافات **احمد بلوچ** نوکر سرگرد **بلوچ‌قرائی**:

*" ... **جوان پهلوان آمد توی اطاق سرتیپ را گرفت افشار هم دست او را گرفت** و **افشار** جیب‌های آن **سرتیپ** را بازدید کرد که اسلحه نداشته باشد. **سرگرد بلوچ** با **شهریارخان** پسر برادرش دست و پای او را بستند با طناب سفید که قبلاً آورده بودند ... "*

(همان- صفحه ۳۲)

از اعترافات **هادی افشارقاسملو**:

*" ... در اطاق نهارخوری راهرو جمع شدیم و قرار بر این شد که ابتدا **مزینی** درب را باز کند و **امیر رستمی دهان و چشم‌های افشارطوس را بگیرد**. بنده دست راستش **شهریار** مأمور بستن پا و **بلوچ** و **احمد** مأمور بستن دهان و دست بود ... و به همین نحو اجراء شد ... "*

(همان- صفحه ٤٠)

ولی این **امیر رستمی (پهلوان)** پس از کمک به دستگیری و طناب‌پیچ کردن **افشارطوس**، وظیفه‌ی خود را پایان یافته تلقی می کند و (بی‌گمان پس از گرفتن دستمزد کلان)، سایر جنایتکاران را ترک می نماید.

در بین تمام آنچه که به عنوان اقاریر متهمان ربودن و قتل **افشارطوس** منتشر شده‌است، حتی یک جمله یا یک سطر از زبان **امیر رستمی** وجود ندارد و نیز درباره‌ی دستمزدهای پرداختی به عاملان جنایت، به سکوت برگزار شده‌است. چرا؟ برای اینکه در اینجا دیگر نمی‌توانسته‌اند **دکتر بقائی** را، که چهار بشقاب برای مهمانی از خانه‌ی همسایه به امانت گرفته‌بوده!است، به عنوان پرداخت‌کننده‌ی آن دستمزدهای گزاف معرفی نمایند. ولی در عین حال برای خالی نبودن عریضه، به شرح زیر وانمود

کرده‌اند که سرگرد **قرائی**، نه برای پول، بلکه برای وعده‌ای که درباره‌ی شغل به او داده بوده‌اند، به آن کار مبادرت نموده‌است:

*" **خلاصه اظهارات و اعترافات سرگرد بلوچ‌قرائی به خط خودش** –*
*... در خصوص وعده‌ای که برای ارتکاب این جنایت به **سرگرد بلوچ** داده بودند مشارالیه می‌نویسد:*
***قرار بر این شد پس از تغییر کابینه هر شغلی را که بخواهم بدهند و شغلی را که من می‌خواستم تعیین نشده بود ولی قول داده بودند هر شغلی را که بخواهم بدهند، از قبیل ریاست ژاندارمری کل کشور** ... سایر امراء به این ترتیب بود **دکتر منزه**، وزیر بهداری، **مزینی**، رئیس ستاد ارتش، **بایندر** یا وزیر دفاع ملی یا وزارت دیگر، **سرتیپ زاهدی** هم جزو کابینه بود و خلاصه بقیهٔ امراء هم که بازنشسته هستند جزء کابینه بودند ... "*
(روزنامه اطلاعات- چهاردهم اردیبهشت ۱۳۳۲- صفحه ٤- ستون ٤- به نقل از اعلامیهٔ فرمانداری نظامی)

اما نکته‌ی خنده‌آور و در عین حال ناراحت‌کننده این است که فرمانداری نظامی تهران ضمن اعلامیه‌ای مشروح و مفصل مندرج در روزنامه اطلاعات مورخ ۱۲ اردیبهشت ۱۳۳۲، این اعتراف مضحک و غیرمنطقی منسوب به همین یک نفر را به عنوان تصمیمی ذکر نموده که بین **حسین خطیبی** و سایر برنامه‌ریزان گذاشته شده و قرار بوده‌است که پس از نخست‌وزیر شدن **دکتر بقائی** به مرحله‌ی اجرا درآید!

تنظیم برنامه‌ی ربودن افشارطوس با همکاری سرگرد امیرهوشنگ نادری

به موجب برنامه‌ای که از چند روز پیش از آن سازمان‌های **CIA** و **MI ٦** با همکاری **سرلشکر زاهدی** و پسر او (**اردشیر**) تنظیم کرده بوده‌اند، قرار بوده‌است که شخصی را که از نظر اندام تا اندازه‌ای شبیه **افشارطوس** باشد، از نظر قیافه نیز مانند **افشارطوس** گریم نمایند و با پوشاندن لباس ارتشی با درجه‌ی سرتیپی به وی، تا آنجا که ممکن است او را به **شکل افشارطوس واقعی** دربیاورند.
پس از آن، در بعدازظهر روز موعود، در هر زمان که راننده‌ی اتومبیل شماره ۱ شهربانی، **افشارطوس** را در جلوی منزلش پیاده کرد، از نقطه‌ای در همان نزدیکی **افشارطوس قلابی** را سوار کند و او را در خیابان خانقاه پیاده نماید. **افشارطوس قلابی** در نزدیک خیابان خانقاه سعی کند که خود را به پاسبان‌های پُست و اهل محله و عابران نشان بدهد به نحوی که شماری شاهد، حضور **افشارطوس قلابی** را در اتومبیل شهربانی و در آن محل دیده باشند.
اجراء و هم‌اهنگ‌سازی این برنامه به عهده‌ی **سرگرد امیرهوشنگ نادری** واگذار شده بوده است.

دستور شگفت‌انگیز مصدق به افشارطوس جهت گماشتن سرگرد نادری به ریاست کارآگاهی

عصر همان روزی که **افشارطوس** ربوده شده‌بود ، **سرگرد نادری** در حضور **مصدق** بوده و برنامه‌ی تنظیمی مخالفان جهت ربودن **افشارطوس** را مورد بررسی قرار داده بودند.
ضمن آن جلسه متوجه این نکته شده‌بودند که قرار بوده‌است نخستین احکامی که پس از ربودن **افشارطوس** و ایجاد ناامنی و نخست‌وزیری **سرلشکر زاهدی** صادر می‌شود، انتصاب **سرتیپ محمد دفتری** به سمت ریاست شهربانی و **سرگرد امیرهوشنگ نادری** به سمت ریاست اداره‌ی کارآگاهی باشد. یعنی نیرنگ‌بازان بر این گمان بوده‌اند که این شخص در سمت ریاست اداره‌ی کارآگاهی، رفتن **افشارطوس قلابی** به مرکز شهر را به عنوان حقیقت ماجرامورد توجه قرار خواهد داد و با معطوف ساختن و متمرکز نمودن توجه‌ی همگانی به آن امر خلاف واقع، تمام تحقیقات را از آغاز تا پایان در آن مسیر هدایت خواهد نمود.

ولی در آن زمان که **مصدق** با همکاری **سرگرد نادری**، پیشاپیش از آن توطئه آگاهی داشته و پیش‌بینی‌های لازم را برای بهره‌برداری‌های بزرگ از آن نیرنگ به عمل آورده بوده‌است، باز هم از نظر وی ضرورت بسیار بیشتری وجود داشته‌است که همان **سرگرد نادری** ریاست اداره‌ی کارآگاهی را به عهده بگیرد. زیرا طبق برنامه‌ی **مصدق** قرار بوده‌است که پس از ربوده شدن **افشارطوس**، بی‌درنگ اختیار کنترل و اداره‌ی توطئه از دست توطئه‌گران خارج شود و امور در مسیری دیگر جریان یابد و به نتایج بی‌شماری که مورد نظر **مصدق** بوده‌است، منجر گردد.

یعنی به موجب این برنامه (که عیناً به مرحله اجرا درآمد) نخست **افشارطوس**، که **مصدق** وی را عامل مخفی **شاه** می‌دانست، برخلاف نظر توطئه‌گران به قتل برسد تا افزون بر راحت شدن از شر او، آن عمل به جنایتی بسیار ننگین و بزرگ تبدیل گردد؛ و دوم **با تهدید و ترساندن تمام مخالفان فعّال خود به متهم شدن در آن نیرنگ ننگین همگی را به یک‌باره از شاه و وزیر دربار گرفته تا آیت‌الله کاشانی و پسران و ایادی او و همچنین سرلشکر زاهدی و اردشیر (پسر او) و نیز تمام افسران فعال بازنشسته، که تا حدودی همگی در برنامه‌ی براندازی دولت او کوشا و کارساز بوده‌اند، به سکوت وادار سازد و از صحنه‌ی سیاسی ایران دور نماید. از همه‌ی اینها بالاتر به جای متهمان واقعی، دکتر مظفر بقائی‌کرمانی، نماینده‌ی مجلس شورای ملی، فعال‌ترین مخالف سیاسی خود و تمام دارودسته‌ی او، از جمله تعدادی از اعضای حزب زحمتکشان ملت ایران را که بدون تردید کوچکترین آگاهی و دخالتی در این توطئه نداشته‌اند، به این توطئه بچسباند و آنان را تا ابد بدنام و منفور سازد.**

در این شرایط، **محمد مصدق** از روی ناچاری در همان بعدازظهر دست به اقدامی بسیار عجیب و شک برانگیز می زند. یعنی نخست تلفنی به **سرتیپ تقی ریاحی**، رئیس ستاد ارتش، دستورمی دهد که بی‌درنگ پیشنهاد ارتقاء **سرگرد نادری** به درجه‌ی

سرهنگ دومی را تنظیم کند و برای او بفرستد. سپس، به محض وصول آن پیشنهاد، آن را تصویب می کند و دستوری فوری برای صدور حکم مزبور صادر می نماید .

تشریفات ضروری برای انجام این ترفیع عجیب و بی‌سابقه تا حدود ساعت ۷ بعدازظهر به طول می‌انجامد در این ساعت، در حالی که **افشارطوس** در منزل در انتظار ورود مهمانان خود بود، وی را با عجله احضار می کند و ضمن آگاه ساختن وی از سرهنگ شدن **امیرهوشنگ نادری**، دستور می دهد **که فوراً حکم انتصاب این آقای جدید سرهنگ شده!** را **به سمت ریاست اداره‌ی کارآگاهی صادر نماید.** اما چون در حدود ساعت ۸ بعدازظهر، که **افشارطوس** به شهربانی برگشته بود، **سرهنگ نادری** هنوز موفق نشده بود که رؤسای ادارات کارگزینی و دفتر را (که وجودشان برای صدور حکم و شماره زدن به آن ضروری بود) پیدا نماید و دستور **محمد مصدق** را به مرحله اجرا درآورد، پس به ناچار **افشارطوس** به همراه **سرهنگ نادری** به منزل خود جهت پذیرایی از مهمانان برمی گردد ولی از مسئولان کشیک در شهربانی می خواهد کوشش نمایند که رؤسای مورد نظر را برای ساعت ۱۰ در اداره حاضر نمایند تا وی به شهربانی برگردد و حکم ریاست کارآگاهی را برای **سرهنگ نادری** صادر نماید؛ و گویا این امرتا حدود ساعت ۱۰ شب (که **افشارطوس** و **سرهنگ نادری** پس از پایان مهمانی، به همراه یکدیگر از منزل خارج شدند و به شهربانی برگشتند) اتفاق نیفتاده بود.

انتصاب سرهنگ! نادری به ریاست کارآگاهی برمبنای وصیّت‌نامه‌ی دروغی افشارطوس

به‌طوری که دیدیم، **محمد مصدق، افشارطوس** را در حدود ساعت ۷ بعدازظهر، در همان شبی که ربوده شد، در حالی که در منزل خود در انتظار چند افسر مهمان نشسته‌بود، باعجله احضار کرد و پس از آگاه ساختن وی از ارتقای درجه‌ی **سرگرد امیرهوشنگ نادری** به **سرهنگ دومی**، با پافشاری دستور داد که بی‌درنگ وی را به سمت رئیس کارآگاهی (که مستلزم برکناری ریاست وقت آن اداره بود) منصوب سازد. ولی **افشارطوس** که پس از بازگشت از منزل **مصدق** نتوانسته بود رؤسای ادارات کارگزینی و دفتر را پیدا کند، پس امکان انجام آن دستور فوری میسر نشده بود.

خروج **افشارطوس** از منزل خود در حدود ساعت ده بعدازظهر به همراه **نادری** و در اتومبیل این شخص باز هم برای برگشتن به شهربانی به منظور پیدا کردن راهی جهت صدور آن حکم بوده‌است. در ضمن برای صدور حکم ریاست کارآگاهی با ذکر **درجه‌ی سرهنگی** به نام **امیرهوشنگ نادری**، ضرورت داشته که رونوشت حکم ترفیع مربوط به آن درجه به شهربانی رسیده و **افشارطوس** نیز آن را دیده باشد و این کار در ان بعدازظهر انجام نشده بود. به همین جهت **نادری** در مسیر برگشت از منزل **افشارطوس**، نخست به خانه‌ی خود رفته و اصل حکم خود را برای **افشارطوس** آورده بود.

اما چون سرگرد **نادری** در آن شب وظیفه داشته که مرتب جریان پیشرفت برنامه‌ی توطئه را تلفنی به آگاهی **مصدق** برساند و نیز پس از پایان کار، در هر ساعت شب که باشد، به‌اصطلاح شرفیاب! شده و حضوری ریز گزارش را بیان نماید و دستورات جدید را دریافت دارد، پس **مصدق** از صادر نشدن حکم ریاست کارآگاهی وی نیز آگاهی حاصل نموده‌است.

به‌طوری که شرح داده شد، وی در آخرین ساعات اداری روز بعد، یعنی در زمانی که **یوسف بهرامی** به سختی خطرساز شده بود، **غلامحسین صدیقی**، وزیر وقت کشور را احضار می کند و به او دستور می دهد که حکم انتصاب **امیرهوشنگ نادری** را به سمت ریاست کارآگاهی صادرنماید.

چنین گمان می‌رود که **امیرهوشنگ نادری** بعدها شرح زیر را جعل کرده و آن را به عنوان توجیه انتصاب خود انتشار داده باشد.

" ... نخست‌وزیر، وزیر کشور را احضار نمود و به او گفت: ***اگر ما منتظر باشیم عواملی که قبلاً در شهربانی شاه بوده‌اند [امثال یوسف بهرامی؟!] ردپای افشارطوس را کشف کنند، علاوه بر اینکه او را پیدا نمی‌کنند خودمان را هم می‌زنند.***
عدم موفقیت ما در دست‌یابی به محل اختفای رئیس کل شهربانی خطرات بزرگی دارد. در درجهٔ اول این خطرات دولت را تهدید می‌کند.
بروید همهٔ افراد، افسران و مأمورینی را که مسئله ربودن افشارطوس را تعقیب می‌کنند عوض کنید و افسرانی مطمئن، و طرفدار نهضت ملی را به جای آنان بگمارید و تشویقشان نمایید شب و روز کار کنند و افشارطوس را بیابند.
دکتر صدیقی *به ادارهٔ کل شهربانی رفت، خودش در اطاق رئیس کل شهربانی جای* ***افشارطوس*** *نشست. پروندهٔ* ***افشارطوس*** *را خواست و آن را دقیقاً مطالعه کرد. اوراق و اسناد میز و کیف* ***افشارطوس*** *را با دقت از نظر گذراند. مطلبی نظرش را جلب کرد، آن مطلب نوشته‌ای بود که* ***افشارطوس*** *برای تغییرات در شهربانی صورت برداری کرده بود. در یادداشتی نوشته بود:*
ادارهٔ آگاهی آلتی است برای بگیروببند مردم به دستور دربار. کارکنان آن همه عملهٔ عذاب هستند و ***رئیسش مستقیماً با شاه ارتباط دارد.***
اینجا پایگاه نفوذ اردشیر زاهدی و نمایندگان مخالف دولت است. اغلب افسران بازنشسته که کوس مخالفت با مصدق می‌زنند به دستور اعلیحضرت از این اداره حقوق ماهانه می‌گیرند. *این ادارهٔ خطرناک باید زیرورو بشود.* ***برای ریاست*** *ادارهٔ آگاهی* ***سرهنگ*** *[؟!]* ***نادری که او را خوب می‌شناسم شایسته است.***
دکتر صدیقی *به محض برخورد با نظراتی که* ***افشارطوس*** *یادداشت کرده بود،* ***سرهنگ*** *[؟!] نادری را احضار کرد، یادداشت* ***افشارطوس*** *را به او نشان داده و همانجا* ***حکم ریاست کارآگاهی شهربانی کل کشور را به نامش صادر کرد*** *... "*

(مجله امید ایران- دوره جدید- شماره ۷- ۲۱ اسفند ۱۳۵۷- صفحات ۴۱/۴۰)

وضع افشارطوس
در آخرین ساعات پیش از وقوع حادثه

(بازگوشده از روزنامه اطلاعات)

" *رئیس شهربانی بعدازظهر دیروز [سی و یکم فروردین‌ماه ۱۳۳۲]، مثل روزهای قبل، پس از آنکه کارهای اداری را تمام کرد به منزل رفت. از ساعت دو و نیم یا سه بعدازظهر الی هفت در منزل بود ولی* ***توقف وی بیش از روزهای دیگر به طول انجامید بدین معنی که در روزهای قبل مشارالیه بین سه تا پنج بعدازظهر در منزل استراحت می‌کرد و دوباره به شهربانی مراجعت می‌نمود، اما دیروز تا ساعت هفت بعدازظهر در خانه باقیماند*** *و در این ساعت بود که تلفن منزل ایشان زنگ زد و یک نفر از آن طرف سیم به مستخدم خانهٔ تیمسار افشارطوس گفت:* ***به آقا بگویید از شهربانی شما را می‌خواهند.***

تلفن یک نفر آشنا بود.

تیمسار افشارطوس *بلافاصله پای تلفن رفت. قریب سه دقیقه صحبت کرد و بلافاصله برای پوشیدن لباس آماده شد.*
مستخدمین منزل وی می‌گفتند: ***هنوز ساعت به هفت و یک ربع نرسیده بود که رئیس شهربانی منزل را ترک کرد و به خانم خود گفت: من به شهربانی می‌روم.***
مقارن هفت و بیست دقیقه بعدازظهر اتومبیل حامل وی در مقابل شهربانی توقف کرد و مشارالیه پیاده شد و یکراست به دفتر کار خود رفت. مدت بیست دقیقه به کارها و پرونده‌هایی که رئیس ادارهٔ کارآگاهی، ***[علی درخشان‌فر]***، *با خود آورده بود، رسیدگی به عمل آورد و در ضمن رسیدگی آقایان* ***سرهنگ نورائی [نام واقعی این شخص علی لوزانی بوده‌است.] و سرهنگ دوم [امیرهوشنگ] نادری [که تا آن روز سرگرد بود ولی در همان بعدازظهر، مدت کوتاهی پیش از آن زمان به دستور مصدق سرهنگ شده بود.]*** *در اطاق وی بوده‌اند و* ***سرهنگ نادری برای مذاکره دربارهٔ تصدی ریاست ادارهٔ اطلاعات [کارآگاهی شهربانی منتظر فرصت بوده‌است*** *ولی گویا مجال صحبت پیدا نشده و* ***رئیس شهربانی پس از رسیدگی به پرونده‌ها پاکتی را از آقای [علی] درخشانفر [رئیس وقت اداره اطلاعات یا کارآگاهی] گرفته و مشغول خواندن نامهٔ محتوی آن می‌شود.***
می‌گویند در روی این کاغذ که بدون مارک بوده خطوطی با مداد نوشته شده بود و ***رئیس شهربانی*** *از خواندن آن نامهٔ مجهول کمی می‌خندد و سپس آن را تا نموده و در جیب می‌گذارد و به آقای* ***سرهنگ نورائی [لوزانی]***، *آجودان خود، می‌گوید: من اکنون به منزل آقای* ***نخست‌وزیر*** *می‌روم و بعد مراجعت خواهم کرد.*

من تلفن کردم

*چون تلفنی که در ساعت هفت و سه دقیقه به رئیس شهربانی در منزل شده بود مجهول به نظر می‌رسید، خبرنگار ما امروز در این باره تحقیق کرد و درنتیجه معلوم شد که تلفن‌کننده ناشناس نبوده بلکه آقای **سرهنگ نورائی [لوزانی]**، آجودان رئیس شهربانی، بوده که به **تیمسار افشارطوس** اطلاع داده: **از منزل آقای نخست‌وزیر به شهربانی تلفن نموده و گفته‌اند که شما برای ملاقات آقای دکتر مصدق به منزل ایشان بروید**. و پس از این تلفن رئیس شهربانی مصمم به رفتن به خانهٔ **نخست‌وزیر** شده‌است.*
*آقای **سرهنگ نورائی [لوزانی]** امروز به خبرنگار ما گفت: تلفنی که ساعت هفت بعدازظهر به **رئیس شهربانی** شده به وسیلهٔ من صورت گرفت و تصور نمی‌کنم تلفن مجددی به ایشان شده باشد.*

در خانهٔ نخست‌وزیر

*یک مقام مطلع در منزل **نخست‌وزیر** گفت:*
*ساعت **هفت و سه ربع یا هفت و پنجاه دقیقه بعدازظهر** دیروز **رئیس شهربانی** مطابق معمول [؟!] به اینجا آمد و به حضور آقای نخست‌وزیر رفت و **مدت بیست دقیقه یا یک ربع** مذاکره کرد و این مذاکرات نیز تصور نمی‌کنم فوق‌العاده و غیر منتظره بوده زیرا **رئیس شهربانی** هر روز برای دادن گزارش از آقای نخست‌وزیر ملاقات می‌کرد. پس از این مذاکرات **در حدود ساعت هشت و ده دقیقه تیمسار افشارطوس منزل نخست‌وزیر را ترک گفت** و به وسیلهٔ اتومبیل ریاست شهربانی به ادارهٔ خود برگشت.*
*مجدداً در ادارهٔ شهربانی قریب بیست دقیقه تا نیمساعت به کارها رسیدگی نمود **و ده دقیقه به ساعت نه مانده بود که سوار اتومبیل شد و از طریق خیابان سوم اسفند به طرف مرکز شهر حرکت نمود.**"*
(روزنامه اطلاعات- مورخ یکم اردیبهشت ۱۳۳۲- صفحه نخست)

به‌طوری که نگارنده تحقیق کرده‌است و شواهد موجود نیز نشان می‌دهد، **سرتیپ افشارطوس** به شخصی به نام **علی درخشان‌فر**، بیش از هر فرد دیگر اعتماد داشته و به همین جهت نیز در آغاز تصدی ریاست شهربانی خود، او را به **ریاست دفتر کل شهربانی** منصوب کرده بوده‌است و پس از آن هم که این شخص به **ریاست اداره‌ی آگاهی** منصوب شده بوده، امور **دفتر کل** را هم زیر نظر داشته‌است.

در بالا نیز می‌بینیم که **سرتیپ افشارطوس** پیش از رفتن به منزل نخست‌وزیر "***مدت بیست دقیقه به کارها و پرونده‌هایی که** رئیس ادارهٔ کارآگاهی، [علی درخشان‌فر]، **با خود آورده بود، رسیدگی به عمل آورد.***" و این رسیدگی و مذاکره به آن علت بود که در زمان رسیدن به حضور نخست‌وزیر از آخرین اخبار و رخدادهای مهم آگاهی داشته باشد.

و نیز برخلاف آنچه که در گزارش روزنامه اطلاعات نوشته شده، **علی درخشان‌فر** در زمان مذاکره با **رئیس شهربانی**، پیش از رفتن وی به حضور نخست‌وزیر تنها بود و کس دیگری در اتاق حضور نداشت. ولی **رئیس شهربانی** پس از بازگشت از منزل نخست‌وزیر، **امیرهوشنگ نادری** را احضار کرده بود تا همان طور که در زیر شرح

داده خواهد شد، به آگاهیش برساند که به دستور آقای **نخست‌وزیر** باید حکم انتصاب او، **با ذکر درجه‌ی سرهنگ دومی**، به **ریاست اداره‌ی کارآگاهی** صادر گردد.

باز ما می‌دانیم که پس از بازگشت **افشارطوس** از منزل نخست‌وزیر، دست کم دو نفر، یکی همان **علی درخشان‌فر**، رئیس کارآگاهی و رئیس دفتر کل شهربانی و دیگری **سرهنگ علی لوزانی**، آجودان ویژه‌ی رئیس شهربانی، هنوز بنا بر وظیفه‌ی اداری خود، در شهربانی در انتظار بازگشت وی بوده‌اند تا اینکه شاید در اجرای اوامر نخست‌وزیر به وجود آنان نیاز باشد و خودشان نیز به انگیزه‌ی کنجکاوی بی‌میل نبوده‌اند که از آن اوامر آگاهی یابند.

البته **رئیس شهربانی** همه روزه صبح‌ها، برای دادن گزارش امور به نزد نخست‌وزیر می‌رفته و این ملاقات امری بسیار عادی بوده‌است. اما به‌طوری که خواهیم دید، وی در آن شب یک مهمانی شام به عنوان خداحافظی و یا به‌اصطلاح امروز Good-bye) (party برای **سرهنگ غلامرضا مصوررحمانی** (که روز پس از آن شب، عازم مأموریت خود در بغداد بوده) در خانه‌ی خود داشته و به همین علت هم در آن روز برخلاف روزهای پیش، پس از استراحت بعدازظهر، به شهربانی بازنگشته و در منزل مشغول فراهم ساختن وسایل پذیرایی از مهمان‌ها بوده‌است.

گویا ملاقات **سرتیپ افشارطوس** با **مصدق**، بیش از ربع ساعت تا بیست دقیقه به‌طول نیانجامیده و طی آن آقای **نخست‌وزیر** به وی اطلاع داده بوده که **سرگرد امیرهوشنگ نادری طبق موافقت و تصویب وی، از سوی ستاد ارتش به درجه‌ی سرهنگ دومی ارتقاء یافته** و به دلایلی ضرورت دارد که شما هم فوری او را به **ریاست اداره‌ی کارآگاهی** بگمارید.

به احتمال زیاد، دلیل ناراحتی شدید **سرتیپ افشارطوس** پس از ملاقات با **نخست‌وزیر**، همین امر بوده که وی می‌بایست، برخلاف میل قلبی و اصول اداری، بهترین و مهم‌ترین کارمند صمیمی، مورد علاقه و اطمینان خود را بدون هیچ دلیل و علتی از شغلی که دارد برکنار نماید و یک فرد مشهور به نیرنگ و حقه‌بازی را که به شدت از او متنفر بود، به جای او بگمارد.

تردیدی نیست که **افشارطوس** در همان بیست دقیقه یا نیم ساعتی که پس از بازگشت از ملاقات نخست وزیر در اداره بوده، ابتدا خلاصه‌ای از داستان سرهنگ شدن **سرگرد نادری** و دستور نخست‌وزیر درباره‌ی گماشتن این تازه سرهنگ را، به آگاهی آن دو نفر رسانده و پس از آن با احضار **سرهنگ! نادری** دستور نخست‌وزیر درباره‌ی ریاست وی بر اداره‌ی کارآگاهی را به او اطلاع داده‌است. ولی چون رئیس کارگزینی در آن وقت شب در شهربانی حضور نداشته و از آن گذشته هنوز رونوشت حکم ارتقاء **نادری** به سرهنگی نیز از ستاد ارتش به شهربانی نرسیده بوده، پس **افشارطوس** دستور احضار رئیس کارگزینی و گرفتن رونوشت حکم مزبور را صادر کرده و به **سرهنگ نادری** نیز پیشنهاد نموده‌بود که به همراه وی در مهمانی منزل او شرکت نماید و قول

داده‌بود که پس از پایان مهمانی به اتفاق به شهربانی برخواهند گشت و وی حکم مورد نظر را صادر خواهد کرد.

برگشت افشارطوس (حقیقی) به منزل در ساعت ۸:۴۵ و بیرون رفتن با اتومبیل نادری در ساعت ۱۰شب

درخلاصه‌ای از دفاعیات آقای **نصیری** وکیل مدافع **نصیر خطیبی** در دادگاه متهمان به قتل **افشارطوس** که در روزنامه اطلاعات به چاپ رسیده، بدون تردید درمی‌یابیم که برگشت **افشارطوس حقیقی** به خانه پیش از ساعت ۹ صورت گرفته‌است:

الف- ورود به خانه حدود ساعت ۸:۴۵ بعدازظهر

*" ۳ - آقای **ستوان محمدتقی طباطبائی**، افسر شهربانی، در صفحهٔ ۱۰ - ۱۱۳/۳۰ پروندهٔ شمارهٔ ۲ در تاریخ ۳۲/۲/۲[۱۳] اظهار داشته که در ساعت ۲۰/۴۵ [۸ و ۴۵ دقیقه] روز ۳۲/۱/۳۱[۱۳] **تیمسار افشارطوس را در مقابل تلگرافخانهٔ دانشگاه در ابتدای خیابان فروردین که به طرف منزل خود می‌رفته، دیده‌است** و هر چه مأمورین تحقیق سعی کرده‌اند که مشارالیه را در تشخیص **تیمسار** دچار تردید نمایند و اظهار او را ناشی از اشتباه جلوه دهند او را به اشتباه در تشخیص **تیمسار** و یا اشتباه در ساعت تخطئه کرده‌اند افسر نامبرده جداً مدعی شده که مکرر **تیمسار افشارطوس** را دیده و می‌شناخته **و در شب مزبور هم در ساعت ۲۰/۴۵ او را دیده‌است** و برای اثبات صحت ادعای خود در ساعت دقیق استناد به گواهی **سروان کلالی** نموده که در ساعت مزبور در منزل مشارالیه بوده‌است و آقای **سروان کلالی** هم مراتب را تأیید کرده‌است.*
*گواهی آقای **ستوان طباطبائی** مؤید صحت گواهی آقای **سرگرد ترابترکی** است که گفته‌است مهمانی شام تا ساعت ۱۰ شب ادامه داشت ... "*
(روزنامه اطلاعات- یکشنبه هفدهم آبان‌ماه ۱۳۳۲- صفحه ۱۱)

ب- بیرون رفتن از خانه در حدود ساعت ۱۰ شب:

در متن زیر هم که قسمت نخست دفاعیه‌ی آقای **نصیری**، به شرح بالا می‌باشد، باز هم ما درمی‌یابیم که **افشارطوس** در ساعت ۱۰ شب در اتومبیل **سرگرد نادری** از منزل خارج شده‌است:

*" ۱ - در صفحهٔ ۳۱۰ پروندهٔ شمارهٔ ٤ در تاریخ ۳۲/۳/۱۹[۱۳] آقای **سرگرد علی ترابترکی** در جواب پرسش آقای **بازپرس** اظهار داشته‌است:*

ساعت ۱۳ روز قبل از مفقود شدن، آن **مرحوم** به من اطلاع داد که **چون سرهنگ مصوررحمانی چند روز** دیگر عازم بغداد است، **برای خداحافظی منزل ما برای شام دعوت کرده‌ام، خواهش می‌کنم تو هم بیا.**
جواب قبول دادم و ساعت ۸ **به منزل ایشان رفتم تا ساعت ۱۰ شب هم آنجا بودیم.**
و چون اولین روز مفقود شدن **مرحوم افشارطوس** روز اول اردیبهشت ۱۳۳۲ بوده‌است، بنا بر این طبق گواهی **سرگرد تراب‌ترکی** در شب ۳۲/۲/۱ **مرحوم افشارطوس** مهمان داشته ...
۲ - آقای **سرهنگ نادری** در صفحهٔ ۳۵۱ پروندهٔ شمارهٔ ٤ در تاریخ ۳۲/۳/۱۷ در جواب پرسش آقای **بازپرس** گفته‌است:
روز دوشنبه ۳۲/۱/۳۱ عصر اینجانب و عده‌ای دیگر، ازجمله **سرهنگ مصوررحمانی، سرگرد تراب‌ترکی، سرهنگ** رستگار و **یکی دو نفر دیگر که درست خاطرم نیست**[؟!]، در منزل **تیمسار فقید** بودیم و حضور این جانب به دو دلیل بود، یکی برای خداحافظی از **سرهنگ مصوررحمانی** که عازم عراق بودند و دیگر **چون اینجانب را به سمت رئیس کارآگاهی انتخاب کرده بودند، دستوراتی برای پیشرفت کار می‌دادند** [؟! در مراسم خداحافظی دستوراتی برای پیشرفت کار در شغل جدید اداری؟!].
آقای **سرهنگ نادری** مهمانی و شام را که آقای **سرگرد تراب‌ترکی** گفته‌است تا ساعت ۱۰ شب طول کشیده، به نام عصرانه معرفی کرده‌است و **نوکر مرحوم سرتیپ افشارطوس** هم مهمانی را به صورت عصرانه معرفی کرده‌است و در صفحهٔ ۲۵۰ پروندهٔ شمارهٔ ٤ در تاریخ ۳۲/۳/۷ می‌گوید:
عصر دوشنبه **سرهنگ نادری** و چند نفر افسر دیگر مهمان بودند و درحدود ساعت ٦ تا ٦/٥ رفتند و **سرهنگ نادری با تیمسار همراه سوار شد و رفت.**
صرف نظر از اینکه بازپرس وظیفه داشته با احضار سایر مهمانان ساعت دقیق خاتمهٔ مهمانی را تعیین کند و این وظیفه را انجام نداده و موضوع را مسکوت گذارده‌است. بر فرض آنکه مهمانی در ساعت ٦/٥ خاتمه یافته باشد، قدر مسلم آن است که **مرحوم افشارطوس** با آقای **سرهنگ نادری** متفقاً از منزل خارج شده و این قسمت مورد تأیید آقای **سرهنگ نادری** هم قرار گرفته و حتی گفته‌است **مرحوم افشارطوس برای گرفتن اوراقی به منزل او رفته‌است.**"
(روزنامه اطلاعات- همان- همان صفحه)

بازپرسی از **سرهنگ نادری** در روز ۱۷ خرداد ۱۳۳۲، **یعنی ٤٨ روز پس از مفقود شدن افشارطوس!**، انجام شده و گویا از وی نپرسیده‌اند که چرا و به چه دلیل این مطلب بسیار مهم را در این مدت طولانی مخفی نگاه داشته‌است و به طوری که دیدیم همان بازپرس دو روز پس از این بازپرسی، یعنی در تاریخ ۱۹ خرداد از **سرگرد تراب‌ترکی** بازپرسی به عمل آورده که مفاد سخنانش تکذیب ادعای **سرهنگ نادری** بوده‌است.

آنسان که پیداست، **نوکر سرتیپ افشارطوس** سواد نداشته و هر نوع دروغی را که آقای **نادری** [تازه سرهنگ شده] نوشته بوده به امضای او رسانده و در پرونده ضبط کرده‌است. البته ما طبق شهادت مأموران شهربانی، به یقین می‌دانیم هنگامی که در ساعت ۷ بعدازظهر آن روز به منزل **افشارطوس** تلفن زده و به او اطلاع دادند که از سوی نخست‌وزیر احضار شده‌است، وی در آن ساعت در خانه حضور داشته و حتی همان مستخدم ابتدا گوشی تلفن را برداشته بود. پس به آسانی درمی‌یابیم که ادعای بیرون رفتن **افشارطوس** از خانه در ساعت شش و نیم بعدازظهر، دروغ و خلاف واقع می‌باشد.

بدون تردید بازپرس می‌توانسته‌است که ساعت دقیق پایان مهمانی را تعیین نماید و به‌طور مسلم روشن سازد که گفتار **سرگرد تراب‌ترکی** صحیح و ادعای **سرهنگ نادری** برخلاف واقع بوده‌است. البته در این صورت مشخص می‌شد که **شهادت رانندهٔ شهربانی نیز درباره‌ی اینکه سرتیپ افشارطوس را در ساعت ۹ شب به خیابان خانقاه برده، برمبنای تبانی با سرهنگ نادری بیان گردیده، و صد در صد بی‌پایه و اساس بوده‌است.**
چون در چنین صورتی مجبور می‌شده‌اند که پرونده‌سازی به نحو مورد نظر را متوقف سازند و در عوض **سرهنگ نادری** را به عنوان یکی از متهمان اصلی در توطئه ربودن و قتل **افشارطوس** دستگیر و معرفی نمایند، پس، از تعقیب این موضوع بسیار مهم صرف نظر نموده‌اند.

دلیل سکوت اعضای خانواده، مهمانان، و آگاهان درباره‌ی مهمانی آن شب

مهم‌ترین پرسشی که ممکن است درباره‌ی ربودن و قتل **سرتیپ افشارطوس** به هر خاطری خطور کند، این است که چرا مادر، همسر، و سایر بستگان نزدیک و افراد **خانواده‌ی وی**، نه‌تنها در زمان وقوع جنایت، بلکه تا پایان عمر هم این مطلب بسیار مهم را فاش نکرده و نگفته‌اند که **افشارطوس** در شب رخداد در منزل خود در یک مهمانی با چند نفر افسر دیگر حضور داشته و در ساعت ۱۰ به اتفاق سرگرد **امیرهوشنگ نادری**، در یک اتومبیل سوار شده و از منزل رفته‌است؟ و چرا افسرانی که در آن مهمانی شبانه حضور داشته‌اند در خاطرات و نوشته‌های خود در این مورد مطلبی ننوشته و موضوع را به سکوت برگزار کرده‌اند؟

از خاطرات سیاسی **سرهنگ غلامرضا مصوررحمانی**، در بخش سوم، که وی نحوه‌ی تشکیل «**گروه افسران ملی**» را شرح داده‌است، چنین برمی‌آید که وی و **سرتیپ محمود افشارطوس** از دوستان صمیمی یکدیگر بوده‌اند. ما در حال حاضر یقین داریم که رخداد ربودن و قتل **سرتیپ افشارطوس** درست در پی مهمانی که در منزل وی به منظور خداحافظی از این دوست صمیمی یعنی **سرهنگ غلامرضا مصوررحمانی** ترتیب داده شده بود، رخ داده‌است. به این جهت **مهمانی مزبور می‌بایست تا پایان عمر یکی از مهم‌ترین خاطرات فراموش نشدنی در زندگی این جناب سرهنگ را تشکیل داده باشد.**

حال بی‌گمان خوانندگان گرامی از این نکته تعجب خواهند فرمود که در سرتاسر آن خاطرات و حتی در بخش سوم از فصل هفتم آن که به شرح «**شهادت سرتیپ افشارطوس**» اختصاص دارد، **کوچکترین اشاره‌ای درباره‌ی این مهمانی به عمل نیامده‌است!**

سرهنگ غلامرضا نجاتی نیز از دیگر **افسران مؤسس گروه افسران ملی** و از دوستان **سرتیپ افشارطوس**، که کتاب‌های فراوانی درباره‌ی نهضت ملی و در طرفداری از **محمد مصدق** نوشته و در اغلب آنها داستان ربودن و قتل **افشارطوس** را، البته درست طبق پرونده‌ی تنظیمی، شرح داده، درباره‌ی آن مهمانی به سکوت برگزار کرده‌است!

علت واقعی این سکوت این بوده‌است که بی‌درنگ پس از کشف جسد **افشارطوس**، توسط مجری اصلی و هم‌آهنگ‌کننده‌ی توطئه جنایت، **یعنی سرهنگ امیرهوشنگ نادری**، به آگاهی همسر و مادر وی و پس از آن نیز در نخستین فرصت به آگاهی چند نفر افسری که در مهمانی خانه‌ی **افشارطوس** شرکت داشته‌اند رسانده شده بوده که **سرتیپ افشارطوس** در پی آن مهمانی خداحافظی، به یک مجلس عیش و عشقبازی با **فروغ خطیبی**، به شمیران رفته و از آنجا ربوده شده‌است.

حال اگر این حقیقت ننگین فاش می شد:

۱ - نام **افشارطوس** با زشتی و نفرت عمومی همراه می گردید و تا ابد برای همه‌ی اعضای خانواده و بستگان، به‌ویژه همسر وی شرمساری و بدنامی فراهم می ساخت.

۲ - عشقبازی و عیاشی در غیر ساعات اداری و در خارج از اداره را نمی‌شد انجام وظیفه‌ی اداری تلقی نمود و ربودن **افشارطوس** از عشرتکده‌ی **مادام تامارا** و قتل وی را نمی‌شد کشته شدن در حین انجام وظیفه به حساب آورد.

در چنین شرایطی از نظر قانونی و با ارفاق، می‌توانستند که مرگ وی را به عنوان حادثه‌ی غیرناشی از کار و انجام وظیفه تلقی نمایند و با محاسبه‌ی خدمت واقعی او که حدود ۲۴ سال بوده‌است، مستمری همسر، مادر و فرزندان وی را محاسبه کنند.

اما با تغییر محل واقعی ربودن **افشارطوس** از عشرتکده‌ی **مادام تامارا**، به منزل **حسین خطیبی**، نه‌تنها آن بدنامی و شرمساری برطرف گردیده، بلکه خود وی و بازماندگانش به افتخارات و مزایای بی‌شماری هم دست یافته‌اند که از نظر قانونی استحقاق دریافت هیچ یک از آنها را نداشته‌اند. از جمله اینکه:

الف- قتل وی، **مرگ در راه انجام وظیفه و در جهت خدمت به میهن!** تلقی گردیده‌است.

ب- عنوان قتل به «**شهادت**» تغییر یافته و نامش در تاریخ **ارتش شاهنشاهی ایران** به‌طور رسمی به عنوان «**شهید**» ثبت شده‌است.

ج- **از تاریخ مرگ یک درجه ترفیع یافته و به درجه‌ی سرلشکری مفتخر گردیده‌است.**

د- پرداخت مستمری به بازماندگان واجد شرایط وی برمبنای حقوق کامل صورت گرفته‌است.

اخبار زیر شواهدی بر این امر می‌باشند:

۱- " **مادر افشارطوس چه گفت؟**

*یکی از مخبرین ما امروز با **مادر تیمسار افشارطوس** تماس گرفت و مشارالیه دربارهٔ گم شدن فرزند خود چنین گفت:*
*از دیروز صبح تاکنون کلیهٔ افراد خانوادهٔ ما دچار نگرانی و وحشت فوق‌العاده شده‌اند زیرا غیبت ناگهانی **افشارطوس** برای ما بسیار غیرمنتظره و عجیب بوده‌است.*
***با آنکه از گوشه و کنار می‌شنوم که پاره‌ای می‌گویند شاید مسائل خصوصی از قبیل زن و عشق و سایر چیزها در کار بوده،** ولی می‌توانم به یقین بگویم که پسرم هیچ سرگرمی جز کار نداشت و آنقدر مشغول بود که در بیست و چهار ساعت فقط چند ساعت در منزل بسر می‌برد.*
پریشب تاکنون هیچ اطلاعی دربارهٔ او به ما نداده‌اند و همینقدر می‌دانم که از هفت بعدازظهر پریروز تاکنون پسرم رفته و دیگر بازنگشته‌است ..."
(روزنامه اطلاعات- مورخ دوم اردیبهشت ۱۳۳۲- صفحه ۱۰)

۲- " **رنگ سیاسی دارد**

*اقدامات ۲۴ ساعت اخیر مأمورین انتظامی موجب شد که خبرنگار ما گم شدن رئیس شهربانی را یک مسئلهٔ سیاسی بداند و **اظهارات یکی از اقوام نزدیک افشارطوس** نیز مؤید این حدس و گمان است زیرا مشارالیه امروز دربارهٔ **افشارطوس** چنین اظهارداشت:*

*اینکه در پاره‌ای از جرائد نوشته شده که **پای زن در میان بوده و رئیس شهربانی قربانی یک ماجرای عشقی شده‌است،** به نظر نمی‌رسد. **زیرا من که ۲۰ سال او را می‌شناسم هیچگاه ندیدم که افشارطوس دربارهٔ زن آنقدرعلاقمند باشد که چنین تهوری از خود نشان بدهد.***
*بعلاوه مشارالیه شخصاً در زندگی خصوصی مرموز و اسرارآمیز بود و رفتار و کردار او در ایام تصدی ریاست شهربانی نشان می‌داد که این خصلت جبلی قدری بیشتر در او تقویت شده بود و من عقیده دارم که **مشارالیه اخیراً نظریات و اطلاعاتی دربارهٔ بعضی امور مهم داشته و دخالت شخصی او موجب این حادثه شده‌است."***
(روزنامه اطلاعات- مورخ سوم اردیبهشت ۱۳۳۲- صفحه ۴)

تعجب از سکوت متهمان!

البته موضوع مهمانی شام برای خداحافظی با **سرهنگ غلامرضا مصوررحمانی** در منزل **سرتیپ افشارطوس** امری واقعی و بسیار مهم بوده و بی‌گمان **افزون‌بر همان افسران مهمان و افراد خانوادهٔ افشارطوس، چند نفری دیگر** هم در آن زمان از آن مهمانی آگاهی داشته‌اند. ولی به‌طوری که می‌دانیم از هیچ یک از این افراد در زمان وقوح حادثه و پس از آن کوچکترین خبری به خارج درز نکرده‌است!

متهمان اصلی آن جنایت و شاید هم بتوان گفت جنایتکاران واقعی نیز به احتمال زیاد در دوران نخست‌وزیری **محمد مصدق** (سناریونویس آن جنایت) از مهمانی مزبور آگاهی نداشته‌اند و پس از آن هم در دوران نخست‌وزیری **سپهبد زاهدی** (از دستوردهندگان اصلی آن جنایت)، که برخی از محرکان بامطالعه‌ی پرونده و بی‌گمان از راه‌های دیگر بر این راز مهم آگاهی یافته بوده‌اند، چون برنامه‌ی بی‌گناهی خود در دادگاه را در دست اقدام داشته‌اند، پس نه‌تنها ضرورتی نسبت به طرح و اعلام آن نمی‌دیده‌اند، بلکه حتی وحشت داشته‌اند که با فاش شدن حقایق امر، جریان رسیدگی به جنایت مسیر منطقی و قانونی خود را باز یابد و آن‌وقت تا رسیدن به محرکان و دستوردهندگان اصلی در دربار و دولت ادامه پیدا کند.

چند دم خروس بزرگ در سه سطر از گفتار راننده‌ی شهربانی

در ادعانامه‌ی دادستان، در نخستین جلسه‌ی محاکمه‌ی متهمان قتل **افشارطوس**، از زبان راننده‌ی شهربانی چنین بازگو شده بود:

> *" ... از **خیابان حافظ** و **فردوسی** و **منوچهری** گذشته، و در **سه‌راه سپهسالار** دو نفر نزاع می‌کردند، **تیمسار** از اتومبیل پیاده شده به پاسبان پست دستور دادند که آنها را به کلانتری جلب نماید و بعد سوار شده و به **خیابان خیام** وارد شدم ... "*
>
> (روزنامه اطلاعات- شماره ۸۱۹۹- مورخ شنبه یازدهم مهر ۱۳۳۲- صفحه ٤)

دروغی که راننده‌ی شهربانی بیان کرده، به‌طور خلاصه این بوده‌است که **افشارطوس**، در همان شب ربوده شدن **از مقابل شهربانی** سوار اتومبیل شده و **از مسیر خیابان‌های حافظ، فردوسی، منوچهری، پشت باغ سپهسالار، و خیام به خیابان خانقاه** رفته و در آنجا پیاده شده‌است.

هرگاه سخن راننده در مورد سوار شدن **افشارطوس** از مقابل شهربانی **درست بود، در این صورت می‌بایست که وی همان مسیرمنطقی و کوتاهی را بپیماید که یک هفته پیش از آن راننده‌ی دیگر شهربانی پیموده بود. یعنی از شهربانی که در چند قدمی** خیابان سوم اسفند (سرهنگ سخائی فعلی) **بوده به این خیابان بیاید و از آنجا وارد خیابان**

فردوسی شود، از خیابان فردوسی به خیابان منوچهری برود و پس از عبور از تقاطع خیابان‌های لاله‌زار و سعدی، تقریباً به‌طور مستقیم به خیابان خانقاه وارد گردد.

با این ترتیب وی هرگز از خیابان حافظ عبور نمی‌کرده و به سه‌راه سپهسالار (در تقاطع خیابانهای پشت باغ سپهسالار و درویش) نمی‌رسیده است.

اما چون، به‌طوری که ما می‌دانیم، این راننده- **افشارطوس قلابی** را از نقطه‌ای نزدیک به **خیابان شاهرضا، در حوالی دانشگاه تهران**، سوار کرده و به **خیابان خانقاه** رسانده، پس در مسیر خود مجبور بوده‌است که **خیابان حافظ** را نیز قطع نماید و یا حتی در جایی به طرف راست پیچیده، به **خیابان حافظ** رفته و قسمتی از راه را در آن خیابان به‌پیماید.

در این صورت، نزدیکترین راه برای رسیدن به **خیابان خانقاه** این بوده‌است که این راننده از **خیابان سعدی** به **خیابان هدایت** وارد شود و همین کار را هم کرده است. وی از **خیابان هدایت** به دست راست، یعنی به **خیابان پشت باغ سپهسالار** وارد شده و از **سه راه سپهسالار** به چپ، یعنی به **خیابان درویش** پیچیده است.

به‌طوری که در نقشهٔ محل در صفحه بعد به خوبی ملاحظه می‌شود، در نزدیک همین سه راه در **"خیابان درویش"** کوچه‌ای قرار دارد که هنوز هم در نقشه‌های رسمی تهران به نام **"کوچهٔ قهوه‌چی"** ثبت می‌شود، زیرا در ابتدای همین کوچه قهوه‌خانه‌ای وجود داشته است.

در هنگام عبور اتومبیل حامل **افشارطوس قلابی** از **سه راه سپهسالار**، درجلوی **کوچه قهوه‌چی** نزاع و زد و خوردی بین دو نفر از کسبهٔ آن محل که یکی از آنان قصاب بوده جریان داشته و شمار زیادی از مردم برای تماشا و یا جدا کردن آنان از یکدیگر در آنجا اجتماع کرده بوده‌اند.

در این شرایط **افشارطوس قلابی** به فکر افتاده که در آنجا پیاده شود و به بهانه جدا کردن دعواکنندگان از یکدیگر و خاتمه دادن به نزاع آنان، خود را به آنهمه شاهد عینی نشان دهد تا توطئه‌گران، پس از آن، بتوانند آن رخداد با آنهمه شاهد را به عنوان یک سند غیرقابل تردید در مورد رفتن وی به **خیابان خانقاه** مورد استفاده قرار دهند.

نقشه خیابان خانقاه و خیابانهای اطراف آن

در زمان وقوع رخداد ربودن افشارطوس

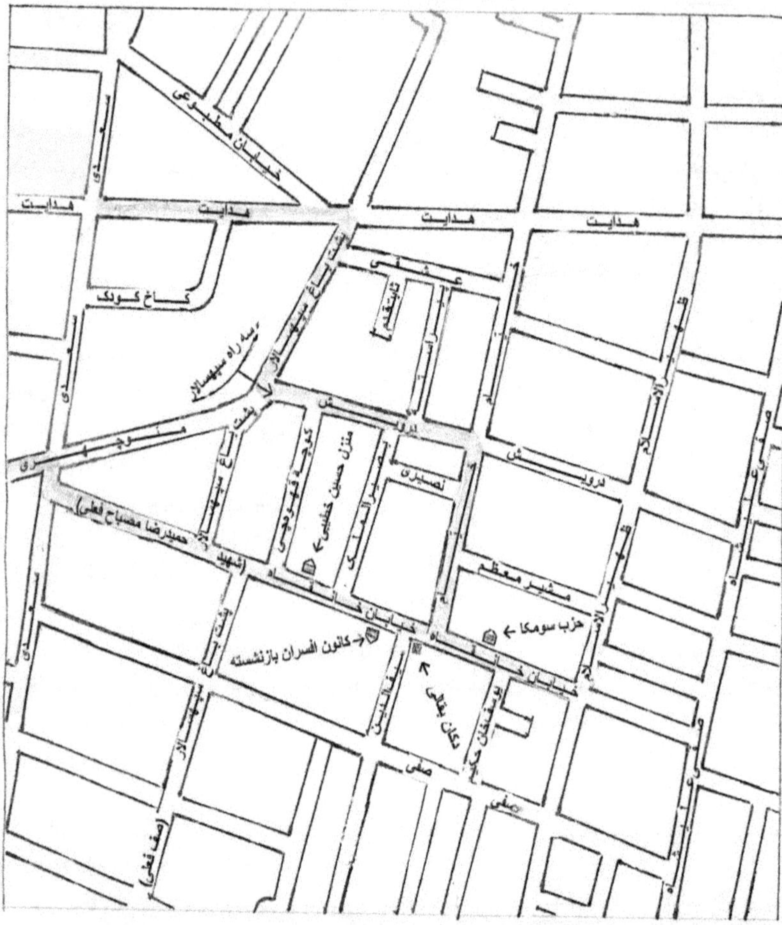

خیابان حافظ در غرب ساختمان شهربانی کل کشور قرار دارد و هرگاه (همانطور که ادعا شده است) افشارطوس در مقابل شهربانی سوار اتومبیل شده بود، راننده میبایست به سوی شرق، یعنی رو به خیابان فردوسی حرکت کند و بعد از مسیر خیابان منوچهری و با قطع خیابان سعدی، به خیابان خانقاه وارد گردد. (همان مسیری که رانندهٔ دیگر در هفته پیش از آن رفته بود.) به این ترتیب هرگز خیابان حافظ و سه راه سپهسالار و قهوه‌خانه واقع در آنجا در مسیر او قرار نمیگرفته است. اما، چون این راننده، افشارطوس قلابی را در حوالی دانشگاه تهران سوار اتومبیل کرده بوده، لذا از هر راهی که رفته‌بوده به ناچار خیابان حافظ را در مسیر خود داشته است.

در هر حال، وی از مسیر خیابان سعدی به خیابان هدایت وارد شده و دست راست به خیابان پشت باغ سپهسالار پیچیده و پس از عبور از سه راه سپهسالار و ورود به خیابان درویش و دخالت در دعوائی که در مقابل قهوه‌خانه واقع در جلوی کوچه قهوه‌چی برپا بوده، از طریق خیابان خیام، به خیابان خانقاه وارد گردیده (یعنی خیابان منوچهری را در مسیر خود نداشته است.)

قتل شاگرد قهوه‌خانه واقع در سه‌راه سپهسالار (در ارتباط با افشارطوس قلابی)

با پوزش از خوانندگان گرامی، اجازه می‌خواهد یک‌بار دیگر جملات زیر را که در ادعانامه‌ی دادستان از زبان راننده‌ی شهربانی گفته شده بود، در اینجا ذکر نماید:

*" ... از **خیابان حافظ و فردوسی و منوچهری** گذشته، و در **سه‌راه سپهسالار** دو نفر نزاع می‌کردند، **تیمسار** از اتومبیل پیاده شده به پاسبان پست دستور دادند که آنها را به کلانتری جلب نماید و بعد سوار شده و به **خیابان خیام** وارد شدم ... "*

آنسان که در نقشه‌ی محل ملاحظه می‌شود، **سه‌راه سپهسالار، در تقاطع خیابانهای پشت باغ سپهسالار و درویش** قرار داشته‌است و در پیش نیز گفته شد که نزدیک همان **سه‌راه** در ابتدای **خیابان درویش** قهوه‌خانه‌ای بوده که نزاع مورد بحث در مقابل آن برپا شده بود.

از چند سال پیش از وقوع آن حادثه، شخصی به نام **غلامرضا مقدم** در آن قهوه‌خانه کار می‌کرده‌است. وی در ساعات بیکاری و تعطیل بودن قهوه‌خانه در میدان بهارستان و خیابان‌های اطراف به‌اصطلاح ولو بوده، به اغلب سازمان‌ها و احزاب موجود در آن محل سر می‌زده و برای مشتریان قهوه‌خانه اخبار سیاسی داغ تهیه می‌کرده‌است.

درهرحال، ما به طور مسلم می‌دانیم که این شاگرد قهوه‌چی، یعنی **غلامرضا مقدم**، در زمان پیاده شدن **رئیس قلابی شهربانی** در آن سه‌راه در میان تماشاگران فراوان نزاع، حضور داشته و در حال جدا کردن طرفین نزاع از یکدیگر بوده‌است.

پس از اینکه **افشارطوس قلابی** به پاسبان پست دستور داده‌است که طرفین نزاع را به کلانتری، در میدان بهارستان جلب نماید، این شاگرد قهوه‌چی نیز که با قصاب محل دوستی و آشنایی داشته، به انگیزه‌ی کنجکاوی و یا همان آشنایی و به منظور آگاهی از نتیجه‌ی کار، به دنبال آنان راه افتاده و به کلانتری رفته‌است.

وی پس از ساعت ۱۱ شب، هنگامی که از کلانتری و از طریق **خیابان صفی علیشاه** به سوی قهوه‌خانه در حال بازگشت بوده‌است، ملاحظه می‌کند که **همان رئیس شهربانی** از منزل **سروان به‌سرشت** به همراه **همین سروان** خارج شده‌است. وی اغلب ساکنان خیابان‌های آن حدود، از جمله **سروان به‌سرشت** را به خوبی می‌شناخته و از وضع خانوادگی آنان آگاهی داشته‌است و در مقابل بیشتر آنان نیز این شاگرد قهوه‌چی را می‌شناخته‌اند.

بدون تردید همین دیدار تصادفی که زمینه‌های ناراحتی **سروان به‌سرشت** و سایر توطئه‌گران را فراهم ساخته بوده، برای صدور حکم قتل این شاگرد قهوه‌چی کفایت

می‌کرده‌است. در حالی که گویا این شخص فضولی بیجای بیشتری هم نموده، یعنی چند قدمی به تعقیب آنان پرداخته و دیده‌است که آنان از طریق **خیابان دانشسرا** به **خیابان بهارستان** رفته بودند.

همچنین گویا این شاگرد قهوه‌چی در نخستین روز گم شدن رئیس شهربانی، در سوی جنوبی **کوچهٔ قهوه‌چی** در**خیابان خانقاه** حضور داشته و درباره‌ی مشاهدات خود با افسران، پاسبانان و سایر مأموران علنی و مخفی اداره‌ی آگاهی که در آن خیابان حضور داشته‌اند، سخن می‌گفته و پس از آن هم صحبت درباره‌ی همین مشاهدات، مهم‌ترین بحث در میان مشتریان قهوه‌خانه بوده‌است.

خبرنگار اطلاعات در اولین گزارش خود که در ساعت ۹ صبح اولین روز پس از گم‌شدن **افشارطوس** تنظیم کرده چنین نوشته است:

" . . . **دو یا سه نفر نیز با قهوه‌چی، مقابل چهار راه در گفتگو بودند** . . ."

(روزنامه اطلاعات – سه‌شنبه اول اردیبهشت ۱۳۳۲- صفحه ۹ – ستون ۳)

که به احتمال زیاد منظور از **چهار** راه در جمله‌ی بالا **چهارراه خیابانهای خانقاه و پشت باغ سپهسالار** بوده است که با انتهای جنوبی **کوچه قهوه‌چی** بسیار نزدیک می باشد.

درهرحال شاگرد قهوه‌چی مذکور (**غلامرضا مقدم**)، درست یک روز پس از آن، جان خود را بر سر این مشاهدات و افشای آنها نهاده است.

خواهشمند است به دو خبر زیر، بازگوشده از روزنامه اطلاعات، توجه فرمایید:

خبر نخست:

" شاگرد قهوه‌چی چگونه مرده‌است؟

***غلامرضا مقدم**، شاگرد قهوه‌چی، بعدازظهر دیروز [چهارشنبه دوم اردیبهشت ۱۳۳۲] ناگهان در اثنای کار حالش منقلب شد، اطرافیانش حدس زدند که وی تریاک خورده‌است و او را برای معالجه به بیمارستان امیراعلم منتقل نمودند.*

اما ساعت هفت بعدازظهر در آنجا درگذشت. چون علت مرگ معلوم نبود پزشک و بازپرس جسد را معاینه کردند تا قضیه روشن شود."

(روزنامه اطلاعات- شماره ۸۰۷۶- مورخ پنجشنبه سوم اردیبهشت ۱۳۳۲- صفحه ۷)

خبر دوم:

" شاگرد قهوه‌چی به طرز مشکوکی درگذشت.

*دیروز [روز چهارشنبه هفته پیش] یک شاگرد قهوه‌چی که **<u>در قهوه‌خانه واقع در سه‌راه سپهسالار</u>** کار می‌کرد و در حدود ۳۵ سال داشت، **به طور ناگهانی** درگذشت.*

متوفی غلامرضا مقدم نام داشت و چون احتمال وقوع جرمی می‌رفت، قضیه به شعبهٔ ۱۳ دادسرای تهران رجوع شد و جنازه برای کالبدشکافی به ادارهٔ پزشکی قانونی حمل گردید تا علت مرگ معلوم شود."
(روزنامه اطلاعات- شماره ۸۰۷۷- مورخ شنبه پنجم اردیبهشت ۱۳۳۲- صفحه ۷)

اخبار موثق دیگری دربارهٔ افشارطوس قلابی

باز هم مشاهدهٔ افشارطوس قلابی در خیابان صفی‌علیشاه در جلوی منزل سروان به‌سرشت

بازگوشده از دفاعیهٔ آقای نصیری وکیل مدافع یکی از متهمان به نام نصیر خطیبی در دادگاه:

" ۱- ... ۲- ... ۳- ...
۴- آقای خسرو اخوین در صفحه ۶ ـ ۱۳۰/۱۲ پروندهٔ شمارهٔ ۲ در تاریخ ۳۲/۲/۱ اظهار داشته که:

«دیشب ساعت ۹/۳۰ برای ملاقات عمویم از خیابان شاهرضا به طرف مجلس می‌آمدم، البته از خیابان صفی علیشاه، در وسط خیابان جلو یک ساختمان آجر بهمنی که درب سفیدی دارد یک آقایی با لباس ارتشی ایستاده بود. رانندهٔ تاکسی با دست آن آقا را نشان داد و گفت این آقا رئیس شهربانی هستند. بنده هم نگاهی کردم و به طرف مجلس آمدم و چون ساعت مجلس را نگاه کردم، دیدم ساعت ۹/۳۰ است.»

مأموری که برای تشخیص منزل و تعیین صاحب آن اعزام شده و گزارش داده‌است که:

«آقای اخوین در خیابان صفی علیشاه منزلی را که دارای درب کرم و ساختمانش آجر بهمنی داشت و از طرف خیابان شاهرضا به میدان بهارستان پایین‌تر از خانقاه بود، نشان دادند، طبق اظهار رئیس کلانتری ۲ منزل مورد بحث متعلق به سروان [به‌سرشت] می‌باشد.»

در ذیل این گزارش نوشته شده:

آقای رئیس دایرهٔ اول مراتب در ساعت ۱۱ عصر دیشب به عرض تیمسار معاونت کل رسید، فوراً آقای سرهنگ نادری ریاست ادارهٔ اطلاعات، احضار و جریان را به اطلاع ایشان رسانده، قرار شد فردا صبح به وسائل خود آقای سرهنگ نادری در اطراف افسر فوق‌الذکر تحقیقات و بررسی کرده، نتیجه را اطلاع دهند. ۳۲/۲/۲ امضاء رئیس آگاهی.

بنده هر چه فکر کردم که چرا منزل این آقای سروان بازرسی نشد و حتی در مقام پرسش از او برنیامده‌اند که آقای رئیس شهربانی شب ۳۲/۲/۱ به منزل نامبرده رفته‌است یا خیر، علت را نتوانستم بفهمم.
آقایان قضات محترم شما فکر کنید ببینید چه شده که شخصی گواهی داده‌است که رئیس شهربانی را برای العین دیده و خانه‌ای که وارد شده نشان داده، لکن به جای تفتیش خانه و تحقیق در اطراف موضوع، **بررسی در اطراف شخص افسر صاحب‌خانه را به آقای سرهنگ نادری محول کرده‌اند.**
آیا جای تأمل هست؟ [نیست؟] آیا این طرز تحقیق صحیح است؟ آیا به این ترتیب شما هم به غیر عادی بودن تحقیقات معتقد خواهید[نخواهید؟] شد؟
۵- آقای **حسین رادفر یا دادفر** در صفحهٔ ۱٤ - ۴۳/ ۱۰۰ گزارش داده که:

«... شب سه‌شنبه ساعت ۱۱/۲۵ دقیقه که به طرف منزل می‌رفتم **در مقابل پمپ‌بنزین واقع در مقابل چاپخانهٔ مجلس که از طرف خیابان ژاله به طرف سرچشمه با تاکسی در حرکت بودم تیمسار سرتیپ افشارطوس را در حالی که سه نفر یک نفر کمی لاغراندام، دو نفر متناسب‌اندام همراه ایشان بودند، از خیابان کمال‌الملک به طرف چاپخانهٔ مجلس وارد** و در اتومبیلی که سرش به طرف دروازهٔ شمیران بود، سوار و اتومبیل حرکت کرد و چون تیمسار را با آن سه نفر مشاهده نمودم در آن وقتِ ساعت حس کنجکاویم تحریک شد و تا تاکسی به مسجد سپهسالار رسید، پشت سر خود را مشاهده می‌کردم که دیدم ماشین به طرف بالا حرکت نمود.» "
(روزنامه اطلاعات- یکشنبه هفدهم آبان‌ماه ۱۳۳۲- صفحه ۱۱)

بازگویی از دفاعیه‌ی آقای نصیری وکیل مدافع نصیر خطیبی:

" در حاشیهٔ این گزارش از طرف آقای رئیس آگاهی نوشته شده‌است که آقای وزیر کشور فرمودند بدواً لازم است از متصدیان پمپ بنزین ... تحقیقات شود. بنده در این قسمت هم هر چه دقت کردم نفهمیدم اولاً آقای وزیر کشور چه صلاحیتی داشته‌اند که در این موضوع دخالت کنند؟ زیرا صرف نظر از عدم صلاحیت اداری اصولاً ایشان حتی صلاحیت علمی هم برای هدایت مأمورین کشف جرم نداشته‌اند.
ثانیاً متصدیان پمپ‌بنزین که مأمور کنترل و مراقبت افراد نبوده‌اند و جز فروش بنزین تکلیفی نداشته‌اند. کسی هم نگفته است ماشین **مرحوم افشارطوس** بنزین می‌گرفته تا از متصدیان پمپ‌بنزین تحقیق شود که آیا او را در پمپ دیده یا ندیده‌اند بنابراین **دستور آقای وزیر کشور جز معطل کردن کار و گم کردن مأمورین در راه غیرطبیعی به چیز دیگر حمل نمی‌شود.**
و چون برحسب حکایت پرونده از مأمورین پمپ‌بنزین هم شفاهاً تحقیق شده و گفته‌اند که **تیمسار افشارطوس** را ندیده‌اند، گواهی صریح ومنجز آقای **دادفر** هم در طاق نسیان مانده وکسی به این اظهار و شهادت اعتناء نکرده‌است و حال آنکه به نظر بنده و به دلیل عقلانی نبودن موضوع بیهوشی و غیره که در جای خود اثبات می‌شود، اگر بر فرض محال همین متهمین را قاتل فرض کنیم، به طور قطع و یقین **افشارطوس** با پای خود

سوار ماشین شده و هر کس او را فریب داده و به خانه برده به همان ترتیب هم او را به نام شمیران یا جای دیگر از شهر به خارج برده‌است وگرنه ادعای بیهوش کردن با کیفیتی که ادعا شده برخلاف عقل و غیرممکن است.

*۶- طبق برگ ۱ پرونده شماره ۱ (پرونده اداره کارآگاهی) آقای رئیس شهربانی در تاریخ ۳۲/۲/۲ به فرمانداری نظامی نوشته‌است که **تیمسار افشارطوس** در شب ۳۲/۲/۱ ساعت ۱۱ **جلوی پمپ‌بنزین مجلس** دیده شده‌اند که به طرف شمال می‌رفته دستور فرمایید رسیدگی کنند مأمورین فرمانداری او را ندیده‌اند؟*

*بنابراین مأمورین کشف جرم تا روز ۳۲/۲/۲ نه به کسی بدگمان بوده و نه در صحت گواهی آقای **دادفر** تردید داشته‌اند و اوراقی که مورخ با تاریخ ۳۲/۲/۱ است و حکایت از سوءظن نسبت به آقای **حسین خطیبی** دارد از حیث تاریخ مورد تردید است و باید نسبت به آنها باکمال احتیاط رسیدگی شود. در این قسمت باز هم در جای خود توضیحات بیشتری داده خواهد شد."*

(روزنامه اطلاعات- دوشنبه هجدهم آبان‌ماه ۱۳۳۲- شماره ۸۲۲۹- صفحه ۷)

آگاه شدن محمد مصدق از مشاهدات آقای حسین دادفر

خبر زیر نشان می‌دهد که آقای **حسین دادفر** دو روز پس از ربوده شدن **افشارطوس**، مشاهدات خود را از طریق معاون **مصدق** به آگاهی وی رسانده‌است:

*" ساعت یازده امروز [چهارشنبه دوم اردیبهشت ۱۳۳۲] آقای **حسین دادفر**، مدیر مجلهٔ شرقی، در منزل آقای **نخست‌وزیر** حضور یافته و به آقای **دکتر ملک‌اسمعیلی**، معاون نخست‌وزیر، اطلاع داده‌است که ساعت یازده و نیم پریشب از یک میهمانی به منزل مراجعت می‌کرده و **در خیابان هنرستان کمال‌الملک که پشت پمپ‌بنزین بهارستان قرار دارد و در قسمت جنوبی خیابان خانقاه واقع است تیمسار افشارطوس را به چشم خود دیده که به اتفاق سه نفر که لباس شخصی بر تن داشته‌اند داخل یک اتومبیل نشسته و اتومبیل نیز پس از ورود به خیابان مقابل پمپ‌بنزین، به طرف شمال، یعنی دروازهٔ شمیران، حرکت نموده‌است.***

*آقای **دادفر** متوجه نشده‌است که اتومبیل مزبور شخصی بوده یا کرایه‌ای. "*

(روزنامه اطلاعات- شماره ۸۰۷۵- مورخ چهارشنبه دوم اردیبهشت ۱۳۳۲- صفحات ۱ و ٤)

رفتن افشارطوس به منزل تامارا
به منظور عیاشی با فروغ خطیبی

طبق مقررات آن دوران (وشاید هم‌اکنون) ریاست شهربانی دارای یک اتومبیل با شماره شخصی و بدون علامت ویژه بوده که همگان از وجود آن آگاهی نداشته‌اند. در زمان **افشارطوس**، شخصی به نام **علی معماریان**، که کارآگاه ویژه و محرم اسرار وی بوده، رانندگی آن را به‌عهده داشته‌است.

افشارطوس در آن شب، بی‌گمان در حدود ساعت ده و نیم که در جلوی منزل خود به عنوان رفتن به منزل، از اتومبیل **سرگرد نادری** پیاده شده بوده، در جایی در همان نزدیکی در اتومبیل بدون آرم شهربانی، به رانندگی **معماریان** سوار شده و به دزاشیب در شمیران رفته‌است.

آنسان که پیداست یکی از آشنایان یا بستگان **علی معماریان** در **سازمان آب** در شمیران خدمت می‌کرده و به این جهت قرار گذاشته بوده‌اند که **علی معماریان** در آن شب به تهران به منزل خود بازگردد و صبح روزپس از آن طوری به شمیران برگردد که حدود ساعت ۷ در **بنگاه آبیاری** حضور داشته و در انتظار تلفن رئیس شهربانی باشد و همین که وی تلفن زد، برای سوار کردنش به همان نقطه‌ای که او را پیاده کرده بوده‌است، برود.

علی معماریان صبح روز بعد به شمیران می‌رود و تا ساعت هشت و نیم در **بنگاه آبیاری** در انتظار می‌ماند و چون خبری از **سرتیپ افشارطوس** نمی‌شود، به شهربانی کل در تهران برمی‌گردد و داستان را نیز به مقامات شهربانی بازگو نمی‌نماید.

با توجه به مراتب بالا مشخص می‌شود که **علی معماریان** نخستین شخصی بوده که از مفقود شدن **سرتیپ افشارطوس** آگاهی یافته بوده‌است ولی چون می‌دانسته و یا حدس می‌زده‌است که رئیس شهربانی برای عیاشی رفته بوده، پس افشای مطلب را به صلاح و مصلحت وی و خودش نمی‌دانسته‌است. زیرا این امر که به نحوی جبران ناپذیر به حسن شهرت و آبروی رئیس شهربانی لطمه می‌زده، بی‌گمان آینده خود او را نیز به مخاطره می‌انداخته است.

البته ما به یقین می‌دانیم که پرونده‌سازان هم هرگز مایل به کشف و علنی ساختن داستان رفتن رئیس شهربانی به دزاشیب نبوده‌اند ولی نمی‌دانیم که آیا **علی معماریان** پس از کشف **جسد افشارطوس**، به دستور همان پرونده‌سازان از افشای مطلب خودداری کرده و یا اینکه باز هم مصلحت را در سکوت دیده‌است؟

آقای **نصیری**، وکیل مدافع **نصیر خطیبی**، یکی از متهمان قتل **افشارطوس**، در روز ۱۶ آبان ۱۳۳۲ در دادگاه آن متهمان درباره‌ی کوتاهیِ پرونده‌سازان درباره‌ی رسیدگی به نقش **علی معماریان** در مفقود شدن وی مطلبی به شرح زیر بیان نموده‌است:

" در برگ ۷ ـ ۱۲۷/۵ پرونده شمارهٔ ۲ آقای **نیک‌اعتقاد** گزارش داده و در تحقیقاتی که در برگ شمارهٔ ۷ ـ ۱۲۰/۲۲ از نامبرده به عمل آمده گفته‌است که آقای **علی معماریان** با حضور آقای **سرهنگ شهریاری** به من گفت: شما بروید ساعت ۱۲ یا ۱۲/۳۰ **تیمسار** به اداره تشریف می‌آورند منزل یک شخص محترمی هستند و بعد از اینکه از او جدا شدیم نامبرده به سمت شمال خیابان خانقاه طرف منزل بختیاری‌ها رفته به فاصلهٔ قریب صد قدم به اتفاق **سرهنگ شهریاری** نامبرده را تعقیب کردیم، گفت چرا مرا تعقیب می‌کنید؟ بالاخره به ایشان گوشزد شد اگر آدرس شخص محترم را می‌دانید اطلاع دهید و یا به اتفاق برویم ادارهٔ شهربانی جریان روشن شود. اول امتناع از آمدن به شهربانی کرد و بعداً به هر طریق بود به اتفاق آمده و خدمت **سرتیپ بدر** رسیده و جریان را عرض کردیم.

در قبال این گزارش و توضیحات آقای **نیک‌اعتقاد** در برگ ۱۲٤/۱۸/۷ پرونده شماره ۲ از آقای **علی معماریان** بازجویی شده نامبرده جواب داد که خیر اشتباه کرده‌اند بنده در جواب آقای **نیک‌اعتقاد** که پرسیدند اینجا اشخاص حسابی کی‌ها می‌نشینند من گفتم: **امیر جنگ بختیاری** شخص محترمی است. اینها خیال کرده‌اند که من گفته‌ام منزل اول[؟!] می‌باشند.

اگر به تحقیقات دیگری که از آقای **علی معماریان** شده توجه فرمایند ملاحظه خواهند فرمود که **نامبرده کارآگاه بوده و بنا به محتویات پرونده آخرین شخصی است که پاکتی به دست تیمسار افشارطوس داده و بر حسب گزارش آقای نیک‌اعتقاد که مورد تعقیب قرار گرفته و متهم بوده‌است که بوسیلهٔ [آن] پاکت مرحوم افشارطوس را به جایی فرستاده که هنوز برنگشته** و به قدری موضوع **کارآگاه و دخالت او در قضیهٔ افشارطوس** علنی و مشهود شده که بعداً برای جبران این قسمت آقای ناصر زمانی فدا شده و **برخلاف واقع به نام کارآگاه مخصوص رئیس شهربانی** تحت تعقیب قرار گرفته‌است.

نکتهٔ قابل توجهی که در اظهارات آقای **معماریان** کارآگاه وجود دارد که به نظر بنده بی‌نهایت جالب توجه می‌باشد این موضوع است که مشارالیه ضمن تحقیقات آگاهی گفته‌است که **صبح روز اول اردیبهشت به شمیران رفته و ساعت ۸/۵ در بنگاه آبیاری بوده‌است** و این مطلب قابل توجه است که چه وقت مشارالیه به شمیران رفته و برای چه رفته که ساعت ۸/۵ در بنگاه آبیاری بوده‌است.

اگر توجه فرمایید که یادداشت آقای **دکتر ملک‌اسمعیلی** حکایت از **اخفاء رئیس شهربانی در دزاشیب دارد و افسری هم که مأمور کلانتری تجریش و ساکن دزاشیب است متهم شده و آقای معماریان هم سحرخیزی کرده و صبح زود به شمیران رفته‌اند**، البته مطالبی کشف خواهد شد و بیشتر جالب توجه است که تمام اطلاعات و دلائل به وضع و صورت عجیبی بلاتعقیب و مسکوت گذارده شده‌است و معلوم نیست به چه علت و دلیل بالاخره کارآگاه مورد بحث آزاد شده و برحسب اطلاعی که دارم ولی صحت و سقم آن را تضمین نمی‌کنم **افسر مورد نظر آقای دکتر ملک‌اسمعیلی هم از تهران منتقل شده و به خارج رفته‌است**.

*اگر بین دلائل و قرائن و اماراتی که برای اتهام دیگران در پرونده وجود دارد با آنچه که به نام دلیل برای اثبات ادعای داستان در خصوص رفتن تیمسار **افشارطوس** به منزل آقای **خطیبی** اقامه شده مقایسه شود ثابت خواهد شد، دلائلی که بر علیه دیگران در پرونده موجود است و گواهان با رؤیت و مشاهدهٔ مرحوم **افشارطوس** اداء گواهی نموده‌اند و شخصاً او را دیده‌اند و قرائن و اماراتی که در تأیید گواهی آنها وجود دارد **صد برابر بیشتر از امارات و قرائن ضعیفی است که بر علیه متهمین حاضر اقامه شده‌است** ..."*
(روزنامه اطلاعات - مورخ ۱۸ آبان ۱۳۳۲- صفحه ۷)

ربوده شدن افشارطوس از مجلس عیش و پیش از رسیدن به وصال

در آن زمان که شمار زیادی از مردم ایران **محمد مصدق** را به عنوان قهرمان ملی مبارزه با استعمار انگلیس می‌شناختند و او را مانند بت می‌پرستیدند، طبیعی است **مطالبی را که به نام اقاریر متهمان به قتل افشارطوس در اغلب روزنامه‌های وقت به چاپ می‌رسید و هر روز پنج مرتبه از رادیوی سرتاسری ایران پخش می‌گردید، باور می‌کردند.**

هرچند مقامات انتظامی و قضایی وقت با استناد به شهادت راننده‌ی اتومبیل **سرتیپ افشارطوس**، در شب حادثه، معتقد بودند که وی بدون زور و اجبار و با آزادی کامل به منزل **حسین خطیبی** در خیابان خانقاه رفته بوده ولی نکته‌ای که در همان زمان بسیاری از اشخاص کنجکاو و منطقی را به شگفتی افکنده این بوده که چرا در تمام اقاریر متهمان درباره‌ی یکی از مهم‌ترین مسائل، یعنی انگیزه و دلیل رفتن **سرتیپ افشارطوس** به آن منزل به سکوت برگزار شده‌است؟! چرا نه بازجویان و بازپرسان در آن مورد بسیار مهم از متهمان پرسشی به عمل آورده‌اند و نه خود متهمان درباره‌ی نحوه‌ی فریب دادن و کشاندن **سرتیپ افشارطوس** به منزل مزبور کمترین شرحی بیان داشته‌اند.

درهرحال، در همان زمان به‌زودی در پاسخ به این نکته‌ی عجیب و پرسش بی‌جواب، درمیان مردمی که کنجکاوانه به آگاهی از حقیقت در این باره علاقه‌مند بوده‌اند، شایعه‌ای رواج یافته‌بود که **سرتیپ افشارطوس**، در شب وقوع حادثه، برای عشقبازی با **فروغ**، خواهر زیبای **حسین خطیبی** به منزل وی رفته بود که در آنجا گرفتار شده‌است.

البته این شایعه تا اندازه‌ی زیادی با حقیقت مطابقت داشت، ولی **سرتیپ افشارطوس** به شوق عشقبازی با **فروغ** به منزل **رقاصه‌ای روسی‌تبار** به نام **تامارا** در شمیران رفته بوده و از آنجا ربوده شده‌بود. یعنی درحقیقت رباینده‌گان از وجود **فروغ خطیبی** به صورت طعمه‌ای بسیار فریبنده استفاده کرده‌بودند.

اینک دو روایت را در این رابطه به آگاهی خوانندگان گرامی می‌رساند:

الف- روایت اشتباه‌آمیز ابراهیم صفائی:

" ... *امیران بازنشستهٔ ارتش، روحیهٔ* ***افشارطوس*** *را از سالهای پیش از شهریور ۱۳۲۰، که او سرپرست بخشی از املاک سلطنتی در مازندران بود، خوب می‌شناختند. این افسران بر اساس سازش با* ***[حسین] خطیبی*** *و وعدهٔ پاداش کلانی که به او دادند، با* ***خواهر خطیبی*** *گفتگو و تعلیماتی به او آموختند و آن* ***خانم جوان*** *در این تراژدی نقش مؤثری بر عهده گرفت. او در نیمهٔ فروردین به عنوان اینکه در روز سیزدهم خانهٔ او مورد دستبرد واقع شده و مقداری جواهرات او را برده‌اند، نزد* ***[سرتیپ افشارطوس]***، *رئیس شهربانی، رفت و گفت با مادر خود تنها زندگی می‌کند.*

پس از چند دیدار، ***افشارطوس*** *برای آنکه موقعیت محل سرقت را شخصاً بازدید کند، با* ***خانم خطیبی*** *برای ساعت نه بعدازظهر روز ۳۱ فروردین قرار دیدار گذاشت.*

افشارطوس *آن روز چند دقیقه پس از ساعت هشت و نیم بعدازظهر با اتومبیل مخصوص ریاست شهربانی به خیابان سعدی رفت و در جلو خیابان خانقاه پیاده شد. این رئیس شهربانی و فرماندهٔ پلیس کشور مقصد خود و نشانی خانهٔ* ***خطیبی*** *را به راننده نگفت و تنها به او دستور داد جلو کلانتری دو (در میدان بهارستان) منتظر تلفن او باشد.*

افشارطوس، *خیابان خانقاه را پیاده پیمود و با نشانی که داشت به خانهٔ* ***خطیبی*** *رسید. زنگ در را فشار داد، خانم از طبقهٔ بالا، پایین آمد و در را گشود و با* ***افشارطوس*** *به سالن طبقهٔ دوم رفتند. خیلی گرم خوشامد گفت و چای و شیرینی آورد. پس از نیم ساعت گفتگو، خانم به بهانه‌ای از اتاق بیرون رفت که به زودی برگردد!* ***افشارطوس*** *در انتظار برگشتن* ***خانم خطیبی*** *بود. پس از ده دقیقه انتظار پردهٔ جلو در اتاقی که به آن سالن باز می‌شد، کنار رفت و* ***سرتیپ مزینی، سرتیپ منزه، سرتیپ زاهدی، سرتیپ بایندر*** *و* ***سرگرد بلوچ‌قرائی*** *وارد شدند*

افشارطوس *از نهایت حیرت‌زدگی گیج شده بود. تیمسارها با او سلام و احوالپرسی کردند. سپس دست و پای او را گرفتند و با یک آمپول بیهوشی که* ***سرتیپ دکتر منزه*** *به او تزریق کرد، او را بیهوش کردند و در نیمهٔ شب، پیکر بیهوش او را در* ***کوههای لشکرک*** *به* ***غار تلو*** *بردند. دو روز او را با دست و پای بسته شکنجه کردند، اقرارها و اطلاعاتی از او گرفتند و همانجا با یک آمپول به زندگی‌اش خاتمه دادند..*

چگونگی ربودن ***افشارطوس*** *را به گونه‌ای که* ***سرتیپ نصرالله بایندر*** *و* ***علی زهری*** *شخصاً برای من بازگو کردند، در اینجا نقل کردم."*
(اشتباه بزرگ ملی شدن نفت- ابراهیم صفائی- صفحات ۲۵۵/۲۵٦)

ب- روایت رئیس ساواک ایران در آمریکا در رژیم سابق:

نگارنده درباره‌ی ماجرای **سرتیپ افشارطوس** با هر فردی که گمان می‌کرده‌ام دراین‌باره آگاهی‌هایی داشته باشد و نیز امکان دسترسی به او برایم میسر بوده مذاکره به عمل آورده‌ام که یکی از آنان از طریق تلفن، آقای **منصور رفیع‌زاده**، همشهری و دوست بسیار نزدیک **دکتر مظفر بقائی‌کرمانی** بوده‌است.
آقای **رفیع‌زاده** که از سال ۱۹۵۹ م. (۱۳۳۸ خورشیدی) تا پایان رژیم پادشاهی در ایران، یعنی نزدیک به بیست سال ریاست ساواک ایران در آمریکا را به عهده داشته و افزون‌بر وظیفه‌ی اداری، به علت دوستی با **دکتر مظفر بقائی** و نیز از نظر شخصی به آگاهی از حقایق مربوط به ربودن و قتل **افشارطوس** علاقه‌مند بوده، در این باره دو مطلب در اختیار نگارنده قرار داد که یکی از آنها را در زیر و دیگری را در جای دیگری در همین کتاب بازگو می‌نماید:

چکیده‌ی نخستین مطلبی که آقای **رفیع‌زاده** به آگاهی نگارنده رساند، این بود که، برخلاف آنچه که گفته شده، حضور سرتیپ **افشارطوس** در شب رخداد در محلی که ربوده شد، بنا به دعوت **حسین خطیبی** و به منظور آشتی دادن افسران بازنشسته با **مصدق** نبود، بلکه وی طبق قرار و با ترتیبات قبلی به قصد عشرت و خوش‌گذرانی با **فروغ خطیبی**، خواهر **حسین خطیبی** رفته بود.

به موجب این داستان، **فروغ** خانم در آن شب با شادی و گشاده‌رویی ظاهری از **سرتیپ افشارطوس** استقبال کرده و او را به اتاقی که به ظاهر برای عشرت آماده شده بود، هدایت نموده‌بود. ولی خود پس از چند دقیقه خوش و بش‌های مقدماتی به بهانه‌ای از اتاق خارج شده و بی‌درنگ مأموران نقابدار که با چند افسر بازنشسته از ساعتی پیش در اتاق کناری در انتظار بوده‌اند به آنجا رفته و او را پس از بیهوش ساختن دستگیر نموده‌اند.

آقای **رفیع‌زاده** از اینکه مقدمات ملاقات بین **فروغ خطیبی** با **سرتیپ افشارطوس** چگونه فراهم شده بوده و چه شخصی یا اشخاصی واسطه‌ی این ملاقات بوده‌اند و نیز از اینکه محل ملاقات در کجا قرار داشته‌است، آگاهی زیادی نداشت.

موقعیت و وضع خانه‌ی اجاره‌ای حسین خطیبی در خیابان خانقاه

خانه‌ی اجاره‌ای **حسین خطیبی** در خیابان خانقاه درحقیقت محل زندگی دائمی خود او نبود، بلکه خانواده‌ی وی مرکب از مادر، خواهر، و فرزند در آن زندگی می‌کردند. یک نفر کلفت وظایف پخت و پز و نظافت منزل و نیز یک نفر نوکر امر خرید و سایر کارهای خارج از منزل را به انجام می‌رساندند.

این منزل در فاصله‌ی **حزب سومکا** و **کانون افسران بازنشسته**، در **خیابان خانقاه**، در **گوشه‌ی شمال‌غربی میدان بهارستان** بود و نیز ما می‌دانیم که در **گوشه‌ی جنوب‌غربی این میدان**، در **خیابان اکباتان**، **حزب زحمتکشان ملت ایران**، به رهبری **دکتر مظفر بقائی‌کرمانی**، و **دفتر روزنامه شاهد** قرار داشت.

دکتر بقائی نماینده‌ی مجلس شورای ملی بود و در جلسات آن مجلس که در روزهای فرد (یکشنبه، سه‌شنبه، و پنجشنبه) تشکیل می‌شد، شرکت می‌کرد. افزون‌برآن، وی ریاست کمیسیون تحقیق در آن مجلس را نیز به عهده داشته که تشکیل آن در روزهای زوج بود.

وی دارای اتومبیل شخصی نبود و نیز نگارنده هرگز نشنیده و ندیده بوده‌است که او دارای گواهینامه‌ی رانندگی باشد.

با این ترتیب، رفت و آمد وی بین منزل و مجلس و حزب، بیشتر با تاکسی و گاهی هم توسط دوستان و با اتومبیل آنان انجام می‌گرفت.

سرمقاله‌های روزنامه شاهد و سخنرانی‌های او در مجلس شورای ملی بیشتر توسط خود او نوشته می‌شد، و چون نوشتن این مطالب نیاز به محیطی بسیار آرام داشت، که در خانه‌ی خودش به علت آمدن دوستان، آشنایان، و همشهریان و نیز تماس‌های فراوان تلفنی، امکان فراهم شدن چنین محیطی میسر نمی‌شد، پس، بنا به پیشنهاد **حسین خطیبی**، برای نوشتن مقالات و مطالب در چنین محیطی آرام، با پای پیاده از حزب زحمتکشان و یا از مجلس شورای ملی در یک سوی میدان بهارستان به خیابان خانقاه و خانه‌ی **خطیبی** در سوی دیگر میدان بهارستان می‌رفت و گاهی هم، درصورت حضور **خطیبی** در منزل، از کمک‌های فکری و راهنمایی‌های او در نوشتن مطالب استفاده می‌کرد.
به این‌جهت، **دکتر بقائی** همواره خانه‌ی **خطیبی** را خانه‌ی دوم خود می‌شمرد و چون بیشتر اوقات یک یا دو مأمور مخفی دولتی نیز در تعقیب خود داشت، پس خانه‌ی **حسین خطیبی** و تلفن منزل وی را نیز به فهرست مکان‌هایی که تحت مراقبت و کنترل شهربانی بودند، افزوده شده بود.

حال از خوانندگان گرامی درخواست داوری می‌نماید که آیا امکان داشته‌است **شخصی باشعور متوسط، ترتیب دهد تا در زمانی که، بنا به مثل، امکان پرواز پشه در خیابان خانقاه به دور از چشم سربازان مراقب در مقابل کانون افسران بازنشسته و حزب سومکا و نیز شماری مأمور مخفی و علنی دیگر وجود نداشته، عده‌ای به خانه‌ی او بیایند و در آنجا با نقاب و بی‌نقاب، در مقابل چشمان مادر، خواهر، فرزند، نوکر، و کلفتش، رئیس شهربانی وقت را بیهوش و طناب‌پیچ کنند و بدون آنکه دیده شوند او را در اتومبیل جای دهند و از آنجا ببرند؟**

به‌طوری که خواهیم دید، رئیس وقت رکن دوم ستاد ارتش، و یکی از دو مأمور کشف جرم، مدعی هستند که خود این متهمان از **سرتیپ افشارطوس** خواسته بوده‌اند که از بقال خیابان بپرسد: خانه‌ی **حسین** کجاست؟ یعنی خود متهمان از روی حماقت این دم

خروس را به وجود آورده و در مقابل چشم این آقا قرار داده بوده‌اند تا اینکه او به آسانی بتواند جنایتکاران واقعی را کشف و دستگیرنماید!
اما چون **حسین خطیبی**، نخست اینکه یک زدوبندچی سیاسی محسوب می‌شده و همواره در حال انجام این قبیل کارها و مذاکرات محرمانه با سیاستمداران مختلف بوده و دوم اینکه زن نداشته و به‌اصطلاح به‌طور مجرد زندگی می‌کرده‌است، گویا خانه‌ای مبله را در شمیران در اجاره داشته که در آن هم از معشوقه‌های خود پذیرایی می‌کرده و هم برخی سیاستمداران را به‌طور محرمانه می‌پذیرفته‌است.

البته با ترتیبات ویژه‌ای که داده بود، افراد معینی در ساعات معین، وظایف نظافت و خرید و برخی امور دیگر را در این خانه‌ی دوم انجام می‌داده‌اند.

به احتمال زیاد، دولت وقت از طریق مأموران مخفی خود از وجود این منزل خلوت و به‌اصطلاح دنج هم آگاهی داشته و هنگامی هم که طبق دستور نخست‌وزیر قرار شده بود که ربایندگان **سرتیپ افشارطوس** را وادار سازند که شرح داستان خود را، که در **خانه‌ی تامارا** مرتکب شده بوده‌اند، به خانه‌ی **حسین خطیبی** نسبت دهند، شاید منظور همان خانه‌ی خلوت در شمال شهر بوده‌است.

اما چون ترتیب‌دهندگان و صحنه‌سازان برنامه‌ی مورد نظر افرادی خارج از نیروهای انتظامی بوده‌اند و از وضع و موقعیت ویژه و بسیار استثنایی **خیابان خانقاه** و خانه‌ی **حسین خطیبی** در آن زمان آگاهی نداشتند و نیز مانند دیگران آن خانه را محل سکونت **حسین خطیبی** می‌دانستند، پس ترتیب داده بودند که اتومبیل حامل **سرتیپ افشارطوس** قلابی، وی را در آن خیابان و نزدیک خانه‌ی مورد بحث از اتومبیل پیاده نماید.

حال بد نیست که چکیده‌ای از اخباردرباره‌ی موقعیت و وضع آن خانه در روزهای پیش از رخداد جنایت به آگاهی خوانندگان گرامی رسانده شود:

۱۳ روز پیش از ربودن سرتیپ افشارطوس

" بازرسی محل احزاب [حزب سومکا در خیابان خانقاه ـ نزدیک به منزل خطیبی]:

*صبح امروز از طرف مأمورین فرمانداری نظامی محل احزاب **سومکا** و **آریا** بازرسی شد و مقداری لباس و مشعل و شمشیر بدست آمد که به فرمانداری نظامی برده شد.*
*یک مقام مطلع فرمانداری در اینباره اظهار داشت: چون خبر رسیده بود که احزاب **سومکا** و **آریا** خود را مجهز کرده‌اند که در این چند روز تظاهراتی انجام دهند و وسائل تخریب پاره‌ای از مراکز را در شهر فراهم سازند لذا محل احزاب نامبرده بازرسی شد و درنتیجه چند شیشه بنزین و مقداری مشعل و شمشیر و یک لباس متحدالشکل و لوازم دیگر از حزب*

*آریا به دست آمد که تحویل فرمانداری نظامی گردیده‌است. **همین مقام دربارهٔ بازداشت‌شدگان دیشب اظهار داشت که آنها را به استناد مادهٔ ۵ حکومت نظامی دستگیر کرده‌ایم.**"*
(روزنامه اطلاعات- مورخ هیجدهم فروردین ۱۳۳۲- صفحه ۸- ستون ۷)

۱۲ روز پیش از ربودن سرتیپ افشارطوس

" دسته‌بندی ادامه دارد:

دیشب از طرف افسران بازنشسته اعلامیه‌ای در پاسخ نطق نخست‌وزیر و به حمایت از مقام سلطنت انتشار یافته بود.
*صدور این اعلامیه و تظاهراتی که در بعضی از خیابانهای تهران از طرف چند نفر از افسران بازنشسته و وابستگان آنها صورت گرفت، نشان داد همان طوری که شایع بود، افسران بازنشسته برکناری خود را از کار نتیجهٔ مستقیم اقدامات وزارت دفاع ملی می‌دانند و به فعالیت خود کماکان ادامه می‌دهند و انتشاراتی که در این دو روزه راجع به رسیدگی به پروندهٔ آنها داده شده‌است و **همچنین آن قسمت از نطق نخست‌وزیر دربارهٔ این افسران،** تأثیر مثبتی در این طبقه نداشته و نظر آنها جلب نگردیده و خاطرشان تسکین نیافته‌است. و همچنین حملاتی که در بعضی از روزنامه‌ها به این افراد مشاهده می‌گردد، به عقیدهٔ بعضی محافل قرینه‌ایست بر اینکه ممکن است کشمکش میان طرفین توسعه یابد."*
(روزنامه اطلاعات- مورخ نوزدهم فروردین ۱۳۳۲- صفحه ٦- زیرعنوان در محافل تهران)

تا این زمان هنوز باشگاه افسران بازنشسته، که **نزدیک به روبه‌روی منزل خطیبی** قرار **داشت،** تعطیل نشده‌بود و محل اجتماع و فعالیت‌های سیاسی این افسران در همین باشگاه بود.

۱۱ روز پیش از ربودن سرتیپ افشارطوس

" مراقبت مأمورین انتظامی:

محیط آمیخته به یأس و تشنجی که از دیروز عصر در تهران به وجود آمده، بار دیگر افکار عمومی را در انتظار بروز حوادث و تظاهرات جدید گذاشته‌است.
*این وضع مخصوص سبب گردیده‌است که نیروهای انتظامی بر مراقبت خود بیفزایند و در خیابان‌های استانبول و نادری و لاله‌زار و **میدان بهارستان [نزدیک منزل خطیبی]** بر تعداد مراقبین و نگهبانان افزوده شود."*
(روزنامه اطلاعات- مورخ بیستم فروردین ۱۳۳۲- صفحه ۷- زیر عنوان در محافل تهران)

۹ روز پیش از ربودن سرتیپ افشارطوس

*" **اداره شهربانی به کلوپها اخطار کرد:***

*امروز در کریدورهای شهربانی کل کشور شایع بود که **کلوپ افسران بازنشسته از طرف مأمورین بسته شده‌است.** خبرنگار ما برای اطلاع از صحت و سقم این خبر با آقای **سرتیپ افشارطوس** تماس گرفت. **رئیس شهربانی** [سرتیپ افشارطوس] اظهار داشت: **نسبت به عدم مراعات آیین‌نامه از طرف اداره اطلاعات تذکری به کلوپ افسران بازنشسته داده شده‌است** و شما می‌توانید برای کسب اطلاعات بیشتری به اداره اطلاعات شهربانی مراجعه کنید.*

*آقای **درخشانفر**، رئیس کارآگاهی، در جواب خبرنگار ما گفت:*

*چون اخیراً بعضی از کلوپها و باشگاهها برخلاف آیین‌نامهٔ داخلی خود، که به استناد آن از شهربانی پروانه دریافت داشته‌اند، رفتار می‌کنند لذا از طرف ادارهٔ اطلاعات دستوری به دوائر مربوطه داده شده‌است **چنانچه چنین کلوپهایی در تهران وجود دارد که آیین‌نامهٔ داخلی خود را مراعات نمی‌کنند، از فعالیت آنها جلوگیری شود** ولی البته این دستور شامل کلیهٔ کلوپها خواهد شد و منحصر به یک کلوپ نیست و **من تصور می‌کنم که بسته شدن کلوپ افسران بازنشسته نیز به همین جهت شایع شده‌است.***

*خبرنگار ما ضمناً اطلاع می‌دهد که **از طرف بازپرس شعبهٔ ۲۹ دادسرای تهران اخطاریه‌ای برای مدیر روزنامهٔ آرام که اعلامیهٔ افسران بازنشسته ضمیمهٔ آن روزنامه چاپ شده بود، ارسال گردیده‌است.** "*

(روزنامه اطلاعات- مورخ بیست و دوم فروردین ۱۳۳۲- صفحه ٦- ستون‌های ۱ و ۲)

*" <u>**مراقبت مأمورین انتظامی:**</u>*

با اینکه به‌طور قابل توجهی از تشنج و بحران کاسته شده، معهذا نیروهای انتظامی در تهران و کلیهٔ شهرستانها به حال آمادگی مراقب اوضاع هستند و از بروز هرگونه بی‌نظمی جلوگیری می‌کنند.

*شایع است که این مراقبت در تهران و خوزستان و آذربایجان بیش از سایر نقاط صورت می‌گیرد و <u>**کانون بعضی از جمعیتها مانند باشگاه افسران بازنشسته تحت مراقبت و نظارت مأمورین انتظامی درآمده‌است.**</u>*

*جمعی از **افسران بازنشستهٔ** سال گذشته، اعلامیهٔ جدیدی انتشار داده و نسبت به مصاحبهٔ وزیر دربار، بخصوص قسمتی از آن که مربوط به فداکاری افسران ارتش در انجام عمل خلع ید بوده، ابراز قدردانی کرده‌اند.*

(روزنامه اطلاعات- همان - صفحه ٥- ستون ۲- زیر عنوان در محافل تهران)

۶ روز پیش از ربودن سرتیپ افشارطوس

" سرهنگ یمنی به دادسرای تهران احضار شده‌است.
کانون اسران بازنشسته تحت تعقیب قرار گرفته‌است:

کانون افسران بازنشسته دیروز رسماً از طرف بازپرس دادسرای تهران تحت تعقیب قرار گرفت.
__کانون مزبور__ متهم به انتشار اعلامیه تحریک مردم می‌باشد و اعلامیهٔ مزبور به ضمیمهٔ __روزنامهٔ__ آرام منتشر شده‌است. از طرف بازپرس شعبهٔ ۲۸ احضاریه‌ای برای آقای __سرهنگ یمنی__ مدیر __روزنامه__ آرام صادر شد تا در شعبهٔ بازپرسی حضور یافته توضیحات لازم را درمورد اعلامیهٔ مزبور در اختیار مأمورین بگذارد."
(روزنامه اطلاعات - مورخ بیست و پنجم فروردین ۱۳۳۲- صفحه ۱۰)

روز ربودن سرتیپ افشارطوس

" مأمورین فرمانداری نظامی در حال آماده‌باش می‌باشند

در دو سه روز اخیر مأمورین فرمانداری نظامی و پلیس کماندوی شهربانی برای حفظ انتظامات شهر در شهربانی به حال آماده‌باش می‌باشند. مأمورین از کامیون‌ها خارج نمی‌شوند تا هر اتفاقی در شهر رخ دهد فوراً اعزام شوند."
(روزنامه اطلاعات- مورخ سی و یکم فروردین ۱۳۳۲- صفحه ۸)

بازگوشده از آخرین دفاع حسین خطیبی:

حسین خطیبی در سی‌اُمین جلسه‌ی دادگاه نظامی که جهت رسیدگی به اتهامات متهمین به قتل **سرتیپ افشارطوس** در صبح روز پنجشنبه ۲۸ آبان ۱۳۳۲ تشکیل شده بود، ضمن آخرین دفاع خود، درباره‌ی موقعیت و وضع خانه‌ی محل سکونتش چنین گفته‌است:

" ... بعدازظهر چهارشنبه دوم اردیبهشت و در حین ورود به منزل مرا بازداشت و به شهربانی آوردند و در اطاق __سرهنگ نادری__ بازجویی نمودند.
درحدود ساعت ۸/۵ بعدازظهر مرا به وسیلهٔ اتومبیل در حالی که چندین جیپ به دنبال آن حامل آقایان __سرهنگ نادری__، __سرهنگ سررشته__، __سرگرد رحیمی__، __سروان قانع__ و __سروان فهیم__ و دو سه نفر دیگر نظامی بود، به سالن باشگاه افسران پادگان جمشیدیه، که خوب است آنجا را به نام موزهٔ جنایی توصیف کنم منتقل نمودند.
من از آقایان سؤال کردم علت بازداشت و اعزام من به این محل چیست؟ گفتند قتل __تیمسار افشارطوس__ رئیس شهربانی (هیأت محترم دادگاه باید توجه

و عنایت داشته باشند که آن روز بنا به مندرجات جراید و محافل نزدیک به دولت سابق صحبت از مفقود شدن مرحوم **تیمسار افشارطوس** بود نه ماجرای قتل فجیع او) من در جواب ایشان گفتم: خبر از قتل رئیس شهربانی ندارم و این موضوع با خروارها سریشم به من نمی‌چسبد. بعد از مذاکرات دیگری که در زمینهٔ ملاقات با آقای **دکتر مصدق** و رفع سوءتفاهمات با ایشان نمودند، که ذکر آن از حوصلهٔ وقت دادگاه خارج است و بهتر است که در فرصت مناسبتری ضمن عرایضم توضیح دهم، دست به کار عمل شکنجه شدند و تا ۵ و ۴ بامداد متفقاً به آزار و زجر بدنی من پرداختند و بعد با همان تشریفات شب گذشته در حال نیمه اغماء و بدن مجروح و خون‌آلود مرا به زندان دژبان مرکز آوردند و نیمه‌های شب آن روز [پنجشنبه سوم اردیبهشت] آقایان **دکتر** [غلامحسین] **صدیقی و سرتیپ** [اسمعیل] **ریاحی، سرتیپ مدبر، سرهنگ اشرفی، سرهنگ سررشته، سرهنگ نادری** داخل اطاق من شدند.

من به آقای **دکتر صدیقی** گفتم: آقایانی که به دنبال شما آمده‌اند خارج شوند. ایشان این تقاضا را اجابت نمودند. پس از خروج آنها از اطاق، آقای **دکتر صدیقی** نزدیک تخت‌خواب آمدند و بدون مقدمه اظهار داشتند: این پیرمرد محترم (مقصودشان **دکتر مصدق** بود) فوق‌العاده از شما ناراضی و نسبت به آقای **دکتر بقائی** بی‌نهایت بدبین هستند. من در جوابشان گفتم: ناراضی بودن از من و بدبینی ایشان نسبت به آقای **دکتر بقائی** نباید موجب آن شود که عُمال ایشان مرا به طوری که ملاحظه می‌فرمایید شکنجه کنند وانگهی این بی‌لطفی آقا به هر دلیل و عذر فرضاً منطقی که شامل حال ما شده آیا مجوز اعمال شکنجه از ناحیهٔ این آقایان نسبت به من می‌باشد؟ ایشان گفتند: من معتقدم و در خیر و صلاح مملکت و شما می‌دانم که خواهش کنم بیایید و دست بیعت به آقای **دکتر مصدق** بدهید.

ایشان به من گفته‌اند هر موقع شب حاضر به قبول این تقاضا باشید از خواب بیدارشان کنیم و به اتفاق خدمتشان برویم. به آقای **دکتر صدیقی** در جواب گفتم: علت ارتکاب شکنجه‌های قرون‌وسطایی نسبت به من چیست؟ مگر دوستی هم به زور میسر است. ایشان گفتند: این عمل به من مربوط نیست و با نظامی‌ها و وزارت دفاع می‌باشد.

ایشان را متذکر شدم که مگر جنابعالی وزیر کشور نیستید و طبق قانون اساسی مسئولیت مشترک ندارید؟ قطع نظر از مسئولیت مشترک، شما وزیر کشور هستید و یکی از عاملین مؤثر شکنجه همین آقای **سرهنگ نادری** رئیس آگاهی شما است. گفتند: به هر تقدیر لازم دانستم از راه ارادت و مصلحت‌اندیشی به شما بگوییم که هیچ قوه‌ای قادر به حمایت از شما نیست.

> ... از گزارشی که کارآگاهی به عرض آقای نخست‌وزیر رسانیده معلوم می‌شود **منزل شما مرکز و ارتباط و ثقل عملیات مخالفان دولت تحت رهبری آقای دکتر بقائی** می‌باشد و ایشان، **بر طبق آن گزارش، یک ماه قبل، از منزل شما به وسیلهٔ اتومبیل مخصوص دربار به نزد شاه رفته‌اند.**

من در پاسخ ایشان گفتم: مطالب مندرج در این گزارش که به عرض آقای **دکتر مصدق** رسانیده‌اند منطبق با واقع نیست و کذب محض است و بعلاوه مگر آقای **دکتر مصدق** اخیراً به موجب اختیارات یک ساله لایحه‌ای قانونی تصویب نموده‌اند که طبق آن ملاقات با شاه جرم شناخته شود؟

اگر این گزارش که می‌فرمایید روی تحصیل اطلاعات و تحقیقات و مشاهدات مأمورین مخفی کارآگاهی که در اطراف منزل بودند تنظیم گردیده و ضمن آن هویت کسانی که جزو مخالفین دولت قلمداد شده‌اند به نظر آقای **دکتر مصدق** رسیده **قبول این موضوع و فرض صحت این گزارش به ثبوت می‌رساند که منزل من تحت مراقبت شدید و نظارت دقیق مأمورین مخفی کارآگاهی قرار گرفته‌است در این صورت چگونه ممکن است مرحوم تیمسار افشارطوس به آنجا آمده و آن طوری که دیشب سرهنگ نادری و همکاران ایشان مدعی بودند، ربوده شده و به قتل رسیده باشد؟** ... "

(روزنامه شاهد- شماره ۱۰۹۳- دوشنبه ۲ آذرماه ۱۳۳۲- صفحات ۱ و ۳)

" ... قبل از اینکه بازداشت شوم، اطلاعاتی رسیده بود که **منزل من تحت مراقبت مأمورین مخفی است و معلوم شد که سیم تلفن نیز کنترل** است و بعلاوه **خانهٔ من بین حزب سومکا و کانون افسران بازنشسته واقع است** که این دو محل تقریباً یک ماه و نیم قبل از واقعهٔ ربوده شدن **مرحوم تیمسار افشارطوس** از طرف مأمورین نظامی رسماً تعطیل گردیده بود و فاصلهٔ این دو محل تا منزل من از یک صد قدم تجاوز نمی‌کند **و در آن موقع و قبل از آن نیز یک پلیس و یک نظامی مقابل منزل من بودند** علاوه بر این سمت راست خانه دیوار کوتاه مشترکی با آقای **سرتیپ اسمعیل ریاحی** دارد و در ضلع جنوب‌شرقی آن **مادر خانم تیمسار سرتیپ [محمود] امینی**، رئیس سابق ژاندارمری، ساکن است که حد فاصل بین منزل ما و ایشان یک دیوار تیغه‌ای بسیار کوتاه است.

با این ترتیب نمی‌دانم این آقای دادستان محترم که مقابل بنده قرار گرفته و عهده‌دار دفاع از کیفرخواست تنظیمی دادستان حکومت سابق گردیده‌اند، بعد از این توضیح و تشریح محل واقعه بنا به ادعای دولت سابق، قانع شده‌اند که **ورود رئیس شهربانی مملکت به یک چنین نقطه‌ای و ربوده شدن او در حالی که لااقل پنجاه نفر نظامی و پلیس و مأمور مخفی آنجا را زیر مراقبت و بلکه فی‌الواقع در اشغال داشتند صورت گرفته‌است؟**

عقل متوسط هم نمی‌تواند قبول کند که رئیس شهربانی از جلو عدهٔ نسبتاً کثیری نظامی و پلیس باتوجه به مقیاس طول و عرض خیابان خانقاه عبور کند و کسی ایشان را نبیند، مگر اینکه برای این واقعه قائل به معجزه باشیم ... "

(روزنامه شاهد- شماره ۱۰۹۵- پنجشنبه ۵ آذر ۱۳۳۲- صفحه ۳)

به این گفتار **حسین خطیبی** باید اضافه کرد که: عقل متوسط هم نمی‌تواند قبول کند که در آن شب افزون‌بر **افشارطوس**، دست کم ۱۱ نفر دیگر برای دستگیری او با وسایل مختلف به خانه‌ی **حسین خطیبی** رفته باشند و پس از دستگیری، بیهوش کردن، و طناب‌پیچ نمودن، وی را در یک اتومبیل پونتیاک قرار دهند و سپس چند نفر از توطئه‌گران در همین اتومبیل و چند نفر دیگر هم در یک اتومبیل دیگر متعلق به یکی از توطئه‌گران، که ابتدا با راننده در همان نزدیکی متوقف بوده، سوار شوند و **افشارطوس** بیهوش را به خارج از شهر ببرند و تمام این افراد و اتومبیل‌هایی که آنان را آنجا آورده بود، و آن همه اقدامات از چشم آن همه مأمور علنی و مخفی پلیس و نظامی که در خیابان خانقاه حضور داشته‌اند، مخفی بماند!

بخش ششم

اقدامات پس از ربودن افشارطوس

دستور بسیار مشکل‌ساز محمد مصدق

تا چند روز پیش از ربودن و قتل **افشارطوس**، شخصی غیرنظامی، به نام **یوسف بهرامی**، ریاست اداره‌ی آگاهی شهربانی را به عهده داشته و نیز تا آخرین لحظه‌ی ریاست **افشارطوس** در شهربانی غیرنظامی دیگری، به نام **علی درخشان‌فر**، ریاست اداره‌ی کارآگاهی شهربانی را عهده‌دار بوده‌است. چون این دو کارمند باسابقه و مجرب در توطئه ربودن **افشارطوس** شرکت و دخالت نداشتند و با بودنشان در رأس دو اداره‌ی مهم که وظیفه و مأموریتشان رسیدگی و کشف جرایم در تهران بوده، امکان اجرای پرونده‌سازیهای مورد نظر بسیار مشکل به نظر می‌رسیده، بنابراین از چند روز پیش از رخداد ربودن **افشارطوس**، بنا به دستور **مصدق**، **یوسف بهرامی** از ریاست اداره‌ی آگاهی برکنار شده بود. نیز به طوری که در جای دیگر شرح داده شده‌است در آخرین ساعات حضور **افشارطوس** در شهربانی، باز هم بنا به دستور **مصدق**، قرار شده بود که **امیر هوشنگ نادری** به جای **علی درخشان‌فر** به ریاست اداره‌ی کارآگاهی منصوب گردد.

باز هم به‌طوری که خواهیم دید، سرگرد امیرهوشنگ نادری، که در آخرین روز حضور افشارطوس در شهربانی به درجه‌ی سرهنگ دومی ارتقاء یافته بود، از روز پس از ربودن افشارطوس به طور رسمی به ریاست اداره‌ی کارآگاهی گماشته شده و در عمل، سرپرستی اداره‌ی بی‌رئیس آگاهی را نیز به عهده گرفته بود.

حال برای اینکه در آینده این انتصاب و آن تغییرات، از سوی مخالفان و حتی همان برکنارشدگان، مورد سوءظن واقع نشود، **مصدق** در نخستین روز مفقود شدن

افشارطوس، **یوسف بهرامی**، رئیس سابق آگاهی و **سرپاس سرداری**، رئیس سابق شهربانی، را احضار کرده و به آنان دستور داده‌است که به‌طورمستقیم تمام امور و اقدامات مربوط به گم شدن رئیس شهربانی را به عهده بگیرند:

*" **دستور نخست‌وزیر***

*به قرار اطلاع ظهر امروز بنا به دستور آقای نخست‌وزیر آقایان **سرپاس سرداری (ادیب‌السلطنه)**، رئیس اسبق شهربانی، و آقای **[یوسف] بهرامی**، رئیس سابق ادارهٔ آگاهی، که فعلاً سمت بازرس شهربانی را به عهده دارد، احضار شدند و **به آنها دستور داده شد که عملیات مربوط به جستجوی رئیس شهربانی را تحت نظر گرفته و مأمورین را هدایت نمایند**."*

(روزنامه اطلاعات- مورخ یکم اردیبهشت ۱۳۳۲- صفحه ۱۰)

البته این اقدام **محمد مصدق** بدون دلیل نبود.

هرگاه یک نفر، برای **نمونه یک اصفهانی**، و ناآشنا به محیط تهران را که با اتومبیل قصد رفتن به شهر خود را دارد، در ابتدای جاده‌ای قرار دهند که به سوی شمال می‌رود ولی تابلوی **به سوی اصفهان** را در آنجا نصب کرده باشند، به احتمال زیاد وی تا زمانی که به اشتباه خود پی نبرده‌است، در آن جاده به سوی شمال حرکت خواهد کرد.

مصدق نیز با توجه به برنامه‌ای که برای ربودن **افشارطوس** تنظیم کرده بود، تردید نداشته‌است که دو مأمور زیرک و باسابقه‌ی شهربانی، یعنی **یوسف بهرامی و سرپاس سرداری** ابتدا بر مبنای شهادت راننده‌ی اتومبیل حامل رئیس شهربانی به **خیابان خانقاه** راهنمایی خواهند شد و در آنجا نیز با توجه به شهادت بقال محل مستقیم به خانه‌ی **حسین خطیبی** خواهند رفت و او را بازداشت خواهندکرد.

با این ترتیب، هرگاه از این پس **سرهنگ نادری**، به عنوان رئیس کارآگاهی تعیین می‌گردیده و کارها را از آن دو نفر تحویل می‌گرفته، اقداماتش در اجرای برنامه‌ی مورد نظر، ادامه‌ی منطقی کارهای آنان تلقی می‌شده و هیچگونه سوءظنی به وجود نمی‌آورده‌است.

اما برخلاف انتظار **مصدق**، دو نفر مذکور در همان روز نخست به دلایلی که ذکر خواهد شد، جریان فعالیت‌ها را از مسیر قلابی بازگردانده و به مسیر صحیح هدایت کردند. چون آنان با این امر مشکلات غیر منتظره و فراوانی در اجرای برنامه‌ی توطئه فراهم ساخته بوده‌اند، **مصدق** در همان بعدازظهر روز نخست، آنان را احضار کرد و عذرشان را خواست.

دست‌اندرکاران توطئه پس از برکناری این دو نفر، بار دیگر جریان فعالیت‌ها را به همان مسیر جعلی و مورد نظر خود برگرداندند.

اینک شرح بیشتری از مشکلاتی که دو نفر مذکور در همان چند ساعت فعالیت خود به‌وجود آورده بودند:

دستور بازداشت راننده‌ی شهربانی

نخستین قدم **یوسف بهرامی** بازجویی از راننده‌ی شهربانی بود که وی به دلایل بی‌شماری نسبت به وی ظنین شده و دستور بازداشت وی را به صورت ممنوع از ملاقات صادر کرد.

برخی از آن دلایل به شرح زیر است:

مفقودشدن کیف دستی رئیس شهربانی

افشارطوس مانند بسیاری دیگر از رؤسا و کارمندان، همواره یک کیف دستی سامسونت (و یا شبیه آن) به همراه داشته که در آن اسناد تازه‌رسیده و مکاتبات شخصی و اداری خود را نگهداری می‌کرده‌است.

بنا به شهادت کارکنان و مأموران شهربانی، هنگامی که **افشارطوس** در شب وقوع حادثه از شهربانی خارج می‌شده، مستخدم اتاق وی آن کیف را در صندلی عقب اتومبیل در کنار وی قرار داده بود.

کیف مزبور همواره درش قفل بوده و **افشارطوس** هرگز به جاهایی که برای مهمانی (برای نمونه منزل **حسین خطیبی**)، شرکت در مراسم رسمی و یا به عنوان دیگر می‌رفته آن را به همراه خود نمی‌برده‌است.

اما گویا آن شخصی که به عنوان رئیس شهربانی به خیابان خانقاه رسیده، کیف به همراه خود نداشته و هنگامی که **یوسف بهرامی** در نخستین بازجویی از راننده مطالبه‌ی کیف محتوی اسناد و مکاتباتی را می نماید که **افشارطوس** در وقت بیرون رفتن از شهربانی به همراه خود داشته، راننده از وجود آن در اتومبیل اظهار بی‌اطلاعی می کند.

آگاه‌نساختن مقامات شهربانی از گم‌شدن رئیس شهربانی

آخرین جملات از گزارش راننده‌ی اتومبیل **افشارطوس** به شرح زیر بوده، که به مناسبت‌های دیگر در همین کتاب درج شده‌است:

*" دیشب پس از آنکه ساعت ۹ **تیمسار افشارطوس** را در **خیابان خانقاه** پیاده کردم، به کلانتری دو رفته و در انتظار مراجعت ایشان توقف کردم. ساعت*

*هر لحظه جلو می‌رفت ولی خبری نبود. **تا ساعت ۳ بعد از نیمه شب** معطل شدم و چون دیگر خبری نرسید مراجعت کردم و از محلی هم که رئیس شهربانی رفته است خبری ندارم."*
(روزنامه اطلاعات- مورخ یکم اردیبهشت ۱۳۳۲- صفحه ۱۰)

چنین رفتاری به دلایلی بی‌شمار صد در صد غیر عادی و سوءظن برانگیز بوده است، زیرا این راننده به موجب دستور **سرتیپ افشارطوس** وظیفه داشته که در جلوی کلانتری ۲ در انتظار دستوراتی که **وی از طریق تلفن آن کلانتری** به وی خواهد داد توقف نماید.
اما تحقیقات **یوسف بهرامی** نشان داده بود که وی:
نخست – در مقابل کلانتری به مدتی خیلی کوتاه توقف داشته و بازگشت خود از آن محل را نیز به آگاهی افسر کشیک در آن کلانتری نرسانده است.
دوم – مقامات شهربانی با تلفنی که همسر **سرتیپ افشارطوس** در صبح روز بعد به آنان کرده بود، از مفقود شدن رئیس شهربانی آگاهی یافته بودند و راننده‌ی وی تا زمانی که از سوی **یوسف بهرامی** برای بازجویی احضار نشده بود، سکوت کرده و کوچکترین اطلاعی در این مورد در اختیار مقامات شهربانی قرار نداده است.
درحالی که هرگاه سخنان وی درست بود، وی در همان شب می‌بایست همین‌که ساعت به نیمه شب می‌رسید و **سرتیپ افشارطوس** هنوز برنگشته بود، بی‌درنگ از طریق افسر کشیک کلانتری ۲ و سلسله مراتب اداری نه‌تنها شهربانی بلکه سایر مقامات کشوری را نیز در جریان این امر قرار دهد. نه اینکه بدون آگاه ساختن افسر کشیک کلانتری به خانه‌ی خود برود و تا زمان بازجویی از وی در ساعت ۹ صبح روز بعد در این باره سکوت نماید.

شناسایی تامارای روسی

در این باره از **مجله‌ی امید ایران** کمک می‌گیریم:

*" ... [**یوسف**] **بهرامی** رئیس [سابق اداره] آگاهی [و بازرس وقت شهربانی] ناگهان بمانند یک سردار فاتح و یاکسی که در فکر و خیال خود کشف جدیدی کرده باشد، خودش را به شهربانی کل کشور رسانیده و اطاق **سرتیپ افشارطوس** را تحت نظر گرفت، دفترچه ملاقات[های اداری] او را [از دفتر آجودان وی] بدست آورد و یادداشتهای آن را روزبه‌روز مرور کرد. دوشنبه عصر بود که رئیس شهربانی گم شده بود و **بهرامی** متوجه شد که همان روز صبح ساعت ۹ رئیس کل شهربانی با یک زن ناشناس ملاقات داشته‌است.*
*مثل اینکه سرنخ پیدا شده بود. خبر ملاقات یک زن در روز گم شدن **افشارطوس** مثل توپ صدا کرد. کی بوده؟ از کجا آمده؟ اسمش چیست؟ چرا با **افشارطوس** ملاقات کرده؟ این زن ناشناس چکار داشته، به شهربانی کل کشور آمده؟ او پیر بوده؟ جوان بوده؟ خوشکل بوده؟*

همهٔ نیروی شهربانی به فکر دستگیری آن زن افتاد. اسم او **تامارا** بوده ولی معلوم نیست با **تیمسار سرتیپ افشارطوس**، رئیس شهربانی، چکار داشته‌است؟
خبر ملاقات **تامارا** با رئیس کل شهربانی همه را به فکر واداشت و فوراً به **دکتر مصدق** گزارش دادند که چون آخرین ملاقات‌کننده با **سرتیپ افشارطوس** یک زن بوده‌است به نظر می‌رسد که سرنخ پیدا شده.
آن روز شخص **نخست‌وزیر**، **آجودان رئیس کل شهربانی** را احضار کرد و مدتی با او به گفتگو پرداخت. می‌گویند **دکتر مصدق** می‌خواسته مشخصات **تامارا**، ملاقات‌کنندهٔ رئیس شهربانی را از آجودان او بپرسد و آجودان **افشارطوس** که در آن زمان **خلعتبری** بود [آجودان ویژه **افشارطوس** در آن زمان **سرهنگ علی لوزانی** بوده‌است]، به نخست‌وزیر گفته بود این خانم سه روز پیش به من تلفن کرد که می‌خواهد با **رئیس کل شهربانی** ملاقات کند و من پرسیدم: **کار اداری دارید یا خصوصی؟**
و **تامارا** اظهار داشت: **کارش خصوصی است و تیمسار او را خوب می‌شناسد.**
من عین پیشنهادش را به نظر **تیمسار ریاست کل** رسانیدم. زیر یادداشتی که تقاضای ملاقاتش را نوشته بودم، **تیمسار** نوشته بودند بیاید و همان روز که عصرش **تیمسار** [رئیس] **کل شهربانی** گم شد، زن زیبایی که لهجهٔ خارجی داشت وارد اطاق من شد او **تامارا** بود.
درحدود سی سال داشت. نسبتاً خوشکل و شیک‌پوش بود. ده دقیقه در اطاق من متوقف شد و بعد به اطاق **تیمسار ریاست کل شهربانی** رفت.
ملاقات آنها درحدود نیمساعت انجام شد و بعد بیرون آمد و رفت. اما به محض خروج او **تیمسار** به کارگزینی دستور دادند **ستوان یکم سرشار** را از شمیران به طهران منتقل نمایند.
اطلاعات **آجودان رئیس کل شهربانی**، از طرف آقای **دکتر مصدق** در اختیار مأمورین آگاهی گذاشته شد. بلافاصله **ستوان سرشار** را احضار کردند، معلوم شد **تامارا** یکی از روسهای سفیر [سفید] **است با رجال آشنایی دارد.**
او را به شهربانی کل کشور احضار کردند. او گفت: **مدتها بود با تیمسار افشارطوس آشنایی داشتم و ایشان به خانهٔ من می‌آمدند. ملاقاتم برای انتقال افسری بود** و بالاخره معلوم گردید که این زن نقشی در ربودن **افشارطوس** نداشته، بلکه نقش واسطه را بازی می‌کرده‌است که انتقال افسری را انجام بدهد و **افشارطوس هم بخاطر دوستی زمان جوانی با این زن تقاضایش را فوراً انجام داده‌است** ... "
(مجله امید ایران- دوره جدید شماره ٦- شماره مسلسل ٩٩٨- ١٤ اسفند ١٣٥٧- صفحات ٣٦/٣٧)

دستگیری و جلب تامارا،
پس از برکناری یوسف بهرامی

در روز پنجشنبه سوم اردیبهشت ١٣٣٢، در حدود نیمساعت بعدازظهر:

"... *مأمورینی که به دنبال* ***مادام تامارا، رقاصهٔ معروف*** *رفته بودند او را دستگیر کرده و با خود به شهربانی آوردند.* ***تامارا*** *درحالی که دو کودک خود را همراه داشت به شعبهٔ اول آگاهی برده شد [و] در آنجا بلافاصله بازجویی از او [توسط* ***نادری*** *تازه سرهنگ شده!] به عمل آمد.*
بازجویی از ***تامارا*** *خاتمه نیافته بود که مأمورین زن دیگری را به شهربانی آوردند.* ***این زن نامش نلی میباشد و در پارک‌هتل مشغول کار است.*** *از این زن نیز بازجویی آغاز شد و مأمورین دربارهٔ دستگیری این دو نفر گفتند که:*
توقیف آنها بی‌ارتباط با مسئلهٔ مفقودشدن رئیس شهربانی نیست."
(روزنامه اطلاعات- پنجشنبه سوم اردیبهشت ۱۳۳۲- صفحه ۱۰)

از خوانندگان گرامی درخواست می‌نماید که نام **مادام نلی** و محل کار وی، یعنی **پارک‌هتل** را به خاطر داشته باشند.

آزادی مادام تامارا و مادام نلی

" ***آزاد شدند***

روز پنجشنبه اطلاع دادیم که مأمورین دو نفر بانو [را] که به نام[های] ***مادام تامارا*** *و* ***مادام نلی*** *[بودند] برای انجام تحقیقات به شهربانی آوردند.*
تا ساعت سه و نیم بعدازظهر همان روز در یکی از اطاقهای ادارهٔ آگاهی از این دو نفر به‌طور جداگانه بازجویی شد و پس از اتمام بازجویی آنها را آزاد کردند.
امروز خبرنگار ما با ***مادام تامارا*** *که آزاد شده ملاقات کرد و از وی پرسید علت توقیف شما چه بود؟ آیا با* ***تیمسار افشارطوس*** *سابقهٔ آشنایی داشتید؟*
مشارالیها گفت:
یکی از دوستان اینجانبه، به نام ***مادام هلن ملیکسرکیسیان،*** *۴۵ ساله* ***تبعهٔ دولت ایران*** *[؟!]، کارمند* ***هتل فردوسی،*** *نظر به اینکه قصد داشت پروانهٔ کارمندی خود را از ادارهٔ اماکن شهربانی صادر نماید به اینجانبه مراجعه و درخواست کمک نمود.* ***چون برعکس رؤسای اسبق شهربانی، با تیمسار افشارطوس هیچگونه آشنایی نداشتم، ناچار به یکی از افسران عالیرتبهٔ ارتش مراجعه و از او درخواست سفارش درمورد مادام هلن را به تیمسار افشارطوس نمودم.*** *ایشان نامهٔ دوستانه‌ای به تیمسار مرقوم داشت و تلفناً به* ***آجودان مخصوص رئیس شهربانی*** *گفت که بنده را راهنمایی نماید.*
همان روز به شهربانی مراجعه و با تیمسار ملاقات نمودم و پاکت محتوی سفارش را به اضافهٔ شناسنامهٔ ***بانو هلن*** *و کنترات‌نامهٔ او به تیمسار داده، پس از مطالعه رئیس اماکن را احضار نمود و چون ایشان نبود، معاون او به اطاق وارد شده درمورد پروانه صحبت نمودند و ملاقات ما با تیمسار بیش از ده دقیقه طول نکشید. بنابراین* ***آشنایی و مذاکرات بین من با تیمسار افشارطوس دربارهٔ امور سیاسی نبوده‌است.*** "
(روزنامه اطلاعات- مورخ شنبه پنجم اردیبهشت ۱۳۳۲- صفحه ۱۰)

گزارش‌های خبربیاران و مأموران مخفی

به‌طوری که در همین کتاب شرح داده شده، در آن زمان **خیابان خانقاه و حتی محدوده‌ای که این خیابان در آن واقع بوده، تحت مراقبت شدید مأموران علنی و مخفی انتظامی و امنیتی و نیز خبربیاران نامرئی قرار داشته‌است.**

گزارش‌های این افراد هنوز هم اعم از اینکه مهم یا بی‌اهمیت باشد، معمولاً فاش نمی‌شود و در اختیار وسایل ارتباط جمعی قرار نمی‌گیرد و شواهد و دلایل بی‌شماری نشان می‌دهد که این قبیل گزارشات در آن زمان حاکی از آن بوده‌اند که **اتومبیل** رئیس **شهربانی در شب وقوع حادثه در خیابان خانقاه توقف کرده و** رئیس **شهربانی (یا افسری دیگر به جای وی) از آن پیاده شده و پس از پرسش درباره‌ی «خانه‌ی حسین» با سرعت از طریق کوچه کم طول "سیف‌الدین" (که بین مغازه‌ی بقالی و کانون افسران بازنشسته قرار داشته) از خیابان خانقاه خارج شده‌است.**

به احتمال زیاد **یوسف بهرامی** با توجه به همین گزارش‌ها، متوجه شده بود که افسر ارتشی مذکور، شخصی غیر از **سرتیپ افشارطوس** بوده که پس از نشان دادن خود در خیابان خانقاه، با سرعت زیاد به خارج از آن محدوده فرار کرده‌است.

به همین جهت وی خانه‌های واقع در خیابان خانقاه، از جمله خانه‌ی **حسین خطیبی** را مبری از هر نوع بدگمانی دانسته و فقط به بازرسی خانه‌هایی پرداخته که امکان ورود به آنها از طریق کوچه‌ی مزبور وجود داشته‌است.

وی همچنین **فقط** راننده‌ی **شهربانی** را **به‌صورت ممنوع از ملاقات بازداشت کرده، پس از بازرسی شمار اندکی از خانه‌های مظنون در خیابان صفی‌علیشاه،** در ساعت **چهار بعدازظهر همان روز، رفع بدگمانی از تمام آن محدوده** را **اعلام و دستور رفع محاصره را صادر نموده‌است.**

*" **محاصره خاتمه یافت***

*طبق دستور کمیسیون عالی، از **دیشب محاصرهٔ خیابان خانقاه و هدایت خاتمه یافت** و سربازان و مأمور[ان] شهربانی که در فواصل چهل و پنجاه متری به صورت دستجات کوچک مراقب رفت وآمد اتومبیل و اشخاص بودند، **جمع‌آوری شده و به مراکز خود بازگشتند** ولی البته محوطه، **مخصوصاً کانون افسران بازنشسته، هنوز تحت مراقبت کارآگاهان شهربانی بوده،** رفت‌وآمد عابرین و اتومبیلها مورد توجه است. "*

(روزنامه اطلاعات- چهارشنبه دوم اردیبهشت ۱۳۳۲- صفحه ٤- ستون آخر)

*" **آخرین اخبار***

*آقای **[یوسف] بهرامی** دو ساعت بعدازظهر به خبرنگار ما گفت:*
*تا ساعت چهار بعد از نیمه شب گذشته **آقای سرپاس سرداری، ادیب‌السلطنه، و پنج مأمور آگاهی و بنده در حدود خیابان خانقاه** مشغول جستجو بودیم و*

نقاطی دیگر را هم جستجو کردیم ولی البته نتیجهٔ مثبت که عبارت از پیداشدن رئیس شهربانی باشد به دست نیامد."
(روز نامه اطلاعات- همان- صفحه ۱۰)

در این زمان، دست‌اندرکاران توطئه، مطلب را به اطلاع **مصدق** رسانده و اعلام خطر نموده‌اند که اگر **یوسف بهرامی** باز هم در سمت سرپرست تحقیقات باقی بماند، بدون تردید توطئه واقعی را کشف خواهدکرد و توطئه‌گران اصلی را رسوا خواهد نمود.

دستور برکناری یوسف بهرامی و سرپاس سرداری و گماشتن سرهنگ نادری و سرهنگ سررشته

با توجه به مراتب بالا، **مصدق** در آخرین ساعات اداری روز چهارشنبه ۲ اردیبهشت ۱۳۳۲، با شتاب فراوان دستور صدور ابلاغ ریاست کارآگاهی به نام **سرهنگ ۲ امیرهوشنگ نادری** را صادر کرد و با انجام این عمل، خودبه‌خود به مأموریت دو روزه‌ی **یوسف بهرامی** (و **سرپاس سرداری**) پایان داد.

در ضمن چون این انتصاب عجیب حس کنجکاوی و بدگمانی سایر مقامات شهربانی و ارتشی، به‌ویژه کادر کارآگاهی را به شدت برانگیخته بود، پس، از رکن ۲ ستاد ارتش نیز یک سرهنگ مطیع و بی‌تدبیر به نام **سرهنگ حسینقلی سررشته** را احضار کرده و به او مأموریت دادند که با **امیرهوشنگ نادری** در کشف توطئه ربودن **سرتیپ افشارطوس** همکاری نماید.

اقدامات نادری و سررشته به بهانه‌ی جستجوی افشارطوس

سرهنگ امیرهوشنگ نادری که **بعدازظهر روز چهارشنبه ۲ اردیبهشت ۱۳۳۲**، به ریاست کارآگاهی رسیده و به عنوان وظیفه‌ی اداری مأموریت جستجوی **افشارطوس** را به عهده گرفته بود، بی‌درنگ دستور بازرسی خانه‌ی **حسین خطیبی** و بازداشت خانگی تمام ساکنان آن را تا اطلاع بعدی صادر کرد و نیز دستور داد که هر مراجعه‌کننده به آن خانه را نیز بازداشت نمایند.
در زمان اجرای این دستور، مادر، خواهر، پسر ۷ ساله‌ی **حسین خطیبی**، و کلفت آنان در خانه حضور داشتند و پس از آن نیز خود **خطیبی** به خانه برگشته و به بازداشت‌شدگان پیوسته بود.
چند دقیقه پس از نیمه شب (یعنی بامداد روز پنجشنبه ۳ اردیبهشت ۱۳۳۲) **سرهنگ امیرهوشنگ نادری** به اتفاق **سرهنگ حسینقلی سررشته** (که او هم مدت کوتاهی پس از **نادری** مأمور جستجوی **افشارطوس** شده بود) به آن خانه رفته و دستور انتقال تمام ساکنان آن خانه را به زندان صادر کردند.
خبر زیر مربوط به اقدامات آن دو نفر پس از برکناری **یوسف بهرامی** می‌باشد:

" کلید کشف جنایت
جستجوی شبانه

*روز سه‌شنبه [یکم اردیبهشت] هنگامی که پلیس و مأمورین فرمانداری نظامی حدود **خیابان خانقاه** را محاصره کردند و جستجو در منازل آغاز شد، بعضی از خبرنگاران دریافتند که **کارآگاهان چند خانه را از قلم انداخته و داخل آنها نشدند و کاوش و بازرسی در این منازل انجام نگرفت.***
*این اشتباه عمدی مورد توجهٔ خبرنگار ما قرار گرفت و با آنکه چند بار به رؤسای دسته‌های کارآگاهان مراجعه کرد و علت از قلم افتادن خانه‌های مزبور را سؤال نمود، هیچ یک جواب صحیح نداده و گفتند: **این قبیل منازل که تعداد آن از ٤ تا ٥ متجاوز نیست مورد سوءظن واقع نشده‌است.***
اما البته این جواب پلیس قانع‌کننده نبود تا اینکه کم‌کم حلقهٔ محاصره شکست.
*مأمورین متفرق شدند و هوا تاریک شد و فعالیتی که از ساعت ده صبح در حول و حوش **خیابان خانقاه** آغاز شده بود، رو به نقصان گذاشت و **در حدود ساعت دو بعدازظهر خیابان خانقاه در سکوتی اسرارانگیز فرورفت** و از هیچ جا صدایی به گوش نمی‌رسید. ولی در عین حال عده‌ای از کارآگاهان شهربانی با لباس‌های مختلف و قیافه‌های جورواجور در گوشه و کنار کوچه و پس‌کوچه‌ها مراقب رفت‌وآمدها و مواظب آن چند خانه‌ای بودند که در ضمن بازرسی از قلم افتاده بود.*
*بالاخره ساعت به دوازده رسید و مقررات حکومت نظامی مستقر شد و **درست چند دقیقه بعد از نیمه شب**، یک اتومبیل جیپ در اواسط **خیابان خانقاه** توقف کرد، پنج نفر از آن پیاده شدند. سه نفر یک سو و دو نفر سوی دیگر رفتند و ٤ پاسبان نیز مشغول پاس و گشت بودند، دورادور از دسته سه نفری مراقبت کرده و مواظب ایشان بودند. یکی از پاسبانها به رفیقش گفت: اینها برای جستجوی شبانه آمده‌اند."*
(روزنامه اطلاعات- پنجشنبه سوم اردیبهشت ۱۳۳۲- صفحه نخست)

تصویر صفحه آتی از صفحه‌ی نخست روزنامه‌ی باختر امروز مورخ یکم اردیبهشت ۱۳۳۲ (۷ شعبان ۱۳۷۲- ۲۱ آپریل ۱۹۵۳) می‌باشد که در حدود ساعت ۲ بعدازظهر همان روز (یعنی نخستین روز پس از ربوده شدن افشارطوس) منتشر شده‌است.

این صفحه از روزنامه به وضوح نشان می‌دهد که حداقل در ساعت مزبور نویسندگان آن روزنامه و ساعتها پیش از آنان، دو نفر سرپرست ویژه‌ی عملیات جستجوی **افشارطوس**، یعنی **یوسف بهرامی** و **سرپاس سرداری** از داستان خلاف واقع رفتن وی به خانه‌ی «**حسین**» در خیابان خانقاه آگاهی یافته‌اند.

باختر امروز

...۱ اردیبهشت ۱۳۳۲ - ۷ شعبان ۱۳۷۲ - ۲۱ آوریل ۱۹۵۳ - شماره ۱۰۸۰

گزارش جریانات سیاسی روز

شرکتهای نفتی ژاپونی باستناد اعلامیه سال گذشته

وزارت خارجه امریکا موافقت آندولت را با خرید نفت ایران جلب کرده اند بموجب این اعلامیه دست تمام شرکتهای خارجی در معامله نفت ایران باز گذاشته شده است. دولت ایران تعهد کرده است که از نرخ بین‌المللی مبالغی بشرکتهای ژاپونی تخفیف بدهد اما میزان این تخفیف هنوز معلوم نشده است. در ماه جاری دو نفتکش آمریکائی هم برای حمل نفت وارد خلیج فارس خواهند شد و نفت خام و تصفیه شده بارگیری خواهند کرد. اظهارات دیروز سخنگوی سفارت امریکا ... دولت شوروی یک هیئت مشترک فرهنگی و مطبوعاتی برای بازدید شوروی از ایران دعوت کرده است.

...ارهای اوسر دو باره جان گرفته اند

امروز در شهر شایع شد که:

سرتیپ افشار طوس رئیس شهربانی مفقود شده است

خانه «حسین» کجاست - چرا افشار طوس اسلحه خود را با خود

نبرد - تمام منازل خیابان خانقاه بشدت بازرسی میشود ولی تاکنون اثری بدست نیامده است

امروز دو کمیسیون در منزل نخست وزیر و شهربانی کل کشور تشکیل گردید

سرتیپ افشار طوس رئیس شهربانی

در کجا پیدایشد؟

ساعت چهار بعد از ظهر دیروز ابوالقاسم بختیاری بمقامات ارتشی تحویل و در زندان دژبان محبوس گردید

پرونده و مدارک لازم از لشکر ده خوزستان بتهران ارسال و برای محاکمه نامبرده جمع آوری میگردد - در ماجرای تجاسر ابوالقاسم بختیاری یک افسر و هشت سرباز بشهادت رسیدند بازجوئی از همکاران ابوالقاسم بختیاری در اصفهان و اهواز آغاز گردیده است

بیانات نخست وزیر بمناسبت روز اقبال لاهور

عالیقدر پاکستان

از نماینده ما از رم

حقه آبی رنگ بحر خزر میدرخشید

از: پاری ماچ - چاپ پاریس

دکتر مصدق سیاستمداران را که با او روبرو میشوند با ادب مخصوص خود مات میکند

او از پشتیبانی ملت کاملا بهره‌مند میباشد

از مخبر پارلمانی ما: امروز فراکسیون نهضت ملی طرح گزارش هیئت ۸ نفری را تقدیم ریاست مجلس شورای ملی نمود - در جلسه امروز نمایندگان منفرد سه تن انتخاب شدند تا با نخست وزیر وارد مذاکره شوند - پیام نخست وزیر بنمایندگان منفرد مجلس چه میباشد؟ امروز طوماری از طرف مردم اصفهان تقدیم فراکسیون نهضت ملی شد نیمی از اقلیت مخفی در تهران و نیمی در جای دیگر هستند امروز هشت منفردین و فراکسیون نهضت ملی جلسه دارند

پیام ... دیشب آیت‌الله کاشانی دستجات مختلف مجلس را باتحاد و اتفاق دعوت کردند

در جبهه کره جنگ متارکه شد. هنوز معلوم نیست که این متارکه موقتی یا دائمی میباشد - میگویند صلح در کره باید از راه مذاکره سیاسی برقرار گردد

از مخبر سیاسی ما: رومی

بمناسبت روز اقبال

از شایعات در مجلس

ملاقات از وزیر امور خارجه

مراسم اهداء قالی ایران بسازمان ملل

دو شرح صد در صد متفاوت
از داستان کشف منزل حسین خطیبی

در تصویر صفحه پیش، از روزنامه **باختر امروز** مورخ اول اردیبهشت ۱۳۳۲ دیدیم که، در همان اولین ساعات پس از آگاهی از گم شدن **افشارطوس**، داستان جعلی رفتن او به " **خانه حسین** " کشف شده وبرای آگاهی عموم انتشار یافته بوده است.

حال ببینید که چگونه **سرهنگ نادری** و **سرهنگ سررشته**، نخست تمام اقدامات و کشفیات **یوسف بهرامی** را که ناقص پرونده‌سازی مورد نظرشان بود ندیده گرفتند و دوم هر یک در یک گزارش جداگانه، و صد در صد متفاوت با گزارش دیگری، مدعی شد که وی تمام اقدامات را از ابتدا تا انتها به تنهایی (و بدون حضور یا آگاهی دیگری) انجام داده، از جمله اینکه خانهٔ **حسین خطیبی** را (که کشف آن در روز پیش توسط دیگران صورت گرفته بود) کشف کرده! و دستور بازداشت ساکنان آن را صادر نموده‌است.

ما در اینجا به منظور نشان دادن این تفاوت فاحش در دو گزارش مزبور، فقط به بازگونمودن قسمت نخست از آنها بسنده می‌نماییم:

الف- از زبان رئیس وقت اداره‌ی کارآگاهی
سرگرد (سرهنگ) امیرهوشنگ نادری

همان طور که به مناسبت‌های مختلف در این کتاب گفته شده، **امیرهوشنگ نادری** تا روز پیش از مفقود شدن **سرتیپ محمود افشارطوس**، **سرگرد بدون پست ارتش** بود و در آن روز بنا به موافقت **محمد مصدق**، به **سرهنگ دومی** ارتقاء یافت و روز پس از آن به دستور **دکتر غلامحسین صدیقی**، وزیر کشور، به **ریاست اداره‌ی کارآگاهی در شهربانی کل کشور** گماشته شد و **در آخر وقت همان روز** نیز (یعنی پس از برکناری **یوسف بهرامی**) مأموریت کشف توطئه مربوط به مفقود شدن **سرتیپ افشارطوس** به عهده‌ی وی واگذار گردید.

در آن زمان شخصی به نام **سرتیپ نصرالله مدبر**، که پیشتر سمت فرمانداری نظامی را داشته، به جای **سرتیپ افشارطوس** به ریاست شهربانی رسیده و شخص دیگری به نام **سرهنگ حسینقلی اشرفی** به جای وی فرماندار نظامی شده‌بود .

چون (گویا) فرماندار جدید نظامی به بهانه‌ی نداشتن آگاهی از اقدامات قبلی مربوط به متهمان **افشارطوس** از صدور یا امضای گزارشی در این مورد خودداری کرده بود، پس، گزارش فرمانداری نظامی با امضای رئیس کارآگاهی منتشر شد!:

" گزارش فرمانداری نظامی تهران و حومه
[به گفته‌ی رئیس کارآگاهی]

گزارش ۱/۱۱۹۱۴ – ۳۲/۲/۱۶[۱۳]

در ساعت ۷/۳۰ روز ۳۲/۲/۱ اینجانب [امیرهوشنگ نادری]، رئیس کارآگاهی [؟!] از طرف تیمسار سرتیپ همایونفر به شهربانی احضار شدم. به محض ورود به حوزهٔ ریاست کل شهربانی، آجودانی شهربانی و سایر افسران که حضور داشتند اظهار نمودند که از ساعت ۹ دیشب تاکنون خبری از ریاست شهربانی، تیمسار سرتیپ افشارطوس در دست نیست و بنا به اظهار رانندهٔ معظم‌له در ساعت ۹ دیشب تیمسار از اداره خارج شده‌اند و به خیابان خیام و خانقاه رفته و در آنجا از ماشین پیاده شده، به راننده دستور داده‌اند مقابل کلانتری ۲ توقف کند تا به وسیلهٔ تلفن او را احضار فرمایند ولی تا صبح تلفن نفرموده‌اند. علیهذا فوراً برای کشف موضوع اقدامات لازم به شرح ذیل معمول گردید:

۱ بدواً از حسن ثابت‌قدم، فرزند رحیم، که روز ۳۲/۱/۳۱ رانندگی اتومبیل شمارهٔ ۱ شهربانی را به عهده داشته، بازجویی معمول و نتیجه گرفته شد که در شب مزبور به شرح بالا تیمسار افشارطوس در خیابان خانقاه پیاده شده‌اند که بلافاصله دستور بازدید منازل واقعه در خیابان[های] خیام، خانقاه، صفی‌علیشاه، باغ سپهسالار داده شد و تحقیقاتی به عمل آمد که منجمله از صاحب دکان بقالی واقع در خیابان خانقاه روبه‌روی خیابان خیام سؤالاتی شد. نامبرده و شاگردش اظهار داشتند: شب گذشته افسر قدبلندی نشانی خانهٔ شخصی را که نامش حسین بوده، سؤال نمود با به دست آوردن این قرینه و توجه به اینکه بنا به اظهار راننده، تیمسار افشارطوس فرموده بودند تلفن می‌کنم، اسامی دارندگان تلفن در خیابان خانقاه که نام کوچک آنها حسین باشد مورد توجه و با سابقهٔ شناسایی که به بیوگرافی حسین خطیبی در خدمت رکن ۲ ستاد ارتش داشتم، نامبرده مورد سوءظن قرار گرفت که بلافاصله با مأمورین فرمانداری نظامی از خانهٔ مشارالیه بازرسی معمول و موضوعی که سوءظن را شدیدتر نمود، بوی عطر شدیدی بود که پس از ورود به منزل توأم با بوی نامطلوبی به مشام می‌رسید.

تحقیقات ابتدایی که از اهل خانه به عمل آمد و جوابهای آنها که حتی حاکی از انکار بدیهیّات بود، از جمله اینکه نوکر و کلفت خانه می‌گفتند اسم صاحب خانه را نمی‌دانیم و امثالهم، مزید بر تشدید سوءظن گردید.

علاوه بر بوی شدید عطر و بوی زننده‌ای توأم با نصب پنکه با توجه به هوای فصل مورد توجه قرار گرفت از این رو ساکنین خانه بازداشت و صورت‌مجلسی با حضور آنان تنظیم و برای دستگیری صاحب‌خانه (حسین خطیبی در خانه نبود) آموزش لازم به مأمورین صادر و بالاخره به شرح مندرج در پرونده، حسین خطیبی عصر روز چهارشنبه ۳۲/۲/۲ موقعی که می‌خواست به خانه وارد شود، توسط افسر مأموری که در پشت درب گمارده شده بود، دستگیر و به فرمانداری نظامی جلب می‌شود ..."

(توطئه ربودن و قتل سرلشکر افشارطوس، رئیس شهربانی حکومت ملی- گردآورنده: محمد ترکمان- صفحات ۹۷/۹۸)

چند نکته درباره‌ی همین متن کوتاهِ بالا، که از گزارش مفصل فرمانداری نظامی اقتباس شده‌است:

به‌طوری که خوانندگان گرامی پیشتر در همین کتاب، بازگوشده از روزنامه اطلاعات مورخ یکم اردیبهشت ۱۳۳۲ ، ملاحظه فرموده‌اند، تا آخرین لحظه‌ی حضور **افشارطوس** در شهربانی در شب ۳۱ فروردین ۱۳۳۲، شخصی به نام **سرهنگ علی جوزانی**، سمت آجودانی وی را به عهده داشته و در روز پس از آن نیز همین شخص با همین سمت (آجودانی)، درباره‌ی مفقود شدن **افشارطوس** با خبرنگاران مصاحبه کرده‌است.

حال به این خبر، بازگوشده از روزنامه اطلاعات مورخ چهارشنبه دوم اردیبهشت ۱۳۳۲- صفحه ٤ ستون ٥ توجه فرمایید:

> *" **سرپرست شهربانی**- چون در اثر گم شدن **تیمسار افشارطوس**- شهربانی کل کشور احتیاج به رئیس و یا سرپرست داشت، **بعدازظهر دیروز** [سه‌شنبه یکم اردیبهشت]، **تیمسار سرتیپ** [**نصرالله**] **مدبر**، فرماندار نظامی تهران، با حفظ سمت، به **سرپرستی شهربانی کل کشور** منصوب و مشغول کار شد. "*

با این ترتیب چون **سرتیپ مدبر** پس از رسیدن به ریاست شهربانی کل کشور، که بعدازظهر سه‌شنبه یکم اردیبهشت ۱۳۳۲ بوده، **سرتیپ همایونفر** را به سمت آجودان خود برگزیده‌است، پس در صبح آن روز هنوز هیچ یک از این دو نفر به سمت‌های مزبور گماشته نشده بوده و در شهربانی حضور نداشته‌اند. پس گفتار **امیرهوشنگ نادری**، در گزارش فرمانداری نظامی به شرح بالا، دروغی بیش نیست.

بدون تردید **سرهنگ نادری** با این دروغ خواسته‌است که فعالیت‌ها و کشفیات نگران‌کننده‌ی دو روزه‌ی **یوسف بهرامی** را کتمان و پرده‌پوشی نماید و گویا کسی هم از او نپرسیده‌است: تو که در روز دوم اردیبهشت ۱۳۳۲ به ریاست کارآگاهی گماشته شده بودی، چگونه فعالیت‌های کارآگانه‌ی خود را از صبح روز پیش از آن شروع کردی؟

درضمن **سرهنگ نادری** در زمان تنظیم گزارش مزبور نمی‌دانسته‌است که منزل **حسین خطیبی** در در خیابان خانقاه اجاره‌ای می‌باشد و تلفن منزل به نام صاحب‌خانه است. به این‌جهت ادعا می‌نماید که از روی ***" اسامی دارندگان تلفن در خیابان خانقاه که نام کوچک آنها حسین "*** بوده، **حسین خطیبی** را پیدا کرده‌است.

در حالی که صاحب آن منزل نیز پس از چندی که از بازداشت **حسین خطیبی** گذشته بود، به شهربانی رفته و کرایه‌ی عقب‌افتاده‌ی منزلش را طلب نموده‌است.

ب- از نوشته‌ی رئیس وقت شعبه‌ی تجسس رکن دوم ستاد ارتش، سرهنگ حسینقلی سررشته

" چگونه مأمور بررسی واقعه مفقود شدن سرتیپ افشارطوس شدم؟

*__روز چهارشنبه دوم اردیبهشت ۳۲[۱۳]__، موقعی که وارد دفترم در رکن دوم ستاد ارتش شده بودم، دیدم **سرهنگ حسن پاکروان** (بعد از ۲۸ مرداد، سرلشکر پاکروان) رئیس رکن دوم، یادداشتی روی میزم گذاشته و از من خواسته که فوراً نزد رئیس شهربانی بروم.*

*در دفتر ریاست شهربانی، **دکتر صدیقی**، وزیر کشور، **سرتیپ مدبر**، فرماندار نظامی تهران، و **سرهنگ حسینقلی اشرفی**، فرمانده تیپ ۳ کوهستانی و **سرهنگ پاکروان** حضور داشتند.*

*__سرهنگ پاکروان__ مرا به __دکتر صدیقی__ معرفی کرد. ایشان گفتند: **می‌دانید که رئیس شهربانی دو روز است به اداره نمی‌آید؟** می‌گویند ایشان مفقود شده، شما چه فکر می‌کنید؟ ایشان کجا هستند؟ آیا می‌توانید ایشان را پیدا کنید؟ این آقایان می‌گویند شما در کارهایی از این قبیل وارد هستید.*

*عرض کردم: **من هم دیشب این خبر را خوانده‌ام**[دروغ است!]، اضافه کردم **نوشته بودند که دویست هزار دلار به سازمان «اف.بی.آی» آمریکا حواله داده شده تا متخصصان کشف جرم این سازمان به ایران بیایند و سرتیپ افشارطوس را پیدا کنند** [این دروغگو برای مهم جلوه دادن کار خود این دروغ عجیب و احمقانه را سر هم کرده‌است]*

__دکتر صدیقی__ گفتند: شما هم عقیده دارید این کار فقط از عهدهٔ «اف.بی.آی» برمی‌آید؟

عرض کردم: اگر دو سازمان جدا از هم بخواهند کار واحدی را دنبال کنند، ممکن است به نتیجهٔ مطلوب نرسد، زیرا تعقیب این کارها در دو سازمان مختلف، تفاوت دارد و عملاً به بن‌بست می‌رسد.

*گفتند: نظر خودتان را صریح بگویید. عرض کردم: یا «اف. بی. آی.» آمریکا و یا **رکن دوم ستاد ارتش**، هر کدام را که مایلید انتخاب فرمایید و در هر صورت من مجری دستورات ستاد ارتش خواهم بود.*

گفتند: اگر از احضار متخصصان آمریکایی صرف‌نظر شود، شما قول می‌دهید، رکن دوم این کار را به تنهایی انجام دهد؟ عرض کردم: رکن دوم کوشش خود را خواهد کرد ولی با یک شرط قبول می‌کنم. و درخواست خود را بدین شکل مطرح کردم: در این قبیل کارها، معمولاً اگر شعبهٔ تجسس بخواهد بعضی محلها را بازرسی کند، اول باید مراتب را به دادستانی تهران اطلاع دهد و پس از کسب دستور کتبی می‌تواند به آن محل یا منزل وارد شود. در عمل تجربه شده که اگر شعبه بخواهد مراتب را به دادستانی اطلاع دهد، درصورتی که بتواند دادستان را سریع پیدا کند و اجازهٔ کتبی بگیرد، حداقل ۲۴ ساعت از وقت مأموران تلف می‌شود و در این مدت متهم به راحتی خواهد توانست از دست ما بگریزد.

اگر آقای **دکتر مصدق** مایل باشند می‌توانند از اختیارات فوق‌العادهٔ قانونی استفاده نمایند و یک اجازهٔ دائمی در این مورد به اینجانب بدهند، من هم قول می‌دهم آنچه در توان دارم در کشف قضیه به کار بگیرم.
دکتر صدیقی گفتند: شما از هم‌اکنون جریان را دنبال کنید، همین امروز اجازهٔ دادستانی را به شما خواهم رساند.
من از **دکتر صدیقی** همچنین تقاضا کردم دستور دهند که سازمانهای اطلاعاتی ژاندارمری و شهربانی [یعنی کارآگاهی و **سرهنگ نادری**!؟] را هم در اختیار اینجانب قرار دهند که مورد قبول ایشان قرارگرفت.
همراه **سرهنگ پاکروان** به ستاد ارتش مراجعت کردیم. او در بین راه به من گفت: چرا این مسئولیت را قبول کردید و خود و رکن دوم را بی‌جهت به دردسر انداختید؟ جوابی به او ندادم. البته می‌دانستم سوابق و تجربیات افسران دیگر شعبهٔ تجسس به سبب تماس دائم با این قبیل کارها از من بیشتر است ولی به خاطر خصلت امیدواری و پیگیری که در خود سراغ داشتم و با نظر مثبت، این کار را قبول کردم.
به محض ورود به شعبهٔ تجسس رکن دوم، افسران شعبه و افسر فرماندار نظامی، **سرهنگ غلامرضا امینی** را گرد هم آوردم و درمورد چگونگی دنبال کردن کار مشورت کردیم. پس از تبادل نظر، همهٔ افسران قول دادند با صمیمیت با من همکاری کنند.
تصادفاً روز دوشنبه ۳۱ فروردین ۳۲[۱۳]، یعنی همان روزی که **سرتیپ افشارطوس** مفقود شده بود، من و همسرم به یکی از سینماهای خیابان لاله‌زار که آن روزها یکی از بهترین خیابانهای تهران بود و چند سینما در آن قرار داشت رفته بودیم. معمولاً فیلمها را ساعت هفت بعدازظهر شروع می‌کردند و در حدود یک ساعت و سه ربع طول می‌کشید. پس از پایان فیلم، من و همسرم سوار جیپ شدیم و سر راه منزل به شهربانی رفتم تا از ادارهٔ کارآگاهی، اطلاعات و اخبار آن روز را بگیرم. همان طور که قبلاً اشاره کردم، هر روز اطلاعات و اخبار شهربانی و سایر منابع را جمع می‌کردم و پس از مطالعه و خلاصه کردن آنها، اول وقت روز بعد به رئیس ستاد گزارش می‌دادم.
آن شب ساعت ۹ به ادارهٔ شهربانی رسیدیم، به همسرم گفتم، شما داخل ماشین بمانید تا به ادارهٔ کارآگاهی بروم و فوراً برگردم. موقعی که از پله‌های شهربانی در تاریکی شب با عجله بالا می‌رفتم، دیدم رئیس شهربانی به تنهایی از پله‌ها پایین می‌آید. چون تماس دائم با هم داشتیم، بعد از احوالپرسی، **سرتیپ افشارطوس** به من گفتند: **سررشته**، چرا به دیدن من نمی‌آیی؟ گفتم: **تیمسار** خیلی کار دارم. می‌بینید که ساعت ۹ شب هم برای گرفتن اطلاعات به شهربانی می‌آیم.
گفتند: هر موقعی که وقت داشتید به دیدن من بیایید. سپس خداحافظی کردیم. ایشان به پایین پله‌ها رفتند و من به طرف بالا. در این موقع به خاطرم رسید که **همسرم** داخل جیپ نشسته. شاید رئیس شهربانی در موقع عبور از او بپرسند شما اینجا چه می‌کنید؟ در بالای پله‌ها آنقدر توقف کردم تا اگر از همسرم سؤالی کردند، از همان بالا او را معرفی کنم و مسئله‌ای پیش نیاید.

ولی **سرتیپ افشارطوس** از جلوی جیپ من عبور کردند و سوار ماشین شهربانی شده و دور شدند.

این برخورد و سوارشدن ایشان به ماشین در ذهن من باقی مانده بود و همچون کلید حل معما در کشفیات آینده بی‌نهایت مورد استفاده قرار گرفت.

پس از مراجعت از شهربانی، ضمن گفتگو با همسرم، معلوم شد که همسرم تیمسار را موقع سوارشدن به ماشین شهربانی و داخل ماشین را دیده و کسی غیر از راننده در آن نبوده‌است.

آن روز در شعبهٔ تجسس و پس از مشورت با افسران، ذهنم متوجهٔ برخورد من با **سرتیپ افشارطوس** در شب ۳۱ فروردین شد. با تطبیق ساعت و مفقود شدن ایشان در آن ساعت، به یکی از افسران دستور دادم رانندهٔ **تیمسار افشارطوس** را که در آن شب رانندگی را به عهده داشته پیدا کنند و نزد من بیاورند.

ساعت سه بعدازظهر [روز چهارشنبه ۲ اردیبهشت] راننده را به شعبهٔ تجسس آوردند. راننده، مرد نسبتاً قدبلند و تنومندی بود و ظاهر آرام و خونسردی نشان می‌داد که هیچگونه نگرانی ندارد! بی‌مقدمه پرسیدم: ایشان را کجا بردید؟ گفت: که را؟ گفتم: خودت خوب می‌دانی درمورد چه کسی سؤال می‌کنم. باز پرسید: چه کسی را؟ چون دیدم در جواب دادن تردید دارد، با شدت به او گفتم: اگر این بار جواب ندهی، می‌دانم با تو چکار کنم. با خونسردی جواب داد: من استوار ارتش هستم، لباس شخصی می‌پوشم. جواب سربالا می‌داد، معلوم بود به جایی اتکاء دارد.

گفتم: یک ورقهٔ زندانی به نام او بنویسید، بیاورید، امضاءکنم تا بفهمد سر و کارش با چه اشخاصی است. باز ایستاده بود مرا برانداز می‌کرد تا ببیند چقدر می‌تواند مقاومت کند. گفت: **جناب سرهنگ** چه کسی را از من می‌پرسید؟ گفتم: آقاجان، خودم ساعت ۹ دوشنبه ۳۱ فروردین، موقعی که آن شخص سوار ماشین شد، آنجا بودم. در آن ماشین غیر از شما و آن شخص کس دیگری نبود. یادت هست در کنار ماشین شما یک جیپ ارتشی ایستاده بود و در آن خانمی نشسته بود؟ حالا فهمیدی چه کسی را می‌گویم؟ جواب می‌دهی یا ورقهٔ زندانی را امضاء کنم؟ این بار گفت: ورقه را امضاء نکنید، می‌گویم کجا بردم. از او خواستم دیگر حرفی نزند. در حضور همهٔ افسران اجازه دادم بنشیند و به او چای تعارف کردم. پس از خوردن چای گفتم: حالا می‌توانیم با هم برویم.

چون به افسران شعبه که قبل از من با **سرهنگ علوی‌کیا** و **سرگرد نادری** کار کرده بودند، زیاد اطمینان نداشتم، فقط از **سرهنگ غلامرضا امینی** افسر فرمانداری نظامی خواستم همراه من بیاید.

راننده ما را به کوچهٔ **صفی‌علیشاه** و از آن به **کوچهٔ خانقاه** برد. رانندهٔ **سرتیپ افشارطوس** در نقطه‌ای از کوچه ماشین را نگه‌داشت و گفت: تیمسار را تا اینجا آوردم، ایشان «**همین‌جا**» پیاده شدند و به من گفتند: برو جلو کلانتری مجلس شورا بایست تا من تلفنی شما را احضار کنم.

من هم به کلانتری رفتم و خود را به افسر نگهبان معرفی کردم و به انتظار احضار تلفنی ریاست شهربانی نشستم.

در منزل حسین خطیبی

رانندهٔ سرتیپ **افشارطوس** را مرخص کردم. از ماشین پیاده شدیم و نگاهی به اطراف انداختیم. یک دکان کوچک بقالی که بساط خود را در یک گاراژ چیده بود، توجهٔ ما را جلب کرد. از مرد مسنی که پشت ترازو ایستاده بود، پس از سلام و احوالپرسی، سؤال کردم: عمو جان، شما دو شب قبل، ساعت ۹ بعدازظهر یک افسر ارتشی را ندیدی؟

همان طور که عادت اغلب مغازه‌داران و اشخاص مسن است و برای اینکه مبادا صحبت آنها بعداً برایشان گرفتاری درست کند، اگر هم دیده باشند جواب می‌دهند ندیده‌اند، آن پیرمرد هم گفت: کسی را ندیده‌ام. کمی دورتر از ترازو و در دو متری بقال، پسر بچه ده دوازده ساله‌ای ایستاده بود و به حرفهای ما گوش می‌داد. به محض اینکه خواستیم از دکان بیرون بیاییم، پسر بچه دنبال ما دوید و با صدای بلند گفت: آقا، من دیدم. برای اینکه بقال مانع صحبت پسر نشود او را از مغازه بیرون آوردم و دور از نظر صاحب مغازه ده تومان به او دادم و گفتم: بارک‌الله. آدم باید مثل شما راستگو باشد. خُب پسرم، بگو کجا رفت؟ آن آقا از پدرم پرسید: **منزل حسین کجاست؟** پدرم جواب داد: **اسم حسین زیاد است فامیلش را بگویید، شاید بشناسم. آن افسر بعد از شنیدن جواب پدرم پوزخندی زد و دور شد.**

پرسیدم: ندیدی کجا رفت؟ جواب داد: تا من از مغازه بیرون آمدم که ببینم کجا می‌رود، دیدم غیبش زده‌است. پرسیدم: او سوار ماشین شد یا پیاده رفت؟ پسر بچه گفت: صدای ماشین نیامد و اصلاً در کوچه ماشینی نبود. صورت پسر را برای تشویق و برای اینکه واقعاً کلید حل معما بود، بوسیدم، و او را به بقال سپردم و به بقال گفتم: پسر بسیار فهمیده و راستگویی است.

به **سرهنگ امینی** گفتم: مسئله دارد حل می‌شود. چون از نقطه‌ای که آن پسر داخل مغازه ایستاده بود تا مغازه بیش از ۷ تا ۱۰ قدم نیست، بنابراین منزل **حسین** باید در همین ۱۰ یا ۲۰ قدمی باشد. از ایشان خواهش کردم پلاک خانه‌های جنوب کوچه را بررسی کند، خودم هم به بررسی خانه‌های شمال کوچه پرداختم.

ده متر دور نشده بودم که پلاک نسبتاً بزرگی به نام «**حسین خطیبی**» را دیدم. پس از مشورت با **سرهنگ امینی**، زنگ در را فشار داده و منتظر ایستادیم. زنی در حدود چهل ساله در را باز کرد. به محض باز شدن، پایم را بین دو لنگهٔ در گذاشتم تا در را نبندد. به آن خانم گفتم: با آقای **حسین خطیبی** کار داریم. چون در جواب دادن تعلل کرد، فوراً به داخل خانه رفتیم. اتاقها را بازدید کردیم. غیر از آن **خانم**، یک زن مسن‌تر که در بستر خوابیده بود، کس دیگری را ندیدیم. سالن نسبتاً بزرگ و مفروش و پر از گلدانهای گل توجهٔ ما را جلب کرد. با اینکه هوای داخل سالن مناسب بود و برای باز کردن پنجره‌ها دلیلی به نظر نرسید، ولی تمام پنجره‌ها باز بودند. به ذهنم رسید دلیلی ندارد در این هوای نسبتاً سرد پنجره‌ها باز باشد. به تمام نقاطی که تصور می‌رفت برگه‌ای بدست آید سرکشی کردیم. در داخل

یخچال غذاهای متنوع و مانده از قبل، روی هم چیده شده بود. این مقدار غذا نشان می‌داد که در چند روز گذشته، آنجا مهمانی بوده‌است. از آن **خانم** پرسیدیم: شما دو نفر بیشتر نیستید، این غذاها را برای چه کسانی و کِی تهیه کرده بودید؟ آن **خانم** جوابی نداد.
به همین دلیل او را به یکی از اتاقها فرستادیم و به هر دو **خانم** گفتم: اگر از بیرون تلفنی شد حق ندارید جواب بدهید. بعد به کلانتری محل تلفن کردم و خواستم دو پاسبان را برای محافظت آن منزل بفرستند. پس از رسیدن پاسبانها، یکی را مأمور کردم داخل منزل و پشت در بایستد و هر کس در زد فوراً دستگیر کند و نزد ما بیاورد. به پاسبان دیگر مأموریت دادم مراقب آن خانمها باشد که به تلفن نزدیک نشوند و اگر تلفن زنگ زد جواب ندهند.
با **سرهنگ امینی** به داخل سالن رفتیم و پس از بستن پنجره‌ها به انتظار نشستیم که صاحبخانه یا شخص دیگری بیاید زیرا این دو **خانم**، حتماً بی‌سرپرست نیستند و کسان دیگری هم در این منزل زندگی می‌کنند.
داشتیم درمورد علت باز بودن پنجره‌ها و مقدار بیش از اندازهٔ غذاها و پاسخ ندادن آن **خانم** به سؤالها صحبت می کردیم که همان **خانم** داخل سالن آمد و گفت: چرا نمی‌روید؟ در این خانه چکار دارید؟
گفتم: منتظریم تا آقای **خطیبی** بیاید چون با ایشان یک کار واجب داریم.
زن گفت: آقای **حسین خطیبی** امروز به منزل نخواهد آمد زیرا چند ساعت قبل از آمدن شما، از منزل خواهرش تلفن کرد و به نوکرش دستور داد که بچه را به نزد خواهرش ببرد. امشب آنجا است. جواب دادم: چشم حتماً می‌رویم. ضمن مشورت با **سرهنگ امینی** نتیجه گرفتیم که حتماً **حسین خطیبی** حدس زده که ممکن است خانه‌اش مورد بازرسی قرار گیرد، به همین علت فرزندش را که نمی‌تواند در مقابل پرسشهای مأموران مقاومت نماید از دسترس مأموران دور کرده و به منزل خواهرش برده‌است. روی این اصل تصمیم گرفتیم آنقدر در آن منزل بمانیم تا **خطیبی** یا نوکرش پیدا شوند.
تا اینجا شواهدی پیدا شده بود که می‌توانست با مفقود شدن **تیمسار افشارطوس** رابطه داشته باشد. **سرهنگ امینی** گفت: ممکن است **خطیبی** اصلاً به منزل نیاید. گفتم: علت اینکه به پاسبان دستور دادم کسی به تلفن جواب ندهد، همین است. اگر **خطیبی** که الان احتمالاً ناراحت است، تلفن کند و ببیند کسی جواب نمی‌دهد، یا خودش می‌آید یا کسی را می‌فرستد. دستگیری همان شخص برای دنبال کردن قضیه کافی است.
حدود یکساعت گذشت، چون پنجره‌ها را بسته بودیم، بوی تند و ناراحت کننده‌ای در آن سالن پیچیده بود. اول تصور کردیم که به سبب وجود گلدانها است. پس از بررسی یک‌یک گلدانها متوجه شدیم که آن بو از گلدانها نیست لبهٔ فرشها را کنار زدیم و زیر آنها را جستجو کردیم، چیزی دستگیرمان نشد ولی لحظه به لحظه آن بو بیشتر می‌شد. از **سرهنگ امینی** تقاضا کردم ایشان از بالای سالن و من از پایین، دستها را روی فرش بکشیم و نقاط مختلف را بو کنیم تا منبع آن پیدا شود. یک مرتبه **سرهنگ امینی** گفت: بو از اینجاست. من هم آن نقطه را بو کردم. بوی کلروفورم بود.

مسلم بود که کلروفورم را در این سالن برای منظوری به کار برده‌اند. شاید زدوخوردی اتفاق افتاده و کلروفورم به زمین ریخته بود؟ "
(خاطرات من- سرهنگ ستاد بازنشسته حسینقلی سررشته- صفحات ۴۷/۴۸)

مهم‌ترین مطلب صد در صد روشن و غیرقابل انکار در ماجرای قتل **افشارطوس** این بوده‌است که از صبح روز سه‌شنبه یکم اردیبهشت ۱۳۳۲به بعد، مقامات مختلف در شهربانی و رکن ۲ ستاد ارتش بارها و بارها از راننده‌ی **افشارطوس** این پرسش را به عمل آورده بوده‌اند که: **تیمسار افشارطوس را کجا بردی؟** و او هم بدون تأمل و تردید پاسخ داده بوده است: **به خیابان خانقاه.** این پرسش و پاسخ نیاز به هیچ گونه ایجاد ترس و تهدید نداشته‌است.
و نیز پیشتردر تصویر **روزنامه باختر‌امروز** به تاریخ روز اول اردیبهشت ۱۳۳۲ دیدیم که در صبح همان روز داستان رفتن **افشارطوس** به **خیابان خانقاه** (بنا بر گفته‌ی رانندهٔ شهربانی) و پرسش او در مورد **"خانهٔ حسین"** (ظاهراً از بقال محل) به آن روزنامه رسیده (و با توجه به وضع چاپ در آن زمان که خیلی کند و به صورت چیدن حروف سربی در کنار هم انجام میگرفته) چند ساعت بعد در آن روزنامه چاپ شده است.

اما دیدید که این **سرهنگ سررشته** با چه دروغ‌هایی مهارت بزرگ خود در گرفتن همین اقرار ساده از این راننده را در روز چهارشنبه دوم اردیبهشت ۱۳۳۲شرح داده است.
و نیز این سرهنگ نادان گمان میکرده است که سازمان اِف-بی-آی یک دفتر کارآگاهی خصوصی و مستقل میباشد که به صورت بازرگانی اداره می‌شود و هرکس می‌تواند با مراجعه به آن و پرداخت مبلغی کارمزد، کشف هر ماجرای پیچیده و مشکل پلیسی را به عهده‌ی کارآگاهان ورزیده‌ی آن دفتر محول سازد و به همین جهت وی به دروغ ادعا کرده که:

" . . . من هم دیشب این خبر را خوانده‌ام و اضافه کردم نوشته بودند [در کجا؟] که دویست هزار دلار[!] به سازمان «اف.بی.آی» آمریکا حواله داده شده[از کدام بودجه و با چه اختیاری؟] تا متخصصان کشف جرم این سازمان به ایران بیایند و سرتیپ افشارطوس را پیدا کنند[!!]"

این خیالباف بی‌منطق که تنها به علت دشمنی شدید با **شاه** و دوستی‌اش با **مصدق** و نیز آمادگی‌اش برای انجام هر گونه زجر و شکنجه در مورد مخالفان **مصدق**، ترفیع درجه یافته و به سمت مهم **ریاست شعبه‌ی تجسس رکن دوم ستاد ارتش** منصوب شده بود جز برای افسانه‌سازی و قصه‌گویی در رختخواب برای نوه‌های خردسالش به درد کار دیگری نمیخورده است.

همکاری اردشیر زاهدی با پرونده‌سازان

اردشیر زاهدی به مراتب و بسیار بیش از هر ایرانی دیگر نسبت به نخست‌وزیر شدن پدرش علاقمند بوده و آن را بسیار با ارزش و با اهمیت تلقی می‌کرده‌است. به همین جهت وی که در آن زمان **بیست و پنج ساله** بوده، به اقتضای جوانی و نیز به انگیزهٔ علاقه‌ی شخصی آمادگی کامل داشته‌است که برای نخست‌وزیر شدن پدرش به هر اقدامی که لازم باشد دست بزند و در هر توطئه‌ای که اجرای آن را **دوستان خارجی؟!** توصیه نموده باشند شرکت کند.

با توجه به این مراتب، وی به‌طور مسلم در طرح‌ریزی و اجرای توطئه ربودن **افشارطوس** به نحوی بسیار کارساز، سهیم و شریک بوده، برای نمونه حتی ترتیب آماده ساختن منزل **مادام تامارا** برای عشقبازی **افشارطوس** را او داده بوده و نیز رانندگی اتومبیل حامل پیکر بیهوش **افشارطوس** به نزدیک کوه‌های تلو را هم او به عهده داشته‌است.

مقامات دولتی که تا اندازه‌ای از این فعالیت‌ها آگاهی داشته‌اند در دومین روز پس از ربوده شدن **افشارطوس** ، با راهنمایی پنهانی **مصدق**، تصمیم گرفته‌اند که **سرلشکر زاهدی** و پسرش **اردشیر** را دستگیرنمایند و **اردشیر** را با شکنجه به اقرار درباره‌ی اقدامات خود و پدرش وادار کنند و سپس به صورتی به ظاهر خیلی مهربانانه و به‌طور بسیار محرمانه! به بهانه‌ی علاقه‌مندی به **شاه** و سلطنت و حفظ آبروی او، به آن دو نفر اعلام نمایند که حاضرند این اقدامات جنایتکارانه را که دارای پاداش مرگ و یا دست کم حبس ابد می‌باشد، ندیده بگیرند مشروط بر اینکه آنان:

۱ - با آن **چند نفر** افسران متهم، که در جریان توطئه با **اردشیر زاهدی** و گاهی هم با خود سرلشکر زاهدی تماس داشته‌اند، مستقیم و یا با واسطه صحبت کنند و از آنان بخواهند که در درجه‌ی نخست به منظور حفظ مقام سلطنت و جلوگیری از رسوایی و آبروریزی برای **محمدرضا شاه پهلوی** و در درجه‌ی دوم برای نجات جان و آبروی خود آن سرلشکر و پسرش، و در درجه‌ی سوم برای گرفتن تخفیف قابل توجه در مجازات خودشان و سایر متهمان، نخست خود را داوطلبانه تسلیم نمایند و دوم در اعترافات خود، **در هر کجا که به نقش و نام سرلشکر فضل‌الله زاهدی و اردشیر زاهدی می‌رسند، به ترتیب به جای آنان نام دکتر مظفر بقائی‌کرمانی و حسین خطیبی** را قرار دهند **و نیز مذاکرات انجام شده در منزل آن سرلشکر و پسرش را به حساب خانه‌های این دکتر و خطیبی بگذارند.** افزون‌برآن، اقدامات انجام شده در منزل **مادام تامارا** را به عنوان کارهایی شرح دهند که در منزل **حسین خطیبی** انجام گرفته‌است.

۲ - با **آیت‌الله کاشانی** صحبت کنند و این حقیقت را به آگاهی او برسانند که پسر او، **آقاسیدمصطفی**، نیز فعالانه در توطئه ربودن **افشارطوس** شرکت داشته‌است. به این‌جهت، به منظور جلوگیری از دستگیری، محاکمه و محکومیت وی باید از همکاری با سفارتخانه‌های انگلیس و آمریکا دست بردارد و نیز درباره‌ی تغییر

مسیر اتهامات که قرار است به سوی **دکتر مظفر بقائی** و **حسین خطیبی** متوجه گردد، سکوت کند.

برنامه‌ی مزبور به نحوی که در بالا شرح داده شد، به علت دستگیر نشدن **سرلشکر زاهدی**، نتوانسته‌است به‌طور کامل به مرحله‌ی اجرا درآید ولی پرونده‌سازان با دستگیر کردن **اردشیر زاهدی و پس از گرفتن اقرارهای مورد نظر از وی، تا حدودی همان برنامه را، البته به صورتی دیگر عملی کردند.**
یعنی روز پس از بازداشت و اقرارگیری از **اردشیر زاهدی**، بازپرس نظامی به نام **سروان پرویز طالع (بی‌گمان با چند افسر دیگر)، به عنوان علاقه‌مندی به شاه و سرلشکر زاهدی**، با وی ملاقات کرده و همان قول و قرارها را با او گذاشته‌اند و **اردشیر زاهدی** نیز که برای نخستین بار و آخرین بار، طعم طاقت‌فرسای شکنجه را چشیده بوده، **نسبت به آنچه که بازپرس مایل بوده متعهد شده و به این ترتیب از بازداشت و رسوایی و محکومیّت به زندان و حتی اعدام رهایی یافته‌است.**

به‌طوری که خوانندگان گرامی در شرح زیر که **اردشیر زاهدی** درباره‌ی زندانی شدن یک شبه‌ی خود داده‌است ملاحظه خواهند فرمود، وی از زندان شهربانی که در فاصله‌ی کوتاهی در غرب میدان سپه (امام خمینی) قرار داشته‌است، با پای پیاده به منزل **آیت‌الله کاشانی** در خیابان پامنار (واقع در خیابان امیرکبیر) در شرق همان میدان رفته تا او را نیز از خطر، دست کم، زندان و محکومیت به حبس طولانی برای پسرش آگاه سازد و از او بخواهد **که از ادامه‌ی همکاری با برنامه‌های سازمان‌های آمریکایی و انگلیسی جهت سرنگونی دولت مصدق دست بردارد و نیز از دفاع درباره‌ی اتهاماتی که قرار بود به زودی بردکتر مظفر بقائی وارد شود، خودداری نماید.**

حال پیش از اینکه به شرح دستگیری و آزادی **اردشیر زاهدی** به گفته‌ی خود او پرداخته شود، بد نیست که خبر آن را، بازگوشده از صفحه ٤- روزنامه اطلاعات- مورخ پنجشنبه سوم اردیبهشت ۱۳۳۲، به آگاهی خوانندگان گرامی برساند:

*" **چهار نفر دستگیر شدند***

*به قرار اطلاع، پس از بازجویی از آقای **حسین خطیبی** [که بعدازظهر **چهارشنبه دوم اردیبهشت** بازداشت شده بود] به مأمورین فرمانداری نظامی دستور داده شد که چهار نفر آقایان: **سرلشکر زاهدی، سرتیپ علی‌اصغر مزینی، سرتیپ منزه** و **سرهنگ دولو** بازداشت شوند.*
*مأمورین دیشب **[دوم اردیبهشت]** و امروز **[سوم اردیبهشت]** به منازل آقایان مزبور مراجعه نموده و سه نفر آنان یعنی آقایان **مزینی** و **منزه** و **سرهنگ دولو** را دستگیر نمودند ولی **توقیف** آقای **سرلشکر زاهدی به علت آنکه در منزل نبود، میسر نگردید و پسر ایشان** آقای **مهندس** اردشیر زاهدی **را جلب کرده و برای بازجویی به شهربانی آوردند که ساعت ۱۲ امروز پس از بازجویی ایشان را مرخص نموده‌اند.***
*طبق یک خبر دیگر مأمورین امروز [منزل] آقای **سرلشکر حجازی** واقع در دزآشیب را نیز محاصره نموده و در آنجا کاوش و جستجو به عمل آوردند و **منزل آقای سرلشکر [زاهدی] نیز هم در شهر و هم در حصارک توسط مأمورین***

مورد بازرسی قرار گرفت ولی آقایان سرلشکر حجازی و سرلشکر زاهدی در منزل نبودند.
یکی از مأمورین تحقیق گفت: علت بازرسی منزل سرلشکران مزبور این بود که گزارشات و اطلاعاتی به دست آمده بود که بازرسی منزل آنها را ایجاب می‌کرد."

شرح دستگیری و آزادی اردشیر زاهدی، از زبان خودش

علتی که اردشیر زاهدی برای دستگیری خود ذکر کرده‌است:

*" ... **دکتر** [**فرانکلین**] **هریس** [رئیس اصل چهار ترومن در ایران] همکاری صمیمی و وفادار بود. اما یک روز اتفاق بدی برای او می‌افتد، که **اردشیر** بیش از همه گرفتار آن می‌شود. وقتی **دکتر هریس** برای رساندن آقای **محمودی**، حسابدار اصل چهار به قلهک رفته بود، در راه بازگشت، در نزدیکی چهارراه قصر، غفلتاً پسربچه‌ای به سوی اتومبیل او می‌دود، قلاب پشت اتومبیل بیوک **هریس** به سر او می‌خورد[؟!]. **هریس** از اتومبیل پیاده شده مردم را به کمک می‌طلبد. پسربچه را به بیمارستان می‌رسانند و او در بیمارستان فوت می‌کند و پاسبان محل **هریس** را دستگیر کرده به کلانتری خیابان آمل می‌برد.*
اردشیر** و پدر و دوستان دور هم نشسته بودند که **هریس** از کلانتری تلفن می‌زند و **اردشیر** را به کمک می‌خواهد. **اردشیر** و **نصرالله زاهدی** به کلانتری می‌روند و پیرمرد [پدر پسربچهٔ متوفی] را می‌بینند که به حالتی زار و نزار در گوشهٔ کلانتری نشسته‌است. **کارشناس تصادف تشخیص می‌دهد که تقصیر راننده نبوده‌است، چون پسرک با عقب اتومبیل تصادف کرده‌است. پدر بچه هم قبول می‌کند.
به هر حال پرونده را از کلانتری به شهربانی می‌فرستند.
***سرتیپ محمد دفتری**، رئیس شهربانی، که می‌دانست بین **حاج‌علی رزم‌آرا** و **فضل‌الله زاهدی** اختلاف وجود دارد، به دلیل ملاحظاتی به‌جای آنکه پرونده را بسته و مختومه اعلام کنند، آن را به دادگستری می‌فرستد. در دادگستری پرونده به دست بازپرسی می‌افتد که از اعضای حزب توده و مخالف **زاهدی‌ها**ست. همین شخص بعدها وقتی نام او در لیست توده‌ای‌ها منتشر شد خود را از پنجرهٔ دادگستری به پایین پرت کرد.*
***اردشیر**، **افشارقاسملو** را به وکالت می‌گیرد. بازپرس قراری به قید ضمانت می‌کند تا پرونده به دادگاه برود و وضع روشن شود. اردشیر قبالهٔ خانهٔ **افسر زاهدی**، **دختر عمه**، و **مهندس محمد الهی**، همسر او، را به عنوان وثیقه می‌گذارد و **دکتر فرانکلین هریس** به قید ضمانت آزاد می‌شود."*
(روایت خاطرات اردشیر زاهدی، فرزند طوفان- نوشته: منصوره پیرنیا- ویراستار: داریوش پیرنیا- صفحات ۱۳۱/۱۳۲)

چون **اردشیر زاهدی** در چند صفحه‌ی آتی، به داستان بالا اشاره کرده و آن را دلیلی بازداشت و شکنجه‌ی خود به‌شمار آورده‌است، پس بی‌مناسبت نمی‌داند که پیشاپیش درباره‌ی این داستان مطالبی را درج نماید:

- **دکتر فرانکلین هریس**، رئیس اجرایی اصل چهار ترومن بوده و پس از سفیر آمریکا مهم‌ترین مقام آمریکایی در ایران محسوب می‌شده‌است و به علت بودجه‌ی هنگفتی که اصل چهار برای خرج در ایران در اختیار داشته، ارج و احترام و شهرت این شخص از سفیر آمریکا هم بیشتر بوده‌است.
با این ترتیب، بدون تردید صبح روز بعد وکیلی که تعیین شده بود برای تعیین تکلیف موکل خود در دادگستری حاضر شده و به تعقیب ماجرا پرداخته‌است.
- بی‌گمان پدر آن پسری هم در اثر تصادف فوت کرده بود، **برای دریافت وجه قابل ملاحظه‌ای که بابت خسارت به او وعده داده بودند** در دادگستری حاضر بوده‌است.
- بی‌گمان صاحبان منزلی هم که قباله‌ی خانه‌ی خود را به وثیقه گذاشته بوده‌اند انتظار داشته‌اند که هر چه زودتر قباله‌ی خود را از تضمین بیرون آورند و هرگز کار را به امید خدا رها نمی‌کرده‌اند.
- در هر حال، با توجه به گواهی کارشناس تصادفات راهنمایی و رانندگی مبنی بر بی‌گناهی **دکتر هریس**، بی‌گمان موضوع به زودی خاتمه یافته‌است.
- حادثه در زمانی رخ داده که در تهران حکومت نظامی برقرار نبوده و پرونده به‌طور عادی در دادگستری مطرح شده و خاتمه یافته‌است.
- درست است که آقای **اردشیر زاهدی** در جریان آن رخداد فعالیت قابل توجهی داشته ولی به هیچوجه نامی از او به پرونده نرفته و وی تعهدنامه‌ای درباره‌ی **دکتر هریس** و یا تحویل او امضاء نکرده بوده‌است.

حال ببینید که آقای **اردشیر زاهدی** چگونه بازداشت و شکنجه‌ی خود را در چهارشنبه شب دوم اردیبهشت ۱۳۳۲، دو روز پس از ربوده شدن **افشارطوس** و در زمانی که هنوز جسد او پیدا نشده بوده، به این داستان مرتبط ساخته‌است:

> *" ... **دکتر هریس** پس از آن حادثه به آمریکا می‌رود. هنوز بیش از یکسال و نیم از رفتن **دکتر هریس** نگذشته بود، همان طوری که گفتم **مصدق** زیر پای **اردشیر** را از اصل چهار به‌کلی جارو می‌کند و به این هم اکتفاء نکرده، **دادستان از سوی حکومت نظامی وقت اردشیر را به اتهام فراردادن دکتر هریس طبق فرمان حکومت نظامی دستگیر و زندانی می‌کند**. مأموران حکومت نظامی به خانهٔ **اردشیر** می‌روند. اول زندگی او را غارت می‌کنند ... و **اردشیر** را دستگیر کرده و با قنداق تفنگ به پشت او می‌زنند و چند دندهٔ او را شکسته و دست‌بند به دستهای **اردشیر** زده و او را به ساختمان فرمانداری نظامی، در محل شهربانی، می‌برند.*
> ***اردشیر** هنوز هم از درد مهره‌های پشت در رنج است و ظاهراً آن یادبود ناامیمون از همان ضربات قنداق تفنگ مأموران فرمانداری نظامی است که به کمر او وارد شده‌است.*

محل فرمانداری نظامی در آن موقع در ساختمان شهربانی بین خیابان سپه و خیابان سوم اسفند در جوار پستخانهٔ مرکزی و ساختمان وزارت امور خارجه و شرکت نفت بود و اینها همه یادگار دوران سلطنت **رضا شاه** و نوسازی ایران بود و عجبا که **اردشیر** و پس از آن [باید پیش از آن باشد] پدر را به محلی برده بودند که **تیمسار زاهدی** سالها به عنوان رئیس شهربانی در آن فرمان داده بود و اینک البته روزگار دیگری بود.
در بازپرسی سرهنگی که **اردشیر** را بازپرسی می‌کند، بجای مطرح کردن علل دستگیری و بهانهٔ احضار بیشتر در بارهٔ پدر و فعالیت و کارهای او سؤال می‌کند.
اردشیر به بازداشت خود اعتراض می‌کند و می‌خواهد تلگرافی به سازمان ملل متحد بفرستد. افسر نگهبان با تأثر می‌گوید: شما تلگراف را بنویسید اما تصور نمی‌کنم آن را مخابره کنند.
سپس **اردشیر** را به اتاق روبه‌رو که اتاق رئیس شهربانی بود می‌برند و او در آنجا رئیس شهربانی [**سرتیپ نصرالله مدبر**، سرپرست شهربانی با حفظ سمت فرمانداری نظامی] و **دکتر غلامحسین صدیقی**، وزیر کشور را یک بار دیگر از نزدیک می‌بیند. **اردشیر**، **دکتر صدیقی** را قبلاً در کمیسیون تدارکات جشن هزارهٔ **ابوعلی‌سینا** دیده بود و می‌شناخت. یک بار هم که برای شرکت در مراسم افتتاح بیمارستان نمازی از تهران به شیراز می‌رفت با او همسفر بود. در آن سفر اتومبیل **دکتر صدیقی** که در آن زمان وزیر پست و تلگراف بود تصادف می‌کند و **اردشیر** به کمک **دکتر صدیقی** می‌آید و در شهربانی با وجود این سوابق آشنایی **اردشیر** اظهار ادب می‌کند. اما برخلاف انتظار او **دکتر صدیقی** با حالتی عصبانی و توهین‌آمیز پیش می‌آید و دستور می‌دهد دستهای **اردشیر** را بگیرند.
در این اثناء افسری از در وارد می‌شود و پس از ادای احترام می‌گوید: **به حصارک هم رفتیم، زاهدی آنجا نبود.**
اردشیر پشت به نور ایستاده‌است و افسر صورت او را نمی‌بیند، اما **اردشیر** او را از صدایش می‌شناسد که کسی جز **سرهنگ ممتاز** فرماندهٔ گارد خانهٔ **مصدق** نیست.
در شهربانی می‌خواهند از **اردشیر** برعلیه **شاه** خط و امضاء بگیرند و دستش را به زور می‌گیرند و می‌پیچانند، او از درد دست و دنده‌ها به خود می‌پیچد. **اردشیر** را به اتاقی در زیرزمین می‌برند و زندانی می‌کنند.
آنقدر درد دارد که تصمیم می‌گیرد شیشه‌های زندان را بشکند و با آن دست به خودکشی بزند. در این لحظه افسری از در وارد می‌شود که وسیله‌ای آهنی چون اسباب ورزش در دست دارد. **اردشیر** با غیظ می‌گوید: من برای ورزش به اینجا نیامده‌ام و افسر بدون آنکه به **اردشیر** نگاه کند به تلخی می‌گوید: نه من محال است که دستور مافوق خود را دربارهٔ شما اجرا کنم و به سرعت اتاق را ترک می‌کند.
افسر مزبور **سروان درمیشیان** است که **اردشیر** را می‌شناسد. سپس دیگری با دو غیر نظامی وارد اتاق می‌شوند. اسبابهای آهنی کنار اتاق را که چیزی جز دستبند قپانی نیست برمی‌دارند و به دستهای **اردشیر** که از پشت بسته‌اند

آویزان می‌کنند. دستبند قپانی از نوع سخت‌ترین شکنجه‌هاست و ترکیبی از دو میلهٔ آهنی است که بر سر هر یک دستبندی از آهن آویزان است و در کاربرد آن دستهای متهم را به پشت می‌برند و از بالا و پایین به دستبندها می‌بندند و پیچی را که در وسط و به پایین دو میله است می‌پیچانند تا حدی که دستها به یکدیگر نزدیک شود. فشار دستبند و درد دنده‌های شکسته به حدی است که نفس در سینهٔ اردشیر حبس شده و قلبش انگار دارد می‌ترکد. بزودی از شدت درد بیهوش می‌شود وقتی به هوش می‌آید فوراً او را به بازپرسی می‌برند. در بازپرسی سرهنگ [سروان پرویز] قانع، که بازپرس یا دادستان فرمانداری بود، پس از تحقیقات رأی به بی‌گناهی اردشیر می‌دهد و قرار آزادی او را صادر می‌کند و خود همراه اردشیر تا نزدیکی در شمالی ورودی باغ شهربانی می‌رود و او را با احتیاط از در خارج می‌کند. هر چه بود و با همه مشکلات در میان افسرانی که مسئولیت زندان‌بانی این پدر و پسر را در هر بازداشتی به عهده داشتند افسرانی هم بودند که عِرق ملی داشتند و مخصوصاً برای سرلشکر زاهدی به عنوان یک نظامی استخواندار و وطن‌پرست احترام زیادی قائل بودند و امکان فرار اردشیر را همین افسران فراهم کردند. اردشیر از آنجا یک راست به خانهٔ آیت‌الله کاشانی می‌رود و این درست زمانی است که پدر در مجلس متحصن شده‌است و آیت‌الله کاشانی ریاست مجلس را به عهده دارد.
او مرد مورد احترام اردشیر است و آیت‌الله هم به اردشیر محبت زیادی دارد. اردشیر او را مرد وطن‌پرست و غیوری می‌داند که در مسائل مملکتی احساساتی و اما کارساز است.
در خانهٔ آیت‌الله کاشانی، اردشیر برای نخستین بار حاج‌آقا روح‌الله خمینی را از نزدیک می‌بیند.
ظاهراً حضور او آنچنان محسوس نیست. آخوند عمامه به سری چون دیگران است که در تمام مدت ملاقات اردشیر و آیت‌الله ساکت و آرام در گوشه‌ای نشسته و گوش به حرفهای حاضرین در مجلس دارد."
(همان- صفحات ۱۳۶/۱۳۷)

به‌طوری که ملاحظه می‌شود، شرح بالا به روشنی دارای دو قسمت می‌باشد.

قسمت نخست که از آغاز دستگیری **اردشیر** تا پس از داستان شکنجه‌ی طاقت‌فرسا، با دستبند قپانی به وی می‌باشد، با منتهای تلخی و ناراحتی بیان شده‌است. وی در طول آن مدت به خوبی متوجه شده‌است که مأموران دولتی از بسیاری از اقدامات محرمانهٔ او و پدرش آگاهی داشته‌اند. ظاهراً اعلام آگاهی‌های مزبور، همراه با تهدیدهای مأموران درباره‌ی رسوایی‌های بزرگ و حوادث وحشتناکی که در انتظار او و پدرش می‌باشد، از جمله زندان، محاکمه، و اعدام، به‌قدری برای **اردشیر** هراس‌انگیز بوده که **او را حتی پیش از آغاز شکنجه به فکر خودکشی انداخته بوده‌است.**
اقرارهای وی در طول شکنجه نیز مزید بر علت شده و آینده‌ای بسیار ترسناک و تاریک در مقابل چشم او مجسم نموده‌است.

در **قسمت دوم** آن شرح، نه‌تنها دیگر خبری از اهانت و شکنجه نیست بلکه همه‌اش تعریف سپاس‌آمیز از افسرانی می‌باشد که به گفته‌ی **اردشیر**، عِرق ملی داشته‌اند و

به‌ویژه برای **سرلشکر زاهدی** به عنوان یک نظامی استخواندار و وطن‌پرست احترام زیادی قائل بوده‌اند و **امکان فرار اردشیر!؟** را هم همان افسران فراهم کرده‌اند.
به احتمال بسیار زیاد این قسمت مربوط به زمانی است که بازپرس نظامی، یعنی **سروان پرویز قانع** (بی‌گمان با **سرگرد موسی رحیمی‌لاریجانی**، دادیار نظامی)، در لباس فرشته‌ی نجات، وارد میدان شده و به بهانه‌ی علاقمندی به **شاه** و حفظ مقام سلطنت و نیز جلوگیری از آبروریزی نسبت به خود او و پدرش، از او خواسته‌اند که با افسران بازنشسته و دیگر کسانی که توطئه ربودن **افشارطوس** دست‌اندرکار بوده‌اند مذاکره کند و از آنان بخواهد به ترتیبی که در بالا ذکر شد، رفتار نمایند.
در ضمن به‌گفته‌ی **اردشیر زاهدی** در بالا، درباره‌ی بازداشتش نوشته شده‌است که:

***" این درست زمانی است که پدر در مجلس متحصن شده‌است و آیت‌الله کاشانی** ریاست مجلس را به عهده دارد. "*

درست نیست زیرا **سرلشکر زاهدی**، به شرحی که در پایین داده خواهد شد، یازده روز بعد در مجلس متحصن شده‌است و حتی خود **اردشیر زاهدی** نیز در متن بالا، هنگامی که شرح برده شدن خود به اتاق رئیس شهربانی را می‌داده، به صراحت چنین گفته‌است:

*" در این اثناء افسری از در وارد می‌شود و پس از ادای احترام می‌گوید: **به حصارک هم رفتیم، زاهدی آنجا نبود.** "*

پرسشی مشکل! ولی با پاسخ:

در اینکه **اردشیر زاهدی** و شماری دیگر از متهمان ربودن و قتل **افشارطوس** را پس از دستگیری زیر شکنجه‌های شدید قرار داده‌اند، هیچگونه تردیدی وجود ندارد.
در جلسات محاکمه‌ی فرمایشی این متهمان، که از تاریخ ۸ مهرماه ۱۳۳۲ یعنی پس از سرنگونی **مصدق** و نخست‌وزیری **سرلشکر زاهدی** تشکیل گردیده و به بی‌گناهی تمام متهمان منجر شده‌است، بیشتر آنان و یا وکلای مدافعشان درباره‌ی شکنجه‌های طاقت‌فرسایی که نسبت به متهمان اعمال شده بود، سخن گفته‌اند.

شماری افسر و سرباز از مرکز دژبان و پادگان جمشیدیه نیز که در همان روزها به نحوی شاهد برخی از شکنجه‌ها و یا آثار آنها بر بدن برخی از متهمان شده بودند، مشاهدات خود را به عرض دادگاه رسانده‌اند، اما تعجب اینجاست که هیچ یک از شکنجه‌شدگان، حتی **اردشیر زاهدی**، درباره‌ی مجازات آمران و یا عاملان شکنجه اقدامی به عمل نیاورده‌اند! **چرا؟**
بی‌گمان پاسخ این است که آنان به یقین می‌دانسته‌اند که شکنجه‌گران از حقیقت امر درباره‌ی ربودن و قتل **افشارطوس** آگاهی دارند و درصورت شکایت از آنان، بی‌گمان فتنه‌ی خفته بیدار و راز واقعی جنایت فاش خواهد گردید. البته با این ترتیب، آقای

فضل‌الله زاهدی هم که هفت روز پس از نخست‌وزیری ، به دریافت درجه‌ی سپهبدی نایل شده بود، در امان نخواهد بود و افتضاح و رسوایی دامن او را هم خواهد گرفت.

اما بد نیست که به آگاهی خوانندگان گرامی برسانم که **سروان پرویز قانع** (بازپرس) و **سرگرد موسی رحیمی‌لاریجانی** (دادیار)، که جنایتکاران اصلی را به خوبی می‌شناختند و نیز به گفته‌ی **اردشیر زاهدی** به شرح بالا، زمینه‌های فرار او را از بازداشت فراهم کرده بودند، پس از کودتای ۲۸ مرداد ۱۳۳۲ مورد لطف و عنایت قرار گرفتند. **سروان قانع** فقط تا درجهٔ سرهنگی ترقی کرده و گویا بیش از آن اجل مهلتش نداده بود، اما **سرگرد موسی رحیمی‌لاریجانی** که در زمان وقوع انقلاب اسلامی با **درجه‌ی سپهبدی!**، ریاست اداره‌ی یکم ستاد ارتش را به عهده داشته، جزو افسرانی بوده که همراه با **ارتشبد قره‌باغی** به تسلیم ارتش رأی داده‌است.

نامه‌ی سرگشاده‌ی دکتر مظفر بقائی
به آقای دکتر محمد مصدق، نخست‌وزیر
(پیش از متهم شدن وی به شرکت در پروندهٔ ربودن و قتل افشارطوس)

" جناب آقای دکتر مصدق

من شرمنده هستم - بی‌اندازه خجل هستم - واقعاً سرافکنده و شرمسارم و
به همین جهت از صمیم قلب معذرت می‌خواهم -
بله! جناب آقای نخست‌وزیر من خالصانه عذرخواهی می‌کنم.
ولی نه از جنابعالی!
شرمندگی و خجالت من و عذرخواهی من از آن بانوی محترمه است که به جرم اینکه پسرش با من دوست و صمیمی بوده‌است اکنون در گوشه‌ای از زندانهای تاریک جنابعالی بسر می‌برد.
حقیقتاً از روی این بانوی محترمه خجالت می‌کشم. گرچه تاکنون با ایشان روبه‌رو نشده‌ام - گرچه تا امروز ایشان را ندیده‌ام ولی سالهاست که با منتهای سخاوت از من پذیرایی کرده‌اند و سالهاست که وقت و بی‌وقت مزاحم منزل ایشان بوده‌ام و نان و نمک ایشان را خورده‌ام.
در آن روزهای تاریکی که با دستگاه رزم‌آرائی می‌جنگیدم هر وقت می‌خواستم سرمقاله‌ی شاهد را در یک محیط آرام و فارغ از مزاحمین بنویسم، به خانهٔ ایشان می‌رفتم.
طی این چند سال مبارزه هروقت در منزل خود تأمین جانی نداشتم خانهٔ ایشان برای من محل امن و آرامی بود.
احتیاجی به نوشتن جزئیات این تاریخچه نیست زیرا با آن حافظهٔ خارق‌العاده که در وجود جنابعالی به ودیعت گذاشته شده‌است ***یقیناً بخاطر دارید که در یکی از آن بعدازظهرهای آفتابی لاهه برای اینکه تنها نباشید ساعتها در خدمتتان بودم سوابق دوستی خود را با آقای حسین خطیبی فرزند همین بانوی محترمه به استحضار عالی رسانیدیم.***

آن روز صحبت ما از نویسندگان و ادبای معاصر بود و سخن قهراً به مرحوم **صادق هدایت** کشید - راجع به نبوغ ادبی و آثار او توضیحاتی دادم و در آن زمینه خوب به خاطر دارم که به جنابعالی عرض کردم در طول مبارزاتی که کرده‌ایم پاداشهای بزرگی گرفته‌ام و در اثر توجه مردم به افتخارات زیادی نائل شده‌ام ولی از نظر شخصی و احساسی خصوصی بزرگترین افتخاری که نصیب من شد این بود که در هنگام استیضاح من از دولت **ساعد**، مرحوم **صادق هدایت** سه دفعه برای شنیدن استیضاح من در جلسهٔ مجلس حاضر شد و معنای این جمله را کسانی درک می‌کنند که افتخار شناسایی مرحوم **هدایت** را داشتند.

به‌خاطر دارم به جنابعالی عرض کردم **میراثی که از آن دوست عزیز از دست رفته به من رسیده‌است گذشته از آثار جاویدانش، دوستی با آقای حسین خطیبی می‌باشد.**

جنابعالی هم او را می‌شناسید زیرا هنگام ابستروکسیون اقلیت دورهٔ چهارده بوسیلهٔ مطبوعات خیلی خدمت به‌شما کرده بود.

بخاطر دارم به جنابعالی عرض کردم که در این چند سال مبارزه و مخصوصاً در انتخابات دورهٔ شانزدهم و دورهٔ هفدهم چه فعالیتها و چه کمکهایی به جبههٔ ما کرده بود و در عین حال همیشه خواسته بود گمنام و در تاریکی بماند.

بخاطر دارم به جنابعالی عرض کردم که در آن روزهای اول مبارزهٔ انتخابات دورهٔ شانزدهم که جنابعالی تازه از بازنشستگی سیاسی، مجدداً به صحنهٔ سیاست وارد شده بودید **پسر کوچک آقای خطیبی زنده باد مصدق می‌گفت و چون اسم جنابعالی را درست نمی‌توانست ادا کند خیلی شیرین بود.**

همهٔ اینها را به‌خاطر دارم و به همین جهت چهار پنج ماه پیش وقتی که **چند روز پس از آنکه به دستور جنابعالی در خانهٔ من مأمور مخفی تأمینات گذاشتید منزل خطیبی هم تحت مراقبت مأمورین مخفی قرار گرفت، هیچ تعجبی نکردم** زیرا از حافظهٔ فوق‌العاده که در وجود جنابعالی به ودیعت گذاشته شده‌است کاملاً اطلاع داشتم و طبیعی دانستم هنگامی که جنابعالی لازم بدانید خانهٔ مرا تحت مراقبت قرار بدهند خانهٔ دوم مرا هم زیر نظر بگیرند.

از مطلب دور شدیم.

صحبت از این بود که طی این چند سال مبارزه تا چه اندازه من اسباب زحمت این خانوادهٔ محترم شدم. البته راجع به گرفتاری آقای **خطیبی** چیزی نمی‌گویم زیرا از طرفی او خود مقصر است که با من دوست بوده‌است و اگر چنین نبود گرفتار نمی‌شد و از طرف دیگر جنابعالی خواسته‌اید به پاداش زحمات و مبارزاتش او را از تاریکی و گمنامی که خودش می‌خواست، بیرون بیاورید و از این لحاظ جای تشکر هم هست - گرچه برخلاف میل خودش باشد!

از اینها گذشته موضوع در خور اهمیت نیست زیرا او مرد است و اقامت در زندان برای مرد لازم است.

ولی آنچه که باعث شرمساری من شده‌است گرفتاری مادر محترمهٔ شصت ساله، خواهر و فرزند هفت سالهٔ آقای خطیبی می‌باشد.

گرچه می‌دانم گناه آنها هم بزرگ است زیرا خانهٔ آنها منزل من بوده و ***گناه بزرگتر مادر محترمهٔ آقای خطیبی این است که بوسیلهٔ فرزندش یک قطعه تمثال مبارک جنابعالی را از من گرفته بودند و همیشه به موفقیت جنابعالی دعا می‌کردند*** *ولی شرمندگی من خیلی کمتر می‌شد اگر جنابعالی دستور می‌فرمودید به‌جای ایشان مادر مرا به زندان آگاهی بفرستند زیرا اولاً زندگانی مادر من همیشه با مبارزه همراه بوده‌است. چون ازدواج ایشان با پدر بزرگوارم مقارن با مبارزه‌های مشروطه‌خواهان بود و پس از آن هم تا پایان زندگی پدر بزرگوارم معلوم است. بعد هم مبارزه با فقر و تنگدستی برای تربیت خواهرانم و از موقعی که من وارد زندگانی سیاسی شده‌ام خودتان بهتر می‌دانید - بنابراین به حبس رفتن ایشان تأثیر زیادی نداشت ولی گرفتاری* ***مادر آقای خطیبی*** *که هیچوقت وارد در مبارزه نبوده‌اند انصافاً شرم‌آور است البته درصورتی که حبس نوهٔ هفت سالهٔ ایشان شرم‌آورتر نباشد.*

در خاتمه برای مزید استحضار خاطر مبارک عرض می‌شود که ***احمد*** *گماشتهٔ من هم در زندان است ولی چون دفعهٔ اولش نیست مانعی ندارد چند روزی بماند تا قدر عافیت بداند و زندانی او اقلاً این فایده را هم دارد که پس از خوردن آش گل گیوهٔ زندان غذاهای منزل ما به ذائقه‌اش مطبوع‌تر خواهد بود.*

جناب آقای دکتر مصدق!

من شرمنده هستم - بی‌اندازه خجل هستم - واقعاً سرافکنده و شرمسارم و به همین جهت خالصانه عذرخواهی می‌کنم.

ولی نه از جنابعالی! زیرا اگر بین ما دو نفر بنا باشد یکی شرمنده و خجل و سرافکنده و شرمسار باشد و عذرخواهی بکند آن یک نفر من نیستم -

والسلام و رحمةالله و برکاته

پنجشنبه سوم اردیبهشت‌ماه ۱۳۳۲ - دکتر مظفر بقائی‌کرمانی

(روزنامه شاهد- شنبه ٥ اردیبهشت ١٣٣٢- صفحات ١ و ٤)

لایحه‌ی قانونی درباره‌ی گم شدن افشارطوس

" قانون جدید

لایحهٔ قانونی زیر درمورد گم شدن رئیس شهربانی، دیروز به تصویب آقای دکتر مصدق نخست‌وزیر رسیده‌است:

ماده واحده

هر کس در توطئه اخیر که بر ضد ***تیمسار افشارطوس،*** *رئیس شهربانی، انجام شده شرکت یا معاونت کرده و یا وسائل ارتکاب جرم را به هر نوع تسهیل کرده باشد چنانچه او را در حال حیات تسلیم قوای انتظامی کند و یا در اختیار و یا در دسترس قوای مزبور بگذارد و یا محل اختفای او را به‌طوری که قوای انتظامی بتواند از عهدهٔ استخلاص وی برآید اعلام کند و*

یا وسائل کشف جرم را تسهیل کرده و مجرم را معرفی نماید، بکلی از مجازات معاف می‌شود.
حکم معافیت در هیأت دولت پس از رسیدگی صادر و قطعی خواهدبود.
بر طبق قانون تمدید مدت اختیارات مصوب سی‌ام دی‌ماه ۱۳۳۱ ماده واحدهٔ فوق تصویب می‌شود.
*به تاریخ ٤ اردیبهشت ۱۳۳۲ نخست‌وزیر - **دکتر محمد مصدق**"*
(روزنامه اطلاعات- شماره ۷۰۷۸- ٦ اردیبهشت ۱۳۳۲- صفحه ٤)

داستان ربودن و قتل افشارطوس به روایت فرمانداری نظامی

داستان ربودن و قتل **افشارطوس** به گفته‌ی قسمت نخست اعلامیه‌ی بسیار مفصل فرمانداری نظامی تهران، که در روز ۱۲ اردیبهشت ۱۳۳۲ در اختیار روزنامه‌ها گذاشته شده‌است، به شرح زیر می‌باشد:

*" ... عده‌ای از افسران بازنشسته که از پیش‌آمدبازنشستگی خود عصبانی شده بودند، تصمیم می‌گیرند که به وسائلی متوسل شده تا بتوانند به مقام و شغل خود برگردند ولی پس از تشبثات عادی مأیوس شدند ناگزیر با مخالفین دولت پیوند کرده تا با قدرت بیشتری دولت را تضعیف و از این راه به مراد خویش نائل گردند. این فکر و اندیشه آنها را به‌طور کلی وادار کرد که به اشخاص مخالف دولت مراجعه و از طرفی مخالفین هم در صدد بودند که از وجود ناراضی‌ها استفاده نمایند. در خلال این امر **حسین خطیبی** که از دوستان صمیمی و عوامل و مجری فکر آقای **دکتر بقائی** است موقع را مغتنم شمرده، بازنشستکان نامبرده را به خود جلب و اولین ملاقات بین او **سرتیپ زاهدی** صورت می‌گیرد و **خطیبی** ضمن مذاکرات با **سرتیپ زاهدی** چنین وانمود می‌کند که با کلیهٔ مقامات کشور مربوط و از تمام دستگاههای انتظامی با اطلاع و از جزئیات جریانات نقل و انتقال ارتش و شهربانی و دستوراتی که می‌دهند همان روز باخبر می‌شود.*
*بر اثر مذاکرهٔ طرفین **سرتیپ زاهدی** به افسران همدست خود مراجعه و با آنها در این خصوص مذاکره به عمل آورده و پس از آن جلسات عدیده بین آنها و **حسین خطیبی** تشکیل و در طی مذاکرات **خطیبی** می‌گفت که: **اگر سرتیپ افشارطوس را دستگیر و چند روزی مخفی کنیم مسلماً اوضاع برمی‌گردد و به جای افشارطوس، سرتیپ دفتری را انتخاب خواهند کرد** و به‌طور خلاصه **خطیبی** به آنان نوید می‌داده‌است که در آیندهٔ نزدیکی حکومت را بواسطهٔ ربودن **تیمسار افشارطوس** و **تیمسار ریاحی**، ریاست ستاد ارتش و آقای **دکتر فاطمی** ساقط خواهیم کرد. **آنگاه آقای دکتر بقائی به مقام نخست‌وزیری رسیده و پست‌های مهم به هر یک از آقایان واگذار خواهد شد.***
*کابینه‌ای را که قرار بود تشکیل بدهند از این قرار بود: آقای **دکتر بقائی، نخست‌وزیر**، [سرتیپ] **مزینی**، رئیس ستاد ارتش، **دکتر منزه**، وزیر بهداری،*

__سرتیپ بایندر__، وزیر دفاع یا وزارت دیگر و __سرتیپ زاهدی__ هم جزو کابینه بود و سایر امراء هم مقرر شد که جزو کابینه باشند و دربارهٔ __سرگرد بلوچ__ شغل معینی درنظر گرفته نشده بود فقط موکول به میل خودش شده که هر شغلی که بخواهد از قبیل ریاست ژاندارمری، به او بدهند و نیز قرار گذاشته بودند که پس از دستگیری __افشارطوس__ و تولید تشنج در کشور، __دکتر فاطمی__ و __تیمسار ریاحی__ و __دکتر معظمی__ و __دکتر شایگان__ و __مهندس زیرک‌زاده__ و __تیمسار مهنا__، معاون وزارت دفاع ملی، دستگیر شوند.

مجموع محتویات پرونده نشان می‌دهد که __منظور خطیبی از تماس افسران مخالف و مذاکره با آنها فقط و فقط فعالیت برای نخست‌وزیری آقای دکتر بقائی بوده‌است__ و برای رسیدن به مقصود __مقدمتاً این طور تشخیص می‌دهند که در اول امر باید سرتیپ افشارطوس، رئیس شهربانی، را دستگیر و مخفی کرد تا دولت ضعیف و ناتوان گردد__ و بالاخره رفته‌رفته این فکر مشئوم با اطلاع و دستور آقای __دکتر بقائی__ در افسران نضج گرفته و به اینجا منتهی می‌شود که اولین قدم تضعیف دولت از بین بردن عوامل عمده و مؤثر در کار دولت است و بایستی در نخستین وهله __تیمسار افشارطوس__، رئیس شهربانی، را از بین برد ..."

(روزنامه اطلاعات - مورخ شنبه ۱۲ اردیبهشت ۱۳۳۲- صفحه ۱۰)

البته در همان زمان هم هیچ انسان بی‌طرف و منطقی نمی‌توانست قبول نماید که با ربودن و کشتن یک رئیس شهربانی توسط چند نفر افسر بازنشسته و دور از قدرت، بی‌درنگ وضعی در کشور به وجود آید که زمینه‌های انتصاب **سرتیپ محمد دفتری** را به‌جای او به سمت ریاست شهربانی فراهم‌سازد.

و نیز در پی آن دولت مقتدر **مصدق** سرنگون شود و به جایش **دکتر مظفر بقائی** به عنوان نخست‌وزیر به قدرت برسد و همان چند نفر افسران بازنشسته‌ی ساده‌لوح را جزو اعضای کابینه‌ی خود انتخاب نماید! به‌ویژه اینکه از زمان ورود **دکتر بقائی** به میدان سیاست، که در پی سوءقصد نافرجام به جان **محمدرضا شاه پهلوی** در ۱۵ بهمن ۱۳۲۷، و به عنوان مبارزه جهت پیش‌گیری از استقرار دیکتاتوری توسط **حاجیعلی رزم‌آرا**، رئیس وقت ستاد ارتش، آغاز شده بود، بین وی و همین **سرتیپ دفتری**، که در آن زمان با درجه‌ی سرهنگی رئیس دژبان بوده و از ایادی فعال رزم‌آرا محسوب می‌شده و **آیت‌الله کاشانی** را کتک زده بوده‌است، دشمنی شدیدی ایجاد شده که مناسبت‌های مختلف در طول زمان آن را تشدید کرده بوده، به‌طوری که امکان حتی ادامه‌ی خدمت **سرتیپ دفتری** در صورت به قدرت رسیدن **دکتر بقائی** وجود نداشته‌است.

به‌طوری که پیشتر دیدیم، **دکتر مظفربقائی‌کرمانی**، در جلسه‌ی مورخ ۲۵ دی‌ماه ۱۳۳۱ مجلس شورای ملی به شدت نسبت به انتصاب **سرتیپ دفتری** به ریاست گارد مسلح گمرک اعتراض کرده بود.

" ... برای یک افسر جوان تحصیلکرده‌ای که با نهایت عشق به وطن خدمت می‌کند و با نهایت بدبختی می‌سازد، این خیلی غیر قابل هضم است که سرتیپ

دفتری بواسطهٔ جنایاتی که کرده باید تسلیم چوبهٔ دار بشود، رئیس مرزبانی کل کشور بشود. این را نمی‌توانند تحمل بکنند ..."
(سالهای نهضت ملی- همان- صفحه ۳٤۱)

حال با توجه به همین چند خط از سخنرانی **دکتر بقائی**، هرگاه با فرض محال هم قبول کنیم این شخص با ربودن و قتل رئیس شهربانی به نخست‌وزیری می‌رسیده‌است، آیا می‌توان پذیرفت که او با این نظر مخالفت‌آمیز و حتی دشمنانه‌ای که نسبت به **سرتیپ دفتری** داشته با انتصاب وی به ریاست شهربانی موافقت می‌کرده‌است؟

به موجب اعلامیه‌ی مزبور، **حسین خطیبی** با سوءاستفاده از دوستی و اعتمادی که **سرتیپ افشارطوس** به وی داشته، او را به خانه‌ی خود کشانده و زمینه‌های دستگیری‌اش را توسط چند تن از افسران بازنشسته فراهم ساخته‌است و **همین عده** *" نیز قرار گذاشته بودند که پس از دستگیری **افشارطوس** و تولید تشنج در کشور، **دکتر فاطمی** و **تیمسار ریاحی** و **دکتر معظمی** و **دکتر شایگان** و **مهندس زیرک‌زاده** و **تیمسار مهنا**، معاون وزارت دفاع ملی، دستگیر شوند."*
تصمیم متهمان به دستگیری مقامات مذکور در هیچ یک از اقاریر مفصل متهمان که بارها در رادیو پخش و در روزنامه‌ها نیز منتشر گردید، وجود نداشته‌است و می‌توان آن را تخیلاتی غیرعملی و کودکانه نام نهاد که از سوی مسئولان فرمانداری نظامی به اعلامیه افزوده شده‌است و هرگاه به راستی چنین ادعایی از سوی متهمان ابراز شده بود، آیا نمی‌بایست از آنان پرسید که چگونه و با چه برنامه‌ای آنان با دست خالی می‌توانسته‌اند به دستگیری مقامات زیر مبادرت نمایند: وزیر امور خارجه، رئیس ستاد ارتش، نایب رئیس مجلس شورای ملی (که با توجه به عدم حضور **آیت‌الله کاشانی** در مجلس، به‌طور عملی وظایف رئیس مجلس را به عهده داشته‌است) دو نفر اعضای جبهه‌ی ملی که از فعالترین طرفداران **مصدق** در مجلس به حساب می‌امدند، معاون وزارت دفاع ملی (که او هم با توجه به اینکه وزارت دفاع را خود **مصدق** به عهده داشت، در عمل وزیر دفاع محسوب می‌گردیده‌است.)

ولی همان طور که گفته شد چون گویا چنین ادعایی از سوی متهمان به قتل **افشارطوس** بیان نشده بوده، پس موجبی هم برای چنین پرسشی وجود نداشته‌است.

نام‌های اعضای کابینه‌ی خیالی **دکتر بقائی** به شرحی که در اعلامیه‌ی بالا مندرج است، فقط در اقاریر خنده‌آور **سرگرد فریدون بلوچ‌قرائی** وجود داشته که به موجب اعلامیه‌های پرونده‌سازان جزو طراحان اصلی نبوده و نیز (به موجب همان اعلامیه‌ها) از مذاکراتی که بین چهار سرتیپ بازنشسته‌ی توطئه‌گر با **حسین خطیبی** و **دکتر بقائی** به عمل آمده بود، کوچکترین آگاهی نداشته‌است.

خبررسانی حسین خطیبی از داخل زندان
به دکتر بقائی درباره‌ی شکنجه شدن خود

حسین خطیبی در بعدازظهر چهارشنبه دوم اردیبهشت ۱۳۳۲ بازداشت شده‌است و در صبح شنبه پنجم اردیبهشت، **دکتر مظفر بقائی**، درباره‌ی شکنجه‌های بدنی که نسبت به **حسین خطیبی** در دو شب پیش از آن اعمال شده بود، به مقامات قانونی اعلام جرم نموده و از آن مقامات درخواست تأمین دلیل کرده‌است. **ولی سرپرستان زندان مانع از انجام اقدامات قانونی مقامات دادگستری شده و اجازه‌ی دیدار از حسین خطیبی را نداده‌اند.**

به این جهت **دکتر بقائی** مراتب را طی نامه‌ای سرگشاده، به آگاهی **محمد مصدق** رسانده و از او درخواست کرده‌است که به مقامات مربوط دستور دهد تا از تأمین دلیل جلوگیری ننمایند که البته پاسخی به آن نامه داده نشده‌است.

عین خبر مربوط به این اقدامات را از روزنامه شاهد- شماره ۹۲۱- شنبه ۵ اردیبهشت ۱۳۳۲- صفحات ۱ و ٤، با مقدمه‌ای توسط نویسندگان روزنامه بر آن نوشته‌است، بازگومی‌نماید:

" چون برای گرفتن اعتراف خلاف حقیقت از آقای خطیبی دربارۀ فقدان رئیس شهربانی ایشان را به شدیدترین صورتی که حتی در قرون وسطی هم بی‌نظیر است تحت شکنجه قرار داده‌اند و برای جلوگیری از اعمال خلاف قانون مقامات مأمور تحقیق از طریق قانونی اقدام گردید، ولی برای پرده‌پوشی از جنایاتی که مرتکب شده‌اند آقای خطیبی را پنهان نموده و نگذاشتند نمایندگان رسمی وزارت دادگستری و طبیب قانونی آقای خطیبی را ببیند، تلگراف شهری زیر از طرف آقای دکتر بقائی به تمام مراجع مخابره شده‌است.
انتظار داریم قبل از اینکه جانشینان پزشک احمدی مرتکب جنایت تازه‌ای شوند هیأتی رسمی برای تأمین دلیل آقای خطیبی را ملاقات کنند و اقدامات قانونی لازم را به عمل آورند.

جناب آقای دکتر مصدق، نخست‌وزیر
[رونوشت به شماری وزرای مسئول، مقامات مسئول دادگستری، برخی از نمایندگان مجلس و روزنامه‌های مهم آن زمان]
*به‌طوری که استحضار دارند روز **چهارشنبه دوم اردیبهشت‌ماه** جاری آقای **حسین خطیبی و مادر شصت ساله و خواهر و پسر ۷ ساله ایشان از طرف فرمانداری نظامی توقیف شده و منزل ایشان هم به تصرف قوای انتظامی درآمده‌است.***
*طبق اطلاع حاصله شب پنجشنبه سوم و شب جمعه **چهارم** آقای **خطیبی** در زندان مورد شکنجه و آزار بدنی قرار گرفته‌است.*
*امروز اینجانب به همراهی جناب آقای **شمس قنات‌آبادی** [نماینده مجلس شورای ملی] به دادسرا رفته و با توجه به مواد ۱۳۱ و ۸۳ و ۸۷ قانون مجازات عمومی و ماده ٤۹ اصول تشکیلات عدلیه اعلام جرم نموده و*

*تقاضای رسیدگی و تأمین دلیل نمودم. آقای **درویش**، دادیار محترم کشیک دادسرا، و آقای **بدیهی**، بازرس محترم، در تعقیب اعلام مزبور به معیت آقای **دکتر طباطبائی**، پزشک محترم قانونی، به زندان دژبان که محل توقیف و اختفای آقای **خطیبی** می‌باشد مراجعه نمودند **ولی مأمورین مسئول مانع اجرای عملیات قانونی دادگستری شدند و دیدن زندانی را موکول به اجازهٔ فرمانداری نظامی نمودند.** با وجود اینکه اینجانب یقین داشتم که برای استمهال و طفره از انجام عملیات قانونی در فرمانداری نظامی هم نتیجه‌ای به دست نخواهد آمد و مراتب را در اطاق تیمسار رئیس دژبان اعلام نمودم معذالک **در حدود ساعت نیم بعدازظهر به فرمانداری نظامی رفتیم و همان طور که انتظار می‌رفت از جناب فرمانداری نظامی و معاون ایشان اثری نبود و از افسر کشیک هم به‌طوری که اظهار می‌داشت کاری ساخته نبود.***

مراتب از طرف نمایندهٔ دادسرا کتباً به فرمانداری اعلام شد و دستور داده شد که هر چه زودتر تسهیلات لازمه را برای اجرای قانون و تأمین دلیل فراهم نمایند ولی چون نشان دادن محبوس جرم دستگاههای انتظامی را که تحت مسئولیت جنابعالی قرار دارند ثابت می‌نماید، تا این ساعت که ده بعدازظهر روز جمعه [چهارم اردیبهشت ۱۳۳۲] می‌باشد کوچکترین اقدامی برای تعقیب اعلام جرم مزبور به عمل نیامده‌است.

لذا به استناد مواد قانونی مذکوره در فوق و با توجه به مفاد اعلامیهٔ جدید حقوق بشر که به تصویب مجلس شورای ملی رسیده‌است، ضمن تأیید اعلام جرمی که امروز نموده‌ام انتظار دارم فوراً دستور فرمایند تأمین دلیل بنمایند.

دکتر مظفر بقائی‌کرمانی نمایندهٔ تهران و کرمان...»

دادیار کشیک دادسرای تهران به نام **درویش**، و بازرس همان دادسرا به نام **بدیهی**، افزون‌بر **دکتر طباطبائی**، پزشک قانونی تهران، طبق قانون حق و اجازه داشته‌اند که برای تأمین دلیل درباره‌ی بررسی درستی یا نادرستی اعلام جرم **دکتر بقائی** به زندان دژبان بروند وجلوگیری از ورود آنان، به نوبه‌ی خود از نظر قانون جرمی دیگر به حساب می‌آمده است.

در هر حال، در آن زمان همگان، از جمله طرفداران **مصدق**، به مصداق این ضرب‌المثل: «**آن را که حساب پاک است، از محاسبه چه باک است؟**» این پرسش برایشان پیش آمده بود که اگر به راستی شکنجه‌ای در کار نبوده‌است، چرا حتی **محمد مصدق** پس از آگاهی از اقدام خلاف قانون مأموران زندان، دخالت نکرد؟ و دستور عدم جلوگیری از ورود مقامات قانونی قضایی به زندان، برای دیدار **حسین خطیبی** را صادر ننمود؟

اما **محمد مصدق** به‌جای صدور دستور مزبور، دستور اکید داده‌است تا بررسی نمایند و ببینند که چه کسی خبر شکنجه‌ی **حسین خطیبی** را با آن سرعت به **دکتر بقائی** رسانده‌است؟ و او را به مجازات برسانند. و به‌طوری که می‌دانیم این خبربر را پیدا نکردند.

پس از بازداشت **دکتر بقائی** در زمستان سال ۱۳۶۵ خورشیدی که به مرگ پر از شکنجه‌ی او منجر شد، تمام اسناد و مکاتبات موجود در خانه‌ی او نیز از سوی دادگاه انقلاب اسلامی ضبط گردید و در اختیار مخالفان شخصی و سیاسی وی، که بیشتر از مسلمانان طرفدار **مصدق** بودند قرار گرفت. به همین جهت از میان صدها سند که وی بر ضد **مصدق** در خانه‌ی خود داشته، حتی یکی هم فاش نشده و در عوض آنچه که از این اسناد تاکنون انتشار یافته، اغلب به نحوی بر ضد او مورد استفاده قرار گرفته‌است.

یکی از پرونده‌های موجود در میان اسناد مزبور، پرونده‌ی **حسین خطیبی** بوده که نامه‌های ارسالی این شخص از زندان برای **دکتر بقائی** را هم در بر داشته‌است. اما بدبختانه ما فقط از برخی از آن نامه‌ها که توسط **عبدالله شهبازی** در جزوه‌ای به نام **«معمای دکتر مظفر بقائی‌کرمانی»** آورده شده، آگاهی یافته‌ایم.

بدون تردید نخستین نامه در میان این سری نامه‌ها، گزارش **حسین خطیبی** درباره‌ی شکنجه‌هایی بوده که منجر به اعلام جرم **دکتر بقائی** در تاریخ ۵ اردیبهشت ۱۳۳۲ شده‌است. اما **عبدالله شهبازی** از افشای این گزارش و هر نامه‌ی دیگری که مطالبی به سود **بقائی** و بر ضد **مصدق** داشته خودداری نموده‌است.

در هر حال، باز هم از او سپاسگزار باید بود که با چاپ همان چند نامه ما را از وجود چنین پرونده‌ای آگاه ساخته‌است.

یکی از آن نامه‌های بی‌عنوان و بی‌تاریخ به شرح زیر می‌باشد:

*" از اول عرض کردم روی استنباط خودم که **شخص مصدق در تمام جزئیات این پرونده مداخله دارد**، به دلائل زیادی که حالا از ذکر آنها خودداری می‌کنم.*
کراراً گفته‌ام، حالا هم تکرار می‌کنم، که این موضوع از نظر مملکت بعد از تعیین رئیس جدید مجلس مهمترین و حیاتی‌ترین مسئله است و شاید تاکنون عمق این مطلب را کسی به‌قدر من درک نکرده و بدان اهمیت نداده‌است.
*چون **اگر بتوانند این پروندهٔ ساختگی را با هزار خروار سریشم به شما بچسبانند، من عقیده دارم یک دیکتاتوری وحشتناک به مملکت سایه خواهد افکند که تا سالها دوام خواهد یافت** و سایرین که امروز کم‌وبیش دارای شأن و عنوانی هستند همگی فدای غرض محض **مصدق** و اطرافیانش خواهند شد.*
کاش مجال و فرصت و قلم و کاغذ حسابی داشتم تا با دلیل این موضوع را واضح و کسانی که خواب هستند بیدار کنم.
*__می‌خواهم عرض کنم این موضوع که به شما می‌خواهند بچسبانند تنها مربوط به شما نیست__، به‌طوری که قبلاً تذکر دادم **مقداری از اقاریر تلقینی را که به ضرر آن عده‌ای است که نامشان را در نامه به مجلس نوشتم** نیز می‌باشد و مخفی*

*کرده‌اند که به خیال خوشنان **بعد از اتمام کار شما به عنوان مطلع و تحت عناوین دیگر جلب و مثل ما گرفتارشان کنند.***
*مثلاً آقای مصطفی کاشانی خواهد گفت: **بله اتومبیل سبزرنگ مال من بوده،** یا **مکی** خواهد گفت: **من در جلسهٔ اول بودم.** و البته این اظهارات متهمین! در رادیو از صبح تا غروب مکرر گفته خواهد شد.*
*به هر حال من وظیفهٔ اخلاقی خودم را با نوشتن این سطور از نظر اخلاقی و مملکتی فکر می‌کنم انجام داده باشم. چون اطلاعاتی در خلال این فجایع که مرتکب شده‌اند و صحبت‌های محرمانه که نمودند و وعده‌های دلفریب و شاید هم تا اندازه‌ای جدی که دادند و با مشاهدهٔ دو نامه‌ای که **مصدق** علم دارم فرستاد، کسب کرده‌ام که در صورت ابراز ممکن است به قیمت جانم تمام بشود، زیرا آنها قصد داشتند من را با دارو دیوانه کنند. این صحبت را من شخصاً در حال نیمه‌بیهوشی شنیدم که پس از رد پیشنهاداتشان این تصمیم را گرفتند و تصور می‌کنم انعکاس شکنجه در خارج مانع از تصمیمشان شد.*
به‌طور خلاصه عرض کنم بر من ثابت شد که مصدق آدم نیست، بلکه یک دیو، یک جانی، یک جاه‌طلب مصروعی است که برای از میان بردن مخالفان سیاسی خود به پست‌ترین جنایت دست می‌زند و قانون برای او اصلاً معنی ندارد** و تا آخرین دقیقه مثل هیتلر دست از سر مملکت و مردم تحت عنوان نفت برنمی‌دارد. او نقشهٔ وسیعی دارد که به مرور با کمک عده‌ای مرعوب و جمعی هوچی رجاله به مورد اجراء می‌گذارد و هر کس هم خوب فکر می‌کند: **خوب من که نیستم.
*به هر حال یک نفر که در واقع می‌شود او را جلد دوم **مصدق** دانست، این وزیر کشور **[دکتر غلامحسین صدیقی]** است که عاملاً و عامداً برای صندلی وزارت قدم‌به‌قدم دنبال **مصدق** است و صورت حق به جانب دارد. باید ماسک او را برداشت و اگر در استیضاح دقت و ظرافت به خرج داده شود، فکر می‌کنم او از میدان اضطراراً بیرون رود. **علی زهری** باید در **موقع استیضاح قرآن دربیاورد ببرد پیش وزیر کشور، یا او را به ناموسش که ندارد قسم بدهد که آیا تو فلانی را در زندان دژبان با آن حال خراب و مجروح و مضروب ندیدی؟** بدیهی است تمام فکر من متوجهٔ وضع شماست که میبینم با هستی مملکت بستگی دارد."*
(معمای دکتر مظفر بقائی‌کرمانی- عبدالله شهبازی- صفحات ۱۶/۱۸- این جزوه در مقدمه‌ی کتاب زندگی‌نامهٔ سیاسی دکتر مظفر بقائی‌کرمانی- حسین آبادیان نیز چاپ شده‌است.)

بدون تردید ارسال این نامه‌ها برای **حسین‌خطیبی**، و بیش از او برای کسانی که آنها را به دست **دکتر بقائی** می‌رسانده، خطری بزرگ دربرداشته و درصورت کشف یکی از آنها، به احتمال بسیار زیاد فرستنده را پیدا کرده و به مجازاتی که دست کم آن حبس و اخراج از خدمت بوده، می‌رسانده‌اند.
در هر حال، باید قبول کرد که مطالب بسیار محرمانه‌ی مندرج در این نامه‌ها برای گول زدن من و شما نوشته نشده‌است. اینکه می‌خوانیم: ***" اگر بتوانند این پروندهٔ ساختگی را با هزار خروار سریشم به شما بچسبانند "***، دلیلی روشن بر بیگناهی مخاطب آن نامه

یعنی دکتر **بقائی** می‌باشد. و نیز اینکه می‌گوید: " *این* ***موضوع که به شما می‌خواهند بچسبانند تنها مربوط به شما نیست*** *.* " و " ***مقداری از اقاریر تلقینی را که به ضرر آن عده‌ای است که*** *... به خیال خودشان* ***بعد*** *از* ***اتمام کار شما به عنوان مطلع و تحت عناوین دیگر جلب و مثل ما گرفتارشان کنند.*** *"اشاره‌هایی مختصر به مطالب گسترده و فراوانی است که درباره‌ی آنها از او بازجویی به عمل آورده و یا با شکنجه قصد اعتراف‌گیری از وی را داشته‌اند.*

و همچنین که در این نامه پیشنهاد کرده‌است که: " ***علی زهری*** *باید در* ***موقع استیضاح قرآن دربیاورد ببرد پیش وزیر کشور، یا او را به ناموسش که ندارد قسم بدهد که آیا تو فلانی را در زندان دژبان با آن حال خراب و مجروح و مضروب ندیدی؟*** " آنوقت ما دیگر نمی‌توانیم درباره‌ی شکنجه دیدن او تردیدی به خود راه دهیم.

مطلب دیگری که ما به وضوح از این نامه‌های محرمانه درمی‌یابیم این است که پرونده‌سازان شکنجه‌گر درباره‌ی **خطیبی** قائل به استثنا شده و اعلام آمادگی کرده بوده‌اند که در مقابل اعترافات مورد نظر، بر ضد **دکتر بقائی**، پول گزاف و امتیازات قابل توجهی به او پرداخت نمایند.

نامه‌ی زیر این مطلب را نشان می‌دهد:

> *" ضمناً باید بگویم در تمام جریانات نظرشان* ***فقط متوجهٔ شاه و شما بود*** *و گذرنامهٔ سیاسی دادن و نامه نوشتن و وعدهٔ آسایش در سویس دادن و حتی پول جلوتر در هر بانک ریختن و به هر کس که مایلم پرداختن* ***همه برای گفتن مطلبی علیه شما بود*** *که کارشان را تمام کنند و از اظهارات وزیر کشور تلویحاً و مطالبی که* ***[سرهنگ حسینقلی] اشرفی، [سرهنگ امیرهوشنگ] نادری، [سرهنگ حسینقلی] سررشته*** *صریحاً و بدون ابهام و لاپوشانی می‌گفتند، دیگر جای شبهه برای من نبود که تصمیم داشتند یک سال کارشان را جلو بیاندازند و خیالشان راحت شود. "*
>
> (معمای دکتر مظفر بقائی‌کرمانی- همان- صفحات ۱۹/۲۰)

شهادت شماری از شاهدان شکنجه درباره‌ی حسین خطیبی

در پنجمین و ششمین جلسه‌ی محاکمه‌ی متهمان ربودن و قتل **افشارطوس**، که در تاریخ‌های ۱۹ و ۲۰ مهرماه ۱۳۳۲، در زمان نخست‌وزیری **سپهبد زاهدی**، تشکیل شده بود، شماری از نظامیانی که در بازداشتگاه‌های شهربانی و دژبان خدمت می‌کرده و به نحوی از انحاء مشاهداتی درباره‌ی شکنجه‌ی متهمان داشته‌اند، در دادگاه حضور یافته و به شرح مشاهدات خود پرداخته‌اند.

ما در اینجا، به اقتضای مطلب و نیز به عنوان نمونه، فقط به بازگونمودن قسمت‌هایی از این مشاهدات که مربوط به **حسین خطیبی** می‌باشد، بسنده می‌نماییم:

پنجمین جلسه دادرسی:

" ... آقای سرهنگ [نصرالله] **حکیمی** اظهار داشت، شب پنجم اردیبهشت ۱۳۳۲ بود ...

همان شب که آقای **دکتر منزه** را بردند قرار بود **خطیبی** را هم ببرند ولی چون وی قادر به حرکت نبود از بردنش منصرف شدند و شب بعد مجدداً عده‌ای افسر و سرباز با یک آمبولانس به دژبان آمدند و چند دقیقه بعد چند افسر در حالی که **خطیبی** قادر به حرکت نبود و او را در پتو پیچیده بودند در آمبولانس قرار داده و از دژبان بردند ...

سپس **سرهنگ صدیق مستوفی**، افسر رکن سه ستاد ارتش، گفت: مشاهدات من همین مشاهدات **سرهنگ حکیمی** است زیرا ما با هم در یک محل بودیم و به همین جهت از تکرار آن خودداری کرد.

آقای **سرهنگ محمود زندکریمی** درمورد مشاهدات خود نسبت به زجر و شکنجه اظهار داشت: من در تیپ دوم کوهستانی رئیس ستاد تیپ بودم و در آن تیپ تیمساران **مزینی** و **منزه** و آقای **امیرعلائی** و **خطیبی** و **سرگرد بلوچقرائی** زندانی بودند و به حکم وظیفه‌ای که داشتم هر روز برای بازدید به زندان می‌رفتم و درباره وضع عمومی مزاج و غذای ایشان سؤال می‌کردم. **در همین روزها گزارشهایی به من داده می‌شد که شب‌ها این آقایان را در جمشیدیه زجر و شکنجه می‌دهند ولی من به چشم خود ندیدم. اما آثار این شکنجه را در زندان بخصوص درمورد خطیبی دیدم** ...

پس از آن آقای **لطف‌الله سپهر** اظهار داشت: در اولین شبی که نگهبانی با بنده بود و بر حسب اتفاق با آوردن آقایان مصادف شد، مرا احضار کردند و گفتند دو شلاق و یک نیمکت حاضر کنید و من ابتدا گفتم: من وظیفه ندارم. بعد با دستور مافوق من وسائل را در باشگاه تهیه کردم. پس از مدتی بازجویی **سروان [پرویز] قانع** دستور داد او [؟] را بخوابانیم و چند ضربه [**فقط چند** ضربه؟!] شلاق بزنیم.

پس از چند ساعت دیگر **سرهنگ [حسینقلی] سررشته** آمد و همهٔ سربازان و همچنین مرا از سالن بیرون کردند و در ساعت یک بعد از نیمه شب از من چراغ خواسته و من به آنها چراغ گردسوز دادم و صبح که چراغ را گرفتم لولهٔ آن شکسته بود و لکه‌های خون در روی آن دیده می‌شد و من دیگر چیزی ندیدم ... سپس اضافه کرد **از قسمت شانهٔ آقای خطیبی در اثر ضربات شلاق خونی شده بود و یکی از پاهای او هم مجروح بود** ..."

(روزنامه اطلاعات- نوزدهم مهرماه ۱۳۳۲- صفحه ۱۰- ستون‌های ۶ و ۷)

ششمین جلسه دادرسی:

" ... سپس آقای سرهنگ [محمود] **آذرمهر** مشاهدات خود را به شرح زیر بیان نمود: ...

... آقای **خطیبی** که در زندان انفرادی بود، خودش همیشه و به‌طور دائم شکایت از تأملات بدنی می‌نمود و **حتی زخمی در روی شکم داشت و اظهار**

می‌داشت اینجا را شکافته‌اند و نمک ریخته‌اند، من زخم را دیدم ولی نمک ریختن را ندیدم ... وی اضافه نمود بایستی این نکته را تذکر بدهم تا موقعی که من در زندان بودم کسی را زجر و شکنجه ندادند بلکه آنها را در خارج زجر و شکنجه می‌دادند و به آنجا می‌آوردند و یک روز شنیدم که خطیبی را برای گرفتن اعتراف در زندان زجر و شکنجه می‌دادند و یک روز هم آقای دکتر بقائی برای دیدن دکتر خطیبی آمده و با اینکه وی در زندان بود به ایشان گفته شد خطیبی در اینجا نیست. و بعد از رفتن آقایان دکتر بقائی و شمس قنات‌آبادی، به وسیلهٔ آمبولانسی او را به دژبان بردند ..."

(روزنامه اطلاعات- بیست و یکم مهرماه ۱۳۳۲- صفحه ۱۰- ستون نخست)

نمایش آثار شکنجه توسط یکی از متهمان

در صفحه آخر روزنامه اطلاعات مورخ چهارم شهریورماه ۱۳۳۲، عکسی با نیم‌تنه‌ی لخت از احمد **بلوچ‌قرائی**، نوکر سرگرد **بلوچ‌قرائی**، همراه با خبر زیر به چاپ رسیده‌است:

*" **وکلای مدافع متهمین قتل افشارطوس مشغول قرائت پروندهٔ مربوطه بودند.***
امروز [وکلای] متهمین قتل افشارطوس در دادگاه جنایی فرمانداری نظامی حاضر شدند و پروندهٔ مربوطه را قرائت کردند.
آنگاه آشپز سرگرد بلوچ‌قرائی خبرنگاران را دور خود جمع کرد و گفت: اگر شکنجه‌هایی را که به من دادند به هر یک از آقایان می‌نمودند، شما هم اظهار می‌کردید که افشارطوس را من کشتم. سپس احمد پیراهن خود را بیرون آورد و جای شکنجه‌ها و دست‌بند قپانی را نشان‌داد.
در این موقع سروان امیراصلانی وکیل مدافع آقایان سرتیپ بایندر و سرتیپ منزه و سرتیپ زاهدی و سرتیپ مزینی اظهار داشت چون موکلین من آثار زجر و شکنجه در بدنشان هنوز به نظر می‌رسد از پزشک قانونی تقاضا کردم آنها را معاینه و نتیجه را اعلام دارد تا در دفاعیات ما مورد استناد قرار گیرد."

اعتراف مصدق به شکنجه دادن متهمان پرونده‌ی قتل سرتیپ افشارطوس

سرتیپ **حسین آزموده**، دادستان نظامی، در هنگام محاکمه‌ی **مصدق**، در چهاردهمین جلسهٔ دادگاه تجدید نظر نظامی، در تاریخ ۸ اردیبهشت ۱۳۳۳، چنین گفته‌است:

*" ... **پروندهٔ قتل افشارطوس از لحظهٔ اول از جریان عدالت و قانون خارج شد.** شک نیست بنایی که پایهٔ آن کج باشد تا آخر کج می‌رود. از قضات محترمی که رأی بر برائت متهمین آن پرونده داده‌اند، من تشکر می‌کنم زیرا همان طوری که عرض کردم با آن پرونده و پرونده‌ای که به دست وزیر کشور*

*مصدق تنظیم شده باشد و اختیار از دست دستگاه قضایی گرفته باشند، هیچ قاضی عادلی رأیی جز برائت نمی‌توانست بدهد. حال اگر خون **افشارطوس** لوث شده‌است این گناه هم به گردن **مصدق** است که قتلی را برای حب جاه و مقام (با صدای بلند) برای اینکه اساس این کشور را بر باد دهد، برای اینکه بگوید (با فریاد) **افشارطوس** را کشتند که بر علیه من کودتا نمایند، لوث کرد ..."*

(دکتر محمد مصدق در دادگاه تجدید نظر نظامی- به کوشش جلیل بزرگمهر- صفحه ٤٠٨)

پاسخ **محمد مصدق** در بیست و دومین جلسه‌ی دادگاه در تاریخ ١٨ اردیبهشت ١٣٣٣، به بیانات دادستان، به شرح زیر بوده‌است:

*" ... اگر چه از موضوع دادگاه خارج است، چون به اظهاراتی که شده لازم است جوابی داده شود، عرض می‌کنم مرحوم **افشارطوس** در شغل ریاست شهربانی بی‌نظیر بود و غیر از انجام وظیفه نظری نداشت و به همین جهت با وضع بیسار فجیعی به قتل رسید. غرض از قتل او دو چیز بود: یکی اینکه چنین افسری را از بین ببرند و دیگر اینکه ثابت کنند دولت آنقدر ضعیف است که رئیس شهربانی آن را می‌ربایند و می‌کشند و قادر نیست قاتل را دستگیر کنند و گفته می‌شود که پس از قتل **مرحوم افشارطوس** می‌خواستند اشخاص مؤثر دیگری را هم به همین ترتیب از بین ببرند **تا ثابت شود که دولت رهبر نهضت ملی قادر نیست مملکت را اداره کند و روی افکار عمومی ناچار شود که از کار برکنار شود.***

*این بود که آقای **دکتر صدیقی** وزیر کشور برای کشف جنازه و قاتلین او جدیت نمود و به فاصلهٔ کمی توانست جسد او را به راهنمایی بعضی از متهمین کشف کند و بازجویی شروع شود. **به جرأت عرض می‌کنم اگر این کار به عهدهٔ مأمورین عادی محول شده بود و دولت نظارت خاص نمی‌کرد نه نامی از مجرمین برده می‌شد نه جنازه کشف می‌گردید.***

*جنازه کشف شد و اشخاص مظنون بازداشت شدند و آنچه در بازجویی گفته بودند در دستگاه صوت ضبط گردید و چون دوستان یکی از متهمین در مجلس و خارج از مجلس گفتند که موقع بازجویی به او زجر داده‌اند تا اقرار کند این بود که **صدای مضبوط تمام متهمین به وسیلهٔ رادیو به استحضار عموم رسید تا تبلیغات مخالفین، موضوع را از بین نبرد.***

[اقراری که با شکنجه گرفته شده و ضبط گردیده‌است، اگر از رادیو پخش شد (آن هم روزی ٥ مرتبه) دیگر در صحت و درستی آن تردید نمی‌توان نمود؟]

***چنانچه قبول کنیم که در مرحلهٔ بازرسی سوءجریان واقع شده این سوء جریان نمی‌بایست سبب سوءقضاوت شود و قضاوت این جرم را ندیده گرفته متهمین را تبرئه کنند** و تیمسار دادستان از آنها تشکر کند! ..."*

(دکتر محمد مصدق در دادگاه تجدید نظر نظامی- همان- صفحه ٤٣٩)

اینکه *" دوستان یکی از متهمین در مجلس و خارج از مجلس گفتند که موقع بازجویی به او زجر داده‌اند تا اقرار کند "* همان سوءجریانی بوده‌است که **محمد مصدق** به شرح بالا آن را مورد تأیید قرار داده‌اند.

اعترافات احمد باقری نوکر دکتر بقائی

به موجب اعلامیه‌ی مورخ ۱۴ اردیبهشت ۱۳۳۲ فرمانداری نظامی، ربایندگان **افشارطوس** که در شب دوشنبه ۳۱ فروردین ۱۳۳۲ وی را ربوده بودند تا بعدازظهر روز چهارشنبه ۲ اردیبهشت قصد کشتن وی را نداشته‌اند و در این زمان در خانه‌ی **دکتر بقائی**، ابتدا **حسین خطیبی** از قول **دکتر بقائی** و سپس خود **بقائی** ضرورت قتل **افشارطوس** را تأیید کرده‌اند.

به موجب همان اعلامیه، نوکر **دکتر بقائی** به نام **احمد باقری**، برگزاری مهمانی مزبور را به شرح زیر اقرار کرده‌است:

> *" روز دوشنبه و سه‌شنبه کسی نهار مهمان نبود ولی روز* ***چهارشنبه هفته قبل نهار چهار نفر با آقای خطیبی، که به منزل دکتر زیاد می‌آیند، بودند.***
> *آقای* ***دکتر*** *وقتی صبح روز چهارشنبه می‌خواستند به مجلس بروند، من ایستاده بودم،* ***به خواهرشان گفتند که به مادرم بگو که من سه، چهار نفر نهار مهمان دارم.***
> *آن ساعت مادرش گفت:* ***برو بشقاب‌ها را از منزل آقای خطیبی بگیر و بیاور.***
> ***آن ساعت چون گفتم کار دارم، مادر دکتر گفتند برو بشقاب‌ها را از منزل همسایگان بگیر تا بعد از منزل آقای خطیبی بگیری.***
> ***من چهار بشقاب از منزل حاجی‌آقا همسایهٔ کناریمان گرفتم.*** *بعداً که نهار دادند عصری بشقاب‌ها را به من دادند و گفتند برو بده منزل حاجی‌آقا و پنج تومان هم پول دادند که بروم کره و پنیر از بیرون بخرم و* ***چون چند روز پیشتر توی دو تا بشقاب سمنو برای منزل خطیبی داده بودند*** *به من گفتند: برو آن بشقاب‌ها را هم از منزل* ***خطیبی*** *بگیر ... "*
> (روزنامه اطلاعات- مورخ ۱۴ اردیبهشت ۱۳۳۲- صفحه ٤- ستون ٥)

در اینجا بد نیست که به‌طور معترضه دو مطلب را به آگاهی خوانندگان گرامی برسانم:

۱ - این **احمد باقری** پس از بیرون آمدن از زندان به خانه‌ی **دکتر بقائی** برگشته و خدمت به او و مادرش را از سر گرفته بود و نگارنده از سال ۱۳۳۷ خورشیدی که به تهران مهاجرت کرده و در آنجا سکونت اختیار کرده بود، تا حدود سه سال، در برخی از روزهای جمعه که **دکتر بقائی** به‌اصطلاح Open House داشت، به دیدار او می‌رفت و **احمد باقری** را می‌دید که با آوردن چای از مهمانان پذیرایی می‌کرد.

۲ - پدربزرگ مادری **دکتر بقائی** از روحانیون باسواد و اطبای قدیمی در کوهبنان، از شهرهای کرمان، بوده‌است. یعنی در عین اینکه به امور شرعی

آنان می‌رسیده و اختلافات آنان را حل و فصل می‌کرده، با آگاهی که از خواص گیاهان و داروهای گیاهی و قدیمی داشته، بیماری‌های آنان را نیز درمان می‌نموده‌است.
مادر **دکتر بقائی** نیز با تحصیل و کارآموزی پیش پدر خود، آگاهی وسیعی از خواص گیاهان دارویی به‌دست آورده بوده که بیشتر بستگان، آشنایان و دوستان را در مواقع ضرورت بهره‌مند می‌ساخته‌است.
یکی از کارهای دیگر مادر **دکتر بقائی،** مانند بسیاری از زن‌های کرمانی دیگر، از جمله همسر نگارنده، این بوده و هست که هر سال **در ماه اسفند و نزدیکی‌های نوروز،** یک یا چند مرتبه سمنو بپزند و مقداری نه‌چندان زیاد از آن را برای پای «**سفره هفت‌سین**» به دوستان و آشنایان خود هدیه بدهند.

حال هنگامی که ما در اقاریر نوکر **دکتر بقائی** می‌خوانیم که :

" چون چند روز پیشتر توی دو تا بشقاب سمنو برای منزل خطیبی داده بودند به من گفتند: برو آن بشقاب‌ها را هم از منزل خطیبی بگیر "

این امر نشان می‌دهد که موضوع مربوط به پیش از نوروز بوده و **گرفتن بشقاب از خانه‌ی حاجی‌آقای همسایه نیز در روزهای عید به‌ویژه روز نوروز انجام شده که بستگان و آشنایان نزدیک دکتر بقائی، طبق معمول سالانه به دیدار مادر وی می‌آمده‌اند** و چون در خانه‌ی **دکتر بقائی** مهمانی‌های ناهار و شام کمتر اتفاق می‌افتاده‌است، پس نوکر وی که زیر شکنجه مجبور به اعتراف درباره‌ی وجود مهمانی در روز چهارشنبه‌ی چند روز پیش از آن بوده، مجبور شده‌است که همان مهمانی نوروز را به مهمانی مورد نظر بازجویان تبدیل نماید.

حال هرگاه بازپرسان پرونده به‌راستی قصد روشن ساختن حقیقت امر را داشتند، می‌توانستند با تحقیق از **حاج‌آقا،** همسایه‌ی **دکتر بقائی،** و یا از مادر و خواهر او، دریابند که آیا گرفتن بشقاب به صورت امانت از خانه‌ی وی مربوط به روزهای نوروز و حدود یک ماه پیش از آن بوده‌است یا مربوط به دو، سه روز پیش.
در آخرین جلسه‌ی محاکمه‌ی متهمان به قتل **افشارطوس،** به‌گفته‌ی **احمد بلوچ‌قرائی** که یکی دیگر از متهمان بوده، حقیقتی گفته شده‌است که ما آن را به عنوان زبان حال این **احمد** بیان می‌نماییم:

" من در این جریان هیچ دخالتی نداشتم و درمورد اقرار خود گفت:
اگر خود آقای دادستان را ۱۰ دقیقه شکنجه دهند به‌اجبار می‌گوید من افشارطوس را کشته‌ام. "
(روزنامه اطلاعات- مورخ ۳۰ آبان ۱۳۳۲- صفحه ۸- ستون ٤)

بخش هفتم

قتل سرتیپ افشارطوس

سرلشکر فضل‌الله زاهدی، دستور دهنده‌ی قتل افشارطوس

به‌طوری که شواهد و دلایل موجود گواهی می‌دهد، صبح روز چهارشنبه ۲ اردیبهشت ۱۳۳۲ **سرلشکر زاهدی** به این فکر افتاده و یا اینکه او را به این فکر انداخته‌اند که زنده بودن **افشارطوس** و آزاد ساختن وی، برای **اردشیر**، خود او و نیز تمام افراد و سازمان‌های داخلی و خارجی، که به راستی در توطئه دست داشته‌اند، بی‌نهایت خطرناک می‌باشند. چنین احتمال می‌رود که این فکر را افرادی از جاسوسان و طرفداران **مصدق**، شاید **سرتیپ محمد دفتری**، در **زاهدی** ایجاد و تقویت کرده باشند.

در هر حال، در صبح آن روز **سرلشکر زاهدی** به پسرش، **اردشیر**، دستور داده‌است که چهار نفر نگهبانان خارج از غار **افشارطوس**، یعنی **سرتیپ زاهدی**، **سرتیپ منزه**، **سرتیپ مزینی**، و **سرتیپ بایندر** را برای ظهر آن روز، به ناهار به منزل وی دعوت کند.

سرلشکر زاهدی در آن روز پس از شرح خطرهای بزرگ زنده ماندن **افشارطوس**، آنان را به وحشت انداخته و رضایتشان را برای قتل این شخص جلب کرده و یا در حقیقت به آنان دستور داده‌است که همان روز ترتیب این کار را بدهند.

البته همان طور که در شرح انتخاب و استخدام **سرگرد بلوچقرائی** برای شرکت در توطئه مورد بحث (درباره‌ی آمادگی وی برای انجام هر جنایت با دریافت مزد) گفته شد، کشتن **افشارطوس**، با وجود این شخص در غار تلو، به آسانی و با پرداخت مبلغ کمی پول، امکان‌پذیر بوده‌است.

در ضمن بد نیست یادآوری نماید که میهمانی ناهار به شرح بالا، در منزل **سرلشکر زاهدی** یکی از مواردی بوده‌است که چهار نفر **سرتیپ** متهم به ربودن و قتل **افشارطوس**، به منظور حفظ مقام سلطنت و حمایت از **شاه** و **سرلشکر زاهدی** و پسر او و نیز تخفیف در مجازات خودشان مجبور شده‌اند آن را به حساب **دکتر مظفر بقائی** بگذارند. **یعنی دستور قتل افشارطوس را که توسط سرلشکر زاهدی صادر شده بوده‌است به دکتر بقائی نسبت دهند و اقدامات اردشیر زاهدی نیز به حساب حسین خطیبی منسوب سازند.**

مأموران ابلاغ دستور قتل افشارطوس

در اینکه چهار نفر سرتیپ به اسامی: **علی‌اصغر مزیّنی**، **نصرالله زاهدی**، **نصرالله بایندر**، و **دکتر علی‌اکبر منزه**، از مجریان توطئه ربودن **افشارطوس** بوده‌اند، تردیدی وجود ندارد. و چون آن قسمت از اعترافات منطقی این چهار نفر که مربوط به بعدازظهر چهارشنبه ۲ اردیبهشت ۱۳۳۲ می‌باشد کم وبیش با یکدیگر هم‌آهنگی دارد و همچنین اظهارات **نصرت جهان‌قاه**، راننده‌ی **سرتیپ مزیّنی**، نیز آنها را تأیید می‌نماید، به این‌جهت به نظر می‌رسد که بتوان به آنها اعتماد کرد.

اعترافات این افراد تردیدی باقی نمی‌گذارد که **سرتیپ نصرالله مزیّنی** در بعدازظهر چهارشنبه به محل اختفای **سرتیپ افشارطوس** به جلوی غار تلو رفته و با احضار **سرگرد بلوچ‌قرائی** به آنجا و ابلاغ دستور قتل به او، در حدود ساعت ده تا ده و نیم بعدازظهر از دوراهی لتیان به سوی تهران بازگشته و **در حدود ساعت یازده**، به منزل خود رسیده‌است.

به‌طور مسلم، چون در هنگام صدور دستور قتل **افشارطوس**، **عباس نخلی** و بی‌گمان ارباب وی، **عبدالله امیرعلائی** نیز حضور داشته‌اند، پس این دو نفر هم به‌طور مسلم از کلیدهای اصلی حل معمای قتل **سرتیپ افشارطوس** محسوب می‌شده‌اند.

حال هرگاه مأموران مربوطه به‌راستی در صدد کشف جنایت بوده و مأموریتی ویژه جهت انحراف توجه از دستوردهندگان واقعی جنایت و متهم ساختن افراد دیگر به جای آنان نداشتند، بی‌گمان از **عباس نخلی** و اربابش **عبدالله امیرعلائی** نیز در این باره بازجویی به عمل آوردند.

ولی آیا جای تعجب و نشانه‌ای از سوءنیت بازجویان و بازپرسان، به‌شمار نمی‌رود که در تمام اعلامیه‌های فرمانداری نظامی حتی یک جمله اعتراف به نام **عباس نخلی** و **عبدالله امیرعلائی** وجودندارد؟!

اعترافات خود **سرتیپ مزیّنی** را پیشتر دیدیم و قسمت‌هایی از اعترافات سایرین نیز به شرح زیر می‌باشد:

الف- از اعترافات سرتیپ نصرالله زاهدی:

" ... تصمیم بر این شد *تیمسار مزینی* در حدود ساعت ۷ یا ۷/۵ بروند در محل که دستورات کار را به محافظین مرحوم ***افشارطوس*** بدهند. ***تیمسار منزه*** و ***تیمسار بایندر*** هم با اتومبیل ***تیمسار منزه*** و رانندهٔ ***مزینی در حدود ساعت ۱۰ شب*** در محل باشند که ایشان را برگردانند ... "
(توطئهٔ ربودن و قتل افشارطوس، رئیس شهربانی کل کشور- گردآورنده: محمد ترکمان- صفحه ۱۹)

ب- از اعترافات سرتیپ نصرالله بایندر:

" ... به هر حال غروب ***مزینی*** با خواربار به تلو رفت و قرار شد که من و ***منزه*** برای برگرداندن ***مزینی ساعت ده شب*** به تلو برویم و بنابراین من و ***منزه*** از ساعت ۷ قدری در شهر رفتیم و سپس سوار شده با اتومبیل ***منزه*** به رانندگی رانندهٔ ***مزینی*** و قدری خواربار که ***منزه*** گرفته بود راه افتادیم، به قهوه‌خانهٔ زردبند رفته و آنجا توقف کردیم و بعد از صرف غذا ***ساعت ده*** به تلو برگشتیم که بعد از چند دقیقه ***مزینی*** در حالی که خیلی خسته بود عرق کرده بود از اسب پیاده و نزد ما آمد و با هم به شهر برگشتیم ... "
(همان- صفحه ٢٤)

ج- از اعترافات سرتیپ دکتر علی‌اکبر منزه:

" ... روز چهارشنبه هم ***سرتیپ مزینی*** عصر به محل رفته بود ما هم رفتیم در قهوه‌خانهٔ نزدیک لشکرک غذا خوردیم و ***مزینی در حدود ساعت ۱۱*** مراجعت کرد فوراً به شهر آمدیم ... "
(همان- صفحه ٥٥)

د- از اعترافات نصرت جهان‌قاه رانندهٔ سرتیپ مزینی:

" ... روز چهارشنبه بعدازظهر رفتم با ماشین منزل ***مزینی***، و در حدود ساعت ۷ یک بیوک مشکی سیستم ٤۷ یا ٤۸ که متعلق به ***منزه*** است آمد که شوفرش ماشین را گذاشت و رفت. ***سرتیپ مزینی*** از منزل خارج شد و تنها پیاده رفت [و] گفت تو با ***تیمسار منزه*** و ***بایندر*** که در منزل من هستید بیا.
تقریباً ساعت ۷/۱۵ بعدازظهر ما حرکت کردیم با بیوک ***منزه***. من پشت رل نشستم، رفتیم خیابان شاه‌رضا، نزدیک چهارراه پهلوی، از مشروب‌فروشی سه بطر آبجو و کالباس و خیارشور و نان سفید خریدیم با یک لیوان رفتیم

*در یک کافه که واقع است در جادهٔ اوشان آنطرف لشکرک. در یک قهوه‌خانه کباب خوردند با آبجو و به من هم کباب دادند و **تقریباً ساعت ۱۰** برگشتیم همان جایی که هر شب در جادهٔ تلو نگهداشتیم و بستهٔ خوراکی را هم شب قبل به دهاتی دادم.*
*دیدم **مزینی** آنجا ایستاده سوارش کردم آمدیم شهر، **مزینی** را درب خانه‌اش پیاده کردم. بیوک را **منزه** و **بایندر** بردند ..."*
(همان- صفحات ٤٦/٤٧)

تأیید اعترافات سرتیپ مزینی توسط هادی افشارقاسملو

اعترافات **هادی افشارقاسملو** به شرح زیر نیز به‌طور کامل اظهارات **سرتیپ مزینی** را تأیید می‌نماید و به خوبی نشان می‌دهد که **سرتیپ مزینی** در آن شب قول و یا وعده داده بوده‌است که در شمیران خانه‌ای اجاره کنند و **افشارطوس** را به آنجا ببرند:

بازگوشده از اعترافات هادی افشارقاسملو:

*" ... شب [سه‌شنبه] را خوابیدیم تا صبح شد و **عباس** [کدخدا] **پهلوی ما آمد** و رفت بالای غار کشیک داد و نزدیک ظهر گفت: کار دارم و می‌روم.*
*عصر همان روز [چهارشنبه] مجدداً **عباس** آمد به **[سرگرد] بلوچ[قرائی]** خبر داد که شما را **[سرتیپ] مزینی** می‌خواهد، **[سرگرد] بلوچ[قرائی]** رفت.*
*مدت یک ساعت طول کشید و مراجعت کرد و گفت: **قرار بر این شد که در شمیران خانه اجاره کنند و افشارطوس را به آنجا ببریم** ..."*
(همان- صفحه ۳۸)

سرتیپ مزیّنی واسطه‌ی ابلاغ دستور قتل به قاتل (یا قاتلان)

ادامه‌ی اعترافات **هادی افشارقاسملو** که یکی از مجریان و عاملان قتل بوده‌است، از همان جا که پیشتر قطع شده‌است، به شرح زیر می‌باشد:

*" ... پس از **دو سه ساعت** که گویا ساعت ۱۰ یا ۱۱ شب بود **عباس آمد و گفت که مزینی آمده و بلوچ را می‌خواهد**. بلافاصله **بلوچ** رفت و تقریباً نیم‌ساعت طول کشید و مراجعت کرد، به **من و عباس** گفت: **دستور داده‌اند که او را بکشیم**.*
*من خدا را شاهد می‌گیرم که به **بلوچ** اظهار کردم که ممکن نیست با شما در این کار شرکت کنم و حتی شدیداً اعتراض کردیم و بعداً **بلوچ** مرا تهدید کرد که اگر با من موافقت نکنی ترا با اسلحه می‌زنم من در جواب گفتم: به من مربوط نیست. بعداً **بلوچ**، **احمد** را خواست به اتفاق او دستهای **افشارطوس***

را از پشت محکمتر بست و پاهای او را باز کرد که به سمت رودخانه بیاورد.
*باز هم من خدا را گواه می‌گیرم که در تمام این مدت، جنگ با وجدان خودم داشته و به سرنوشت شومی که چشم‌بسته دچارش شده بودم فکر می‌کردم و تصمیم می‌گرفتم که از همانجا مراجعت کنم ولی آن موقع شب راه را بلد نبودم که از آن مرحلهٔ خطرناک فرار کنم. در هر حال **بلوچ** و **احمد**، **افشارطوس** را به سمت رودخانه آورده مجدداً پاهای او را بست. یک دستمال توی دهانش گذاشت و با دستمال من محکم روی دهانش بست و طناب به گردن او انداخت و کشیده شد.*
*به من هم **بلوچ** می‌گفت که: دوای اتر را جلوی دماغش بگیر. من هم از ترسم که در مقابل عمل انجام شده قرار گرفته بودم، برای اینکه زودتر از آن مرحلهٔ خطرناک دور شوم موافقت کردم که فقط دستمال دوا را جلوی دماغش بگیرم و عمل به همین نحو اجراء شد.*
*بعداً **احمد** در کنار رودخانه گودالی کند و **افشارطوس** را در گودال گذاشته و پوشیده شد ..."*
(همان- صفحات ۳۸/۳۹)

اعترافات سرگرد فریدون بلوچ‌قرائی در این رابطه:

*" ... شب سوم ساعت ۶ یا ۷ **یک عده** آمدند که **عباس** و **مزینی** را من شناختم. **مزینی** گفت: دستور دارم که بایستی **افشارطوس** کشته شود، چون ممکن است بفهمند.*
*برگشتم به **احمد** و **افشار** گفتم. آنها ایشان را آوردند از غار پایین و با طناب کشتند. یک سر طناب دست **احمد** و یک سر طناب را **افشار** گرفت و **عباس** هم آمد که لوازمات را برداشته و در آنها شرکت کند.*
*البته قرار بر این بود که **عباس** پس از رساندن اشخاص سوار به جاده یا ده یا هر کجا که می‌خواهند بروند، برساند و برگردد. در این ضمن اینها کار خود را کردند و مشغول کندن محل دفن شدند و پس از دفن کردن همگی به سمت تهران حرکت کردیم. ..."*

در جواب به این پرسش که دستور کشتن افشارطوس را کی داد، نوشته‌است:

*" با همان نوکر که اسمش عباس است، **روز قبل یک عده آمدند که سرتیپ مزینی برای ملاقات افشارطوس آمد. ولی روز بعد یک عده در تاریکی بودند که من نفهمیدم به درستی که چه کسانی هستند[؟!] ولی تیمسار مزینی جلو بودند و این دستور را صادر کردند.**"*
(همان- صفحات ۲۸ و ۳۰)

مروری بر بازجویی‌های یکی از متهمان
سرتیپ علی‌اصغر مزیّنی

یکی از افرادی که به‌راستی در توطئه ربودن **سرتیپ افشارطوس** دست داشته، **سرتیپ علی‌اصغر مزیّنی** بوده‌است. این شخص پیش از سایر افسران توطئه‌گر، در ساعت دو و نیم بامداد روز پنجشنبه ۳ اردیبهشت ۱۳۳۲ (یعنی چند ساعتی پس از قتل **افشارطوس**) بازداشت شده و آنسان که پیداست زیر شکنجه‌های شدید حقایق بسیاری از اقدامات مربوط به برنامه‌های ربودن **افشارطوس** را، تا آنجا که خودش در انجام آنها شریک بوده و یا از آنها آگاهی داشته، بروز داده‌است.
طبیعی است که وی در این اعترافات درباره‌ی نقش افرادی از قبیل **اردشیر زاهدی، مادام تامارا**، و حتی خود **سرلشکر زاهدی**، در آن برنامه‌ها نیز سخن گفته‌باشد.

بی‌گمان خوانندگان گرامی تعجب نخواهند نمود اگر آگاهی یابند که صورتجلسه‌ی نخستین بازجویی از **سرتیپ مزیّنی** در پرونده‌ی وی وجود ندارد. زیرا از یک سو در آن دست‌اندرکاران حقیقی در آن جنایت معرفی شده بوده‌اند و از سوی دیگر نامی از **دکتر مظفر بقائی‌کرمانی** در آن وجود نداشته‌است.
اما اشتباه پرونده‌سازان در اینجا این بوده‌است که پس از نابودی صورتجلسه‌ی نخست، عنوان «**دومین بازجویی**» را تغییر نداده و آن را به همان حال باقی گذاشته‌اند و به همین جهت هر خواننده با توجه به این عنوان متوجه می‌شود که این **دومین جلسه** یک **نخستین جلسه** هم داشته‌است.

پرسش و پاسخ زیر بین **سرهنگ نادری** و **سرتیپ مزیّنی** در بازجویی مورخ ۵ خرداد ۱۳۳۲، درباره‌ی نخستین جلسه‌ی بازپرسی (که صورتجلسه‌اش مفقود شده) به عمل آمده‌است:

> " س: ***با توجه به اتهاماتی که در جلسهٔ اول بازپرسی به جنابعالی اعلام گردیده،*** *به غیر از اظهاراتی که تاکنون فرموده‌اید، هر بیاناتی به نام آخرین دفاع دارید، اظهار فرمایید.*
> ج: ... ***چنانچه اتهامات مذکور مبتنی بر اظهاراتی باشد که در بازپرسی‌های اولیه از اینجانب به عمل آمده، البته محتاج به تذکر نیست که اقاریر مذکور صرفاً بر اثر زجر و شکنجهٔ جسمی و روحی بوده‌است که به اینجانب وارد گردیده*** ... "
> (توطئه ربودن و قتل افشارطوس- همان- صفحات ۱۳۳/۱۳۴)

درهرحال، پرسش و پاسخهای زیراز دومین جلسه‌ی بازجویی از سرتیپ علی‌اصغر مزیّنی در تاریخ ۱۳۳۲/۲/۶ بازگویی شده است:

(توضیح: جاهای خالی در متن زیر، که پنج نقطه دارد، مربوط به اصل کتاب می‌باشد و به‌طوری که در زیرنویس این صفحه در کتاب توضیح داده شده، در اصل «**کلمات ناخوانا**» بوده‌اند.)

" س: با اطلاع از هویّت سرکار، شرح و علت وابستگی و همکاری خودتان را با احزاب و دستجات مخالف دولت و به‌خصوص نزدیکی خودتان با **حزب زحمتکشان** و **دکتر بقائی** به‌طور مختصر شرح و مرقوم دارید.

ج: ...

... با حزب زحمتکشان هیچ سابقه نداشته و ندارم. در خصوص مناسبات اینجانب با آقای **دکتر بقائی** باید عرض کنم جز از دور، به نام، ایشان را نمی‌شناختم تا اینکه آخرین گزارش مربوط به وضعیت خود را از طریق معاونت دوم وزارت دفاع ..... به عرض جناب آقای **دکتر مصدق** رساندم و جواب رد شنیدم. پس از چندی جناب آقای **دکتر بقائی**، که رئیس کمیسیون بودند و درخصوص اقدام ..... وزارت دفاع ملی مطالعاتی می‌کردند من هم برای رسیدگی به وضعیت افسران بازنشسته شرحی ..... که می‌خواستم حضوراً هم به آقای **دکتر بقائی** توضیحاتی بدهم لذا تلفنی کردم و ایشان آدرسی دادند در **خیابان خانقاه** و ..... فرمودند در آنجا در روز و ساعت مقرری ملاقات کنیم. در آن روز بنده به اتفاق **سرتیپ بایندر** و **سرتیپ زاهدی** ..... شده یک ساعت ماندیم، لکن چون **دکتر بقائی** گرفتاری داشتند تلفن کردند و تشریف نیاوردند و قرار شد که ..... دهند. ایشان هم آدرس تلفنی خود را به ما دادند و پس از یک هفته مجدداً این ملاقات صورت گرفت و آقای **دکتر بقائی** تشریف آوردند و **در حدود بهمن‌ماه یا اوائل اسفند ..... صورت گرفت. دیگر ارتباط و مناسباتی بین من و ایشان نیست.**

س: جریان دخالت خودتان و تیمساران **بایندر**، **زاهدی**، **دکتر منزه** و آقای **حسین خطیبی** و سایر اشخاص که در ..... **تیمسار افشارطوس** به محلی در ارتفاعات نزدیک تلو به‌طور مفصل مرقوم دارید.

ج: ...

... فردای آن روز یعنی صبح روز **چهارشنبه** [۱۳۳۲/۲/۲] آقایان تلفناً از اینجانب چگونگی اجرای امر و سلامتی **سرتیپ افشارطوس** را جویا شدند و به اطلاعشان رسید و قرار شد برای اخذ تصمیم به منزل اینجانب بیایند و آمدند منتها قبل از آن هرچه در اطراف و داخل شهر برای تهیهٔ محل اجارهٔ مناسب مراجعه شد جای مناسبی پیدا نشد و به ناچار مقرر گردید یا هر طور شده یکی دو روز دیگر در همان محل یا نقطهٔ موسوم به ..... بمانند و یا به قلهٔ اراکو که نقطهٔ مرتفع آن کوهستان است عزیمت و مخفی گردند. و باز هم به عللی که برای روز قبل عرض کردم آقایان از رفتن در کوه و سواری معذرت خواستند و لاعلاج این دفعه نیز این کار به اینجانب محول گردید. منتها مقرر شد در مراجعت **برای ساعت ۱۰ شب سرتیپ بایندر** و **سرتیپ دکتر منزه** با ماشین بیوک **دکتر منزه** به رانندگی شوفر اینجانب **نصرت**، در همان محل میعادگاه (دوراهی شوسهٔ فشم با جادهٔ لتیان) برای مراجعت دادن اینجانب حضور یابند.

اینجانب هم در ساعت ۷ شب قبل با **عباس** مستخدم آقای **امیرعلائی** قرار گذارده بودم اسبها را در نقطه‌ای به اسم استخر که در بین چهار دیواری واقع است حرکت کردم. بدواً اسبها را نیافتم و پیاده به طرف لتیان رفتم و

*چون از یافتن اسبها و **عباس** مأیوس شدم، برگشتم زیرا محل غار را خارج از ..... نمی‌دانستم و شب بود در مراجعت به **عباس** برخوردم که اسبها را به طرف ده خودشان از طریق راه لتیان برمی‌گشت. فوراً سوار شده و به راهنمایی **عباس** به ملاقات **سرگرد بلوچ‌قرائی** در اقامتگاه **سرتیپ افشارطوس** (غار) شتافتم. وقتی رسیدیم ساعت ۹ شب بود فوراً نامبرده را به پایین دره خواستم و از سلامتی **افشارطوس** جویا شدم. معلوم شد سلامت است. حتی تحقیق کردم چه خورده‌اند؟ ایشان گفتند: یک تخم‌مرغ را نصفه خورده‌اند و یک فنجان چای. ولیکن **سرگرد بلوچ** از وضعیت خود و محل اظهار نگرانی داشت و معتقد بود هر طور شده یا باید جای خود را عوض کند و یا به طهران مراجعت نماید. اینجانب با توجه ایشان به مسئولیت حفظ سلامتی **سرتیپ افشارطوس** تغییر محل را به طرف قلهٔ کوه اراکو – یا موقتاً هم که شده برای ۲٤ ساعت به محل ..... متذکر گردیدم و به ایشان قول دادم که روز دیگر قبل از ظهر به محل مراجعت خواهم کرد و تصمیم قطعی که در آن شب به نظر اینجانب منحصر به اندیشه در خصوص آزادی ایشان بود، گرفته خواهد شد. سپس با آخرین تأکیدات راجع به غذای **سرتیپ افشارطوس**، سواره مراجعت کردم و در دوراهی لتیان ماشین سواری **دکتر منزه** و **سرتیپ بایندر** منتظر اینجانب بود، سوار شدیم و به طرف طهران مراجعت کردیم و بنده به منزل رفتم. همان شب در ساعت ۲/۵ بعد از نیمه شب توقیف گردیدم ...*

*س: آیا شما فکر نمی‌کنید که شخص **دکتر بقائی**، نمایندهٔ مجلس شورای ملی، دخالتی در این امر داشته یا خیر و دو نفر همراهان **سرگرد بلوچ‌قرائی** (محافظان **تیمسار افشارطوس** [در غار]) از اعضای **حزب زحمتکشان** بوده‌اند یا خیر؟*

*ج: **راجع به اطلاع یا دخالت دکتر بقائی، نمایندهٔ مجلس، تصور نمی‌کنم زیرا خود خطیبی اظهار می‌داشت این عمل بدون اطلاع دکتر بقائی انجام شده‌است**. در خصوص دو نفر همراهان **سرگرد بلوچ** و اینکه از اعضاء **حزب زحمتکشان** بوده‌اند یا خیر باید عرض کنم به هیچوجه تصور نمی‌کنم از **حزب زحمتکشان** باشند زیرا **سرگرد** نامبره تماسی با آن حزب و **دکتر بقائی** ندارد و مردان او گمان می‌کنم از مستخدمین یا نزدیکان همشهری خودش باشند ..."*
(توطئه ربودن و قتل افشارطوس- گردآورنده: محمد ترکمان- صفحات ٦١/٦٢ و ٦٧/٦٨ و ۷۲)

البته در بازجویی بالا مطالبی خلاف واقع بیان شده، برای نمونه منزل **حسین خطیبی** به جای منزل **مادام تامارا** آمده و **حسین خطیبی** نیز به جای **اردشیر زاهدی** قرار گرفته‌است. ولی **سرتیپ مزیّنی**، به موجب همین بازجویی، از اواخر بهمن یا اوایل اسفند سال پیش از آن" ***هیچ ارتباط و مناسباتی***" با **دکتر بقائی** نداشته‌است.

سرتیپ مزیّنی در این بازجویی، نه‌تنها صحبتی از جلسه‌ی روز چهارشنبه ۲ اردیبهشت ۱۳۳۲ در منزل **دکتر بقائی** به میان نیاورده، بلکه آشکارا اظهار داشته‌است:

" راجع به اطلاع یا دخالت دکتر بقائی، نمایندهٔ مجلس، تصور نمی‌کنم زیرا خود خطیبی اظهار می‌داشت این عمل بدون اطلاع دکتر بقائی انجام شده‌است."

و همین عبارت را می‌توان به عنوان دروغ دانستن تمام ادعاهای پرونده‌سازان درباره‌ی **دکتر بقائی** به حساب آورد.

تجدید دومین جلسه‌ی بازجویی از سرتیپ علی‌اصغر مزیّنی:

با اینکه **سرتیپ مزیّنی** در دومین جلسه‌ی بازجویی در تاریخ ۶ اردیبهشت ۱۳۳۲، به شرحی که ذکر شد، آشکارا اعلام کرده بود که از اواخر بهمن یا اوایل اسفند ۱۳۳۱ "*هیچ ارتباط و مناسباتی*" با **دکتر بقائی** نداشته‌است و نیز **دکتر بقائی** را از هرگونه اطلاع یا دخالت در برنامه‌ی ربودن و قتل **افشارطوس** مبرا دانسته بود، ولی در تجدید همان بازجویی مجبور شده‌است که اظهارات مزبور را تکذیب کرده و به شرح زیر، به نحوی مهمانی مورد ادعا و دروغی در منزل **دکتر بقائی** در روز چهارشنبه ۲ اردیبهشت ۱۳۳۲ را در پاسخ‌های جدید خود بگنجاند.

بازگوشده از جلسه‌ی بازجویی مورخ ۱۳۳۲/۲/۱۰ از سرتیپ علی‌اصغر مزیّنی (که در حقیقت تجدید دومین جلسه‌ی بازجویی وی بوده‌است):

*" ... روز بعد **چهارشنبه** [۱۳۳۲/۲/۲] صبح مجدداً رفقا به من تلفن کرده سؤال کردند و قرار شد به منزل اینجانب بیایند. لذا در حدود ساعت ۹ **تیمسار نصرالله زاهدی** و **سرتیپ بایندر** و **دکتر منزه** به منزل اینجانب آمدند و از وضعیت مستحضر گردیدند و در قبال انتقال محل به جای دیگر مذاکره شد و چون آقایان جمعاً محل دیگری در شهر یا شمیران پیدا نکردند اینجانب پیشنهاد کردم کرایه شود. اما چون وقت تنگ بود و در نصف روز نمی‌شد محلی را کرایه کرد مقرر گردید در این موقع در همانجا هر طور هست نگهداری شود یا در صورت امکان به **قلهٔ اراکو** انتقال داده شود. در این موقع **سرتیپ زاهدی** از منزل اینجانب چند مرتبه تلفن کردند و آمدند ولی ما را عموماً در بلاتکلیفی قرار دادند و عاقبت تصمیم بر این شد که آقای **سرتیپ زاهدی** با **خطیبی** تماس بگیرند بالاخره در حدود ساعت ۱۱ از منزل اینجانب چهار نفره حرکت کردیم و چون آقای **خطیبی** به قراری که **سرتیپ زاهدی** می‌گفتند در منزل آقای **دکتر بقائی** بودند ما را به آنجا بردند.*

*مدتی با آقای **خطیبی** مذاکره می‌کردند و **دکتر بقائی** هم منزل نبودند. مذاکراتی که در آن جلسه صورت گرفت مربوط به تعیین محل جدید برای پنهان نگاه داشتن **سرتیپ افشارطوس** بود و در آنجا نیز محل مناسبی به نظر*

نیامد و پیشنهادی نشد. **بالاخره آقای دکتر بقائی تشریف آوردند و بعد از مدتی به اطاقی که ما بودیم وارد شدند. مذاکرات در حضور ایشان محدود بود به چگونگی تفتیش و مهروموم کردن منزل خطیبی** و اینجانب اظهار داشتم که غیبت ایشان از منزل خود صلاح نیست و در صورت لزوم بیان توضیحات، ایشان هیچگونه توضیح قانع‌کننده‌ای نمی‌توانند بدهند و باید به منزل خود برگردند و بالاخره موافقت نمودند که به منزل خود مراجعت کند. و چون اینجانب تعجیل داشتم که به محل برگشته و زودتر به مأمورین محافظت **سرتیپ افشارطوس** سرکشی کنیم، در حدود ساعت ٤ به منزل مراجعت، آقایان **تیمساران دکتر منزه** و **سرتیپ زاهدی** و **سرتیپ بایندر** نیز به منزل بنده آمدند.
پس از مدتی مذاکره مقرر گردید اینجانب به محل بروم و دستور دهم آقایان، **سرتیپ افشارطوس** را به ارتفاعات بالاتر ببرند و اگر به **قلۀ اراکو** ممکن نباشد به محل **دوجانه** نقل مکان کنند تا بعد محل مناسبتری فکر کنیم.
منتها چون موضوع عبور و مرور روی جاده‌ها به نظر می‌رسید که تحت کنترل باشد این طور در نظر گرفته شد که رفتن و برگشتن اینجانب با دو وسیله مختلف باشد لذا رفتن را تا محل دو راهی قهوه‌خانۀ تلو با اتومبیل کرایه رفتم و قرار شد در ساعت ١٠ شب به‌طور دقیق اتومبیل **سرتیپ دکتر منزه** به معیّت **سرتیپ بایندر** به رانندگی شوفر اینجانب در موعودگاه حاضر شوند و اینجانب را به شهر مراجعت دهند. و به همین ترتیب هم عمل شد و چون محل نگاهداری اسبها بین ساعت ٨ و ٩ دور از جاده در محلی به نام استخر تعیین شده بود و اینجانب نتوانستم شبانه آن را پیدا کنم مدتی پیاده‌روی کردم تا به تلو رسیدم و چون مأیوس شدم و در خارج از جادۀ مال‌رویی هم که به محل اختفای **سرتیپ افشارطوس[میرسید]** بلد نبودم، مصمم به مراجعت شدم پس از مدتی راهپیمایی در مراجعت نوکر **آقای امیرعلائی** را دیدم که مالها را برمی‌گرداند. فوراً سوار شدم خودم را به محل غار رساندم. **عباس** رفت و **سرگرد بلوچ** را صدا کرد ایشان آمدند و با من ملاقات و مذاکره نمودند و از چگونگی احوال و وضع مزاجی **سرتیپ افشارطوس** جویا شدم و حتی معلوم شد یک نصفه تخم‌مرغ و قدری چای به ایشان خورانده‌اند. سپس درمورد تغییر محل با **سرگرد بلوچ** صحبت کردم البته در بدو امر نامبرده خیلی ناراضی بود و انجام عمل را کار مشکلی می‌دانست ولی عاقبت او را به این عمل راضی نمودم و گفتم شبانه این کار باید انجام پذیرد و روز بعد اینجانب توسط **عباس** نوکر آقای **امیرعلائی** با او تماس خواهم گرفت. سپس از ایشان جدا شده و با **عباس** به طرف جاده حرکت کردم. ساعت ده و نیم که به دو راهی رسیدم اتومبیل در همان محل ایستاده بود. **سرتیپ دکتر منزه** و **سرتیپ بایندر** نیز به انتظار اینجانب بودند و به اتفاق به شهر مراجعت کردیم. اینجانب به منزل رفتم و در ساعت دو و نیم بعد از نیمه شب مرا بازداشت کردند ...
س: در منزل **دکتر بقائی**، نمایندۀ مجلس، (در روز چهارشنبه ١٣٣٢/٢/٢) پس از ورود **دکتر بقائی** استعلامی از طرف **تیمسار منزه** درمورد ازبین‌بردن **تیمسار افشارطوس** از آقای **دکتر بقائی** به عمل آمد یا خیر؟

ج: در حضور اینجانب چنین استفساری نشد. یا شاید من توجه نکردم. باز هم عرض می‌کنم که سوگند یاد می‌کنم که جز حقیقت چیزی نگویم. آنچه به خاطر دارم در حضور ایشان صحبت از این شد که اگر سرتیپ افشارطوس فرار اختیار کند مأمورین چه باید بکنند و گفته شد باید تیراندازی کنند. و البته اینجانب که وضعیت محل و غار و کیفیت آنجا را می‌دانستم به هیچوجه احتمال فرار از طرف ایشان نمی‌دادم."

(همان- صفحات ۷۶/۷۹)

دو مصاحبه‌ی مطبوعاتی با
دکتر مظفر بقائی‌کرمانی و علی زُهری

نخستین مصاحبه:

" دکتر بقائی و علی زهری
امروز دربارهٔ توطئه قتل رئیس فقید شهربانی اطلاعاتی به مخبرین دادند.

مقارن ظهر امروز در منزل آقای دکتر بقائی بنا به دعوت ایشان جلسهٔ مصاحبهٔ مطبوعاتی تشکیل شد و آقایان دکتر بقائی، لیدر حزب زحمتکشان، و زهری، مدیر شاهد و نمایندهٔ مجلس شورای ملی، دربارهٔ توطئه قتل سرتیپ افشارطوس، رئیس فقید شهربانی، اطلاعاتی را در اختیار جرائد قرار دادند که خلاصهٔ آن در زیر به اطلاع خوانندگان می‌رسد:
ابتدا آقای زهری دربارهٔ اعلامیهٔ دیروز فرمانداری نظامی گفت: دیروز صبح قرار بود از طرف کمیسیون مأمور رسیدگی به پروندهٔ قتل رئیس شهربانی اعلامیه‌ای صادرشود.
این اعلامیه قرار بود ابتدا ساعت ۳ بعدازظهر صادر گردد ولی صدور آن به ساعت ۹/۵ موکول گردید و بالاخره در ساعت ده بعدازظهر به وسیله رادیو پخش شد و به‌طور کلی رفقای حزب ما را در درجهٔ اول در این ماجرا دخیل دانسته و در پایان آن وعده داده شده بود که جزئیات امر بعداً اعلام خواهد شد.
در صورتی که آقایان می‌دانند که کمیسیون مأمور رسیدگی از ابتدای قضیه پرونده را تحت نظر داشته و علتی برای تأخیر صدور اعلامیه وجود ندارد.
آقای زهری علاوه کرد که طبق اطلاع صحیحی که از یک منبع موثق و یکی از اعضای همان کمیسیون کسب شده آقایان ضمن جریان رسیدگی از بعضی از متهمین اقاریری گرفته از جمله اینکه علی زهری در شش روز اخیر با حسین خطیبی ملاقات نموده‌است. در حالی که من در این مدت شش روز، یعنی از بعدازظهر روز یکشنبه هفتهٔ گذشته تا شنبه این هفته در دزفول بودم و از همین جهت بود که صدور اعلامیهٔ فرمانداری نظامی به تأخیر افتاد و من تصور می‌کنم که صدور این اعلامیه تا چند روز دیگر به طول

انجامد و مطمئن هستم که در آخر سر این اعلامیه به صورتی مبهم انتشار خواهد یافت.
در اینجا آقای دکتر بقائی اظهار داشت روز پنجشنبه به من اطلاع داده شد که **خطیبی** مورد شکنجهٔ مأمورین قرار گرفته و علائمی در بدن او باقی است. آن روز هر چه سعی کردیم با مقامات مسئول برای اطلاع از این موضوع تماس بگیریم موفق نشدیم تا اینکه روز بعد اعلام جرم و تقاضای تأمین دلیل کردیم و تلاش ما بیشتر از این جهت بود نه برای ملاقات با **خطیبی**.
وی سپس افزود از مدتها قبل بعضی‌ها در صدد ساختن پرونده برای ما بوده‌اند و ما مطمئن هستیم که این جریان چنانچه به محاکم بکشد به صورت تاریخی درخواهد آمد.
بعد آقای دکتر بقائی گفت: **مطالبی که دربارهٔ شرکت ما در جریان قتل سرتیپ افشارطوس در این چند روزه انتشار یافته بکلی مورد تکذیب است و پس از صدور اعلامیه، ما مطالبی به اطلاع عموم خواهیم رسانید.**
بعد لیدر حزب زحمتکشان گفت: **آقای حسین خطیبی دوست صمیمی من است ولی روابط شخصی و خصوصی وی بیشتر از روابط سیاسی او با ما بوده‌است و گفت او عضو حزب زحمتکشان نیست.**
در خاتمه سؤال شد: شما آخرین مرتبه‌ای که با او ملاقات کردید کجا و چه موقع بود؟
آقای دکتر بقائی گفت: **آخرین مرتبه‌ای که من با آقای خطیبی ملاقات کردم شب یکشنبه قبل از واقعه و در منزل او بوده‌است."**
(روزنامه اطلاعات- مورخ هفتم اردیبهشت ۱۳۳۲- صفحات ۱ و ٤)

" **توضیح و تصحیح** [دربارهٔ مصاحبه‌ی بالا]:

مخبر اطلاعات در شمارهٔ دیشب روزنامهٔ مزبور در پایان شرح مصاحبه‌ای که با آقایان **دکتر بقائی و علی زهری** نموده، چنین نوشته‌است: در خاتمه سؤال شد شما آخرین مرتبه‌ای که با او ملاقات کردید کجا و چه موقعی بود؟
آقای دکتر بقائی گفت: آخرین مرتبه‌ای که من با آقای **خطیبی** ملاقات کردم شب یکشنبه قبل از واقعه و در منزل او بود.
شرح فوق صحیح نیست.
مخبر اطلاعات در پایان مصاحبه از آقای **دکتر بقائی** پرسید:
شما آخرین مرتبه‌ای که به منزل **خطیبی** رفتید چه موقع بود؟
آقای **دکتر بقائی** جواب داد: شب یکشنبه قبل از واقعه بود."
(روزنامه شاهد- مورخ ۸ اردیبهشت ۱۳۳۲- شماره ۹۲٤- صفحه ٤)

دومین مصاحبه:

" ***مصاحبه با دکتر بقائی***

امروز دکتر بقائی دربارهٔ اعلامیهٔ دیروز فرماندار نظامی مطالبی اظهار نمود.
امروز خبرنگاران پاره‌ای از جرائد در کمیتهٔ تحقیق مجلس شورای ملی از آقای دکتر بقائی ملاقات نموده و دربارهٔ وقایع اخیر و اعلامیهٔ فرمانداری نظامی سؤالاتی از وی نمودند.
*ابتدا از **دکتر بقائی** سؤال شد: نظر شما راجع به توطئه قتل مرحوم **افشارطوس** و اعلامیهٔ فرمانداری نظامی و به‌طور کلی این واقعه چیست؟ و دربارهٔ آن چه نظری دارید؟*
مشارالیه جواب داد:
من اکنون نمی‌توانم دربارهٔ این واقعه و اعلامیهٔ فرمانداری نظامی وارد جزئیات بشوم ولی به‌طور کلی در جواب این سؤال می‌توانم بگویم که این امر دو جریان بوده که آن را روی هم گره زده.
*راجع به جریان کشته شدن **افشارطوس** هنوز روشن نیستم و شخصاً مشغول تحقیقاتی دربارهٔ آن می‌باشم ولی چیزی که مسلم است دو تا جریان مختلف را در **خیابان خانقاه** روی هم گره زده‌اند و **اینکه می‌گویند این توطئه و این واقعه در خیابان خانقاه و در خانهٔ آقای خطیبی اتفاق افتاده مجعول و دروغ است.***
سؤال شد: نظرات و اطلاعات خود را دربارهٔ جزئیات این امر چه موقع و به چه ترتیب خواهید گفت؟
***دکتر بقائی** پاسخ داد:*
ما اکنون نمی‌توانیم وارد جزئیات بشویم زیرا پرونده در اختیار شهربانی است و تذکر پاره‌ای تناقضات و نکات موجب می‌شود که اوراق پرونده را تغییر بدهند. بنابراین تا آنجا که ممکن است مطالب خود را به وسیلهٔ روزنامهٔ شاهد به اطلاع مردم می‌رسانم و بقیهٔ مطالب و مسائل را روزی خواهیم گفت که پرونده از شهربانی به دادگاه برود.
به هر حال این قضیه برای من مطلبی نیست که از آن صرف‌نظر کنم و شخصاً تا مرحلهٔ روشن شدن قطعی آن را دنبال خواهم کرد.
سؤال شد:
*به‌طوری که می‌دانید در اعلامیه نوشته شده که روز آخر **سرتیپ مزینی** و **سرتیپ منزه** و سایرین بنا به پیشنهاد **خطیبی** در منزل شما برای صرف نهار جمع شدند و در آنجا دربارهٔ لزوم کشته شدن **افشارطوس** تصمیم اتخاذ شده، آیا چنین جلسه‌ای با شرکت افراد مزبور در منزل شما تشکیل شده‌است؟*
***دکتر بقائی** گفت: خیر چنین نیست.*
یکی از مخبرین سؤال کرد، آن روز شما در منزل تشریف داشتید؟
دکتر بقائی** گفت: من درست خاطرم نیست کجا بودم ولی **آنچه مسلم است این است که در خانهٔ ما چنین جلسه‌ای تشکیل نشده‌است.
*در اینجا نظر آقای **دکتر بقائی** نسبت به موضوع سلب مصونیت از ایشان و احتمال درخواست چنین تقاضایی از طرف دولت خواسته شد و مشارالیه*

در این باره گفت: البته دولت باید تقاضای سلب مصونیت مرا بعد از این جریانات از مجلس بکند و پرونده برود به کمیسیون دادگستری مجلس تا بتوان حقیقت امر را روشن ساخت. من کاملاً موافق به درخواست چنین تقاضایی از طرف دولت هستم.
یکی از خبرنگاران پرسید: آیا حاضرید در دادگاه شرکت کنید و روش شما چیست؟
***دکتر بقائی** اظهار کرد:*
بله در دادگاه شرکت می‌کنم تا قضیه کاملاً روشن شود ولی اکنون روش خودم را نمی‌توانم در قبال این امر بیان کنم ولی قضیه را تا دادگاه مسلماً تعقیب خواهم نمود.
در پایان آقای دکتر بقائی اشاره به شکنجه داده [شدن] متهمین کرد و گفت: متهمین را شدیداً شکنجه داده‌اند تا از آنها اعتراف بگیرند و هر کس را شکنجه بدهند برای رهایی از شکنجه البته اعترافاتی‌می‌کند که دروغ‌است زیرا رهایی از زجر و آزار را به‌گفتن دروغ ترجیح می‌دهد."
(روزنامه اطلاعات- مورخ سیزدهم اردیبهشت ۱۳۳۲- صفحات ۱ و ۲)

توضیحی ضروری درباره‌ی
عقاید سیاسی سرهنگ نادری

در بازجویی‌هایی که توسط **سرهنگ نادری** از متهمین به عمل آمده‌است، از جمله بازجویی‌هایی که پیشتر ذکر شده، نکته‌ای عجیب به چشم می‌خورد و آن کوشش و پافشاری بیهوده‌ای بوده که وی، افزون‌بر **دکتر مظفر بقائی** رهبر حزب زحمتکشان، برای متهم ساختن شماری دیگر از اعضای آن حزب به عمل می‌آورده‌است.

حال ما می‌دانیم که بی‌گمان افکار سیاسی شخصی وی در این امر بی‌تأثیر نبوده‌است زیرا وی عقاید تعصب‌آمیز توده‌ای داشته و چند سال پیش از آن به علت همین فعالیت‌ها در کرمان، شهر **دکتر بقائی**، بازداشت، محاکمه و به شش ماه حبس محکوم شده بوده‌است.

اکنون قصد داشته‌است که با استفاده از فرصت به‌دست آمده انتقام شخصی خود را نیز با رهبر **حزب زحمتکشان ملت ایران**، یعنی بزرگترین حزبی که با حربهٔ کوبندهٔ منطق به جنگ و مخالفت با حزب توده برخاسته بوده، بگیرد و آن را به نابودی بکشاند و اعضای بسیار کارساز آن، از جمله **عباس دیوشلی**، تئوریسین حزب مزبور را متهم و بدنام ساخته و در صورت امکان به اعدام محکوم سازد.

خواهشمند است به خبر زیر بازگوشده از صفحه ٤ روزنامه اطلاعات مورخ ٦ اردیبهشت ۱۳۳۲ توجه فرمایید:

" ... دو یا سه تن از نمایندگان

امروز در کریدورهای شهربانی اسمی هم از دو یا سه نفر از نمایندگان مجلس شورای ملی برده می‌شد و می‌گفتند که آنها از این توطئه باخبر بودند. حتی گفته می‌شد که چهار نفر از اعضای حزب زحمتکشان شب سه‌شنبه در منزل خطیبی حضور داشته و به افشارطوس حمله برده و او را دستگیر ساخته‌اند.
طبق شایعهٔ مزبور افراد مزبور عبارتند از آقایان دیوشلی، زمانی، مرعشی، و مقدم‌تهرانی که بعضی از آنها نیز امروز بازداشت شدند ... "

در ضمن درباره‌ی نام **ناصر زمانی** در خبر بالا باید توضیح داده شود که این شخص کارمند اداره‌ی آگاهی، یعنی کارآگاه، بوده و از چندی پیش از آن مأمور شده بوده‌است که در حزب زحمتکشان **دکتر بقائی** به منظور خبرکشی نام‌نویسی نماید و در این زمان، در روز جمعه ٤ اردیبهشت ۱۳۳۲، چند نفر از اعضای حزب مزبور، از جمله همین **ناصر زمانی** را بازداشت کرده و تصمیم داشته‌اند به استناد مطالبی که از زبان **ناصر زمانی** می‌نویسند، همراه با مطالب دیگری که به نام اقرار با اعمال شکنجه، از سایر اعضای حزب زحمتکشان می‌گیرند، زمینه‌های نابودی آن حزب را نیز فراهم سازند.
اما چون **دکتر بقائی** در مصاحبه‌ی مطبوعاتی، آگاهی خود از کارآگاه بودن **زمانی** را اعلام نموده و **دیوشلی** نیز پس از شکنجه دیدن و چند مرتبه بیهوش شدن در زیر شکنجه، باز هم نه‌تنها از بیان اقرارهای مورد نظر **سرهنگ نادری** خودداری کرده بلکه اعلام اعتصاب غذای نامحدود نموده‌است، به این جهت سرپرستان امر، نخست از انتشار اقاریر **ناصر زمانی** خودداری کرده و سپس **عباس دیوشلی** را پس از ٦٨ ساعت اعتصاب غذا با اعلام بی‌گناهی و پوزش‌خواهی آزاد کردند.
در صورت علاقه به آگاهی از شرح زندانی شدن و شکنجه دیدن‌های **عباس دیوشلی** (به‌گفته‌ی خود او) به سرمقاله‌ی روزنامه شاهد- مورخ ۱۵ اردیبهشت ۱۳۳۲- مراجعه شود.
دکتر مظفر بقائی‌کرمانی نیز ضمن مصاحبه‌ای مطبوعاتی که در صفحه ۳ شماره بعد همان روزنامه درج شد، درباره‌ی **سرهنگ نادری** چنین گفته‌است:

" ... افرادی روی کار آمدند، از جمله سرهنگ نادری، که عضو حزب توده بود و در کرمان ٦ ماه به همین جرم زندانی شده و این شخص در رأس کارآگاهی قرار گرفته و البته باید دیوشلی را شکنجه کند و انتقام گذشته را از او بگیرد ... "

نگهداشتن سرلشکر فضل‌الله زاهدی و اردشیر زاهدی در دلهره‌ای پایدار

با پخش مکرر اقرارهای دستوری و شکنجه‌ای متهمان به برنامه‌سازی جهت ربودن و قتل **افشارطوس**، از رادیوی دولتی و نیز با مصاحبه‌های روزانه‌ی سخنگوی رسمی دولت، همراه با صدور گزارش‌های بی‌شمار از سوی مقامات شهربانی و حکومت نظامی، اتهام سرپرستی و رهبری آن رخداد (آنسان که پیداست) به‌طور کامل از مسیر

طبیعی و واقعی، که به سوی **سرلشکر زاهدی** و **اردشیر زاهدی** در جریان بوده، منحرف شده و به جانب **دکتر مظفر بقائی‌کرمانی** و **حسین خطیبی** متوجه گردید.

گویا در این شرایط در جلسات خصوصی طراحان (داخلی و خارجی) برنامه‌ی اصلی براندازی **مصدق**، این بحث به میان آمده بود که **مصدق** با این اقدامات خود به راهی بی‌بازگشت گام نهاده‌است؛ یعنی پس از صدور کیفرخواست جهت **دکتر مظفر بقائی‌کرمانی** و **حسین خطیبی**، به عنوان سران و دستوردهندگان توطئه، دیگر برای **مصدق** امکان نخواهد داشت که پرونده‌سازی‌های ناجوانمردانه و خلاف وجدان فعلی را مورد بازنگری قرار دهد و اعتراف نماید که بی‌گناهانی را گناهکار و گناهکارانی را بی‌گناه جلوه‌گر ساخته‌است.

محمد مصدق با آگاهی از آن سخنان به مقامات دولتی دستور داده‌بود که دست از **سرلشکر زاهدی** و پسرش **اردشیر زاهدی** بردارند و به آنان ثابت نمایند که: نخست، هنوز حتی درباره‌ی پرونده‌ی **افشارطوس**، کار از کار نگذشته‌است و دوم، در دولت **مصدق** همواره برای محاکمه و محکومیت آن دو نفر دلایل بی‌شماری وجود خواهد داشت.

خلاصه، برنامه‌ی دولت در این زمان این بوده‌است که تا آنجا که ممکن است از راحتی خیال طراحان برنامه‌ی براندازی **مصدق** جلوگیری نمایند و آنان را از ادامه‌ی فعالیت‌های نیرنگ‌بازانه‌ی خود بازدارند.

اینک اخباری در این رابطه:

الف- فراخواندن سرلشکر فضل‌الله زاهدی به فرمانداری نظامی

" دو روز دیگر پرونده‌ٔ قتل افشارطوس به دادسرای نظامی فرستاده می‌شود

...

تا یک ماه دیگر دادگاه نظامی متهمین قتل افشارطوس را محاکمه خواهد کرد
سرلشکر زاهدی به فرمانداری نظامی برای توضیحات دعوت شده‌است.

...

سرلشکر زاهدی برای ادای توضیحات دعوت شده‌است
بازپرس نظامی که مأمور رسیدگی به پرونده‌ٔ یک هزار صفحه‌ای قتل تیمسار افشارطوس می‌باشد، آقای سرلشکر بازنشسته فضل‌الله زاهدی را دعوت کرده‌است که خود را به دادسرای نظامی معرفی کند.

اعلامیه‌ای که در این باره امروز از طرف فرمانداری نظامی صادر شد از این قرار است:

«فرمانداری نظامی شهرستان تهران از تیمسار بازنشسته فضل‌الله زاهدی خواهشمند است که در ظرف ۴۸ ساعت خود را به فرمانداری نظامی معرفی نماید.»

*این مقام مطلع فرمانداری نظامی دربارهٔ احضار **سرلشکر زاهدی** به خبرنگار ما گفت:*

*بازپرس ضمن رسیدگی به اوراق پرونده ادای توضیحاتی را از طرف **تیمسار زاهدی** لازم دانسته‌است و به همین جهت از وی دعوت کرده‌است که خود را به فرمانداری معرفی کند."*

(روزنامه اطلاعات- یکشنبه سیزدهم اردیبهشت ۱۳۳۲- صفحه ۱۰)

ب- تحصن سرلشکر زاهدی در مجلس شورای ملی

در این باره هم به بازگو نمودن خبر از روزنامه اطلاعات می‌پردازیم:

" صبح امروز سرلشکر زاهدی در مجلس متحصن شد

آیت‌الله کاشانی با تحصن سرلشکر زاهدی موافقت کردند

تحصن سرلشکر زاهدی

صبح امروز واقعهٔ تازه‌ای در محیط مجلس پیش‌آمد که تا حدی جالب و مورد توجهٔ محافل پارلمانی و دولتی واقع گردیده و به عنوان یک خبر مهم انتشار یافت.

واقعهٔ مزبور حضور سرلشکر بازنشسته زاهدی در بهارستان و تحصن وی در مجلس بود.

*امروز صبح هنگامی که کارمندان و مستخدمین مجلس تازه مشغول کار روزانه خود شده بودند و هنوز حتی عده‌ای از رؤسای ادارات مجلس در سر پست خود حاضر نبودند، مقارن ساعت هفت و سه ربع **تیمسار سرلشکر بازنشسته فضل‌الله زاهدی سناتور سابق** که فرمانداری نظامی دیروز طی اعلامیهٔ مخصوص او را دعوت نموده بود که ظرف ۴۸ ساعت خود را معرفی نماید، از در کتابخانهٔ مجلس **به اتفاق یکی از نمایندگان عضو فراکسیون آزادی** وارد باغ بهارستان شد و پس از عبور از حیاط محوطهٔ کتابخانه و محوطهٔ جلوی هیأت رئیسه به طرف سرسرای مجلس آمد و به اطاق کارپردازی رفت. خبر ورود **سرلشکر زاهدی** به وسیلهٔ یکی از مستخدمین مجلس به **آقای ویژه**، رئیس بازرسی مجلس، [و] **سرهنگ غازی‌نژاد**، فرماندهٔ گارد مجلس، رسید و مستخدم مزبور به رئیس بازرسی مزبور متذکر شد که چون **تیمسار زاهدی** همراه با یکی از نمایندگان مجلس وارد محوطهٔ بهارستان شد ما نتوانستیم از ورود وی ممانعت نماییم و فعلاً در اطاق کارپردازی مشغول مذاکره می‌باشد. بلافاصله رئیس بازرسی مجلس در اطاق کارپردازی حضور یافت و علت حضور **سرلشکر زاهدی***

را در مجلس سؤال کرد. وی صراحتاً اعلام نمود که قصد تحصن در مجلس را دارد و در این باب شرحی به رئیس مجلس خواهد نوشت.

علت تحصن

هنگامی که برای کسب اطلاع دربارهٔ علت تحصن **سرلشکر زاهدی** به اطاق کارپردازی مجلس رفتم، آقایان **میراشرافی** و **بهادری** که گویا به اتفاق **سرلشکر زاهدی** وارد مجلس شده بودند در کنار وی پشت میز بزرگ اطاق کارپردازی نشسته بودند و **سرلشکر زاهدی** در کنار پنجرهٔ اطاق و مجاور میز کوچک تلفن نشسته بود و در حالی که رنگ او پریده و کسل به نظر می‌رسید دست راست خود را روی قلبش گذاشته و مالش می‌داد و اظهار کسالت و ناراحتی می‌نمود.
در این موقع به دستور **میراشرافی**، یکی از پزشکیاران بهداری مجلس در اطاق کارپردازی حاضر شد و پس از مختصر معاینه‌ای مقداری نورامین در آب ریخت و به **زاهدی** داد که بنوشد. در همین هنگام آقای **حائری‌زاده** نیز وارد اطاق شد و پهلوی **تیمسار زاهدی** نشست، وقتی حال **سرلشکر زاهدی** بهبود یافت، از وی سؤال کردم منظور از حضور شما در مجلس چیست؟ و آیا قصد تحصن دارید؟
سرلشکر زاهدی پس از قدری تأمل گفت:
فرمانده محترم نظامی تهران دیروز به موجب اعلامیه‌ای، ابلاغ نموده بود که من خودم را به فرمانداری نظامی معرفی کنم و از طرفی به‌طرز رفتار و عمل آنها اطمینان نداشتم از قبول این دعوت خودداری نمودم زیرا **در اسفندماه سال گذشته ۲۱ روز تمام بدون هیچگونه بازجویی و تحقیقاتی مرا توقیف کردند.**
در آن موقع از همان توقیفگاه به وزیر دادگستری و دادستان و رئیس دیوانعالی کشور شکایت کردم ولی به شکایت من هیچگونه ترتیب اثری داده نشد و **حتی یک جلسه هم از من بازجویی نکردند تا اینکه بدون اینکه [؟] علت توقیف یا سبب آزادی من معلوم باشد، مرا آزاد گذاشتند.**
از فروردین‌ماه سال جاری به این‌طرف تا به حال چهار مرتبه عده‌ای مسلح شبانه از افراد نظامی و پلیس و عده‌ای کارآگاه به خانهٔ من ریخته و سلب آسایش و امنیت خانواده‌ام را می‌کردند و تصدیق می‌فرمایید که با چنین وضعیتی نمی‌توان مدعی شد که انسان در این کشور تأمین جانی و امنیت دارد و حتی من مرجعی که بتوان به آن شکایت نمود و در حمایت قانون واقع شد در حال حاضر نمی‌بینم.
بنابراین رفتن به مراکزی که به نام قانون اشخاص را توقیف می‌کنند مقتضی و صلاح نبود.
ضمناً باید متذکر شوم که من همیشه مطیع قانون و تابع مقررات مملکتی بوده و هستم ولی چون این مقررات حکومت نظامی که به استناد آن قصد بازداشت مرا دارند هنوز از تصویب مجلس نگذشته و غیرقانونی می‌باشد و از طرفی **شنیده می‌شود که بازداشت‌شدگان اخیر را زجر و شکنجه می‌دهند،**

بدین جهت من به عنوان اعتراض به این عمل فرمانداری نظامی به خانهٔ ملت یعنی مجلس شورای ملی آمده‌ام. در اینجا برای ادای هرگونه توضیحات و تحقیقاتی آماده می‌باشم و برای اطمینان کلیهٔ مقامات و هموطنان عزیزم عرض می‌کنم که تا به حال برخلاف مصالح کشور و شرافت نه عملی کرده و نه خواهم کرد و همیشه جز سعادت و سلامت ملت نجیب ایران آرزویی نداشته و ندارم.

نامهٔ سرلشکر زاهدی

هنوز اظهارات آقای سرلشکر **زاهدی** خاتمه نیافته بود که آقایان **شمس قنات‌آبادی** و **سیدمصطفی کاشانی** در اطاق کارپردازی مجلس به دیدن سرلشکر **زاهدی** آمدند و مذاکراتی در اطراف حوادث روز و علت تحصن **زاهدی** جریان یافت.

سرلشکر **زاهدی** وقتی به توضیحات خود پایان داد به وسیلهٔ تلفن به منزل خود اطلاع داد که وی سالم و در مجلس متحصن می‌باشد. پس از آن صحبت از این به میان آمد که لازم است **زاهدی** قصد تحصن خود را به مقام ریاست مجلس اطلاع دهد تا در هیأت رئیسه مجلس مطرح گردد و نسبت به آن تصمیم گرفته شود و در صورت تصویب هیأت رئیسه وسائل پذیرایی از او فراهم گردد.

زاهدی بلافاصله روی یادداشت مجلس شرحی به رئیس مجلس نوشت و متن آن را برای اظهار نظر و یا اصلاح به آقای **حائری‌زاده** داد و **حائری‌زاده** پس از قرائت آن گفت:

خوب است، کافی است.

متن نامهٔ سرلشکر **زاهدی** به رئیس مجلس به شرح زیر می‌باشد:

حضور حضرت آیت‌الله کاشانی رئیس محترم مجلس شورای ملی

به‌طوری که خاطر مبارک مستحضر است در اسفندماه[۱۳۳۱] بدون دلیل و برخلاف قانون توقیفم کردند و از فروردین‌ماه تا به حال سه، چهار مرتبه به خانه و باغ شمیرانم قوای مسلح نظامی و غیرنظامی در شب و بعد از نصف شب ریختند و سلب آزادی و امنیت از خودم و فامیلم و خانواده‌ام کردند. بعد از شکایت تلگرافی به مقامات دادگستری و یأس از حمایت قانونی آنان ناگزیر شدم به خانهٔ ملت پناهنده شوم و ضمناً برای اطمینان خاطر آن مقام محترم و وکلای مجلس شورای ملی عرض می‌کنم که تا به حال عملی که برخلاف مصالح کشورم باشد ننموده و همواره سربازی خدمتگزار و فداکار برای میهنم بوده و هستم.

با تحصن موافقت شد

هیأت رئیسهٔ مجلس قبل از ظهر امروز در منزل آقای **گرامی** با حضور **آیت‌الله کاشانی** تشکیل گردید ولی مذاکرات این جلسه چندان به‌طول نیانجامید و فقط راجع به تحصن سرلشکر **زاهدی** مذاکرات مختصری شد و **آیت‌الله**

کاشانی با تحصن وی موافقت کردند و ذیل نامهٔ سرلشکر زاهدی موافقت خود را به اطلاع دفتر مجلس و ادارهٔ بازرسی رساندند تا وسائل پذیرایی از سرلشکر زاهدی فراهم شود."
(روزنامه اطلاعات- دوشنبه چهاردهم اردیبهشت ۱۳۳۲- صفحات ۱ و ۱۰)

ج- فراخواندن مهندس اردشیر زاهدی و مهندس علیرضا قراگزلو

خبر مندرج در روزنامه اطلاعات در این باره به شرح زیر می‌باشد:

" پروندهٔ قتل افشارطوس ممکن است امروز عصر یا فردا به دادسرا تحویل شود

...

مهندس زاهدی و قراگزلو به فرمانداری احضار شدند

یک ساعت بعدازظهر امروز این آگهی از طرف فرمانداری نظامی صادر شد:

«فرمانداری نظامی از آقایان مهندس اردشیر زاهدی و مهندس علیرضا قراگزلو خواهشمنداست برای ادای پاره‌ای توضیحات ظرف ۴۸ ساعت خود را به فرمانداری نظامی معرفی نمایند.»

دربارهٔ این احضار یک مقام مطلع اظهار داشت چون ضمن تحقیقات از متهمین لزوم تحقیقاتی هم از این دو نفر احساس شده‌است آنها را هم به فرمانداری نظامی احضارکرده‌ایم."
(روزنامه اطلاعات- مورخ شانزدهم اردیبهشت ۱۳۳۲- صفحه ۸)

سخنرانی شمس قنات‌آبادی دربارهٔ قتل افشارطوس

شمس قنات‌آبادی، رئیس مجمع مسلمانان مجاهد و نماینده‌ی مجلس شورای ملی، در جلسه‌ی مورخ پنجشنبه ۳۱ خرداد ۱۳۳۲ مجلس، سخنرانی ایراد نموده‌است که ما در زیر قسمتی از آن را بازگو می‌نماییم:

" ... یک رئیس شهربانی کشته شده، دولتی هم سر کار است. عده‌ای هم مخالف محکم که تا پای جان ایستاده‌اند، دارد، که می‌خواهد انتقاد کند.
دولت می‌خواهد از این پرونده استفاده کند، پرونده را طوری می‌سازد که بقال‌ها هم قبول کنند تا به قول خودشان افکار عمومی هم قبول کنند.

گفتند: ***دکتر بقائی می‌خواسته رئیس دولت بشود، رئیس شهربانی را می‌کشند و دولت را قبضه می‌کنند. شما می‌دانید با کشتن رئیس شهربانی کسی نمی‌تواند رئیس‌الوزراء بشود. فقط یک بار رزم‌آرا کشته شد و حکومت به دست جبههٔ ملی افتاد، آن هم یک شرایط خاصی بود. اما همه می‌دانند که با کشتن رئیس شهربانی کسی رئیس‌الوزراء نمی‌شود.***

*علاوه چرا رئیس ستاد ارتش، آقای **سرتیپ ریاحی**، عضو حزب ناسیونالیست (میراشرافی: و ژنرال **نجیب** آیندهٔ ایران) اجازه بفرمایید، کمیسیونی بود به اسم کمیسیون خرید اسلحه که خیلی قدرت داشت. خوب است دولت برود و پروندهٔ خرید و محاسبهٔ بعد از جنگ، که ایشان رفتند تا انگلستان تصفیهٔ حساب کنند، پروندهٔ رئیس ستاد ارتش را علنی کند تا مردم بدانند این شخص چقدر پاک و منزه است ...*

من ادعا می‌کنم خود قاتلین افشارطوس مأمور تعقیب پروندهٔ افشارطوس هستند. خود آنها آمدند نقشه کشیدند و افشارطوس را از بین بردند. مسخره نیست که آشپز و دهاتی می‌خواستند کودتا کنند؟ و مملکت را بگیرند و رئیس ستاد ارتش را که با او رقابت داشته مأمور تعقیب پروندهٔ افشارطوس کند؟ ..."

(روزنامه شاهد- مورخ ۲ خرداد ۱۳۳۲- شماره ۹۴٤- صفحات ۲/۳)

واکنش همسر سرتیپ افشارطوس
پس از آگاهی از مفقود شدن شوهرش

داستان غم‌انگیز ربودن و قتل **سرتیپ محمود افشارطوس** با تلفنی آغاز می‌شود که **فاطمه بیات**، همسر وی در ساعت ٦ صبح روز سه‌شنبه یکم اردیبهشت ۱۳۳۲ به **سرتیپ فرج‌الله همایونفر**، معاون شهربانی، (در منزل او) زده و به او اطلاع داده که شوهرش در شب قبل به منزل نرفته‌است.

در اینجا بی‌درنگ این دو پرسش پیش می‌آید که اگر نرفتن **افشارطوس** شب‌ها به منزل، بدون آگاهی قبلی، عملی باسابقه و عادی بوده، چرا همسر وی این مرتبه از غیبت وی ناراحت شده و از معاون شهربانی سراغ او را گرفته‌است و اگر این کار سابقه نداشته، چرا همسر وی تا صبح روز آتی منتظر مانده و در این باره خبری به مقاماتی که در تمام بیست و چهار ساعت شبانه‌روز در شهربانی آماده به خدمت بوده‌اند، نداده‌است.

در پاسخ به این دو پرسش می‌توان گفت که **افشارطوس** همه شب به منزل خود می‌رفته و هرگز سابقه‌ی غیبت تمام شب از منزل، بدون آگاهی دادن به همسر خود را نداشته‌است. ولی چون در شب رخداد، پس از مهمانی شام در منزلش، ابتدا به اتفاق **سرگرد امیرهوشنگ نادری** به اتومبیل سوار شده و گویا برای دیدن یا برداشتن نامه‌ای به منزل او رفته و پس از آن نیز قرار بوده‌است که به تنهایی و به نحوی بسیار محرمانه برای عشقبازی با **فروغ خطیبی** به منزل **مادام تامارا** در شمیران برود، پس به همسر خود گفته‌است که: هم‌اکنون به اتفاق **سرگرد نادری** برای رسیدگی به مورد

بسیارمهمی به شهربانی می‌رود و چون این مورد ممکن است بسیار طول بکشد، پس از دیر آمدنش به خانه ناراحت نشوند.

به این جهت همسر وی نیز با آسودگی خاطر و بدون ناراحتی از دیر آمدن او به خواب رفته و صبح روز آتی همین که برای خواندن نماز از خواب بلند شده و شوهرش را ندیده، جریان را به شرح زیر به **سرتیپ فرج‌الله همایونفر**، معاون شهربانی، (که گویا فقط او را می‌شناخته) اطلاع داده‌است:

> *" **خانم رئیس شهربانی** با لحنی که از آن اضطراب و نگرانی مشهود بود، گفت: **تیمسار افشارطوس** دیشب به منزل نیامده است و ما تا نصف شب بیدار بودیم ولی بعد از آن به خواب رفتیم، **به خیال اینکه ایشان در شهربانی کار دارد.** حالا خواستم بپرسم که **آیا ایشان در شهربانی است؟***
> ***سرتیپ همایونفر** جواب می‌دهد: خیر ایشان کاری در شهربانی نداشتند و برای اینکه مطمئن باشیم اکنون به شهربانی تلفن خواهم کرد ... "*
> (روزنامه اطلاعات - مورخ یکم اردیبهشت ۱۳۳۲- صفحه ۱۰)

یکی از نکات بسیار عجیب در پرونده‌ی ربودن و قتل **افشارطوس** این است که از اینجا به بعد در سرتاسر آن پرونده کوچکترین پرسش و پاسخی از همسر وی در ارتباط با آن رخداد به عمل نیامده‌است.

یعنی با اینکه این خانم آگاه‌ترین فرد در زندگی خصوصی و خانوادگی همسرش به‌شمار می‌رفته و از رخدادهای روزهای آخر زندگی او، به‌ویژه مهمانی آخرین شب، بیش از هر کس دیگر آگاهی داشته‌است، با این وجود چنین به نظر می‌رسد که وی به فراموشی سپرده شده و گویا کوچکترین مراجعه‌ای از سوی مقامات انتظامی و قضایی کشور به او به عمل نیامده‌است.

آنسان که پیداست، خانم **فاطمه بیات**، همسر **افشارطوس**، که بیش از هر کس دیگر از ناراحتی‌های شدیدی که **مصدق** در روزهای آخر برای همسرش فراهم ساخته بوده و نیز از درخواست کناره‌گیری او، و یا دست کم از قصدش برای این امر، آگاهی داشته و همچنین شاهد بوده که همسرش در شب رخداد، **پس از ساعت ده**، به اتفاق **سرگرد نادری** با اتومبیل شهربانی (به ظاهر) برای رسیدگی به موضوع مهمی به شهربانی رفته است. پس از همان آغاز، داستان رفتن شوهرش به منزل **حسین خطیبی** را دروغ می‌دانسته و بر این باور بوده که شوهرش به دستور دایی پدرش (**محمد مصدق**) و توسط سرگرد **امیرهوشنگ نادری** به قتل رسیده‌است.

آقای **منصور رفیع‌زاده**، به نگارنده اظهار داشت که وی در یکی از سال‌های پیش از انقلاب اسلامی، با پسر **سرتیپ افشارطوس** (که نام کوچکش را نیز فراموش کرده بود ولی نگارنده آن نام را که **فرزین** بوده است در جای دیگر پیدا کرد) در **ایالت ماساچوست** درباره‌ی قتل پدرش مذاکره به عمل آورده و مطلب مهم و تازه‌ای که از او شنیده، به مضمون زیر بوده‌است:

*" در همان شبی که پدرم ربوده شد، پیشتر **دکتر مصدق** وی را احضار و مذاکراتی بسیار ناراحت‌کننده با وی به عمل آورده بود. پدرم پس از آن مذاکره که به منزل برگشته، با حالتی بسیار ناراحت و عصبانی، به مادرم گفته بوده‌است که: **امشب این پیرسگ به‌قدری مرا عصبانی کرد که فکر می‌کنم اگر اسلحه به همراه داشتم او را می‌کشتم.** "*

خودداری همسر افشارطوس از رفتن به حضور محمد مصدق

محمد مصدق در روز هفتم اردیبهشت ۱۳۳۲، **رفتن افشارطوس به عشرتکده‌ی مادام تامارا را که به منظور عشقبازی با فروغ خطیبی انجام گرفته بوده، به عنوان انجام وظیفه‌ی اداری تلقی کرده و به همین جهت وی را شهید و قتلش را شهادت دانسته و او را به شرح زیر، به درجه‌ی سرلشکری مفتخر نموده‌است:**

" ارتقاء درجه

*امروز از ستاد ارتش اطلاع داده شد که بنا به پیشنهاد آقای نخست‌وزیر و وزیر دفاع ملی و تصویب **اعلیحضرت همایون شاهنشاهی تیمسار سرتیپ شهید، محمود افشارطوس، که در حین انجام وظیفه به شهادت رسیده‌است،** از تاریخ یکم اردیبهشت‌ماه ۱۳۳۲ **به درجهٔ سرلشکری مفتخر گردیده‌است.** "*

(روزنامه اطلاعات- مورخ ۸ اردیبهشت‌ماه ۱۳۳۲- صفحه ٤- ستون ٥)

چون با این ترتیب افزون‌بر اینکه ننگ و رسوایی به ترفیع و افتخار تبدیل شده بوده‌است، همسر و فرزندان **افشارطوس** نیز مستمری خود را بر مبنای سابقه خدمت کامل و بر مبنای حقوق **سرلشکری** دریافت می‌داشته‌اند، بنابراین ترتیب داده شده بوده‌است که اعضای خانواده و بستگان نزدیک **افشارطوس** به منظور عرض تشکر با **محمد مصدق** ملاقات نمایند.

اما همسر **افشارطوس** نه‌تنها خود از حضور در این مراسم خودداری نموده، بلکه از شرکت فرزندان خود نیز جلوگیری به عمل آورده‌است.

خبر بازگوشده‌ی زیر از روزنامه اطلاعات به‌طور سرپوشیده نشان‌دهنده‌ی این امر می‌باشد (به‌طوری که ملاحظه می‌شود از **اعضای خانواده‌ی افشارطوس** کسی در بین این افراد نیست):

" دیروز خانوادهٔ[؟!] افشارطوس آقای نخست‌وزیر را ملاقات کردند

*ساعت ده صبح دیروز **برادران مرحوم افشارطوس و مادر او به اتفاق آقایان شیخ‌العراقین بیات، پدر خانم رئیس سابق شهربانی و زرین‌کفش، دایی آن مرحوم** به خانهٔ آقای **نخست‌وزیر** رفتند و ایشان را **ملاقات** کردند.*

*آقای **نخست‌وزیر** ضمن ابراز تأسف و تأثر از این واقعه از **خانوادهٔ افشارطوس** دلجویی نمودند.*
موقعی که مادر افشارطوس با حال گریه با آقای نخست‌وزیر صحبت می‌کرد، آقای نخست‌وزیر نیز به گریه افتاد.
*این ملاقات نیم‌ساعت طول کشید و در ساعت ده و نیم صبح **خانوادهٔ مرحوم سرلشکر افشارطوس** [؟!] خانهٔ نخست‌وزیر را ترک کردند.*
(روزنامه اطلاعات- مورخ ۱۲ اردیبهشت‌ماه ۱۳۳۲- صفحه نخست- ستون‌های ۵ و ٦)

رشوه‌های دریافتی و درخواستی از سوی بازپرس دادسرای نظامی

در متن زیر از خاطرات **سرهنگ دکتر شایانفر**، دادستان نظامی وقت، از تعیین دو نفر به نام‌های **سروان پرویز قانع** و **سرگرد رحیمی‌لاریجانی**، توسط ستاد ارتش، به ترتیب برای تصدی سمت‌های **بازپرس** دادسرای **نظامی** و **دادیار ناظر** سخن رفته و اظهار نظر شده‌است که: ***" ظاهراً انتخاب نامبردگان تحت القائات حسین آزموده، که در آن ایام در ادارهٔ مهندسی ارتش مشغول به کار بود، انجام می‌گیرد. "***

به‌طوری که پیشتر دیدیم، انتصاب **سرتیپ حسین آزموده** به سمت ریاست اداره‌ی مهندسی ارتش در تاریخ ۳۱ فروردین ۱۳۳۲ انجام شده بود، و تعیین آن دو نفر چندی پس از ربوده شدن و بی‌گمان قتل **افشارطوس** و توسط **سرهنگ حسینقلی اشرفی** صورت گرفته بود.

اینک متن خاطرات مزبور:

" خاطرات آقای دکتر شایانفر (دادستان فرمانداری نظامی) در رابطه با سیر پروندهٔ ربودن و قتل مرحوم افشارطوس

...

*از سوی ستاد ارتش دو نفر به اسامی: **سروان پرویز قانع** (سمت بازپرس) – **سرگرد توپخانه رحیمی لاریجانی** (سمت دادیار ناظر) تعیین و به دادسرا معرفی می‌شوند.*
ظاهراً انتخاب نامبردگان تحت القائات حسین آزموده، که در آن ایام در ادارهٔ مهندسی ارتش مشغول به کار بود، انجام می‌گیرد.
*با توجه به کوشش منتج به نتیجهٔ **ادارهٔ کارآگاهی** در تکمیل پرونده، لازم بود که در حداقل مدت بازپرس و دادیار ناظر، قرار و کیفرخواست را صادر و پرونده به دادگاه ارسال گردد، لیکن مشاهده شد که این دو نفر در انجام وظیفه تأخیر می‌کنند.*
*پس از مدتی، **مرحوم دکتر مصدق** به **سرتیپ ریاحی** گفته بود: **چرا پرونده تکمیل نمی‌شود؟ چرا به دادگاه فرستاده نشده‌است؟***

اینجانب در پاسخ به **سرتیپ ریاحی** گفتم که: بازپرس و دادیار ناظر تأخیر می‌کنند. اجازه داده شود که این دو نفر نزد **دکتر مصدق** آمده و مورد سؤال قرار گیرند.
مرحوم دکتر مصدق با این تقاضا موافقت فرمودند.
جلسه‌ای در منزل آقای **دکتر مصدق** با حضور:
- **سرتیپ ریاحی** (رئیس ستاد ارتش)
- **سرهنگ اشرفی** (فرماندار نظامی)
- **سرهنگ شایانفر** (دادستان فرمانداری نظامی)
- **سروان پرویز قانع** (بازپرس)
- **سرگرد رحیمی‌لاریجانی** (دادیار ناظر)

تشکیل و **مرحوم دکتر مصدق** خطاب به **سرتیپ ریاحی** سؤال نمود: آقایان کی باشند؟
سرتیپ ریاحی معرفی نمود.
دکتر مصدق در حالی که روی تختخواب نشسته بود رو به من (دادستان فرمانداری نظامی) نموده و علت تأخیر را جویا شده – با تذکر این نکته که پرونده از طرف ادارهٔ کارآگاهی تکمیل و فرستاده شده‌است.
من به **دکتر مصدق** گفتم: علت را از **سروان پرویز قانع**، مسئول پرونده، و **سرگرد رحیمی‌لاریجانی**، که دادیار ناظر می‌باشد، سؤال کنند.
در جواب آقای **مصدق**، **سروان قانع** با اینکه اولین بار بود که در مقابل ایشان حاضر می‌شد، **در حالی که بی‌ادبانه پا[ها]ی خود را روی هم انداخته بود**، اظهار داشت: تحقیقات ادامه دارد و کوشش خواهد شد در ظرف بیست روز تکمیل و برای صدور کیفرخواست آماده و تقدیم گردد.
وسپس از دکتر مصدق تقاضا نمود که ایشان را برای ادامهٔ تحصیلات حقوق – دورهٔ دکترا – به خارج بفرستند. که با بی‌توجهی دکتر مصدق روبه‌رو شد.
دادیار هم گفته‌های بازپرس را درمورد تعهد به پایان رساندن پرونده و ارسال به دادگاه در ظرف بیست روز تأیید و جلسه خاتمه یافت.
پس از چند روز سروان قانع به من مراجعه و اظهار نمود که به علت بیماری باید به بیمارستان مراجعه و برای مدتی بستری گردد.
با اینکه بیماری **قانع** تمارض تشخیص داده شد، معهذا برای جلوگیری از تأخیر، دادیار نیز همراه بازپرس به بیمارستان شمارهٔ یک ارتش فرستاده شد تا در یک اطاق، به هنگام استراحت، پرونده را تکمیل نمایند.
پرونده نیز در گاوصندوقی آهنی به بیمارستان برده شد و دو نفر نگهبان مسلح نیز برای حفظ پرونده به نگهبانی گماشته شدند.
پس از چند روز بدون اطلاع قبلی، برای سرکشی به بیمارستان رفته و وارد اطاق **قانع** و **رحیمی** شدم و آن دو نفر را مشغول قمار با ورق دیدم.
قانع و **رحیمی** از دیدن دادستان ناراحت شده و به توجیه عمل خود پرداختند که با ناراحتی و تغیّر من مواجه گردیدند و دستور داده شد، پرونده به دادستانی عودت داده‌شود.
از بیمارستان خارج و به فرمانداری نظامی رفته و با **سرهنگ اشرفی** جریان را مطرح نمودم و تقاضا شد **در صورت موافقت، پرونده از این دو نفر**

مشکوک گرفته و به دو نفر دیگر داده شود. در این مورد قرار شد موضوع توسط سرتیپ ریاحی در حضور آقای دکتر مصدق مطرح گردد.
لیکن به محض اظهار مطلب و اعلام تقاضای دادستان، دکتر مصدق اظهار می‌دارد که: با تعویض این دو نفر بار دیگر جراید وانمود می‌نمایند که من خواسته‌ام در این پرونده به نحوی مداخله نمایم و مسلماً فراکسیون‌های مخالف سروصدایی فراهم می‌نمایند و دولت در مقابل جنجالی دیگر قرار می‌گیرد و می‌بایستی اوقات خود را صرف این مقابله نماید.
سروان قانع ۲٤ ساعت پس از برخوردی که در بیمارستان روی داد تمارضش پایان یافته و به فرمانداری مراجعه می‌کند و می‌گوید حالم خوب شده و مشغول به کارهای جاری می‌شود.
مهلت بیست روز خاتمه یافت و این بار هم به عهد خود وفا نکردند. چند هفته هم گذشت به ناچار بار دیگر به فرمانداری نظامی مراجعه و از طریق ستاد ارتش مراتب به اطلاع نخست‌وزیر رسید و با توافق دکتر مصدق مجدداً جلسهٔ دیگری در اطاق ایشان با حضور:

- رئیس ستاد ارتش
- فرماندار نظامی
- دادستان فرمانداری نظامی
- بازپرس
- دادیار ناظر

تشکیل گردید. لازم به توضیح است که این بار چون به بازپرس و دادیار مشکوک بودند، قبل از ورود آنان به اطاق آقای دکتر مصدق، بازرسی بدنی شدند.
دکتر مصدق از هویّت آقایان سؤال می‌کند و سرتیپ ریاحی حاضرین را معرفی می‌نماید.
دکتر مصدق از دادستان فرمانداری نظامی سؤال می‌کند: به چه علت با گذشت بیست روز و چند هفته، پرونده آماده برای صدور قرار نشده؟
دادستان از دکتر مصدق تقاضا می‌نماید که از قانع و رحیمی‌لاریجانی سؤال شود.
در این جلسه هم بازپرس پاها را روی هم انداخته بود.
بازپرس اظهار نمود که مدتی در بیمارستان بوده‌ام، الحال که بهبود پیدا کرده‌ام با دقت زیر نظر دادیار انجام وظیفه می‌نمایم و ظرف این هفته تمام خواهد شد.
آقای دکتر مصدق ناراحت و متغیّر شده اظهار فرمودند: نمی‌دانم علت چیست که این پرونده در اختیار شما دو تا افسر تا این اندازه تأخیر نموده‌اید؟
شما افسران قضایی ارتش می‌باشید، من در لایحهٔ سازمان قضایی ارتش مزایایی برای افسران قائل شده‌ام منجمله حقوق افسران قضایی بیشتر از حقوق افسران صف می‌باشد و به همین نحو تنها دادگاه انتظامی برقرار شد تا تخلفات افسران قضایی در این دادگاه رسیدگی شود.
سعی کنید هر چه زودتر نظر قضایی خود را با تحقیق دقیق و سریع اعلام نمایید.

<u>این بار هم سروان قانع استدعای قبلی خود را درمورد اعزام به خارج برای تکمیل تحصیلات قضایی عنوان نمود.</u>
آقای دکتر مصدق نیز از سرتیپ ریاحی خواستند تا بعد از پایان کار، این موضوع را به ایشان گزارش نمایند تا ترتیب کار داده شود ..."
(اسنادی پیرامون توطئه ربودن و قتل سرلشکر افشارطوس- گردآورنده: محمد ترکمان- صفحات ۱۴۳/۱۳۹)

گویا مهمترین خصوصیتی که آن دونفر را در آن زمان، واجد شرط لازم برای احراز دو پست مهمی که شاغل آن شده بوده‌اند نموده بوده، دشمنی شدیدشان با **محمدرضا شاه پهلوی** و علاقه شدیدشان نسبت به **محمد مصدق** بوده‌است. همچنین انتصاب آن دو نفر به پستهای مزبور که بی‌گمان فوق‌العاده و اضافه حقوق قابل توجهی نیز در بر داشته، رشوه و پاداشی پیشاپیش برای خدمات مورد انتظار بعدی از آنان محسوب می‌شده‌است. هرچند گویا آنان نیز مانند **امیرهوشنگ نادری،** همزمان با انتصاب به آن پست‌ها، به یک درجه‌ی نظامی بالاتر نیز ارتقاء یافته بوده‌اند.
اما چنین به نظر می‌رسد که **پرویز قانع** پس از اشتغال به پست جدید به عظمت خیانت و جنایتی پی برده که انجامش را به عهده‌ی وی واگذار کرده بوده‌اند و در عین حال متوجه شده‌است که به علت آگاهی یافتنش از حقیقت ماجرا، امکان برگشت برایش وجود ندارد. به همین جهت تصمیم گرفته‌است که با تمارض و کم‌کاری مسئولان را به این فکر بیاندازد که او را تعویض نمایند و اگر هم این راه کارساز واقع نگردید، دست کم رشوه‌ی ارزنده‌ای در مقابل اقدامات غیرانسانی خود دریافت کند. و آخرین جملات از خاطرات **دکتر شایانفر** در بالا، نشان می‌دهد که **مصدق** به‌ناچار با دادن رشوه‌ی مورد نظر **پرویز قانع** موافقت کرده و درباره‌ی فرستادن او به خارج از کشور برای ادامه تحصیل ***" از سرتیپ ریاحی خواستند تا بعد از پایان کار، این موضوع را به ایشان گزارش نمایند تا ترتیب کار داده شود. "***

شرحی کوتاه درباره‌ی نظر افشارطوس نسبت به شاه و مصدق

شواهد و دلایل بی‌شمار و نیز سوابق **سرتیپ محمود افشارطوس** به خوبی نشان می‌دهد که وی همواره به **محمدرضا شاه پهلوی** وفادار بوده و هرگز به نحوی صمیمانه نسبت به **محمد مصدق** اعتقاد و علاقمندی نداشته‌است، اما وصلت با خانواده‌ای از بستگان **مصدق،** که در ضمن همگی از طرفداران متعصب این شخص هم بوده‌اند، **افشارطوس** جاه‌طلب را در میان خود جای داده و با حمایت آنان، از یک طرف، و نیز با تشکیل **سازمان گروه ملی،** [به ظاهر] به منظور پشتیبانی از دولت **مصدق،** از طرف دیگر، نظر **مصدق** را جلب کرده و ابتدا به سمت **فرمانداری نظامی تهران** و سپس به **ریاست شهربانی کل کشور** گماشته شده‌است.

حال ببینیم که آیا **سرتیپ محمود افشارطوس** در زمره دوستان **محمدرضا شاه پهلوی** جای داشته و یا در گروه طرفداران **محمد مصدق** بوده‌است:

در آن زمان که بین دولت و دربار، و در حقیقت بین **محمد مصدق** به عنوان نخست‌وزیر و **محمدرضا شاه پهلوی** اختلاف و حتی دشمنی شدید وجود داشته‌است، گویا بیشتر مردم ایران از **مصدق** طرفداری می‌کرده‌اند و بیشتر افسران ارتش طرفدار **شاه** بوده‌اند.

در این شرایط برای **مصدق** که به گفته‌ی پسرش **دکتر غلامحسین مصدق** (در مصاحبه با **حبیب لاجوردی** در برنامه‌ی تاریخ شفاهی) **بسیار بدبین** هم بوده، به آسانی امکان نداشته‌است که بتواند به افسری درباره‌ی وفاداری و طرفداری وی از خود اعتماد نماید.

سرتیپ محمود افشارطوس در رأس افسران «**سازمان گروه ملی**» قرار داشته‌است که خود را به عنوان مخالفان **شاه** و دربار، و از طرفداران دولت **مصدق** قالب کرده بوده‌اند .

به احتمال زیاد، اقدام بسیاری از بنیانگذاران آن گروه، از جمله **سرتیپ محمود افشارطوس**، به منظور ارتقاء به درجات بالای ارتشی و رسیدن به مقامات عالی بوده و به‌ویژه که این شخص در زمان **رضا شاه بزرگ**، در سمت سرپرست املاک سلطنتی در شمال ایران با خانواده‌ی سلطنتی ارتباط داشته و پس از شهریور ۱۳۲۰ نیز در ادامه‌ی همان سابقه و نیز به علت مبارزات کارسازی که وی در تهران، اصفهان، همدان و کرمانشاه بر ضد **حزب توده ایران** به انجام رسانده بوده، در زمره دوستان شخصی **محمدرضا شاه پهلوی** جای داشته‌است.

در زیر به دو نظر موثق در تأیید وجود رابطه‌ی دوستی بین **سرتیپ افشارطوس** و **محمدرضا شاه پهلوی** و نیز به چند مورد مخالفت این شخص با **محمد مصدق** (و یا بالعکس) توجه فرمایید:

الف- به گفته‌ی دکتر غلامحسین مصدق

موثق‌ترین فردی که می‌توانسته نظر **محمد مصدق** را درباره‌ی **افشارطوس** بیان نماید، پسر وی **دکتر غلامحسین مصدق** بوده‌است.

در مصاحبه‌ی این شخص با **دکتر حبیب لاجوردی** که در آدرس:
http://www.fas.harvard.edu/~iohp/transcripts

در اینترنت وجود دارد، پرسش و پاسخی به شرح زیر انجام شده‌است:

*" س: **افشارطوس** را هم اینها [افسران بازنشسته] کشتند؟*

*ج: **افشارطوس** را، او را، اول چیز بود، از همین افسرها بود که همان چیز کشتش، بیچاره. **دکتر ژیانپور** بود؟ یا یکی دیگر بود؟ **سرتیپ** بود و یا؟ اسمش را فراموش کردم [شاید **سرتیپ دکتر علی‌اکبر منزه** مورد نظر بوده‌است].*

***اصغر مزینی** که او هم **سرتیپ** بود – اینها را بردنشان – تو رگش آمپول زدند و بیهوشش کردند تو تپه‌های گلندوک – آن بالای تهران، آنجا بردند کشتندش. خلاصه همهٔ اینها این کارها را می‌کردند.*

***دستور شاه بود همهٔ این کارها را بکنند. خلاصه افشارطوس هم، خوب، یکی از نوکرهای شاه بود،** اما خوب می‌خواست که برای اینکه **دولت دکتر مصدق** را ضعیف کنند، رئیس شهربانی‌اش را ریختند و این بلا را سرش آوردند."*

<u>ب- به گفته‌ی ثریا پهلوی،</u>
<u>ملکه ایران در زمان وقوع جنایت</u>

*" ... **شیر پیر [محمد مصدق]** مردی نیست که شکست [رخداد ۹ اسفند ۱۳۳۱] را بپذیرد. در ضد حمله و گربه‌رقصانی کارگشته است. به‌زودی طرفدارانش را به خیابان می‌ریزد تا علیه **شاه** تظاهرات راه بیاندازند. باز هم مبارزات خیابانی و خونریزی. **در این اثناء رئیس شهربانی تهران، <u>دوست محمدرضا</u>، ربوده می‌شود** و جسد او را در یک زمین متروکه پیدا می‌کنند.*

***محمدرضا** که نگران امنیت من است، تصمیم می‌گیرد مرا به اروپا بفرستد ..."*

(کاخ تنهایی- ثریا اسفندیاری، بختیاری- ترجمه: نادعلی همدانی- صفحه ۱۶۰)

<u>داوری وزیر دادگستری مصدق درباره‌ی</u>
<u>مصدق، در حضور او (در دادگاه نظامی)</u>

از خوانندگان گرامی خواهشمند است متن زیر را که بازجویی از **عبدالعلی لطفی**، وزیر دادگستری **مصدق**، در دادگاه نظامی می‌باشد، به دقت مطالعه فرمایند تا دریابند که:

- چرا با اینکه **افشارطوس** از سوی **مصدق** مورد بدگمانی و اهانت قرارگرفته بود، ولی شهامت کناره‌گیری از کار را نداشته‌است؟
- چرا سایر وزرا و گماشته‌شدگان توسط **مصدق** نیز به همین ترتیب، یعنی با دیدن انواع اهانت‌ها و ناملایمات، از روی ترس و وحشت و با دلهره به خدمت ادامه می‌داده‌اند؟
- چگونه **مصدق** اجازه نمی‌داده‌است که پرونده‌ی قتل **افشارطوس** در کمیسیون دادگستری مجلس مورد بررسی قرار گیرد؟
- چگونه **مصدق** با مشاهده‌ی کوچکترین مخالفتی از هر فرد، او را به عنوان نوکر انگلیس معرفی می‌کرده‌است؟

- و چرا ما پیشتر گفتیم که برای **پرویز قانع** پس از آگاهی از جنایتی که می‌بایست به انجام برساند، امکان کناره‌گیری از کار، به آسانی وجود نداشته‌است؟

" ***بازجویی از عبدالعلی لطفی***

*اینکه سؤال کردید که با روش ایشان موافق نبودید و از بیانات من این طور استنباط کردید، بنده با روش اخلاقی ایشان جور نبودم. **زیرا که مکرر و زیاده از حد توهیناتی کردند که من خون جگر خوردم و این اهانتها یک دفعه و دو دفعه و سه دفعه نبود.** من‌جمله به ایشان گزارش داده بودند که دیوان جنایی **عمیدی‌نوری** را که توقیف بوده، رها کرده‌است. بنده که وارد اطاق ایشان شدم، یکدفعه عصبانی شدند و به من پریدند که: **دیوان جنایی چرا عمیدی‌نوری را از توقیف رها کرد؟***
*من به ایشان عرض کردم که: آقای **عمیدی‌نوری** فعلاً در دیوان جنایی محاکمه ندارد که محکمه او را آزاد کرده باشد. **با یک تغیّر و تشدد فوق‌العاده** فرمودند: من الان معلوم می‌کنم.*
***طرز صحبتشان با من شبیه یک کسی بود که در مقابل دزدی واقع شده باشد.** پس از این تغیّر و تشدد بی‌اندازه، **افشارطوس** و گویا **زنگنه** را خواستند و پرسیدند که: دیوان جنایی **عمیدی‌نوری** را رها کرده‌است یا نه؟*
***افشارطوس** در جواب گفت: خیر، این مربوط به حکومت نظامی است. هیچ مربوط به وزارت دادگستری نیست و از توقیف خارج نشده‌است.*
*ایشان این سؤال را به تکرار از **افشارطوس** پرسیدند که دیوان جنایی رها نکرد؟ **آن مرحوم** در جواب گفت: مربوط به دیوان جنایی نیست و مربوط به حکومت نظامی است و از توقیف خارج نشده‌است.*
*من از این تغیّر، بی‌اندازه رنجش حاصل کردم که چرا نخست‌وزیری تا به این درجه دربارهٔ وزیرش سوءظن داشته‌باشد؟ گمان می‌کنم این خبر را حدس می‌زنم **دکتر شایگان** به ایشان گفته بود، زیرا که **دکتر شایگان** از اطاق ایشان خارج شد و من داخل شدم.*
*بعد آنها که از اطاق خارج شدند، من به ایشان عرض کردم که: **آقا اجازه بفرمایید من از این پس استعفاء دهم. شما سوءظنی هستید و شما را تحریک می‌کنند.***
ایشان اشک از چشمشان جاری شد و فرمودند: ببخش اینطور پیش آمد.
اما اینکه چرا خودم با آنکه اختیار قانونی داشتم می‌توانستم کتباً استعفاء بدهم و ندادم؟
*علت این بود که من در حضورشان صریحاً عرض می‌کنم **یک شخص فوق‌العاده عصبانی و بی‌گذشت هستند.** نظیر آن را دیده‌ام [باید ندیده‌ام باشد]. فکر کردم که اگر بدون رضایت ایشان و طیب خاطر ایشان استعفاء بدهم به ایشان بر خواهد خورد و بعد دیگر کاری به من رجوع نمی‌کنند و من هم یک شخص بی‌بضاعت، ادامهٔ زندگی من مشکل خواهد شد. از طرفی قضات سلب صلاحیت‌شده وقتی که بفهمند من از کابینه رانده شده‌ام، بریزند سر من و مرا بکشند. و این قطعی بود برای من. چنانکه در روز واقعهٔ*

روز ۲۸ مرداد که جنجال برپا شد، عده‌ای از اینها به کوچهٔ من رفته و خیال حمله به خانهٔ من داشتند که مرا گیر بیاورند و تلف کنند. نهایت اهل محل به کلانتری اطلاع داده کلانتری پاسبان و نظامی فرستاد و محل را حفظ کرد.
گذشته از کشته‌شدن چون آقای دکتر محمد مصدق بی‌اندازه سوءظنی هستند، احتمال قوی می‌دادم که اگر بدون جلب رضایت ایشان استعفاء بدهم، ایشان فوراً سوءظن حاصل‌کرده و به مردم بگویند که فلان کس جاسوس انگلیسها درآمد.
از خود شما می‌پرسم در یک همچو موقعی که جان و حیثیت خود را، هر دو را، در خطر ببینید بدون جلب تمایل خودداری خواهید کرد یا خیر؟
هیچ استبعادی نمی‌کردم که همین قضات سلب صلاحیت شده بروند به ایشان گزارش دهند که ***لطفی*** *برعلیه دولت مشغول دسیسه است.* ***یک دفعه بی‌خبر صبح‌شده مشمول مادهٔ ۵ قانون حکومت نظامی شوم و به همین زندان بروم.*** *برای اینکه ایشان فوق‌العاده سوءظنی، زودباور و خوش‌باور بودند و به گزارش‌های رفقایشان خیلی اعتمادداشتند."*
(مصدق در محکمهٔ نظامی- کتاب نخست- به کوشش: جلیل بزرگمهر- صفحه ۱۳)

سودبران از قتل افشارطوس

به‌طوری که خوانندگان گرامی در همین کتاب بر مبنای اسناد منتشره از سوی منابع جاسوسی خارجی و افراد داخلی که دست‌اندرکار نیرنگ ربودن **افشارطوس** بوده‌اند ملاحظه فرموده‌اند، قصد نیرنگ‌بازان در آغاز فقط ربودن و نگاه‌داشتن **افشارطوس**، به منظور نشان دادن ناامنی در **تهران**، آن هم برای چند روز بود. هم‌زمان با آن در شماری از شهرهای ایران، از جمله: **شیراز، دزفول، ساری، چالوس، بروجرد، بهبهان، مهاباد، تبریز، شادگان** و چند نقطه‌ی دیگر نیز آشوب‌هایی رخ داده و حتی در **شیراز** و **دزفول** شماری مقتول و مجروح به جای گذارده بود.

در همان زمان، هر روز برای برگزاری تظاهراتی پرهیاهو بر ضد نمایندگان مخالف دولت، که از تصویب گزارش هیأت ۸ نفری جلوگیری می‌کرده‌اند، در شماری از شهرهای ایران در جریان بوده‌است.

در پی این گفته‌ی مصدق که" ***نمایندگانی که در مجلس جهت تصویب گزارش هیأت ۸ نفری رأی ندهند ملت تکلیف آنان را تعیین خواهد کرد.*** " تظاهرات بزرگ و تهدیدآمیزی که دولتیها در تاریخ پنجشنبه ۲۷ فروردین ۱۳۳۲ (چهار روز پیش از ربودن **افشارطوس**)، در میدان بهارستان برای حمایت از تصویب گزارش هیأت هشت نفری برگزار کرده بودند تمام نمایندگان را از ترس حمله تظاهرکنندگان به مجلس به وحشت انداخته بود. هرچند که نمایندگان اقلیت در این روز به قم مسافرت کرده بودند و مجلس نیز تشکیل نشده‌بود ولی برگزاری این قبیل تظاهرات در شهرهای مختلف ایران نیز دلیلی روشن بر بی‌نظمی و نبودن امنیت برای مخالفان دولت، از جمله نمایندگان تلقی شده بود.

عبدالرحمن فرامرزی، مدیر وقت روزنامه کیهان، یکی از دو روزنامه‌ی معتبر پایتخت، در عصر روز بیست و چهارم فروردین‌ماه ۱۳۳۲ در جلسه‌ی هفتگی ملاقات **آیت‌الله کاشانی** با نمایندگان مجلس شورای ملی، درباره‌ی همین تظاهرات و نیز سایر اقدامات دولت برای تهدید و ترساندن نمایندگان چنین گفته‌است:

" اینکه وضع نمی‌شود که هر وقت دولت دلش خواست و مجلس نسبت به آن خواستهٔ دولت نظری داشت و اظهار عقیده‌ای کرد، ***یک عده‌ای را تحت حمایت یک مشت چاقوکش در مجلس بیاورند و با جاروجنجال و فحش و هتاکی و کتک‌کاری نمایندگان را مرعوب کنند و وادار نمایند که طبق نظر دولت رأی بدهند.***

اینکه مجلس نیست. اینکه مشروطه نیست. اینکه رأی آزاد نیست. *این:* ***« بده یا میگُشَمت»*** *است."*

(روزنامه اطلاعات- مورخ بیست و پنجم فروردین ۱۳۳۲- صفحه ۹- خبر جلسهٔ هفتگی ملاقات آیت‌الله کاشانی با نمایندگان مجلس شورای ملی در عصر روز بیست و چهارم فروردین ۱۳۳۲)

درهرحال، سرانجام قرار بوده‌است که **آیت‌الله کاشانی** به عنوان رئیس مجلس شورای ملی، نامه‌ای به **شاه** بنویسد و از بی‌نظمی و ناامنی در تهران و اینکه نمایندگان امنیت حضور در مجلس را ندارند، شکایت نماید. سپس **شاه** به استناد همین نامه، **محمد مصدق** را برکنار سازد و به‌جای او **سرلشکر فضل‌الله زاهدی** را به نخست‌وزیری بگمارد و او نیز سرتیپ **محمد دفتری** را به ریاست شهربانی کل کشور بگمارد تا با منتهای بی‌رحمی، بی‌نظمی و ناامنی را ریشه‌کن سازد.
اما **محمد مصدق** با آگاهی پیشاپیش از این برنامه، جریان اوضاع را از همان آغاز، در مسیری انداخته بود که بدون تردید به نتایجی برخلاف نظر توطئه‌گران می‌رسیده‌است. یعنی کمابیش تمام مخالفان فعال خود را یا می‌ترسانده و از ادامه‌ی فعالیت باز می‌داشته و یا اینکه آنان را در نظر مردم بدنام و منفور می‌نموده‌است.

حال بد نیست خوانندگان گرامی لحظه‌ای در عالم خیال تصور نمایند که اگر ربایندگان **افشارطوس** را نکشته بودند و همان طور که از ابتدا در نظر داشتند، پس از چند روز وی را آزاد کرده بودند، آنوقت چه افتضاح و بدبختی برای **محمد مصدق** و دولت او بوجود می‌آمد؟! و چگونه تمام آنچه را که رشته بود، با اعاده‌ی حیثیت نسبت به **دکتر بقائی** به پنبه تبدیل می‌گردید و خود او تا چه درجه منفور می‌شد؟ زیرا هرگاه فرض کنیم که **افشارطوس** برای حفظ آبروی خود، درباره‌ی رفتن به منزل **مادام تامارا**، از تعقیب جدی موضوع خودداری می‌نمود، ولی **حسین خطیبی** که خودش به ناحق متهم شده و از نقش خواهرش نیز در آن توطئه آگاهی یافته بود، ساکت نمی‌نشست و بالاخره راز **افشارطوس** قلابی و رفتن او به خیابان خانقاه هم فاش می‌شد.
اگر **افشارطوس** کشته نشده بود، آن همه پیروزی نصیب **مصدق** نمی‌گردید، **ترساندن شاه، برکناری حسین علاء از وزارت دربار و گذاشتن یک نفر از مخالفان شاه و طرفداران خود به جای او، ترساندن سرلشکر زاهدی و پسرش اردشیر، و نیز آیت‌الله کاشانی و پسرش سیدمصطفی درباره‌ی اینکه اردشیر و سیدمصطفی فعالانه در توطئه شرکت داشته‌اند، از**

جمله اتومبیل مورد استفاده برای حمل پیکر بیهوش افشارطوس متعلق به سیدمصطفی بوده و اردشیر رانندگی آن را تا سه‌راه تلو به عهده داشته‌است.
اگر **افشارطوس** کشته نشده بود، **محمد مصدق** چگونه می‌توانست فعال‌ترین مخالفان خود از افسران بازنشسته را به زندان بیاندازد و سرسخت‌ترین مخالف خود یعنی **دکتر مظفر بقائی‌کرمانی** را آن طور بدنام و منفور سازد؟
پس محمد مصدق بیش از هر شخص دیگر نسبت به قتل افشارطوس علاقه‌مند بوده‌است.
اما دومین و سومین افرادی که کشته شدن **افشارطوس** را می‌خواسته‌اند، بی‌گمان **سرلشکر زاهدی** و پسرش **اردشیر** بوده‌اند که می‌ترسیده‌اند در صورت زنده ماندن **افشارطوس**، جریان تحقیقات به مسیر حقیقی و عادی خود بازگردد و شرکت آنان در توطئه افشاء و علنی شود.
تردیدی نمی‌توان داشت که سایر مرعوبین این ماجرا و نیز ایادی MI٦ و CIA نیز در این علاقه‌مندی سهیم و شریک بوده‌اند.

لایحه‌ی سلب مصونیت دکتر مظفر بقائی در مجلس شورای ملی

عبدالعلی لطفی، وزیر دادگستری، در تاریخ بیست و نهم اردیبهشت ۱۳۳۲ در مجلس شورای ملی حضور یافته و لایحه سلب مصونیت از **دکتر مظفر بقائی‌کرمانی** را به شرح زیر به مجلس تقدیم نموده‌است:

" ریاست محترم مجلس شورای ملی

*مطابق گزارش وزارت دفاع ملی و دلائل و مدارک پیوست آن، جناب آقای **دکتر مظفر بقائی‌کرمانی**، نماینده محترم مجلس شورای ملی، متهم است به معاونت در قتل **تیمسار سرلشکر افشارطوس** و چون تحقیقات از نامبرده با مصونیت پارلمانی میسر نیست بر طبق ماده ۱۸۲ آیین‌نامه داخلی مجلس شورای ملی که مقرر داشته‌است: هرگاه نماینده‌ای به ارتکاب جنحه یا جنایتی متهم شود، اعم از اینکه تاریخ عمل منشأ اتهام زمان نمایندگی یا قبل از آن باشد، وزیر دادگستری باید گزارشی مشتمل بر موضوع اتهام و دلائل و مدارک قانونی آن به مجلس شورای ملی تقدیم نماید گزارش مزبور در اولین جلسه علنی مجلس قرائت و بدون تأخیر به کمیسیون قوانین دادگستری ارجاع خواهد شد.*
تقاضا دارد مقرر فرمایند هر چه زودتر جلسه علنی مجلس شورای ملی تشکیل شده و مفاد ماده ۱۸۲ آیین‌نامه را درباره مشارالیه به موقع اجراء گذارند.

وزیر دادگستری ـ لطفی

پیوست مدارک "
(روزنامه اطلاعات- بیست و نهم اردیبهشت ۱۳۳۲- صفحه ۱۰)

اعضای کمیسیون دادگستری مجلس شورای ملی

در آن زمان **کمیسیون دادگستری مجلس شورای ملی** مرکب از اعضای زیر بوده‌است: **احمد اخگر**، نماینده بوشهر – **علی‌اکبر امامی‌اهری**، نماینده اهر – **اصغر پارسا**، نماینده خوی – **سیدباقر جلالی‌موسوی**، نماینده دماوند – **سیدضیاءالدین حاج‌سیدجوادی**، نماینده قزوین – **دکتر کریم سنجابی**، نماینده کرمانشاه – **دکتر سیدعلی شایگان**، نماینده تهران – **جواد عامری**، نماینده سمنان و دامغان – **دکتر حسین فاخر**، نماینده سراب – **سیدفخرالدین فرزانه**، نماینده کرمانشاه – **علی‌اصغر مدرس**، نماینده تبریز – **دکتر مصطفی مصباح‌زاده**، نماینده بندرعباس – **هادی مصدقی**، نماینده ملایر – **سیدابراهیم میلانی**، نماینده تبریز – **دکتر احمد ناظرزاده‌کرمانی**، نماینده سیرجان – **سیدمحمود نجفی فردوسی**، نماینده فردوس.

تمام این افراد، بدون استثناء جزو اکثریت مجلس شورای ملی بوده‌اند، یعنی همگی از حامیان دولت **محمد مصدق** محسوب می‌شده‌اند.

تعهد رئیس کمیسیون مجلس
درباره‌ی لایحه‌ی سلب مصونیت

خبر روزنامه اطلاعات:

*" چون اظهارنظر درباره لایحه مزبور فعلاً در صلاحیت اعضای کمیسیون دادگستری مجلس است، امروز صبح به آقای **میلانی** که ریاست کمیسیون مزبور را عهده‌دار است مراجعه شد ...*

*... آقای **میلانی** اظهار داشت قبلاً این را بگویم که اگر پرونده قتل **افشارطوس** و متهمین آن به دست من برسد، تصرف در پرونده امری محال خواهد بود. ولی این را از هم‌اکنون باید بگویم که ما پرونده موجود را رسیدگی می‌کنیم. رسیدگی ما نیز بدون حب و بغض و طرفداری از این و آن انجام خواهد شد. من خود کاملاً به این مسئولیتی که متوجه ما شده، واقف هستم و **خود بنده شخصاً مسئولیت وجدانی را بالاتر از همه چیز می‌دانم و به هیچوجه و به هیچ قیمتی حاضر نیستم برای آینده خود کوچکترین ناراحتی وجدان خریداری کنم.***

شما یقین بدانید که رسیدگی به پرونده مورد نظر کمترین ابراز تمایل به این و آن و انحراف از حق و حقیقت و اعمال غرض از طرف بنده به عمل نخواهد آمد و مادام که ناظر بر رسیدگی این پرونده می‌باشم خداوند متعال وتعالیم رسول اکرم و دستور شرع مقدس را ناظر و حاکم بر اعمال خود قرار خواهم داد.

*سپس آقای **میلانی** به عنوان توضیح سخنان خود افزود: منظور بنده این است که ما پرونده‌ای را رسیدگی خواهیم کرد که فعلاً از طرف مقامات صالحه تنظیم شده ولی خوشبختانه ماده ۱۸۵ آیین‌نامه مجلس اختیارات وسیعی برای تحقیقات و رسیدگی و بازجویی از متهمین وحتی اشخاص*

متفرقه در قدرت کمیسیون دادگستری گذاشته، ما اولاً این پرونده را دو، سه بار مکرر رسیدگی خواهیم کرد و از طرفی اگر متهمین مدعی ساختگی بودن پرونده باشند واقاریر متهمین را جعل و یا بر اثر اجبار بدانند ما تمام متهمین را در کمیسیون خواهیم خواست و بار دیگر از آنها توضیح خواهیم خواست و حتی ممکن است از کسانی که نامی هم از آنان در پرونده برده نشده برای ادای توضیحات در کمیسیون دادگستری دعوت کنیم که واقعاً جای هیچگونه شبهه‌ای باقی نماند ..."

(روزنامه اطلاعات- سی‌ام اردیبهشت ۱۳۳۲- صفحه ٤)

تعهد عضو بانفوذ کمیسیون دادگستری درباره‌ی لایحه‌ی سلب مصونیت

دکتر کریم سنجابی، عضو اثرگذار کمیسیون نیز ضمن سخنرانی خود در جلسه‌ی مورخ پنجشنبه سی و یکم اردیبهشت ۱۳۳۲ مجلس شورای ملی چنین گفته‌است:

*" ... وجداناً تعهد می‌نمایم که هرگاه جناب آقای **دکتر بقائی** یکی از چهار مطلب ذیل را ثابت نماید:*

*۱ - **افشارطوس** برده و کشته نشده‌است.*

۲ - درصورتی که برده و کشته شده باشد مربوط به اشخاصی که متهم شده‌اند نیست بلکه اشخاص دیگر عامل آن بوده‌اند.

*۳ - در صورتی که شرکت و مبادرت متهمین ثابت باشد ولی آقای **دکتر بقائی** ثابت کنند که موضوع ربودن **افشارطوس** در منزل **حسین خطیبی** صحیح نبوده‌است.*

*٤ - در صورتی که انجام جرم ربودن در منزل **خطیبی** صورت گرفته باشد، ولی ثابت شود که **حسین خطیبی** و سایر متهمین در این موضوع ارتباطی با **دکتر بقائی** نداشته و آقای **دکتر بقائی** از جریان برکنار و بی‌اطلاع و دستگاه دولتی به منظور مخالفت سیاسی برای ایشان پرونده‌سازی کرده‌است.*

*نه‌تنها کوچکترین نظری برخلاف ایشان اظهار نخواهم کرد، بلکه یکی از مدافعین جدی ایشان خواهم شد و در این باب دفاعی از ایشان خواهم کرد که دفاع معروف **امیل زولا** را از **دریفوس** تحت‌الشعاع قرار دهد (احسنت) ..."*

(روزنامه اطلاعات- مورخ سی و یکم اردیبهشت ۱۳۳۲- صفحه ۱۰)

البته پس از سخنرانی بالا، افراد بی‌شماری احمقانه بودن این درخواست‌های **دکتر سنجابی** و تعلیق به محال بودن آنها را به او گوشزد کرده و گفته بوده‌اند: **وقتی که دکتر بقائی بتواند مطلب مورد چهارم بالا را ثابت کرده و بی‌گناهی خود را به اثبات برساند دیگر چه نیازی وجود خواهد داشت که آقای دکتر سنجابی از او دفاع نماید؟**

ولی در شرایط موجود در آن زمان که **افشارطوس** کشته شده بوده و **دکتر بقائی** هم کوچکترین دسترسی به پرونده و نیز به متهمان شکنجه‌شده نداشته، چگونه ممکن بوده‌است که بتواند بی‌گناهی خود را به اثبات برساند؟

دکتر سنجابی به عمد این مطلب را نیز فراموش کرده بود، که در صبح شنبه پنجم اردیبهشت‌ماه ۱۳۳۲، هنگامی که **دکتر مظفر بقائی** درباره‌ی شکنجه‌های بدنی درمورد **حسین خطیبی**، به مقامات قانونی اعلام جرم نموده و از آن مقامات درخواست تأمین دلیل کرده بود، **مسئولان زندان مانع انجام اقدامات قانونی مقامات دادگستری شده و اجازه‌ی دیدار از حسین خطیبی را نداده بودند.**

علی زُهَری ضمن سخنرانی خود در جلسه‌ی مورخ پنجشنبه هفتم خرداد در مجلس شورای ملی، در پاسخ **دکتر سنجابی** چنین گفته‌است:

*" ... ما تا آن روز به خود اجازه ندادیم درمورد کیفیت تعقیب و تحقیق در اطراف این قتل فجیع آن را با چگونگی تعقیب و تحقیق پروندهٔ تاریخی **دریفوس** مقایسه کنیم. در صورتی که از بسیاری جهات قابل مقایسه است.*
*اکنون هم قصد این کار را نداریم جز اینکه خدمت آقای **دکتر سنجابی** یادآور شویم که **امیل زولا نویسندهٔ بزرگ فرانسه قبلاً از دریفوس نخواست که بی‌گناهیش را ثابت کند تا بتواند از او دفاع نماید.***
*__زولا__ شیفتهٔ حق و عدالت بود پس از محاکمهٔ اول **دریفوس** که منجر به محکومیت او گردید، **زولا** در صدد تحقیق برآمد، مدارک محکمه و اسناد ادعانامهٔ دادستان و سوابق زندگی **دریفوس** را رسیدگی و مطالعه نمود و یقین حاصل کرد که **دریفوس** بیگناه است و دامن همت به کمر بست تا بیگناهی او را ثابت نماید ...*
*من اطمینان دارم، اطمینان پیدا کرده‌ام که به موقع خود اقلاً یکی از چهار مسئلهٔ مطروحهٔ آقای **دکتر سنجابی** به اثبات خواهد رسید و **وقتی که عدم مداخله و اطلاع دکتر بقائی در این جریان ثابت شد، آنوقت دیگر احتیاج نخواهد بود که کسی پیدا شود و با دفاع خود، دفاع امیل زولا را تحت‌الشعاع قرار دهد** ... "*

(روزنامه اطلاعات- مورخ پنجشنبه هفتم خرداد ۱۳۳۲- صفحه ٤)

فرستادن مدارک و پرونده به مجلس

الف- فرستادن چکیده‌ای از شرح اتهامات وارده به دکتر بقائی

لایحه‌ای که به امضای **عبدالعلی لطفی** به مجلس شورای ملی تقدیم شده بود، پیوستی داشته که در آن خلاصه‌ای از شرح جنایت، البته طبق ادعای پرونده‌سازان، نوشته شده بوده‌است.

با توجه به اینکه تمام اعضای کمیسیون دادگستری مجلس شورای ملی از اعضای اکثریت طرفدار دولت محسوب می‌شده‌اند، و حتی شماری از آنان از دشمنان شخص و سیاسی **دکتر بقائی** بوده‌اند، پس **محمد مصدق** امید و انتظار داشته‌است که با همان شرح مختصر و بی‌مدرک ارسالی، لایحه‌ی سلب مصونیت از **دکتر بقائی** مورد تصویب کمیسیون قرار گیرد. اما این انتظار برآورده نشده و اعضای کمیسیون درخواست ارسال تمام پرونده را کرده‌اند.

ب- فرستادن رونوشتی از اقاریر متهمان

باز هم دولت از ارسال پرونده به مجلس خودداری نموده و رونوشتی که به‌ظاهر از اقاریر متهمان تهیه کرده بوده‌اند، به مجلس فرستاده‌اند:

" یک منبع موثق امروز در مجلس گفت:

*رونوشت خلاصه‌ای از پروندهٔ قتل **افشارطوس** که حاوی اقاریر متهمین می‌باشد و روی اوراق زردرنگی ماشین شده‌است به ادارهٔ کمیسیونهای مجلس رسیده که برای رسیدگی به کمیسیونهای مجلس احاله گردد ولی اینکه اعضای کمیسیون تا چه حد برای این گزارش اهمیت قائل شوند و آن را کافی بدانند یا خیر هنوز معلوم نیست. "*
(روزنامه اطلاعات- مورخ چهارم خرداد ۱۳۳۲- صفحه ۸)

اما باز هم کمیسیون دادگستری مجلس این چکیده را هم کافی ندانسته و درخواست فرستادن اصل پرونده را نموده‌است.

ج- درخواست اصل پرونده

" اصل پرونده درخواست شد

دومین جلسه
*مقارن ساعت ٦ بعدازظهر دیروز دومین جلسهٔ کمیسیون دادگستری مجلس به ریاست آقای **میلانی** و با حضور آقای **لطفی**، وزیر دادگستری، به منظور رسیدگی به لایحهٔ سلب مصونیّت آقای **دکتر بقائی** تشکیل گردید و مذاکرات جلسهٔ مزبور یکساعت و نیم ادامه‌یافت.*
*پس از ختم جلسه، آقای **میلانی**، رئیس کمیسیون، به خبرنگاران اظهار داشت: در جلسهٔ امشب بیشتر مذاکرات پیرامون این موضوع دور می‌زد که آیا برای رسیدگی به لایحهٔ تقدیمی دولت فعلاً احتیاجی به مطالعهٔ اصل پروندهٔ متهمین هست یا خیر؟*
*در این زمینه چند نفر از آقایان نظریاتی داشتند که بیان فرمودند و بالاخره **با استناد به مادهٔ ۱۸۵ آیین‌نامهٔ داخلی مجلس** که می‌گوید:*

کمیسیون دادگستری پس از وصول گزارش و پروندهٔ امر مکلف است همه قسم تحقیقات از قبیل مراجعه به اسناد و مدارک و ..... به عمل آورد.
از مقامات مسئول و صالحه خواسته شود که عین پروندهٔ متهمین را برای مطالعه و رسیدگی به مجلس ارسال نمایند و قرار شد در این خصوص نامه‌ای هم نوشته شود.
مینوت این نامه تهیه شد و فوراً از طریق دفتر مجلس شورای ملی برای دولت ارسال خواهدگشت."
(روزنامه اطلاعات-هفدهم خردادماه ۱۳۳۲- صفحه نخست)

د- فرستادن (به ظاهر) رونوشت مصدق اسناد و مدارک پرونده

باز هم دولت از اجرای ماده ۱۸۵ آیین‌نامه‌ی داخلی مجلس درباره‌ی فرستادن اصل پرونده‌ی قتل **افشارطوس** به مجلس خودداری نموده‌است، ولی با مذاکرات پنهانی که بین وزیر دادگستری با رئیس و برخی از اعضای بانفوذ کمیسیون دادگستری مجلس انجام شده، موافقت گردیده‌است که دولت به‌جای اصل پرونده، رونوشت تصدیق شده‌ی اوراق آن را به کمیسیون بفرستد. خواهشمنداست به خبر زیر توجه فرمایند:

" پروندهٔ متهمین قتل افشارطوس

*مطلب دیگری که در این روزها تا حدی مورد توجه نمایندگان و همه روزه در اطراف آن مذاکراتی در کریدرها و سرسرای مجلس بین آقایان وکلاء جریان دارد موضوع ارسال پروندهٔ قتل **افشارطوس** به مجلس و رسیدگی آن در کمیسیون می‌باشد.*
*کمیسیون دادگستری قرار است ساعت ٥ بعدازظهر امروز با حضور آقای وزیر دادگستری به منظور رسیدگی به لایحهٔ سلب مصونیت آقای **دکتر بقائی** تشکیل شود و چون در جلسهٔ گذشتهٔ این کمیسیون مقرر شده بود پس از وصول گزارش و پروندهٔ متهمین قتل **افشارطوس** به لایحهٔ مزبور رسیدگی شود، امروز خبرنگار جرائد به آقای **میلانی** رئیس کمیسیون دادگستری مراجعه کردند و از ایشان سؤال نمودند: آیا ترتیبی برای ارسال پرونده متهمین به مجلس داده شده‌است یا خیر؟*
*آقای **میلانی** در جواب گفت: **قرار است ساعت ٥ بعدازظهر امروز رونوشت مصدق پروندهٔ متهمین قتل افشارطوس برای رسیدگی به کمیسیون دادگستری فرستاده شود** ..."*
(روزنامه اطلاعات- مورخ بیست و پنجم خرداد ۱۳۳۲- صفحه ٤)

سرانجام در ساعت پنج و نیم بعدازظهر همین روز دوشنبه ۲۵ خرداد ۱۳۳۲ رونوشت پرونده شامل ۷۱۹ صفحه به کمیسیون دادگستری مجلس تحویل شده و مقرر گردیده‌است که از روز بعد هر روز اصل پرونده توسط فرمانداری نظام و دادستان فرمانداری نظامی به مجلس آورده شود و برگ‌های دو پرونده توسط اعضای کمیسیون

با حضور وزیر دادگستری با هم مقایسه گردد تا اطمینان حاصل شود که دو پرونده با یکدیگر تفاوتی ندارند.

آغاز مقایسه‌ی برگ‌های دو پرونده

به موجب خبر مندرج در روزنامه اطلاعات مورخ ۲۶ خرداد ۱۳۳۲، در ساعت ۹ صبح، اصل پرونده را به همان ترتیبی که پیشتر گفته شد، به مجلس آورده و به کمیسیون دادگستری مجلس بردند و اعضای کمیسیون با حضور **عبدالعلی لطفی** به مطابقت اوراق آن با پرونده‌ی دیگر پرداختند.

این کار تا حدود نیم‌ساعت بعدازظهر به طول انجامید و در این مدت درحدود ۶۰ برگ از اوراق دو پرونده با هم تطبیق داده شد. در این ساعت پرونده‌ی مزبور را توسط آورندگان برگشت دادند.

باز هم به موجب خبر مندرج در روزنامه اطلاعات مورخ ۲۸ خرداد ۱۳۳۲، در این روز نیز ۱۰۰ برگ دیگر از اوراق دو پرونده با هم مقایسه شد.

ظاهراً این مقایسه به این صورت انجام می‌گرفته‌است که یک نامه از پرونده‌ی اصل توسط کسانی که آن را در اختیار داشته‌اند و یک نامه از پرونده‌ی رونوشت‌ها توسط اعضای کمیسیون بیرون آورده می‌شده و فقط عناوین و شاید یکی دو سطر از ابتدای آنها را می‌خوانده و با هم مقایسه می‌کرده‌اند و در صورت مطابق بودن آنها فرض را بر این قرار می‌داده‌اند که بقیه مطالب آن دو نامه نیز با هم مطابقت دارد.

به‌طوری که بعدها در دادگاه مشخص شد، شماری از اقاریر موجود در پرونده که در بالای آنها ادعا شده بوده‌است که «**به خط متهم می‌باشد**»، در حقیقت به خط یک یا چند بازپرس نوشته شده بوده و فقط امضای متهم را در زیر داشته‌اند که آن را هم متهمان مربوط معلول شکنجه دانسته بوده‌اند.

گویا در بسیاری از اوراق اصل پرونده این دو خطه بودن و یا چند خطه بودن مشخص بوده‌است ولی هنگامی که چنین اوراقی با ماشین تحریر رونوشت برداشته شده بود، طبیعی است که تمام نوشته‌ها، یک پارچه و یک خط، به عنوان اینکه توسط خود متهم نوشته و امضاء شده‌است به اعضای کمیسون قالب می‌شده‌است.

برای نمونه، **حسین خطیبی** در چهارمین جلسه دادگاه متهمان قتل **افشارطوس** چنین گفته‌است:

> *" ... کسانی که مرا در مدت چهارده روز شکنجه دادند **سرهنگ نادری** – **سرهنگ سررشته** – **سروان قانع** – **سرگرد رحیمی** – **سروان فهیم** – **سرهنگ دوم رستگار** – **سرهنگ امینی** – **حاجی‌بابائی** و **فرهمند** بودند و **من در این مدت***

هیچ اظهاری نکردم و تمام آنها را تکذیب می‌کنم و من اصلاً دست خطی نداده‌ام و اکنون پرونده را بیاورید و با خطهای من مقایسه کنید ..."
(روزنامه اطلاعات- شنبه ۱۸ مهرماه ۱۳۳۲- صفحه ۱۰)

حال این اعترافاتی که به ادعای **حسین خطیبی**، به خط وی نبوده و با دست‌خط او مطابقت نداشته، به صورت سند معتبر و به عنوان اقاریر واقعی که دارای امضاء حقیقی وی می‌باشند به کمیسیون دادگستری مجلس فرستاده شده‌است.

هـ- فشار دولت بر اعضای کمیسیون دادگستری مجلس جهت تسریع در اعلام نظر درباره‌ی دکتر بقائی

با توجه به اینکه در آن زمان تجدید انتخابات هیأت رئیسه و اعضای کمیسیون‌های مجلس بسیار نزدیک بوده‌است و نمایندگان این انتخابات را با رأی مخفی انجام می‌داده‌اند، پس **محمد مصدق** وحشت داشته‌است که در آن انتخابات، برخلاف دوره‌ی فعلی که تمام اعضای کمیسیون دادگستری، بدون استثناء، از حامیان و طرفداران وی بوده‌اند، افرادی از مخالفان به عضویت کمیسیون انتخاب شوند و تصویب لایحه‌ی سلب مصونیت از **دکتر بقائی** را با خطر مواجه سازند.

روزنامه اطلاعات در تاریخ ششم تیرماه ۱۳۳۲، ضمن عناوین درشت خود، در نخستین صفحه درباره‌ی مجلس شورای ملی این تیتر را نیز چاپ کرده‌است:

" وزیر دادگستری طی نامهٔ محرمانه‌ای از کمیسیون دادگستری خواستار شده‌است توجه یا عدم توجه اتهام نسبت به آقای دکتر بقائی را تا قبل از پایان دورهٔ انتخابات هیأت رئیسه معلوم کند."

و در صفحه ٤ همان روزنامه درباره‌ی خبر مربوط به عنوان بالا چنین می‌خوانیم:

*" ... یک منبع موثق امروز اظهارداشت: آقای **لطفی**، وزیر دادگستری، نامه‌ای به رئیس کمیسیون نوشته و طی آن خواستار گردیده که **کمیسیون دادگستری تا پایان دورهٔ هیأت رئیسه کنونی نظر خود را نسبت به توجه یا عدم توجه نسبت به اتهام شرکت آقای دکتر بقائی در قتل افشارطوس اعلام دارد.***
*یکی از اعضای کمیسیون ضمن تأیید این خبر اظهار داشت: آقای وزیر دادگستری امروز شخصاً نامهٔ وزیر را به آقای **میلانی**، رئیس کمیسیون، داد."*

و- تغییر نظر اعضای کمیسیون و
اعتقاد آنان به بیگناهی دکتر مظفر بقائی

اعضای کمیسیون دادگستری مجلس شورای ملی، با توجه به نامه‌ی وزیر دادگستری به شرح بالا، و نیز با توجه به تماس‌ها و فشارهایی که پیش و پس از ارسال آن نامه، با فردفرد آنان گرفته شده بود، تصمیم داشته‌اند که پیش از پایان آن دوره کمیسیون تکلیف **دکتر بقائی** را روشن نمایند. به همین جهت با اعلام اینکه مطابقت رونوشت‌های موجود در پرونده‌ی فرستاده شده با پرونده‌ی اصلی به پایان رسیده، چند جلسه نیز که هر روز، صبح تا عصر، تشکیل شده بود، به صورت پرسش و پاسخ بین اعضاء با **دکتر بقائی**، از وی بازجویی به عمل آورده و سرانجام تصمیم گرفته‌اند که در جلسه‌ی بعدازظهر روز سه‌شنبه ۹ تیرماه آخرین دفاع **دکتر بقائی** را بشنوند و رأی‌گیری نهایی را انجام دهند.

روزنامه اطلاعات در تاریخ سه‌شنبه ۹ تیرماه ۱۳۳۲ در صفحه نخست خود ضمن عنوان‌های خبری درباره‌ی مجلس شورای ملی، این تیتر را نیز درج کرده‌است:

" اظهارات دکتر بقائی قیافهٔ کمیسیون دادگستری را تغییر داده‌است "

و در صفحه ٤ همان روزنامه درباره‌ی عنوان مزبور چنین می‌خوانیم:

" ... در ذیل دعوت‌نامه‌هایی که برای جلسهٔ عصر امروز بین آقایان اعضای کمیسیون توزیع گردیده این نکته قید گردیده‌است:
چون جلسهٔ امروز عصر منتهی به اخذ رأی خواهد شد، خواهشمند است حتماً تشریف بیاورید.
*به‌طوری که اطلاع حاصل شده این اخذ رأی برای اصل پرونده و موضوع اتهام **دکتر بقائی** نبوده بلکه چون آقای **جلال موسوی** پیشنهاد کرده بود که از **متهمین برای بازجویی به کمیسیون دعوت شود به این پیشنهاد رأی گرفته خواهد شد** ...*
*به هر حال از شایعات و مذاکراتی که امروز در کریدورهای مجلس نسبت به جریان کار کمیسیون دادگستری می‌شد، این‌طور استنباط می‌گردید که **مدافعات چند روزهٔ اخیر دکتر بقائی در جلسات کمیسیون دادگستری خالی از اثر نبوده و قیافهٔ کمیسیون را نسبت به گذشته تغییر داده است**. همچنین غالب اعضای کمیسیون امروز اظهار می‌داشتند که جریان رسیدگی به پرونده ظرف امروز و فردا خاتمه نخواهد یافت و [به] بعد از انتخابات هیأت رئیسه محول خواهد گردید.*
*ضمناً ساعت ٦ بعدازظهر دیروز آقای وزیر دادگستری در جواب نامهٔ رئیس کمیسیون دادگستری اطلاع داده‌است که **غیر از پرونده‌ای که برای رسیدگی به مجلس شورای ملی فرستاده شده‌است، اوراق دیگری در شهربانی و یا فرمانداری نظامی موجود نیست** ... "*

در هر حال این آخرین جلسه‌ی کمیسیون دادگستری، پیش از تجدید انتخاب اعضای آن کمیسیون بوده‌است.

ز- همکاری بسیار ارزنده‌ی اکثریت نمایندگان مجلس با دکتر مظفر بقائی

گویا همان مدافعاتی که **دکتر بقائی** در آخرین جلسه‌ی کمیسیون دادگستری مجلس به عمل آورده بوده اثر بسیار مثبت و مفید خود را بین تمام نمایندگان مجلس به جای گذاشت. زیرا با اینکه (به ظاهر) بیشتر آنان از حامیان و طرفداران **مصدق** به‌شمار می‌رفته‌اند، ولی در اینجا که متوجه‌ی پرونده‌سازی ناجوانمردانه وی نسبت به **دکتر بقائی** شده و اعدام این همکار بیگناه خود را مسلم میدیدند، به نحوی بسیار محرمانه و بدون تبلیغ و هیاهو تصمیم گرفتند که با انتخاب افرادی از طرفداران فعال و شجاع **دکتر بقائی** به عضویت کمیسیون دادگستری، توطئه پرونده‌سازان را خنثی نمایند. به همین جهت با اینکه ایادی **مصدق** منتهای کوشش خود را به منظور انتخاب نمایندگانی از گروه اکثریت که در عین حال مطیع و گوش به حرف‌کن هم باشند، به کار برده بودند ولی چون رأی به صورت مخفی اخذ شده بود، در این امر توفیق نیافتند و **اعضای جدید کمیسیون دادگستری** به شرح زیر انتخاب شدند:
علی زهری، نماینده تهران – **سیدشمس‌الدین قنات‌آبادی**، نماینده شاهرود – **سیدمهدی میراشرافی**، نماینده مشکین‌شهر – **نادعلی کریمی**، نماینده کرمانشاه – **احمد بهادری**، نماینده تبریز – **سیداحمد صفائی**، نماینده قزوین – **دکتر کریم سنجابی**، نماینده کرمانشاه – **سیدابراهیم میلانی**، نماینده تبریز – **بهرام مجدزاده**، نماینده رفسنجان – **مهندس کاظم حسیبی**، نماینده تهران – **سیدمرتضی شبستری**، نماینده تبریز – **مجید موسوی**، نماینده خوی – **حسن شهیدی**، نماینده نجف‌آباد – **احمد حمیدیه**، نماینده مراغه – **سیدمحمدعلی انگجی**، نماینده کرمانشاه– **دکتر حسین فاخر**، نماینده سراب – **هادی مصدقی**، نماینده ملایر – **سید محمود نجفی‌فردوسی**، نماینده فردوس.

شش نفر نخست که از نمایندگان غیرمستعفی مجلس و از مخالفان **محمد مصدق** محسوب می‌شده‌اند، به‌علاوه چند نفر دیگر از اعضای کمیسیون (که در کل اکثریت را داشتند) در صدد بودند که از دولت درخواست کنند تا ماده ۱۸۵ آیین‌نامه‌ی داخلی مجلس را اجراء نماید و اصل پرونده‌ی قتل **افشارطوس** را برای رسیدگی در اختیار کمیسیون دادگستری قرار دهد. طبیعی است که احتمال اجرای این درخواست از سوی دولت بعید می‌نموده‌است.

افزون بر این افراد، **دکتر کریم سنجابی**، رئیس جدید کمیسیون، و **سیدابراهیم میلانی**، رئیس سابق کمیسیون، و نیز شماری دیگر از اعضای قدیم و جدید آن، از نظر وجدانی، متعهد شده بوده‌اند که در صورت طرح لایحه سلب مصونیت **دکتر بقائی** در کمیسیون به اصطلاح مو را از ماست کشیده و تا زمانی که صد در صد به گناهکاری

یا بیگناهی **دکتر بقائی** معتقد نشده‌اند، از دادن رأی نسبت به لایحه‌ی مورد بحث خودداری نمایند.

با این ترتیب، نه‌تنها احتمال تصویب لایحه‌ی سلب مصونیت از **دکتر بقائی** بسیار ضعیف می‌نمود، بلکه احتمال بسیار وجود داشته‌است که زمینه‌های رسوایی و بی‌آبرویی پرونده‌سازان فراهم گردد.

استیضاح علی زُهری از دولت درباره‌ی شکنجه‌ی متهمان به قتل افشارطوس

" مقام منیع ریاست مجلس شورای ملی

*چون طبق اطلاعات موثقی که به‌دست آمده‌است و قرائن و مدارک موجوده، دستگاه‌های انتظامی و مأمورین کشف و کیفیت قتل فجیع رئیس سابق شهربانی و تعقیب مرتکبین و محرکین آن درمورد متهمین پروندهٔ مربوط به **منظور اخذ اعترافات و اقاریر معین و خلاف واقع و کتمان حقایقی که مأمور کشف آنها بوده‌اند، مرتکب زجرو آزار و شکنجهٔ متهمین گردیده‌اند** و چون توسل به وسائل مذکوره طبق قوانین جاریهٔ کشوری جرم و قابل تعقیب می‌باشد و با وجود اعلام جرمی که اکنون بیشتر از دو ماه است توسط دو تن از نمایندگان محترم مجلس به عمل آمده‌است، مقامات دادگستری برای تعقیب مرتکبین و مجازات آنان اقدام مؤثری به عمل نیاورده‌اند و چون استقرار اصول دادگستری و کشف جرائم و تحقیق با زجر و آزار و شکنجه متهمین نه‌تنها جرم مسلم و تجاوز علیه نفس و مصونیت‌های فردی می‌باشد، بلکه اساس امنیت اجتماعی و قضایی و فردی را که قانون اساسی حق مسلم افراد شناخته‌است و حقیقت و ناموس و شرافت افراد را مورد تجاوز قرار داده و اصل آزادی و حقوق افراد در مقابل دستگاه حاکمه و بالنتیجه حکومت مشروطه مردم بر مردم را به خطر می‌اندازد، **بدینوسیله شخص جناب آقای نخست‌وزیر، دکتر مصدق، را از لحاظ سمت وزارت دفاع ملی و ریاست فائقه بر دستگاه‌های انتظامی و جناب آقای لطفی وزیر دادگستری را از لحاظ تصدی وزارت دادگستری و جناب آقای دکتر صدیقی را از لحاظ ریاست فائقه بر دستگاه شهربانی که یک عده از مرتکبین شکنجه از کارمندان آن وزارتخانه بودند و همچنین شخص آقای دکتر مصدق را از لحاظ ریاست وزراء و دولت ایشان را از لحاظمسئولیت مشترک وزراء استیضاح می‌نمایم.***
*خواهشمنداست طبق مقررات آیین‌نامه دستور فرمایند هر چه زودتر دولت برای پاسخ استیضاح اینجانب حاضر شود. با تقدیم احترامات فائقه – **علی زهری ۱۰ تیرماه ۱۳۳۲ "***

(روزنامه اطلاعات- مورخ دهم تیرماه ۱۳۳۲- صفحه ٤)

خودداری دولت از پاسخگویی
به استیضاح علی زُهری

استیضاح علی زهری در جلسه‌ی مورخ ۱۵ تیرماه ۱۳۳۲ قرائت شده و برای تعین وقت جواب به دولت ابلاغ گردیده‌است.

به‌طوری که دیدیم محمد مصدق، به عنوان وزیر دفاع ملی- عبدالعلی لطفی، به عنوان وزیر دادگستری- و دکتر غلامحسین صدیقی، وزیر کشور، به عنوان ریاست فائقه بر شهربانی- مورد استیضاح علی زهری قرار گرفته بودند.

این سه وزیر طبق ماده ۱۷۳ آیین‌نامه‌ی داخلی مجلس، که در زیر بازگو می‌گردد، از نظر قانونی مجبور بوده‌اند که در نخستین جلسه‌ی علنی پس از خواندن استیضاح، جهت تعیین وقت پاسخ به آن در مجلس حضور یابند:

> *" ماده ۱۷۳ – پس از ابلاغ ورقهٔ استیضاح به وزیر یا وزراء مورد استیضاح – در اولین جلسهٔ علنی مجلس شورای ملی، وزیر یا وزرای مربوط در مجلس حاضر می‌شوند و مجلس پس از اصغاء نظر آنان راجع به تعیین وقت، بدون مذاکره در اصل موضوع، روز استیضاح را که نباید بیش از یک ماه به تأخیر افتد، معین می‌نماید. "*

حال برای اینکه خوانندگان گرامی به خوبی دریابند که **محمد مصدق** هرگز حاضر به اطاعت و اجرای قانون نبوده‌است، بد نیست که درباره‌ی واکنش وی در برابر استیضاح **علی زهری** به سخنان **عبدالعلی لطفی**، وزیر دادگستری! دولت وی، در دادگاه نظامی به شرح زیر توجه فرمایند:

> *" ... مرا خواستند و تکلیف [وزارت دادگستری] کردند. من کس دیگری را پیشنهاد کردم. **او [مصدق] شروع کرد به گریه کردن و من متأثر شدم،** قبول کردم. در همان وقت به ایشان عرض کردم: من مرد سیاسی نیستم، فقط کار وزارت دادگستری را خواهم کرد. و خواستم به او حالی کنم که من بازی سیاسی نخواهم کرد، زیرا خطرناک است برای وطن. **من که در آن کورانها نبودم من وارد کارهای دادگستری شدم. یک جگر خونی من گذراندم با این شخص.***
>
> *یک مرتبه استعفاء دادم، حاضر نشد استعفای مرا بپذیرد. دفعهٔ دیگر استعفاء دادم و گفتم: شما هر روز یک ایراد دارید و این بر اثر یک تحریکات است. **باز بنا کرد به گریه کردن.***
>
> *باز هم دو سه مرتبه نزد اشخاص درد دل کردم. آنها گفتند: طفره نرو. بودن تو در کابینه باز غنیمت است اگر او بخواهد کار بدی کند جلوگیری کنیم.*
>
> *این هم گذشت، **بدتر از همه توهینی بود که اخیراً راجع به نامهٔ رئیس مجلس به من کرد.** شرح این قضیه این است که **آقای دکتر معظمی نامه به من نوشت که برای روز استیضاح پروندهٔ زجر و شکنجهٔ مأمورین نسبت به متهمین قتل افشارطوس لازم است پرونده را بفرستید. من نامه را پیش ایشان بردم. تغیّر فوق‌العاده کرد که : نامه را بگذار کنار. فردا هم وزراء نباید به مجلس بروند.***

*بنده دیدم این دستور صحیح نیست. فردا رفتم به مجلس که به آقای **دکتر معظمی** بگویم:*
*آقای **نخست‌وزیر پرونده را نمی‌دهد**. شما صبر کنید تا من قدری او را نرم کنم و این پرونده را برای انجام استیضاح بگیرم. خلاصه اتفاقاً آن روز استیضاح عملی نشد ..."*
(محمد مصدق در محکمه نظامی- کتاب نخست- به کوشش جلیل بزرگمهر- صفحه ٤٩)

مهمترین دلیل مصدق برای برگزاری رفراندوم جهت انحلال مجلس شورای ملی

مصدق از ١٧ سالگی به سمت مستوفی خراسان منصوب شده و بدون تردید تا آن زمان که ٧٤ سال از عمرش می‌گذشته، هرگز با مشکلی به آن بزرگی روبه‌رو نشده بوده‌است.

مصدق با سوءاستفاده از قتل **افشارطوس** و با پرونده‌سازی‌های ناجوانمردانه، **دکتر بقائی** را به جنایتی ننگین که مجازات آن اعدام می‌باشد متهم ساخته و همچنین **محمدرضا شاه پهلوی** و نیز بیشتر مخالقان فعال دیگر خود را نیز با همان پرونده به نحوی ترسانده و ساکت کرده‌بود.
طبق محاسبات و پیش‌بینی‌های وی لایحه‌ی سلب مصونیت از **دکتر بقائی** می‌بایست پیش از تجدید انتخابات هیأت رئیسه مجلس تصویب گردد تا اینکه وی بتواند این سرسخت‌ترین مخالف خود را با سرعت محاکمه و همراه با **حسین خطیبی** و چند نفر دیگر از متهمان اعدام نماید.
البته با این ترتیب، احتمال اینکه راز جنایت و پرونده‌سازی ناجوانمردانه‌ی وی تا ابد پنهان بماند وجود داشت.
اما اکنون چگونه می‌تواند با درخواست کمیسیون جدید دادگستری، که بیشتر اعضای آن یا از طرفداران **دکتر بقائی** و یا دست کم، علاقه‌مند به کشف حقیقت هستند، درباره‌ی ارسال پرونده قتل **افشارطوس** یا فرستادن متهمان به آن کمیسیون، مخالفت کند و نیز تا کی می‌تواند از ارسال آن پرونده به مجلس شورای ملی در پاسخ به استیضاح **علی زهری** خودداری کند؟

محمد مصدق در این زمان، تنها چاره را در انحلال مجلس شورای ملی می بیند و اعلام می کند که قصد دارد با برگزاری رفراندوم این مجلس شورای ملی را منحل سازد.
بیشتر نمایندگان مجلس که از قصد واقعی **مصدق** درباره‌ی انحلال مجلس آگاهی نداشتند، به منظور انصراف وی از این امر، از نمایندگی مستعفی شده و در عمل مجلس را به صورت تعطیل درآوردند. ولی چون **مصدق** با این ترتیب به هدف اصلی خود، که بازداشت، (به ظاهر) محاکمه، و اعدام سریع **دکتر بقائی** و شماری دیگر از متهمان بود، نمی‌رسید، پس، سرانجام با برگزاری رفراندوم مجلس را منحل و **دکتر**

بقائی را بازداشت می کند. اما با وقوع رخداد ۲۸ مرداد ۱۳۳۲ و آزادشدن **دکتر بقائی** از زندان، **مصدق** آرزوی محاکمه و اعدام وی را به گور می برد.

نشستن دستوردهندگان حقیقی جنایت به جای پرونده‌سازان و تبرئهٔ جنایتکاران

پس از رخداد بیست و هشت مرداد ۱۳۳۲، سرلشکر **زاهدی** (**که دستوردهنده‌ی اصلی قتل افشارطوس بود**)، به جای **محمد مصدق** (**که پرونده‌سازی‌ها به دستور وی انجام شده بود**)، به نخست‌وزیری رسید و پسرش، **اردشیر** (**که یکی از طراحان اصلی توطئه و از عاملان ربودن افشارطوس بود**)، نیز بدون اینکه سمت رسمی داشته باشد، به صورت دستیار قدرتمند پدر درآمد. اینان، که دو متهم حقیقی پروندهٔ قتل **افشارطوس** بودند و در آن پرونده به جای آنان **دکتر بقائی** و **حسین خطیبی** را معرفی کرده بودند، ترتیب دادند که دادگاهی نمایشی برای محاکمه‌ی متهمان قتل تشکیل شود.

آن دادگاه فرمایشی که از تاریخ ۱۱ مهر ۱۳۳۲ آغاز به کار کرده بود، پس از بیست و پنج جلسه دادرسی، در تاریخ ۳۰ آبان ۱۳۳۲، بنا بر دلایل و شواهد بی‌شمار، از جمله اظهارات متهمان، آثار باقیمانده از شکنجه بر بدن برخی از آنان، و شهادت‌های شماری نظامی درباره‌ی مشاهداتی که هر یک درباره‌ی شکنجه شدن برخی از متهمان داشتند، اقرارهای متهمان را ناشی از زجر و شکنجه و ترس و تهدید تشخیص داد و مخدوش اعلام نمود و بیشتر به همین دلیل تمام متهمان را از اتهامات وارده مبری اعلام کرد.

در ادعانامه‌ی دادستان نظامی برای این دادگاه فرمایشی، نامی از **دکتر مظفر بقائی‌کرمانی**، به عنوان متهم ذکر نشده بود.

دادستان نظامی بی‌درنگ از حکم صادره درخواست تجدیدنظر نمود. دادگاه تجدیدنظر نظامی نیز در تاریخ ۲ دی ۱۳۳۲ نخستین جلسه‌ی خود را تشکیل داده و پس از چند جلسه دادرسی در تاریخ ۱۳ دی ۱۳۳۲ حکم صادره توسط دادگاه بدوی را تأیید نمود.

البته در حکم صادره توسط هر دو دادگاه: ***" پرونده جهت تعقیب مجرمین!؟ مفتوح اعلام شده است."***
به‌طوری که در بالا دیدیم، **محمد مصدق** در دادگاه نظامی شکنجه دادن متهمان مورد بحث را به شرح زیر تأیید نموده ولی اظهارنظر کرده‌است که آن شکنجه‌ها نمی‌بایست زمینه‌های تبرئهٔ متهمان را فراهم سازد:

> *" **چنانچه قبول کنیم که در مرحلهٔ بازپرسی سوءجریانی واقع شده این سوءجریان نمی‌بایست سبب سوءقضاوت شود و قضاوت این جرم را ندیده گرفته متهمین را تبرئه کنند** و تیمسار سرتیپ دادستان از آنها تشکر کند! ... "*
> (دکتر محمد مصدق در دادگاه تجدیدنظر نظامی- همان- صفحه ۴۳۹)

پیوست

تخصص بسیار عجیب، ناجوانمردانه و به‌راستی بی‌نظیر مصدق

ممکن‌است شماری از خوانندگان گرامی عنوان به‌ظاهر باورنکردنی بالا و مطالب زیر را در آغاز غیرمرتبط با موضوع و هدف اصلی از نوشتن این کتاب تصورنمایند و یا حتی پس از مطالعه‌ی اسناد مستند و غیرقابل انکاری که به‌طور نمونه در همین بخش جهت اثبات صحت آن عنوان، نوشته شده‌است، از خود بپرسند که چه ضرورتی جهت بازگونمودن آنها ضمن مطالب مربوط به ربودن و قتل **افشارطوس** وجود داشته‌است؟

به این‌جهت نگارنده پیشاپیش به منظور رفع آن تصور و پاسخ به آن پرسش، لازم به تذکر می‌داند که چون **محمد مصدق** در جریان توطئه ننگین ربودن و قتل **افشارطوس** نیز، با سوءاستفاده از همین تخصص بی‌نظیر خود، چند نفر از سرسخت‌ترین مخالفان سیاسی خود را بدنام ساخته‌است و امکان داشت که این حقیقت مسلم با وجود دلائل و شواهد زیادی که در این کتاب درباره آن گفته خواهد شده باز هم برای شماری از خوانندگان گرامی باورنکردنی جلوه‌گر گردد. پس بهتر آن دیدم که پیش از آن چند داستان واقعی، **البته به‌طور نمونه**، از تخصص ناجوانمردانه‌ی مزبور، به آگاهی آنان رسانده شود.

ابتدا به درج یک تمثیل درباره‌ی این تخصص ناجوانمردانه و بی‌نظیر مبادرت می‌نماید:

«فرض‌کنید پزشکی که (برای مثال متخصص در بیماری‌های اطفال، از دانشکده پزشکی معتبری فارغ‌التحصیل شده و مقامات صلاحیت‌دار و رسمی کشور نیز صحت گواهینامه او را تأیید کرده‌اند) از طرف وزارت بهداری و بهداشت استخدام و برای خدمت در یک روستای دورافتاده فرستاده شده‌باشد. اما یکی از متنفذین روستا که با این پزشک بر سر مسائل شخصی خصومت دارد، شماری از اهالی روستا را جمع و تحریک کند و آنان را به‌طور دسته‌جمعی به مطب دکتر بفرستد و به او پیغام دهد که چون مردم این روستا نسبت به سواد و معلومات پزشکی شما مشکوک شده‌اند، به این

جهت بهتراست برای دفاع از خود و اثبات اطلاعات خویش در فلان روز در میدان عمومی حضوریابید و به پرسش‌هایی که دکتر قبلی روستا درباره‌ی داروها و موارد استفاده آنها از شما به‌عمل خواهد آورد، پاسخ دهید.

در این تمثیل از همان ابتدا مسلم است که چنین پزشکی، بدون توجه به اینکه از نظر معلومات پزشکی در چه سطحی قراردارد، هرگز دعوت مزبور را نخواهد پذیرفت و در آن میدان حضور نخواهند یافت.

آن وقت آن فرد متنفذ مغرض، همین امر را به‌عنوان دلیل بی‌سوادی دکتر مورد بحث قلمداد کرده و در همه‌جا این امر را، به اصطلاح، پیراهن عثمان نماید و از آن پس نیز هر روز با تکرار دعوت مزبور و اصرار بر آن، دکتر را بدنام‌تر از روز پیش سازد و در همه جا به‌عنوان دکتری بی‌سواد وبی‌معلومات معرفی‌کند. و پس از آن هم، توسط ایادی خود نگذارد که آن دکتر درباره‌ی دلیل عدم حضور خود در میدان توضیح دهد و برای مثال بگوید که فلان دانشگاه معتبر گواهینامه مرا صادر کرده و مقامات پزشکی کشور نیز با استخدام من صحت آن گواهینامه و صلاحیت مرا مورد تأیید قرار داده‌اند و در هر حال آن دکتر قبلی صلاحیت آزمایش مرا ندارد.

و کوتاه سخن اینکه، سرانجام آن مرد مغرض این دکتر فرضی وادار به ترک آن روستا نماید.»

چند داستان واقعی از این تخصص عجیب:

نخست- داستان عجیب متهم‌ساختن کارمندان ارشد وزارت مالیه

گفتاری معترضه- نیرنگ مصدق برای رسیدن به معاونت وزارت مالیه

به‌طوری‌که **مصدق** در تقریرات خود شرح داده، وی پس از خاتمه‌ی تحصیلات و بازگشت به ایران به دعوت **علی‌اکبر دهخدا** در حزب اعتدالی، که **به گفته‌ی خود مصدق انگلیسی‌های نادرست بودند** (تقریرات **مصدق** در زندان- صفحه ۱۵۹)، عضویت یافته بود.

مدت کوتاهی پس از عضویت **مصدق** در **حزب اعتدال**، شخص **دهخدا** به همراه دو نفر دیگر به‌علت دوستگی شدیدی که در آن حزب وجود داشت، مجبور به کناره‌گیری شدند. اما **مصدق** در حزب باقی‌ماند و بهترین راه را برای جلب حمایت و دوستی هر دو گروه نیز پیدا کرد.

خود او در این مورد چنین می‌گوید:

" ... پس از ورود من به حزب، هر دو دسته تمایلی پیداکردند که باز یکی بشوند. بعضی از اعضاء مرا وادار کرده بودند که دعوتی برای اتحاد دو دسته بکنم و این کار هم شد. دو سه جلسه هم سران هر دو دسته به منزل من آمدند و مذاکراتی به‌عمل آمد ولی این مذاکرات به جایی منتهی نشد ... "
(تقریرات- همان- صفحه ۴۰)

حال اگر این مذاکرات به جایی منتهی نشد و به اصطلاح برای آن دو دسته آبی در بر نداشت، بی‌گمان برای خود **مصدق** نان چرب و شیرینی به همراه آورد. زیرا زمینه‌های آشنایی و دوستی هر دو دسته را با وی فراهم کرد و راه پیشرفت آتی وی را هموار ساخته‌است. یعنی وی با پشتیبانی هر دو جناح **حزب اعتدالی** از سوی مجلس، به عضویت **کمیسیون تطبیق حوالجات** انتخاب شد.

به‌طوری‌که **مصدق** در صفحه ۸۹ خاطرات و تأملات خود شرح داده، آن کمیسیون:

" یکی از وظائفش این بود به درخواست پولی که هر وزارتخانه می‌فرستاد، رسیدگی‌کند. چنانچه طبق اسناد مصوبه صادر شده بود، آن را تصدیق نماید. سپس ادارهٔ محاسبات حواله صادر، وزیر مالیه امضاء نموده، خزانه وجه آن را بپردازد. به‌طور خلاصه هیچ وجهی از خزانه خارج نشود مگر اینکه اعتباری برای پرداخت آن تصویب‌شده و کمیسیون هم تصدیق کرده باشد ... "

مدت کوتاهی پس از انتخابات **محمد مصدق** به عضویت آن کمیسیون، مجلس شورای ملی، به‌علت داستان مشهور به **مهاجرت**، تعطیل شد و **مصدق** هم که به ریاست آن کمیسیون انتخاب شده بود، از این تعطیلی برای رساندن خود به معاونت وزارت مالیه سوءاستفاده می کند. به این معنی که وی برای پرداخت هر درخواست پول، مربوط به هر وزارتخانه، انواع ایرادها را می‌گرفت و انواع کارشکنی‌ها را به انجام می‌رساند. خلاصه اینکه در پرداخت این پول تا جایی دیرکرد بوجودمی‌آورد، که به اعتراف خود **مصدق** وزارتخانه‌ها بیشتر مجبور می شدند به اقدامی که از نظر قانونی اختلاس و جرم محسوب می‌گردید، مبادرت نمایند. یعنی پیه شکایت به دادگاه و محاکمه را به تن بمالند و وجوه مورد نیاز را بدون تصویب کمیسیون دریافت و به مصرف کارهای ضروری برسانند.

مصیبت مهاجرت در زمان نخست‌وزیری **میرزاحسن مستوفی‌الممالک** اتفاق افتاد و پس از وی **عبدالحسین‌میرزا فرمانفرما**، **محمدولیخان تنکابنی** و **میرزاحسن وثوق‌الدوله**، به ترتیب، به نخست‌وزیری رسیدند و کارشکنی‌های **مصدق** در زمان آنان، به جز زمان دایی‌اش **فرمانفرما**، ادامه داشت. اما **وثوق‌الدوله** در ترمیم و تجدید اعضای کابینه، برادر خود **میرزااحمد قوام‌السلطنه**، را به وزارت مالیه گماشته و **قوام‌السلطنه نیز برای رهایی از شر کارشکنی‌های مصدق، به او پیشنهاد کرده‌بود که معاونت وزارت مالیه** را قبول

نماید. درباره‌ی پذیرش این سمت توسط **مصدق** در صفحه ۹۷ خاطرات و تأملات وی چنین می‌خوانیم:

*" ... اصرار قوام، بوسیلهٔ مادرم، و روابطی که از سابق بین ما بود، سبب شد که **کار را به این شرط قبول کنم که ریاست ادارهٔ کل محاسبات ضمیمهٔ کار من بشود** تا کمیسیون تطبیق حوالجات بتواند در یک حدودی وظایف خود را انجام دهد ..."*

کوتاه سخن اینکه **از تاریخ انتصاب مصدق به سمت معاونت وزارت مالیه، افزون‌بر ریاست اداره کل محاسبات، با حفظ سمت ریاست کمیسیون تطبیق حوالجات**، دیگر تمام امور و اختیارات دولتی و غیردولتی مربوط به پرداخت‌ها، به‌عهده‌ی **مصدق** واگذار گردیده و در وجود او متمرکز شده بود.

با این ترتیب دیگر کمیسیون تطبیق حوالجات درعمل تعطیل شده و اعضای آن فقط حقوق خود را دریافت می‌نمودند. **یعنی یک امضای مصدق به‌عنوان رئیس کمیسیون تطبیق حوالجات، یک امضای دیگر به‌عنوان رئیس اداره‌ی کل محاسبات، و امضای سوم به‌عنوان معاون وزارت مالیه (از سوی وزیر مالیه)، خزانه‌داری را موظف به پرداخت وجه می‌نمود.**
پس از **وثوق‌الدوله**، **میرزامحمدعلی علاءالسلطنه** و **سلطان عبدالمجیدمیرزا عین‌الدوله**، به ترتیب، به نخست‌وزیری رسیدند و به‌علت ترس از تجدید کارشکنی‌های **مصدق**، در سمت ریاست کمیسیون تطبیق حوالجات، دست به ترکیب وی نزدند و او کماکان با اختیارات فوق‌العاده، به خدمت! ادامه می‌داد.

داستان اتهام

در روز جمعه هفتم دی‌ماه ۱۲۹٦ (۲۸ دسامبر ۱۹۱۷)، **عین‌الدوله** به همراه شماری از وزرای کابینه‌اش به حضور **احمد شاه** شرفیاب شد و استعفای کابینه خود را تقدیم نمود. به موجب قانون، این استعفاء درصورتی مسلم و محقق‌می‌گردید که توسط **احمد شاه** مورد پذیرش قرارگرفته‌باشد.

اما **احمد شاه** صبح پس از آن روز، از وی و اعضای کابینه‌اش درخواست کرده‌بود که دست‌کم تا تعیین نخست‌وزیر جدید به خدمت ادامه دهند. در این صورت نخست‌وزیری **عین‌الدوله** از نظر قانونی ادامه یافته و فاصله‌ای بین آن ایجاد نشده بود.

ولی **محمد مصدق**، بنابر شواهد موجود، بعدازظهر روز یکشنبه نهم دی‌ماه ۱۲۹٦، یعنی یک روز پس از بازگشت نخست‌وزیر و اعضای کابینه به سر خدمت، به‌عنوان معاون وزارت مالیه، به گفته‌ی خودش ***" برخلاف نص صریح قانون تشکیلات، مجلس مشاورهٔ عالی را که فقط وزیر می‌توانست دعوت‌کند "*** با اعضای که خودش برای آن انتخاب کرده بود، جهت محاکمه‌ی شماری از رؤسای واحدهای مختلف وزارت مالیه به اتهام اختلاس و رشوه‌گیری، برای روز چهارشنبه ۱۲ دی‌ماه ۱۲۹٦ دعوت نمود و احضاریه‌های متهمان را برای حضور در مجلس مزبور و دفاع از خود در همین

بعدازظهر برایشان فرستاد. اما وی تاریخ این دعوت‌نامه‌ها را آگاهانه، و برخلاف واقع، یک روز جلوتر گذاشته بود تا بتواند ادعا کند که دعوت‌نامه‌های مزبور را در ابتدای وقت اداری روز شنبه هشتم دی‌ماه ۱۲۹۶، در دقایقی که هنوز دستور **احمد شاه** به وزرای مستعفی برای بازگشت به کارشان به آنان ابلاغ نشده بود، امضاء کرده‌است.

لغو دستورات مصدق توسط وزیر مالیه وقت

صرف‌نظر از اینکه آیا **مصدق** حق و اختیار صدور دستور به‌جای وزیر مالیه برای انعقاد مجلس مشاوره عالی جهت محاکمه جمعی از رؤسای وزارت مالیه را داشته یا نداشته، و اینکه آیا با استعفای کابینه، تمام معاونین وزارتخانه‌ها نیز مستعفی تلقی می‌شده‌اند یا خیر، و اینکه آیا **مصدق** دعوت‌نامه‌ی خود، برای تشکیل مجلس عالی را پیش از برگشت وزرا به کار و یا یک روز پس از آن نوشته یا نه، و نیز اعم از اینکه در فاصله مستعفی شدن هیأت وزرا تا صدور دستور مراجعتشان به کار وزیر مالیه‌ای در کار بوده یا نبوده، هیچ‌کس نمی‌تواند انکار نماید که وزیر مالیه وقت، پس از بازگشت به کار، از نظر قانونی حق و اختیار داشته که دستورات صادره از سوی **مصدق** را لغونماید و خود **مصدق** نیز به شرح زیر معترف گردیده که وزیر مالیه دستور لغو اقدامات وی را داده‌است:

> *" ... از این دستور [دستور شاه برای ادامه‌ی کار هیأت وزرا] **وزیر** سوءاستفاده نمود [؟! **وقاحت را ملاحظه بفرمایید**.] و به رؤسای اداراتی که برای تشکیل مجلس مشاورهٔ عالی دعوت شده بودند، **تلفن نمود** در **جلسه** شرکت نکنند که روز موعود نه آمدند و نه علت عدم **حضور** خود را نوشتند و فقط **هن سنس** بلژیکی، رئیس ادارهٔ کل گمرک، نوشت: **چون وزیر تلفن نمود حاضر نشوم، حضور به هم نرسانیدم** ... "*
> (خاطرات و تأملات مصدق- صفحه ۱۰۳)

با این ترتیب، خوانندگان گرامی وجداناً داوری نمایند آیا متهمان حق‌داشته‌اند که در مجلس شرکت نکنند یا خیر؟

درهرحال کابینه‌ی **عین‌الدوله** مدت کوتاهی پس از این رخداد سرنگون گردید و **مستوفی‌الممالک** بار دیگر به نخست‌وزیری رسید. این شخص، از یک سو، نیاز به شرکت **مصدق** در کابینه برای تأیید پرداخت‌های دولت به‌عنوان رئیس **کمیسیون تطبیق حوالجات** داشت و، از سوی دیگر، کنار گذاشتن وی از کابینه، به‌عنوان حمایت وی از متهمان تلقی می‌شده‌است. پس، به ناچار به **مصدق** پیشنهاد ادامه خدمت داد ولی **مصدق** پذیرفتن این پیشنهاد را موکول به محاکمه‌ی متهمان نمود.
در این شرایط به موجب تصویب‌نامه‌ی هیأت وزیران، کمیسیون ویژه‌ای مرکب از پنج نفر به ریاست **محمدعلی فروغی** (که در آن زمان رئیس دیوان تمیز بود) برای محاکمه‌ی متهمان تشکیل شد و چون متهمان نیز اعتراضاتی بر ضد **مصدق** داشتند و به

نوبه خود اتهاماتی بر او وارد ساخته‌بودند، پس هیأت وزیران تصویب کرد که کمیسیون مزبور به آن اتهامات نیز رسیدگی نماید.

درهرحال در این محاکمه همه‌ی متهمان به مجازات‌هایی محکوم شدند و **خود مصدق نیز به کسر یک‌سوم حقوق به مدت چهارماه محکوم گردید.**

اما گویا این متهمان از رأی صادره درخواست تجدیدنظر نموده و در تجدیدنظر همگی تبرئه شده‌اند ولی از اینکه آیا خود **مصدق** نیز جزو تبرئه‌شدگان بوده یا خیر، اطلاعی در دست نمی‌باشد.
(برای آگاهی بیشتر از نحوه‌ی ایراد این اتهام، محاکمه و تبرئه متهمان به کتاب «**از ماست که بر ماست**» نوشته **ابوالحسن بزرگ‌امید** که خود از متهمان بوده، مراجعه‌فرمایند.)

دوم- داستان واردکردن اتهام سوءاستفاده به غضنفرخان و نحوه‌ی غیرعادی درخواست سلب مصونیت پارلمانی از وی

گفتار نخست- مختصری درخصوص پیشینهٔ دشمنی محمد مصدق با وثوق‌الدوله

به‌طوری‌که پیشتر به اطلاع خوانندگان گرامی رسید، **محمد مصدق** توسط **قوام‌السلطنه**، که در کابینه‌ی نخست برادرش، **وثوق‌الدوله**، وزیر مالیه شده‌بود، به معاونت این وزارتخانه گماشته شده بود. اما وی در کابینه بعد، جزو افرادی بود که بر ضد اقدام **وثوق‌الدوله** در اجاره دادن درآمد تریاک، به **تجارتخانه‌ی تومانیانس**، قیام نموده‌بود. سرانجام آن اجاره‌نامه را لغوکردند.

کارمندان ارشد وزارت مالیه نیز که، به شرح نوشته شده در بخش پیش، از سوی **مصدق** متهم به نادرستی و فساد شده بودند، اتهامشان مربوط به رشوه‌ای بود که گویا این کارمندان از تجارتخانه **تومانیانس** در دوران نخست‌وزیری **وثوق‌الدوله** و وزارت مالیه **حسن مشار، مشارالملک**، دریافت کرده بودند.

اما **وثوق‌الدوله** یک بار دیگر، در تاریخ ۱۵ مرداد ۱۲۹۷ (۷ آگوست ۱۹۱۸) به نخست‌وزیری رسید و در این کابینه که پس از آن به کابینه‌ی قرارداد ۱۹۱۹ مشهورشد، باز هم همان **حسن مشار** را به وزارت مالیه برگزید و نخستین هدفی که داشت تجدید اجاره‌ی درآمد تریاک با همان **تجارتخانه تومانیانس** بود.

با این ترتیب با دشمنی شدیدی که خواه ناخواه بین **وثوق‌الدوله** و وزیر مالیه‌اش با **مصدق** بوجود آمده‌بوده، نه‌تنها امکان عضویت **مصدق** در این کابینه، بلکه امکان ارجاع دادن هیچ شغل دیگری به وی در آن دوران وجود نداشته است.

مصدق در تقریرات خود درباره‌ی این دوران چنین گفته است:

*" ... این **وثوق‌الدوله** که رئیس‌الوزرا شد پر و پولی زیر دست و پایش ریختند. آن وقت‌ها حقوق‌ها را یک‌جا می‌خرید. **ما با صمصام‌السلطنه علیه وثوق‌الدوله کار می‌کردیم.** یک روز **وثوق‌الدوله** آمد پیش من و گفت: تکلیف خودت را با ما معین کن.*
گفتم: تکلیف من معین است. من می‌روم اروپا. این تکلیف من است.
گفت: پس خوب و رفت.
*من هم حقوقم را یک‌جا گرفتم و **احمد** و **ضیاءاشرف** را برداشتم و رفتم به انزلی. با **نیرالسلطان** خدابیامرز رفتیم به اروپا ... "*
(تقریرات مصدق در زندان- جلیل بزرگمهر- صفحه ۴۸)

مسافرت **محمد مصدق** به شرح بالا در اوایل سال ۱۲۹۸ خورشیدی (اوایل آپریل ۱۹۱۹) انجام شده‌است ولی گفتار وی در متن بالا درباره‌ی **احمد** و **ضیاءاشرف**، اشتباه می‌باشد زیرا آنان از چند سال پیش از آن تاریخ در اروپا بوده‌اند.

گفتاردوم- مختصری درباره غضنفرخان و وضع وی در آن زمان

غضنفرخان یکی از برادران **دکتر امیرخان اعلم** بوده که از حمایت‌ها و مزایای این برادری به‌خوبی سود می‌برده و درعین حال گاهگاهی هم چوب مخالفت‌های دیگران با برادر خود را می‌خورده‌است. چون **دکتر امیر اعلم** داماد **وثوق‌الدوله** بوده، یعنی دختر وی را به همسری داشته، پس همین امر کفایت می‌کرده‌است که **مصدق** با **دکتر امیر اعلم** و بستگان او نیز به دشمنی برخیزد.

دشمنی **مصدق** با خاندان **دکتر امیر اعلم**، پس از رخداد **غضنفرخان** نیز، به شدت افزایش یافت، زیرا این شخص در دوره پنجم درباره خلع **احمد شاه** از پادشاهی موافقت کرده و به‌عنوان نماینده‌ی درگز در **مجلس مؤسسان** هم شرکت داشته و به تغییر موادی از متمم قانون اساسی جهت واگذاری پادشاهی به **رضا شاه پهلوی** و اعقاب پسران وی رأی داده‌بود.

دکتر امیر اعلم پس از به سلطنت رسیدن **رضا شاه**، به‌عنوان پزشک مخصوص او انتخاب شد و در بیشتر سفرها با وی همراه بود.

اما **غضنفرخان** در کابینه‌ی نخست **وثوق‌الدوله** و در زمان وزارت مالیه **مشارالملک**، به سمت ریاست مالیه گلپایگان، کمره و خوانسار تعیین و فرستاده شد.

در کابینه‌ی آتی (کابینه **علاءالسلطنه**) در زمان وزارت مالیه **ممتازالدوله**، که **مصدق** کماکان معاونت این وزارتخانه را به‌عهده داشت، دستور برکناری **غضنفرخان** توسط **مصدق** صادر شد.

ولی در کابینه **صمصام‌السلطنه**، که دوباره **مشارالملک** به وزارت مالیه گماشته شده بود، وی بی‌درنگ **مصدق** را از معاونت خود برکنار ساخت و **غضنفرخان** را بار دیگر به همان سمت سابق، یعنی ریاست مالیه گلپایگان، کمره و خوانسار برگماشت.
پس از **صمصام‌السلطنه**، که **وثوق‌الدوله** بار دیگر به نخست‌وزیری رسید، **مشارالملک** کماکان سمت خود به‌عنوان وزیر مالیه را حفظ نمود و **غضنفرخان** نیز به پیروی از او در همان ریاست مالیه سه شهر مزبور باقی ماند.

وثوق‌الدوله در همین دوره از نخست‌وزیری خود، انتخابات دوره چهارم مجلس شورای ملی را انجام داد و داماد خود، **دکتر امیر اعلم**، را از مشهد و برادر او، **غضنفرخان**، را از گلپایگان، به‌عنوان نماینده انتخاب کرد.

شرح اتهام

مصدق پس از رسیدن به وزارت مالیه و کسب اختیارات فوق‌العاده، به سراغ تمام مخالفان سابق خود می رود و آنان را یکی پس از دیگری از کار برکنار می نماید. درباره‌ی **غضنفرخان** نیز، که در آن زمان نماینده مجلس شورای ملی بود، دستور می دهد که **پرونده وی را به جریان انداخته و مقداری سوءاستفاده برای وی حساب‌سازی نمایند.**

خود **مصدق** پس از سال‌ها، در سخنرانی مورخ ۲۷ دی‌ماه ۱۳۲۳ (۱۷ ژانویه ۱۹٤۵) در دوره چهاردهم مجلس شورای ملی به‌صراحت به این حساب‌سازی اعتراف نموده است:

> *" ... بعد که حساب این شخص [غضنفرخان] را رسیدگی کردند، قریب نودهزار تومان باقی‌آورد.* ***به کمیسیون محاسباتی که آنجا بود گفتیم که حساب این شخص را طوری [؟!] برآورد کنند که ما بتوانیم بگیریم و جمعاً سی و هشت هزار تومان بدهکار شد[؟!]*** *... "*

این اعتراف صریح نشان می‌دهد که مصدق می‌توانست به" ***کمیسیون محاسباتی که آنجا بود*** " بگوید: حساب این شخص را طوری برآورد کنید که چیزی بدهی نیاورد و یا اینکه بدهی‌اش به فلان مبلغ بالغ گردد.

مصونیت پارلمانی نمایندگان مجلس شورای ملی
و موارد سلب آن از نظر قانون

به موجب اصل دوازدهم قانون اساسی مشروطیت و سایر قوانین مربوط به آن، هرگاه **مصدق** به‌عنوان وزیر مالیه به موردی از اختلاس درمورد هر یک از کارمندان خود برخورد می‌کرده، از نظر قانونی وظیفه داشته که پرونده مختلس را به دیوان محاکمات و یا به ارجاع نماید. درصورت نخست نیز دیوان محاکمات پس از رسیدگی و پذیرفتن وقوع اختلاس، وظیفه داشته که رسیدگی به آن را به عدلیه (دادگستری) محول نماید.

هرگاه این اعمال صورت می‌گرفت، هیچ مقامی، حتی مجلس شورای ملی، حق بازخواست و اعتراض نداشته، ولی درصورت خودداری **مصدق** از انجام وظایف مزبور، خود او هم قابل محاکمه و مجازات بوده است.

پس از ارجاع پرونده‌ی امر به دادگستری، هرگاه دادگاه مربوط نیز نظر وزارت مالیه را تأیید می‌نموده و بازداشت متهم را ضروری می‌دانسته است و چنین متهمی سمت نمایندگی در مجلس شورای ملی را به‌عهده داشته، در آن صورت وزیر دادگستری، نه وزیر مالیه، موظف بوده که لایحه‌ی سلب مصونیت از نماینده متهم به اختلاس را به مجلس شورای ملی تقدیم دارد .

" در هر یک از موارد اتهام یا توقیف [یکی از نمایندگان مجلس شورای ملی]، کمیسیون دادگستری پس از وصول گزارش و پرونده امر، مکلف است هر قسم تحقیقات از قبیل مراجعه به اسناد و مدارک و خواستن توضیحات از شخص متهم و تحقیقات از اشخاص دیگری که لازم بداند، به‌عمل آورده و در اسرع اوقات گزارش خود را تقدیم مجلس شورای ملی کند. این گزارش خواه دائر بر برائت متهم و خواه مبنی بر مجرمیت او باشد، در جلسه علنی مجلس طرح می‌شود و در این باب پس از ادای توضیحات شخص متهم که از نیم‌ساعت نباید تجاوز کند، فقط یک مخالف و موافق هر کدام نیم‌ساعت می‌توانند اظهارنظر کنند. درصورتی که رأی بر برائت متهم باشد، رئیس مجلس برائت او را اعلام می‌دارد و هرگاه مبنی بر تعقیب باشد، مصونیت از وی سلب و پرونده از طرف وزارت دادگستری به محکمه صلاحیتدار ارجاع می‌شود. "
(حقوق اساسی- جلد نخست- دکتر جعفر بوشهری- صفحه ۲۳۰)

درخواست غیرعادی و
خلاف اصول مصدق از مجلس

در جلسه مورخ ۲۶ دی‌ماه ۱۳۰۰ (۱۷ ژانویه ۱۹۲۲) مجلس شورای ملی گزارشی از **محمد مصدق** درباره‌ی اتهام **غضنفرخان** خوانده شد که قسمت‌هایی از آن به شرح زیر می‌باشد:

" ... درنتیجهٔ رسیدگی به یک قسمت از محاسبهٔ دورهٔ تصدی ایشان [غضنفرخان] معادل مبلغ ۴۰ هزار تومان و هشتصد و یک تومان و چهار قران و یک شاهی [چقدر دقیق؟!] ملزمی ثابت و لاکلام آقای غضنفرخان را مطابق صورت جزء تعیین نمودند.
وزارت مالیه نیز بر طبق التزامنامهٔ سابق آقای غضنفرخان و درنتیجهٔ رسیدگی‌های کمیسیون تفریق [تفریغ] محاسبات، عجالتاً علاقجات گلپایگان مشارالیه را که معروف است درنتیجهٔ این مأموریت تحصیل کرده بود و شاید درحدود ۱۵ هزار تومان تخمیناً ارزش داشته باشد، ضبط و برای بقیهٔ مبلغ فوق و یا ملزمی‌های دیگری که بعدها از معاملاتشان کشف و اثبات شود ناچار از تعقیب و رسیدگی خواهد بود.
چون وزارت مالیه از دو نقطه‌نظر مأمورین خود را تعقیب می‌نماید: اول از نقطه‌نظر محاسباتی که بعد از رسیدگی آنچه ملزمی مأمور باشد از او گرفته شود و بعد از نقطه‌نظر تقصیرات اداری که در دیوان محاکمات رسیدگی خواهد شد.
نظر به اینکه هرگاه دیوان مزبور صلاح بداند، وزارت مالیه امر را به پارکهٔ بدایت در وزارت عدلیه ارجاع خواهد کرد.
برای حفظ شرافت مقام نمایندگی آقای غضنفرخان لازم دانست مراتب را به‌عرض برساند که تعقیب مشارالیه با اجازهٔ مجلس باشد.
این را هم لازم است عرض کنم، چنانچه آقای غضنفرخان به رسیدگی تفریق [تفریغ] محاسبات اعتراض داشته باشند، **اگرچه رأی کمیسیون مزبور قابل استیناف نیست** ولی در این موقع وزارت مالیه موافق است که **قبلاً هیأتی از طرف مجلس مقدس تعیین شود که در ساعات اداری وزارت منظماً و متوالیاً جلسات خود را تشکیل نموده به محاسبات آقای غضنفرخان رسیدگی نمایند و هرگاه بر هیأت مزبور مدلل شد که ایشان مستحق تعقیب‌اند آنوقت اجازهٔ تعقیب صادر گردد** ..."

البته در اینجا صحبت از این نیست که آیا **غضنفرخان** به‌راستی دزدی و اختلاس کرده بوده و یا بی‌گناه بوده است، ولی چون در زمان خواندن گزارش **مصدق** در مجلس نه‌تنها هنوز پرونده‌ی **غضنفرخان** به دادگستری ارجاع نشده بوده، بلکه دیوان محاکمات وزارت مالیه نیز آن پرونده را ندیده و صحت اتهامات وارده را مورد قبول قرارنداده بوده، پس اعلام آن اتهامات در جلسه علنی مجلس شورای ملی و درج آنها در روزنامه‌های وقت که نتیجه‌ی آن بدنام ساختن فرد متهم پیش از اثبات و تأیید اتهام بوده، **دلیل بسیار روشنی بر غرض‌ورزی و ناجوانمردی محمد مصدق می‌باشد.**

محمد مصدق در گزارش خود به مجلس نوشته بود:

" ... **بعد از نقطه‌نظر تقصیرات اداری که در دیوان محاکمات رسیدگی خواهد شد.**
نظر به اینکه هرگاه دیوان مزبور صلاح بداند، وزارت مالیه امر را به پارکهٔ بدایت در وزارت عدلیه ارجاع خواهد کرد.
برای حفظ شرافت مقام نمایندگی آقای غضنفرخان لازم دانست مراتب را به عرض برساند که تعقیب مشارالیه با اجازهٔ مجلس باشد ..."

همان طور که گفته شد، **مصدق** برای پرونده‌ی **غضنفرخان** به دیوان محاکمات در وزارت مالیه و پس از آن به پارکه‌ی بدایت در وزارت عدلیه نه‌تنها نیازی به کسب اجازه از مجلس نداشته بلکه از نظر قانونی موظف به انجام این کارها بوده است، و پس از انجام آن مراحل، که دیگر پرونده اختلاس از دسترس وزارت مالیه خارج می‌شده، هرگاه دادگاه مربوط در وزارت عدلیه (دادگستری) نیز وقوع جرم را تأیید و بازداشت **غضنفرخان** را ضروری می‌دانسته، آن وقت وزیر عدلیه، **نه وزیر مالیه**، حق و وظیفه داشته که با ارسال اسناد و مدارک کافی از مجلس شورای ملی بخواهد که از او سلب مصونیت به‌عمل بیاورد.

حال خوانندگان گرامی از شما درخواست می‌شود که خود را به‌جای یکی از نمایندگان مجلس شورای ملی در آن زمان قراردهید و داوری نمایید که در پاسخ جملاتی که پیشتر در گزارش **مصدق** نوشته شده ، چه واکنشی از خود نشان می‌دادید؟

در مجلس شورای ملی منحصراً مطالبی باید مطرح گردد و به رأی گذاشته شود که مجلس حق ردکردن و یا پذیرفتن آنها را داشته باشد، ولی اگر درخواست **مصدق** در مجلس مطرح و به رأی گذاشته‌می‌شد، نمایندگان حق نداشتند که آن را رد نمایند. زیرا رد کردن درخواست مزبور به این معنی بود که به وزیر مالیه کشور اجازه داده نشده که پرونده یک کارمند مختلس و نادرست را به دیوان محاکمات و سپس به دادگستری ارجاع نماید؛ و اگر هم به درخواست اجازه‌ی تعقیب **غضنفرخان** رأی مثبت داده می‌شد، این امر به منزله‌ی تأیید وقوع جرم و سند محکومیت **غضنفرخان**، پیش از انجام هرگونه بررسی و تحقیق بوده است.

هرگاه قرار باشد که به **محمد مصدق** از نظر وقاحت نمره‌ای بین یک تا صد داده شود، آیا خوانندگان گرامی فقط با مطالعه‌ی چند جمله‌ی زیر، بازگو شده از گزارش مورد بحث، او را برای دریافت بالاترین نمره، یعنی **صد**، واجد شرایط معرفی نخواهند نمود؟

> ***" ... در این موقع وزارت مالیه موافق است که قبلاً هیأتی از طرف مجلس مقدس تعیین شود که در ساعات اداری وزارت منظماً و متوالیاً جلسات خود را تشکیل نموده به محاسبات آقای غضنفرخان رسیدگی نمایند و هرگاه بر هیأت مزبور مدلل شد که ایشان مستحق تعقیب‌اند آنوقت اجازهٔ تعقیب صادر گردد ..."***

مصدق در این جملات با کمال وقاحت و به‌صورت سربسته به مجلس شورای ملی گفته است که چون جرم **غضنفرخان** از نظر من (**یعنی مصدق**) محرز و مسلم می‌باشد، پس هیچ ضرورتی به ارسال پرونده و سند و مدرک به مجلس شورای ملی برای ملاحظه‌ی نمایندگان و بررسی اتهامات در کمیسیون‌های دادگستری و تحقیق مجلس وجود ندارد.

اما با اینکه نظر کمیسیون تفریغ محاسبات، قطعی، لازم‌الاجرا و غیرقابل استیناف می‌باشد ولی وزارت مالیه حاضر است محبت فرموده و اجازه دهد که مجلس شورای ملی هیأتی را برای رسیدگی تعیین نماید ولی این هیأت موظف است که فقط در ساعات

اداری وزارت مالیه، آن هم *"منظماً و متوالیاً"*! جلسات خود را تشکیل دهد، یعنی هر روز بدون وقفه در ساعات اداری در وزارت مالیه حضور یابند.

درهرحال **مصدق** به مجلس دستورمی دهد که در این مورد قانون مربوط به رسیدگی به جرائم نمایندگان در کمیسیون‌های تحقیق و دادگستری مجلس را ندیده بگیرد (یعنی این وظیفه‌ی قانونی را از آن کمیسیون‌ها سلب کند) و نیز فکر دریافت پرونده و هر نوع سند و مدرک را از سر به درنماید!!

در آن روز پس از پایان خواندن گزارش **مصدق**، هنگامی که برادر، دوستان و حامیان **غضنفرخان** و خود او درباره‌ی این آبروریزی ناجوانمردانه و خلاف قانون، که **مصدق** به‌عمل آورده بود، با حالتی خشمگین به **مصدق** و **قوام‌السلطنه** اعتراض می‌نمایند، چند نفری دیگر هم که یا از دوستان و حامیان واقعی **قوام‌السلطنه** بوده و یا دست کم سود خود را در طرفداری از حاکم وقت می‌دیده‌اند به حمایت از **قوام‌السلطنه** و **مصدق** برخاسته و با دسته‌ی نخست به زدوخورد و کتک‌کاری پردازند. این دعوا و زدوخورد و فحاشی‌ها و اهانت‌ها موجب گردید که **قوام‌السلطنه** از همان مجلس به حضور **احمد شاه** رفته و مستعفی گردد.

بی‌گناه‌شناختن غضنفرخان به‌عنوان تصحیح اشتباه!

پس از **قوام‌السلطنه**، **میرزاحسن‌خان مشیرالدوله** به نخست‌وزیری منصوب‌شد و **میرزامحمودخان جم**، **مدیرالملک**، را به وزارت مالیه گماشت و همان طور که **کمیسیون تفریغ بودجه** در زمان وزارت مالیه **محمد مصدق**، و بنا بر میل این شخص، مبلغ بسیار دقیق اختلاس و سوءاستفاده‌ی **غضنفرخان** (حتی تا یک شاهی آخر!) را کشف کرده بود، در این زمان نیز همان **کمیسیون تفریغ بودجه** به دستور وزیر مالیه جدید (البته با موافقت نخست‌وزیر وقت) کشف می کند که محاسبات قبلی اشتباه بوده است! به این جهت بی‌سروصدا موضوع را خاتمه یافته تلقی کرده و املاک **غضنفرخان** در گلپایگان را نیز به وی پس می دهند.

سوم- داستان عجیب متهم‌ساختن محمدعلی فروغی به اتهامات دروغی

محمد مصدق نسبت به **محمدعلی فروغی**، **ذکاءالملک**، دست‌کم به دو دلیل شخصی و یک دلیل سیاسی، به شدت کینه و دشمنی داشت. این دلائل به‌طور بسیار خلاصه به شرح زیر می‌باشند:

الف- دلایل شخصی

۱ ـ جلوگیری از فارغ‌التحصیل شدن مصدق از مدرسه سیاسی

مصدق در زمان بازگشایی مدرسه سیاسی درحدود ۲۰ سال از سنش گذشته بود و از نظر سنی اشکالی برای ورود به آن مدرسه نداشت. اما چون سمت مهم و پردرآمد **استیفای خراسان** را از **استادی مدرسه سیاسی** هم بالاتر می‌دانست، به این جهت حتی لحظه‌ای هم به خاطرش نرسیده بود که به منظور ادامه تحصیل با جمعی از دانش‌آموزان که بیشتر آنان پیش از آن به کاری جز بازی و تفریح نپرداخته بودند، همکلاس گردد. اما هنگامی که وی در پی استقرار مشروطیت به فکر تحصیل افتاده بود، ۲۷ سال داشت که ۵ سال از حداکثر سن لازم برای تحصیل در آن مدرسه بیشتر بود.

ولی **مصدق** در این زمان طبق روش همیشگی خود تدبیر و یا به عبارت صحیح‌تر حیله‌ای اندیشید که **بدون تحصیل در مدرسه سیاسی از آن فارغ‌التحصیل گردد** و آن اینکه تصمیم گرفت در خانه خود با مطالعه کتب و جزوه‌هایی که استادان مدرسه مزبور برای دانش‌آموزان چاپ کرده و یا نوشته بودند و نیز استفاده از خود آن استادان و یا فارغ‌التحصیلان سابق مدرسه، کم وبیش مطالب مورد تدریس را فراگیرد و فقط همراه با دانش‌آموزان سال چهارم در امتحانات نهایی شرکت نماید و فارغ‌التحصیل شود.

در آن زمان یکی از رجال درباری به‌نام **میرزا عبدالله محقق‌الدوله**، که اهل خراسان و به‌عنوان نماینده آن استان در مجلس شورای ملی عضویت داشت، با **مصدق**، مستوفی خراسان، به اقتضای منافع مشترک! دوستی و آشنایی پیدا کرده بود. این شخص که در عین حال در دربار به‌عنوان «**رئیس بیوتات سلطنتی**» خدمت می‌کرد، مانند **مصدق** به عضویت جامع آدمیت درآمده و در مبارزات پنهانی بر ضد **اتابک** فعالیت می‌نمود، و در آن زمان معاونت مدرسه سیاسی را نیز به‌عهده داشت.

با توجه به دوستی شخصی، ارتباط شغلی و اداری، روابط درباری و همکاری در مبارزه سیاسی، که بین **مصدق** و **محقق‌الدوله** به‌وجود آمده بوده، **مصدق** ترتیب کار را با وی داده و به طور قطع اطمینان یافته بود که منظورش عملی خواهد گردید.

افزون‌برآن **مصدق** موفق شده بود که با استفاده از قدرت نفوذ **محمدعلی شاه** و بستگان خود در دولت و دربار، به‌ویژه **ابوالفتح حشمت‌الدوله** (برادر پدری **ابوالحسن دیبا**، که این شخص با **مصدق** از سوی مادر برادر بود) که منشی مخصوص و محرم اسرار خلوت **محمدعلی شاه** بود، و دایی‌اش (**فرمانفرما**) که در آن زمان وزارت عدلیه را به‌عهده داشت، نظر موافق رئیس وقت مدرسه سیاسی (**میرزاحسین‌خان مؤتمن‌الملک**) و شماری از استادان متنفذ را با منظور خود جلب نماید. بعضی از استادان هم که توسط **مصدق** با پرداخت حق‌التدریس برای تدریس خصوصی در منزل به وی استخدام شده بوده‌اند، از نظر اخلاقی! خود را موظف می‌دیدند که در مدرسه از **مصدق** حمایت

نمایند. زیرا مخالفتشان دراین‌باره، نقض غرضی تلقی‌می‌گردید که آنان برای انجام آن پول گرفته بودند.

اما از بخت بد **مصدق،** تقدیر در اینجا با تدبیر وی جور درنیامده و **میرزامحمدعلی فروغی** از سال تحصیلی ۱۳۲۶-۱۳۲۵قمری (۱۲۸۷-۱۲۸٦ش.-۱۹۰۸-۱۹۰۷ م.) به ریاست مدرسه سیاسی منصوب گردیده‌بود.

مصدق در آغاز با اتکاء به همان قدرت حامیان متنفذ خود در دربار و دولت به این تغییر وقعی ننهاده و همزمان با فعالیت‌های سیاسی به تحصیل در منزل ادامه داده‌بود. اما همین‌که نزدیک امتحانات پایان سال تحصیلی می‌رسد و وی در صدد نام‌نویسی و کسب اجازه شرکت در آن امتحانات برمی آید، با مخالفت شدید **میرزامحمدعلی فروغی** روبه‌رو می گردد. با اینکه **مصدق** در این زمان از تمام امکانات شخصی، خانوادگی، اجتماعی و سیاسی خود استفاده می نماید، توفیقی در جلب موافقت **فروغی** به‌دست نمی آورد.

۲ ـ صدور رأی بر ضد مصدق

در نخستین داستان نوشته شده در این بخش که شرح اقدام عجیب **مصدق** در متهم ساختن کارمندان ارشد وزارت مالیه داده شده است، به آگاهی خوانندگان گرامی رسید که **محمد مصدق** نیز (برخلاف انتظارش) در دادگاهی که به ریاست همین **محمدعلی فروغی** برای محاکمه متهمان وزارت مالیه تشکیل شده بود، به کسر یک سوم حقوق به مدت چهارماه محکوم گردید.

ب- دلیل سیاسی

کمک فروغی به تثبیت و تحکیم موقعیت رضا شاه

ما می‌دانیم که **رضاخان میرپنج،** پیش از مبادرت به کودتا در سال ۱۲۹۹ خورشیدی، به **آیرن ساید** قول داده بوده که نسبت به برکناری **احمد شاه** از سلطنت اقدامی به‌عمل نیاورد. اما همین‌که وی به تدریج طی سه سال پس از آن، یعنی تا پایان سال ۱۳۰۲ خورشیدی پایه‌های قدرت خود را تحکیم بخشید، تصمیم گرفت که از نردبان قدرت تا انتها بالا برود و در رأس آن قرار گیرد. اما تنها مانع موجود در این راه همان قول وی به **آیرون ساید** بود.

گویا در این زمان مشاوران بسیار محرم وی که از این راز آگاهی داشتند یکی از دو چاره‌ی زیر را پیش پای او گذاشته‌اند:
نخست اینکه با دادن امتیازات قابل توجه، ازجمله تعهد پرداخت مستمری کافی و مادام‌العمر به **احمد شاه** و ولیعهدش، **محمدحسن میرزا،** آنان را ترغیب به استعفاء نماید.

راه دوم، که درصورت موفق نشدن راه نخست می‌بایست مورد استفاده قرارگیرد، تغییر رژیم از پادشاهی به جمهوری بود. زیرا بنا بر نظر مشاوران مذکور، **احمد شاه** جزیی از کل رژیم پادشاهی بوده و با تغییر این روش حکومتی، **احمد شاه** نیز بی‌آنکه برکنار گردد، خودبه‌خود حذف می‌شده است.

حسین مکی که گویا از هدف اصلی و نیّت قلبی **رضاخان سردار سپه** آگاهی نداشته، آزمایش ناموفق راه نخست را صبح روز ۲۸ اسفند ۱۳۰۲ و آغاز راه دوم، یعنی تظاهرات و ابراز احساسات بر ضد سلطنت قاجار و به پشتیبانی از برقراری رژیم جمهوری را، عصر همان روز در صفحات ۴۷۴/۴۷۵ جلد ۲ «**تاریخ بیست ساله ایران**» (و حوادثی که در پی آن رخ داده در صفحات پس از آن) شرح داده است؛ و ما در اینجا به منظور جلوگیری از طولانی شدن مطلب از بازگو نمودن آن خودداری می‌نماییم.

در آن زمان که درحدود شش سال از انقلاب اکتبر ۱۹۱۷ (۱۲۹۶ خورشیدی) روسیه می‌گذشت و هنوز مردم ایران، به‌ویژه در شمال کشور، از تأثیر شعارهای فریبنده آن انقلاب خارج نشده‌بودند، دولت انگلستان از دخالت دادن این مردم در تعیین حکومت وحشت داشت و رژیم موروثی پادشاهی را سدی درمقابل نفوذ بُلشِویک‌ها در ایران می‌دانست.

به همین جهت می‌بینیم که ایادی شناخته شده انگلیس، به‌ویژه روحانیون، با وجود قدرت **رضاخانی**، بر ضد جمهوری به‌مبارزه برخاسته‌اند. ولی چون **رضاخان سردارسپه** دست‌بردار نبوده‌است، پس دولت انگلیس تدبیر جدیدی می‌اندیشد و آن را توسط بعضی اعضای لژ فرماسونری بیداری ایران (که یکی از آنان **محمدعلی فروغی، ذکاءالملک**، بوده) به **رضاخان سردار سپه** پیشنهاد می‌کند.

آن تدبیر این بود که هرگاه **رضاخان** حاضر شود از تصمیم خود درباره‌ی استقرار رژیم جمهوری در ایران دست بردارد، آنان نیز درمقابل کوشش خواهند کرد تا ژنرال **آیرن ساید** را وادار سازند تا او را از قید اخلاقی تعهدی که درباره‌ی برکنار نکردن **احمد شاه** داده است رهایی بخشد.

درهرحال ما می‌دانیم که این پیشنهاد از سوی **رضاخان** پذیرفته شد و با فرستادن **محمدعلی فروغی** به انگلستان جهت ملاقات با **آیرن ساید** به مرحله اجرا درآمد.

سردنیس رایت (که در ۱۹۵۳ م. مدتی کاردار سفارت انگلیس در تهران بود و پس از آن نیز از سال ۱۹۶۳ م. به مدتی درحدود هشت سال در سمت سفیر کبیر انگلیس در ایران خدمت می‌کرده) در زیرنویس صفحه ۲۱۳ کتاب «**انگلیس‌ها درمیان ایرانیان**» (ترجمه **لطفعلی خنجی**) چنین نوشته‌است:

*" پیش از آن **رضاخان** یک فرستادهٔ شخصی به انگلستان فرستاده بود تا از **آیرن ساید** درخواست کند که او را از قید اخلاقی قول خودداری از برکناری **احمد شاه** برهاند."*

و همان طور که گفته شد، این فرستادەی شخصی همین **ذکاءالملک فروغی** بوده که این وظیفه مهم را به نحو مطلوب به انجام رسانده است.

پس از اعلام انقراض سلطنت قاجاریه (در تاریخ ۹ آبان ١٣٠٤- ٣١ اکتبر ١٩٢٥)، **ذکاءالملک فروغی** به کفالت نخست‌وزیری منصوب شد و پس از آنکه مجلس مؤسسان در تاریخ ۲۲ آذر ١٣٠٤ (١٣ دسامبر ١٩٢٥) به پادشاهی **رضا شاه بزرگ** رأی داد وی نخستین نخست‌وزیری بود که در تاریخ ۲۸ آذر ١٣٠٤ (١٩ دسامبر ١٩٢٥)، با رأی تمایل مجلس و صدور فرمان **شاه جدید** انتخاب گردید.

محمدعلی فروغی جشن باشکوه تاجگذاری **رضا شاه بزرگ** را در تاریخ ٤ اردیبهشت ١٣٠٥ (٢٥ آپریل ١٩٢٦) برگزار کرد و یک ماه و ١١ روز پس از آن، از نخست‌وزیری مستعفی شد و پس از چند روز به همراه دو پسرش، **جواد و مسعود**، از راه روسیه رهسپار اروپا گردید.

در کابینه‌ای که پس از استعفای او به ریاست **مستوفی‌الممالک** تشکیل گردید، سمت وزارت جنگ به‌عهده **فروغی** (که هنوز در مسافرت اروپا بود) واگذارشد.

وی در این مسافرت از سوی **رضا شاه** نیز مأموریت داشته تا درصورت امکان استعفای **احمد شاه** را، با اینکه ضروری نبوده، درمقابل پیشنهاد اعطای امتیازاتی جزیی به وی به‌دست بیاورد. ولی چون **احمد شاه** مطالبه‌ی مبلغ یک میلیون لیره از این بابت کرده بوده، پس این معامله سرنگرفته است.

اتهامات بزرگ و بسیار ناجوانمردانه
بر ضد محمدعلی فروغی

در روزهایی که **مستوفی‌الممالک** اعضای کابینه خود را به مجلس معرفی می‌کرده، **محمد مصدق** ساکت نشسته و ابراز مخالفتی به‌عمل نیاورده است.

ولی در روز ۲۹ شهریور ١٣٠٥ که برنامه‌ی آن دولت مطرح بوده، **مصدق** به‌عنوان مخالف با برنامه دولت پشت تریبون قرار گرفت و به‌جای صحبت درباره‌ی آن برنامه، به مخالفت با دو وزیر کابینه یعنی **محمدعلی فروغی**، وزیر جنگ، و **میرزاحسن وثوق‌الدوله**، وزیر مالیه (که با او نیز به دلایل شخصی به سختی دشمنی می‌ورزید) پرداخت.

مصدق مخالفت خود با **فروغی** را بر پایه‌ی دو اتهام صد درصد بی‌اساس قرار داد. به نحوی که هیچکس نمی‌تواند در ناجوانمردانه بودن و غیرانسانی بودن آنها کوچکترین تردیدی به خود راه‌دهد.
نویسنده بهتر آن می‌داند که عین اتهامات بی‌اساس و خلاف واقع مزبور را از سخنرانی مورخ ۲۹ شهریور ۱۳۰۵ خود او در مجلس شورای ملی در اینجا بازگونماید:

الف- اتهام نخست

*" ... اول مراسله‌ای است که به سفارت دولت شوروی نوشته و موافقت خود را در قضاوت دعاوی اتباع آن دولت در ادارهٔ محاکمات وزارت خارجه اظهار نموده و به‌عبارت اُخری **عهدنامهٔ ترکمن‌چای و برقراری کاپیتولاسیون** را تجدید نموده است.*
***نمایندگان:** هیچ قبول نیست. بی‌ربط است ...*
*سابقاً هروقت درخصوص کاپیتولاسیون مذاکره می‌شد، می‌گفتند که چون ایران قانون جزای دولتی ندارد دول مسیحی نمی‌خواهند اتباع خود را تسلیم قضات محاکم شرع کنند و متعذرند که در این قبیل محاکم به‌واسطهٔ احساسات مذهبی ممکن است بی‌طرفانه حکومت نشود، حال می‌بینیم که بعد از انعقاد عهدنامهٔ ایران و روس با اینکه قانون جزا تصویب نشده بود، روس‌ها به فسخ کاپیتولاسیون راضی شدند. ولی در کابینهٔ **فروغی** با اینکه قانون جزا هم از کمیسیون قوانین عدلیه گذشته بود، از **فروغی نوشتهٔ برقراری کاپیتولاسیون گرفته‌اند**.*
***نمایندگان:** هیچ مربوط نیست و هر کس کرده است، بی‌جا کرده است ..."*

ب- اتهام دوم

*" دویم **مکاتبه‌ایست که فروغی با سفارت انگلیس نموده** و در آن قریب بیست کرور تومان دعاوی آن دولت را نسبت به ایران تصدیق کرده است. حقیقت چقدر معاملهٔ خوبی است که بعضی برای اختناق و فروش ایران پول بگیرند و آقای **فروغی** اصل را با فرع تصدیق نماید.*
***عراقی:** این کاغذ پنجره است.*
*اگر در سایر ممالک وزیرها با هیچ سفارتی مکاتبه نمی‌کنند و به هیچ سفارتی سند نمی‌دهند مگر اینکه بعد از تصویب مجلس باشد متأسفانه در این مملکت **فروغی** و امثالش اول مُمضی [امضاءکنندهٔ] این قبیل نوشتجات می‌شوند تا بعد مجلس تصویب نماید. به‌عبارت اخری اول ریش دولت به دست می‌دهند تا بعد ریش ملت هم به دست آید.*
***فروغی** چون تصورمی‌نمود که وزراء کابینه‌اش موافقت ننمایند، مطابق اطلاعات من این نوشتجات را بدون اطلاع آنها صادرنموده (چند نفر- صحیح است.) **چنانچه غیر از این است آقایان نمایندگانی که در کابینهٔ ایشان وزیر بوده و امروز در مجلس حاضرند، تکذیب فرمایند**.* [1]

*چی سبب شده است که **فروغی** تا این درجه در خیانت تجاهر نماید؟ به عقیدهٔ بنده جهل آن کسانی که مدعی تجددند و از آن بویی به مشامشان نرسیده و رویه و رفتار آن اشخاصی که به وطن‌خواهی و مملکت‌دوستی معروفند ولی امتیازی بین **فروغی** و غیر او نمی‌گذارند.*

---

(۱)- شاهکار **مصدق** در اینجا این است که وی با طرح پرسش ماهرانه و مزوّرانه‌ی بالا، وزرای کابینه
مستعفی **فروغی** را که دست‌کم سه نفرشان (به‌عنوان نماینده) در آن جلسه حضور داشتند، در موقعیت عجیبی قرار داده‌بود که نه می‌توانستند در پاسخ **مصدق** بگویند: **صحیح است** و نه می‌توانستند پاسخ‌دهند: **صحیح نیست.** زیرا گفتن: «**صحیح است**» به منزله تأیید اتهام وارده توسط **مصدق** بود و گفتن: «**صحیح نیست**» نیز به این معنا بود که ما هم از نوشتن آن نامه‌ی خیانت‌آمیز آگاه بوده‌ایم.

*پس جهل است که ما را اسیر می‌کند و این رویه است که خادم را بیچاره و مأیوس می‌نماید و الاّ به **فروغی** می‌گفتیم: **هیچکس نمی‌تواند اسلام را با غیر اسلام در شرایط غیرمتساوی[مساوی؟!!] بگذارد**. به این معنی که اگر مسلمی در روسیه خلاف نمود روس‌ها او را دار بزنند ولی اگر یک روسی در ایران عملی مخالف قانون اسلام نمود محاکم وزارت خارجه در دفتر خود یادداشت نموده و او را به روس‌ها که به قانون شرع عقیده ندارند، تسلیم کنند که در روسیه هر طور خواستند رفتار نمایند.*

چون ما نمی‌خواهیم نه فرمایش رسول خدا را اجراء نماییم که می‌فرماید:

الاسلامُ یَعلوُ وَلا یَعلی عَلَیه

و نه تشخیص امر را از نظر قوانین بین‌المللی داده و درنتیجه حیثیات اسلام و ایران را حفظ کنیم.

***فروغی** را بعد از این اعمال در رأس قوای دفاعیهٔ مملکت قرارمی‌دهیم که با این عقیده حافظ و مدافع مملکت باشد و در آتیه صلاح خود را در این رویه و رفتار بداند و اگر دفعهٔ دیگری به ریاست وزراء رسید آخرین چوب حرّاج را زده باشد.*
*زوار: **فروغی** باید تسلیم دار مجازات شود[!].*
*کما اینکه از اول عصر جدید ایران تا کنون **فروغی** به‌واسطهٔ همین اوصاف ضرری ندیده و همیشه در کار بوده و بلکه گاهی هم مثل امروز غیر از وزارت یکی دو کار دیگر، **ریاست دیوان تمیز** و **ریاست مدرسهٔ حقوق** را ذخیره نموده که اگر از این مقام وزارت کناره‌جویی کرد، باز مملکت از آثار وجودیهٔ ایشان مستفیض شود ...»*
(دکتر مصدق و نطق‌های تاریخی او- حسین مکی- صفحات ۸۲/۸۰)

توضیحات مربوط به دو اتهام ناجوانمردانه‌ی بالا

نخستین اتهام ناجوانمردانه:

سفارت روسیه در ایران بی‌درنگ پس از سخنرانی مورد بحث وصول نامهٔ مورد ادعای **مصدق** را تکذیب نموده (خوشبختانه در بیشتر کتاب‌هایی که این سخنرانی **مصدق** در آنها به چاپ رسیده، به تکذیب‌نامه‌ی سفارت شوروی نیز اشاره شده است. ازجمله زیرنویس صفحه ۸۰ در کتاب بالا)
افزون‌برآن در جلسه مورخ ۳۱ شهریور ۱۳۰۵ (۲۳ سپتامبر ۱۹۲۶) مجلس شورای ملی نیز **مستوفی‌الممالک**، نخست‌وزیر، ارسال نامه‌ی مزبور به سفارت روسیه را تکذیب نمود.

شرح دومین اتهام ناجوانمردانه

وجوهی که دولت انگلیس مرتب از دولت‌های پس از کودتای ۱۲۹۹ به‌عنوان مطالبات خود از ایران درخواست دریافت آنها را می‌نموده، مبلغی درحدود چهارمیلیون‌ونیم لیره بوده که قسمتی از آن به‌صورت وام به ترتیبی علنی و رسمی به دولت‌های قبل از کودتا پرداخت گردیده‌بود و قسمتی دیگر، به ادعای آن دولت، به مصارفی ازقبیل تأسیس پلیس جنوب رسیده و به‌بهانه‌ی برقراری نظم و امنیت در ایران خرج شده بود. مبلغ چهارصدهزار تومان رشوه‌ی پرداختی به‌عنوان نخستین قسط وام دومیلیون لیره‌ای بابت قرارداد خائنانه ۱۹۱۹ نیز جزو همین مطالبات بوده است.

دولت‌های پس از کودتا یکی پس از دیگری به‌علت نداشتن پول، همان وجوهی را که دولت انگلیس به‌عنوان رشوه به وزرای خیانتکار و یا بدون آگاهی و اجازه دولت ایران در این کشور خرج کرده‌بود، بهانه کرده و از رسیدگی به آن حساب‌ها و پرداخت آن وجوه طفره می‌رفته‌اند.

در دوران نخست‌وزیری **رضاخان سردار سپه**، و در روزهایی که **ذکاءالملک فروغی** وزارت مالیه را عهده‌دار بوده است، به این مطالبات رسیدگی شده و گویا سرانجام ۵۵ درصد آنها، یعنی درحدود دومیلیون‌ونیم لیره، مورد قبول وزارت مالیه قرار نگرفته است.

پس از رسیدن **رضا شاه بزرگ** به پادشاهی، که **محمدعلی فروغی** به نخست‌وزیری و **سهام‌السلطان بیات**، خواهرزاده **مصدق**، به وزارت دارایی تعیین شده بودند، بار دیگر با دولت انگلیس به مذاکره پرداخته و موافقت کرده که دومیلیون لیره باقیمانده‌ی مورد ادعای انگلیس به صورت وام ۲۴ ساله تلقی شده و با بهره ده درصد به اقساط ماهانه‌ای درحدود ۱۵،۰۰۰ لیره از آغاز سال ۱۳۰۵ خورشیدی (پس از تصویب مجلس شورای ملی) مستهلک گردد.

اما **رضا شاه بزرگ** که تمام پرداخت‌های انگلیس در ایران پیش از کودتای ۱۲۹۹ را در جهت مقاصد شوم آن دولت می‌دانست، پس از آگاهی از موافقت مزبور با آن مخالفت ورزیده و لذا پرونده آن بدهی بار دیگر بدون هیچگونه توضیح رسمی به سفارت انگلیس، به بایگانی سپرده شد و هنگامی که **مصدق** به ایراد سخنرانی مذکور مبادرت نموده، متجاوز از ۵ ماه از این تاریخ گذشته بود.

هدف خیانت‌آمیز مصدق از واردساختن این اتهام

اتهام بالا به صورتی وارد شده بود که دولت وقت و خود **فروغی** (پس از بازگشت از مسافرت) بر سر دوراهی بسیار دشواری قرار می‌گرفت که اتخاذ هر یک از آن راه‌ها خواه‌ناخواه به سود **مصدق** (یا انگلیس) تمام می‌شده و این مرد را به یکی از هدف‌هایی که داشت می‌رسانده است.

راه **نخست**- هرگاه **فروغی** یا **مستوفی‌الممالک** در مجلس شورای ملی، درصدد تکذیب این اتهام برمی‌آمده‌اند، چاره‌ای بهتر از این نداشته‌اند که اقدامات انجام شده و نتایجی را که از این اقدامات به دست آمده بود به آگاهی مجلس برسانند. از این بیانات دو نتیجه حاصل می‌گردیده است:

نخست اینکه حق دولت انگلیس نسبت به دومیلیون لیره از مطالباتش قطعی و مسلم شناخته می‌شد.

دوم اینکه دلیلی غیرقابل انکار درباره‌ی دیکتاتوری و قلدری **رضا شاه** (که تصمیم قانونی نخست‌وزیر و وزیر دارایی را رد کرده بوده) اقامه می‌گردید.

راه **دوم**- سکوت و قبول رسوایی و بدنامی بوده است و به‌طوری که می‌دانیم **مستوفی‌الممالک** و **فروغی** در نهایت مجبور شده‌اند همین راه را با وجود اینکه سربسته اتهام وارده را تأیید می‌نموده بپذیرند و از افشای واقعیت امر خودداری نمایند.

هرچند که مطرح نشدن چنین موافقت‌نامه‌ای در مجلس شورای ملی و پرداخت نشدن چنین پولی از خزانه دولت، پس از آن تاریخ، دلیل بسیار روشنی بر کذب ادعای **مصدق** به‌شمارمی‌رود.

چهارم- داستان درخواست غیرعادی مصدق
درباره رسیدگی به اتهامات تدیّن

پیشگفتار

در دوره چهاردهم مجلس شورای ملی در زمان نخست‌وزیری **محمد ساعد**، و در ایامی که هنوز ارتش اشغالگر روسیه شوروی خاک ایران را ترک نکرده‌بوده **حزب توده ایران** با حمایت این ارتش قدرت بسیار قابل توجهی محسوب می‌شد، یک هیأت سیاسی از طرف روسیه به ریاست **کافتارادزه**، معاون کمیساریای امور خارجه آن کشور، در تاریخ ۲۰ شهریور ۱۳۲۳، به منظور دریافت امتیاز بهره‌برداری از نفت در استان‌های شمالی ایران به تهران آمد.

وقوع این امر در زمانی بوده که شرکت‌های نفتی آمریکایی نیز با پشتیبانی دولت آمریکا برای تسلط بر منابع نفتی دنیا با انگلستان به‌مبارزه برخاسته و در ایران نیز به‌همین منظور به میدان آمده‌بوده‌اند.
بی‌گمان دولت انگلیس هم در آن ایام با خواست‌های هر دو کشور مزبور به شدت مخالف بوده و برای جلوگیری از انجام آنها به هر ترتیب ممکن مبارزه می‌کرده‌است.

چون **محمد ساعد** از مذاکره جهت بستن قرارداد مورد نظر با هیأت روسی خودداری کرده بود، پس، حزب توده ایران در تاریخ ۵ آبان همان سال راهپیمایی عظیمی بر ضد **ساعد** و در جهت پشتیبانی از درخواست آن هیأت در تهران برگزار نمود.

در این راهپیمایی شماری از افسران روسی نیز شرکت داشتند و به همین جهت آگاهان سیاسی آن را تهدیدی مستقیم برای دولت ایران تلقی می‌کردند.

در آن زمان ارتش‌های اشغالگر روس و انگلیس، هر یک به صورت نیرویی خودسر و حتی بالاتر از دولت ایران در صحنه سیاسی این کشور جلوه‌گر شده و هر کدام شماری از رجال و افراد مشهور ایران را به بهانه‌ی اینکه طرفدار آلمان بوده‌اند، بازداشت و زندانی کرده بودند.

دو روز پس از راهپیمایی حزب توده، **محمد مصدق** ضمن سخنرانی در مجلس شورای ملی، متذکر گردید که دولت ایران باید از اعطای امتیاز بهره‌برداری از منابع نفتی ایران به کشورهای خارجی خودداری نماید. که این سخنرانی را می‌توان به‌عنوان نظر دولت انگلیس ، در آن زمان، نیز به حساب آورد.

در آن اوضاع و احوال رعب‌انگیز، هر یک از دو همسایه شمالی و جنوبی از یک سو با حمایت نیروی اشغالگر خود، هر روز از دولت و نخست‌وزیر وقت ایران درخواست تازه‌ای را عنوان می‌نمودند و از سویی دیگر با اجابت درخواست‌های همسایه دیگر و نیز رقیب تازه وارد، یعنی آمریکا، به شدت مخالفت می‌ورزیدند.

با این ترتیب دولت ضعیف **محمد ساعد** که از یک سو توانایی مقاومت درمقابل درخواست روسیه دربارەی نفت را در خود نمی‌دید و از سویی دیگر با وجود مخالفت شدید آمریکا و انگلیس انجام آن درخواست نیز برایش میسر نبود، در تاریخ ۱۸ آبان ۱۳۲۳ مستعفی گردید.

با توجه به آنچه که ذکر شد، چون پست نخست‌وزیری در شرایط رعب‌آور آن روزها تا اندازەی زیادی جاذبه خود را از دست داده بود و از رجال موجود کمتر کسی برای رسیدن به آن ابراز علاقه می‌نمود، پس نمایندگان مجلس شورای ملی ایران به ناچار برای رفع آن مشکل جلسه‌ای محرمانه تشکیل داد و دربارەی پیدا کردن شخصی که حاضر به قبول مسئولیت باشد، به بررسی و گفتگو پرداختند.

در آن جلسه محمد مصدق، جهت نخست‌وزیری اعلام آمادگی نمود به این شرط که هرگاه وی پیش از پایان آن دوره مجلس از نخست‌وزیری ساقط گردد، بتواند به‌عنوان نماینده به مجلس برگردد ولی چون شرط وی سرانجام مورد قبول قرار نگرفت پس نخست‌وزیری او هم منتفی شد.

در جلسه محرمانه دیگری که مجلس برای تعیین نخست‌وزیر جدید تشکیل داده بود، **مصدق** پیشنهاد کرد که به خواهرزاده او، **مرتضی‌قلی‌خان بیات**، برای نخست‌وزیری رأی تمایل بدهند و قول داد که در این صورت وی را در مدت نخست‌وزیری راهنمایی خواهد نمود.
با این ترتیب **مرتضی‌قلی‌خان بیات** به نخست‌وزیری برگزیده شد.

جریان لغو قراردادهای استخدامی مستشاران مالی آمریکایی با کوشش **مصدق** در آغاز نخست‌وزیری **بیات** را، که رشوه‌ای به روسیه و انگلیس بود، در کتاب «**پنج ترور تاریخی راهگشای صدارت مصدق**» شرح دادیم. همان طور که در آنجا گفتیم این **مرتضی‌قلی‌خان بیات** نیز مانند برادرش **عزت‌الله‌خان بیات** کم‌سواد بوده و نیز هوش چندانی نداشته است. با این حال از دوره چهارم تا سیزدهم مجلس شورای ملی، به مدت ده دوره نماینده مجلس شورای ملی، از اراک بوده است. دلیل این امر را باید، نخست، در نفوذ و ثروت خانوادگی وی و نیز در پذیرایی‌هایی دانست که وی بیشتر در خانەی خود در تهران از رجال و سیاستمداران به‌عمل می‌آورده و، دوم، در روش سیاسی او به‌شمار آورد که بیشتر جزو اکثریت مجلس و از طرفداران دولت‌های وقت محسوب می‌شده و حتی در مجلس مؤسسان، که در ۱۵ آذر ۱۳۰٤ خورشیدی (٦ دسامبر ۱۹۲۵) برای انتخاب **رضاخان سردار سپه** به پادشاهی تشکیل گردید، وی به سمت نایب رئیس انتخاب می شود.

منوچهر فرمانفرمائیان، پسردایی **مصدق**، به مناسبتی دیگر درباره این خواهرزادەی او چنین نوشته‌است:

*" در آن روزگار شرکت ملی نفت که از زمان **مصدق** مشغول به کار شده بود به ریاست **سهام‌السلطان بیات**، خویشاوند نزدیک **مصدق**، اداره می‌شد و یا به عبارت اُخری اداره نمی‌شد!*
سهام‌السلطان مثل بسیاری از رجال قدیمی زمان خود که نخست‌وزیر شده بودند، سوادی نداشت، چه برسد به اینکه از نفت اطلاعی داشته باشد ...
*یاد **مرحوم دکتر احمد فرهاد** افتادم که وقتی از بی‌سوادی کسی صحبت می‌شد، همیشه می‌گفت: این دو ورق کاغذ را به او بدهید تا همهٔ معلوماتش را بنویسد. مسلماً از یک ورقه مزخرفات تجاوز نخواهد کرد.*
***بیات** هم همین حال را داشت. وقتی در حکومت **مصدق** به خوزستان سفر کرد، دستورداد نهری از بهبهان تا گچساران حفر شود. در این بیابان‌ها پستی و بلندی‌هایی وجود داشت و نهر هم می‌بایست از فراز و نشیب بگذرد. وقتی این نکته را به او گوشزد کردند، جواب می‌داد، داستان **حاج‌میرزا آقاسی** است، اگر چه آب ندارد ولی نان که برای شما دارد ..."*
(از تهران تا کاراکاس- منوچهر فرمانفرمائیان- چاپ نخست - صفحه ۷۶۰)

درهرحال در این زمان، تصویب **طرح منع اعطای امتیاز نفت به خارجیان**، به پیشنهاد **مصدق**، تا اندازه‌ی زیادی زمینه‌های آسایش خاطر علاقه‌مندان و کاندیداهای نخست‌وزیری را فراهم ساخته و شماری از آنان را در این رابطه به فعالیت واداشته بود. اینان در این زمان با استفاده از ضعف، بی‌لیاقتی و ندانم‌کاری‌های **مرتضی‌قلی‌خان بیات**، در سمت نخست‌وزیری بهترین بهانه را برای برکناری وی به‌دست آورده بودند.

مهمترین داوطلب فعال نخست‌وزیری در این زمان **علی سهیلی** بود که **سیدمحمد تدین**، دوست و وزیر کشور او در زمان نخست‌وزیریش، برای وی فعالیت می‌کرد.

سیدمحمد تدین، به‌سبب اینکه از طرفداران سرسخت و فعال **رضا شاه بزرگ**، از دوران **سردار سپهی** او، بود و در دوره پنجم مجلس شورای ملی و در زمانی که این مجلس به خلع **احمد شاه** رأی داد، ریاست مجلس را عهده‌دار بود و نیز در مجلس مؤسسان پس از آن، جهت تغییر موادی از قانون اساسی و انتخاب **رضاخان سردار سپه** به پادشاهی، از اعضای سازنده و فعال محسوب می‌شد، بنابراین **محمد مصدق** به‌شدت به او کینه می‌ورزیده و از او نفرت داشت.

درخواست غیرعادی و خلاف قانون مصدق

در آن زمان، به منظور جلوگیری از نخست‌وزیر شدن **علی سهیلی**، **معتصم‌السلطنه فرخ** بر ضد دو نفر، **علی سهیلی** و **سیدمحمد تدین** و نیز **محمد مصدق** بر ضد **علی سهیلی** اعلام جرم نمودند.

*" رسیدگی به اعلام جرم بر ضد **سیدمحمد تدین** به کمیسیون دادگستری مجلس محول شده و آن **کمیسیون پس از رسیدگی، در تاریخ ۲۵ بهمن ۱۳۲۳***

گزارش خود را مبنی بر بی‌گناهی وی از اتهامات وارده به مجلس شورای ملی تقدیم کرده است."
(سیاست موازنه منفی در مجلس چهاردهم- حسین کی‌استوان- جلد نخست صفحه ۲۶۶)

در روز سه شنبه مورخ ۱۳ اسفند ۱۳۲۳ که گزارش کمیسیون دادگستری در مجلس شورای ملی مطرح بود، به ناگاه **محمد مصدق** به‌عنوان اخطار نظام‌نامه‌ای، طبق ماده ۱۰۹ نظام‌نامه مجلس، پشت تریبون قرارگرفت و ضمن سخنرانی مفصلی که به هیچ‌وجه به آن ماده مربوط نبود، با نظر کمیسیون دادگستری مخالفت می ورزد و **طبق روش معمول خود پیشنهادی غیرعادی و غیرعملی برای رسیدگی به اتهامات تدین اقامه می نماید و آن اینکه مجلس شورای ملی پرونده سیدمحمد تدین را به مدت ۱۵ روز در اختیار وی قرار دهد و او را مأمور سازد تا اینکه آن را مطالعه کند و درباره‌ی اتهامات مربوط به آن شخص گزارشی به مجلس شورای ملی تقدیم نماید.**

چون این پیشنهاد غیر عادی به منزله ابراز عدم اعتماد به بی‌نظری اعضای کمیسیون دادگستری و سلب وظیفه‌ی قانونی از چند نفر اعضای آن کمیسیون و اعطای آن وظایف برخلاف قانون به یک نفر، آن هم کسی که خود مدعی متهم بوده، تلقی می‌شد، پس مورد مخالفت بیشتر نمایندگان قرار گرفت. در آن جلسه شماری از نمایندگان بر ضد پیشنهاد **مصدق** سخن گفته و همگی به او یادآوری نمودند که او نماینده مجلس می‌باشد و با این سمت در هر زمان می‌تواند به کمیسیون دادگستری مراجعه کند و پرونده را مطالعه نماید و نظر خود را به اطلاع مجلس برساند.

درهرحال چون نمایندگان پیشنهاد **محمد مصدق** را حتی قابل بحث و رأی‌گیری ندانست و نسبت به ورود به دستور جلسه رأی دادند، پس **محمد مصدق از مجلس قهر کرده و با عصبانیت و با توهین به نمایندگان از جلسه خارج می شود.**

چند جمله‌ی زیر از صورت مذاکرات مجلس، مربوط به پیش از قهر و خروج **مصدق** از جلسه می‌باشد:

"...
جمعی از نمایندگان: *رأی بگیرید به ورود در دستور.*
دکتر مصدق: اگر به پیشنهاد من رأی نگیرید من دیگر در این مجلس نمی‌مانم.
فرهودی: *بهتر برو.*
جواد مسعودی: *برو آقا.*
دکتر مصدق: این‌جا مجلس نیست دزدگاه است.
(همهمه نمایندگان)
اقبال: *دزد خودت هستی.*
سنندجی: *توهین می‌کنی.*
(در این موقع اقای دکتر مصدق با حال قهر از مجلس خارج شدند.)"
(سیاست موازنه منفی در مجلس چهاردهم- همان صفحات ۲۸۸/۲۸۹)

به‌طوری‌که پیشتر خواندیم، **حزب توده ایران** و **روسیه شوروی** از کابینه **مرتضی‌قلی‌خان بیات** حمایت‌می‌کرده‌اند و نیز می‌دانیم که این دولت و آن حزب با **علی سهیلی** و **سیدمحمد تدین** به‌سختی مخالف بوده‌اند و ما اکنون به‌خوبی می‌دانیم که قهر **مصدق** از مجلس با پیش‌بینی‌های لازم و اطمینان کامل از بازگشت انجام شده بوده است.

حزب توده ایران، در روز چهارشنبه ۱۴ اسفند ۱۳۲۳، از طریق دانشجویان عضو خود، به آگاهی سایر دانشجویان رسانده بود که محمد مصدق قصد تعقیب دزدان دوران دیکتاتوری رضا شاه را داشته است ولی چون اکثریت نمایندگان مجلس خودشان نادرست هستند و از کار او جلوگیری به‌عمل آورده‌اند به این‌جهت وی هم مجلس را دزدگاه نامیده و با قصد استعفاء از مجلس خارج شده است.

این دانشجویان ضمن اینکه آگاهی مزبور را با شور و هیجان به آگاهی دیگران می‌رسانده‌اند اضافه می‌کرده‌اند که:

> ***" اکنون وظیفهٔ ما این است که از مبارزه مصدق علیه دزدان و نادرستان حمایت کنیم و او را به مجلس برگردانیم. "***

اینان از دیگر دانشجویان می‌خواستند که صبح روز بعد در صحن دانشکده حقوق حاضر شوند تا از آنجا به‌طور دسته جمعی برای بردن **مصدق** به مجلس، به خانه او بروند.
خلاصه‌ی بسیار فشرده داستان رخداد روز پنجشنبه ۱۵ اسفند ۱۳۲۳ را از کتاب «**روزشمار تاریخ ایران**» نوشته **باقر عاقلی** بازگومی‌نماییم:

> *" به دنبال تعرض و قهر **دکتر محمد مصدق** از مجلس، امروز عده‌ای از دانشجویان دانشکده حقوق به منزل ایشان رفتند و او را به مجلس آوردند ولی درنتیجهٔ ازدحام محصلین و مردم، نظامیان به تفرقه جمعیت اقدام کردند و منجر به تیراندازی شد که **چندین نفر در این جریان کشته و مجروح شدند**. "*

در روز ۱۳ اسفند، هنگامی‌که **محمد مصدق**، مجلس شورای ملی را **دزدگاه** نامیده و به حالت قهر از آن خارج شده بود، بیشتر نمایندگان به‌سختی از این اهانت ناراحت و عصبانی شده و تصمیم به توبیخ و مجازات او گرفته بودند. اما با اجتماع و هیاهوی چند هزار نفر دانشجو و بازاری عصبانی و خشمگین در جلوی مجلس که همراه با **مصدق** قصد ورود به مجلس را داشتند و تیراندازی نظامیان جهت جلوگیری از ورود آنان و کشته شدن یک یا دو نفر و مجروح شدن چند نفر از جمعیت، نمایندگان ترسیده و با دادن قول جلب رضایت، از او خواهش کردند که جمعیت را دعوت به ترک محل نماید.

سپس در جلسه مورخ بیستم اسفند ۱۳۲۳، رئیس مجلس راه حلی را که در جلسه‌ی خصوصی مورد موافقت نمایندگان قرار گرفته بود، به مرحله‌ی اجرا درآورد، یعنی وی به‌عنوان رئیس مجلس نظر **مصدق** را تا اندازه‌ای برآورده ساخت و گفت:

*" راجع به آن قضیه که آن روز مطرح بود، همان‌طور که در مجلس بالاتفاق گفته شد، پرونده آنجاست و **آقای دکتر [مصدق]** تشریف می‌برند و رسیدگی می‌کنند و اگر در اطراف آن‌هم توضیحاتی و اسناد دیگری لازم باشد به هیأت رئیسه اطلاع می‌دهند و ما هم آنها را از وزارتخانه می‌خواهیم و تحت اختیار ایشان می‌گذاریم (صحیح است.) و البته ایشان هم آن مطالعاتی که لازم است به‌عمل می‌آورند و رسیدگی می‌کنند و گزارشی را که لازم است می‌دهند (صحیح است. بسیار خوب.) ... "*

(سیاست موازنه منفی- حسین کی استوان- جلد نخست - صفحه ۲۹۵)

پس از آن، نمایندگان مجلس در ادامه‌ی مذاکرات خود درباره‌ی گزارش کمیسیون دادگستری، با رد گزارش آن کمیسیون که مبنی بر برائت **سیدمحمد تدین** بود، رسیدگی به اتهامات منتسب به **تدین** را در صلاحیت دیوان کشور تشخیص‌دادند و پرونده را به دادگستری ارسال نمودند.

جریان رسیدگی به پرونده **سیدمحمد تدین** در دیوان کشور مدت‌ها به طول انجامیده و سرانجام در روز ششم خرداد ۱۳۲۶ حکم نهایی آن دیوان مبنی بر برائت وی صادر و اعلام گردید.

پنجم- اتهام میلیون‌ها دزدی به رزم‌آرا و درخواست غیرعادی جهت رسیدگی به آن اتهام

سپهبد حاجیعلی رزم‌آرا در همان نخستین روزهای نخست‌وزیری خود لایحه‌ای با قید یک فوریت درباره‌ی تقسیمات جدید کشوری، به مجلس تقدیم کرد. در آن لایحه تشکیل انجمن‌هایی با انتخاب مردم در استان‌ها و شهرستان‌ها پیش‌بینی گردیده و نیز اختیاراتی به آن انجمن‌ها برای اداره‌ی امور محل خود داده شده بود.

نمایندگان **جبهه‌ی ملی** به رهبری **محمد مصدق** در **مجلس شورای ملی**، آن لایحه را به‌عنوان پیشنهادی برای تجزیه ایران تلقی کرده و به شدت با آن به مخالفت برخاستند.

محمد مصدق در جلسه روز پنجشنبه ۲۲ تیرماه ۱۳۲۹، به‌عنوان مخالف با فوریت آن لایحه سخنرانی مفصلی ایراد نمود که ما فقط چند جمله‌ای از شرح و متن آن را در ارتباط با موضوع این بخش از **روزنامه‌ی آهنگ شرق** بازگو می‌نماییم:

*" آقای دکتر مصدق با حال تأثر و گریه گفتند: **این طرح، طرح تجزیهٔ ایران است.***
*من تا دیروز دو ساعت بعدازظهر از این لایحهٔ لعنتی خبر نداشتم و دو ساعت بعدازظهر این لایحه را خواندم و خواستم متن صحبت خود را تهیه کنم. خانواده‌ام [؟] گفت: برو استراحت کن. در اینجا با حال گریه گفتند: کجا می‌توانیم استراحت کنم؟ درصورتی که **ایران دارد می‌رود، می‌خواهند تجزیه کنند** ...*

آن روزی که به این آقا گفتم: اگر من دعوت بشوم، می‌آیم در وزارت جنگ و ملیونها دزدی تو را فاش می‌کنم. اگر پاک بود می‌آمد و لایحه‌ای می‌آورد و می‌گفت: دکتر مصدق را مأمور این کار بکنید. اگر من می‌رفتم، اثبات نمی‌کردم، آقا می‌آمدند و در مجلس مرا به‌عنوان اتهام مورد تعقیب قرار می‌دادند.
به من می‌گویند تو منفی‌بافی، من منفی‌بافم؟ ***من حاضرم بروم در وزارت جنگ و دربارهٔ بودجه‌ای که زیر نظر این مرد خرج شده رسیدگی کنم، آن روز معلوم خواهد شد که منفی‌باف کیست؟*** *..."*
(روزنامه آهنگ شرق- شماره ۳- به‌جای شاهد شماره ۱۵۶- مورخ ۲۵ تیرماه ۱۳۲۹- صفحات ۱ و ۲)

در آن زمان **محمد مصدق** در اوج محبوبیت به‌سرمی‌برد و سخنان وی در نظر بیشتر مردم (ازجمله نگارنده) در حکم وحی مُنزل تلقی می‌شد. از این روی، پس از سخنان بالا که با بغض و گریه و اشک هم ادا شده بوده‌اند، کمتر کسی در ایران وجود داشت که در دزد بودن رزم‌آرا تردید داشته باشد. هرچند که رزم‌آرا همان روز در مجلس، ریز به ریز به سخنان **مصدق**، ازجمله اتهام بالا، پاسخ داد و با بررسی تمام پرونده‌های وزارت جنگ توسط **مصدق** موافقت کرد:

" ... نخست‌وزیر راجع به ادعای مصدق درخصوص اختلافات [اختلاسات] در وزارت جنگ گفت: ***من تمام محاسبات وزارت جنگ را در اختیار ایشان می‌گذارم که بروند و مطالعه کنند و در اینجا از روی عدل و انصاف صحبت کنند*** *..."*
(زندگی سیاسی رزم‌آرا- جعفر مهدی‌نیا- صفحه ۵۲)

ششم- بازداشت سرلشکر حجازی و چند نفر دیگر به اتهام توطئه و تحریک به سود یک سفارت اجنبی

محمد مصدق در دوران نخست‌وزیری خود، بیشتر مخالفان سیاسی خود را حتی پیش از بازداشت و بازپرسی، به جاسوسی و توطئه به سود انگلستان و یا آمریکا متهم می‌نمود و آن اتهام ننگین را بارها و بارها برخلاف قانون و اصول عدل و انصاف در رسانه‌های دولتی و عمومی منتشر می‌ساخت. ولی با اینکه بسیاری از آنان بازداشت و مدتی زندانی شده بودند، **هرگز برای هیچ یک از آن خیانتکاران مورد ادعا محاکمه‌ای ترتیب نداده و بیشتر آنان را بی‌هیچ توضیحی آزاد کرده است!**

یک نمونه از ایراد این قبیل اتهامات و بازداشت‌های خلاف قانون، دربارهٔ‌ی **سرلشکر فضل‌الله زاهدی** و **سرلشکر عبدالحسین حجازی** بوده است.

در این باره باید توضیح داده شود که دولت‌های انگلیس و آمریکا بی‌درنگ پس از قیام ۳۰ تیر ۱۳۳۱ (۲۱ جولای ۱۹۵۲) به فکر انجام کودتای نظامی در ایران افتاده و به‌طوری که خوانندگان گرامی در سند زیر ملاحظه می‌فرمایند، درست ده روز پس از

آن قیام یعنی در تاریخ ۹ مرداد ۱۳۳۱، سفیر آمریکا و کاردار سفارت انگلیس در ایران، درباره‌ی شیوه‌ی انجام کودتای نظامی با یکدیگر به گفتگو نشستند:

" شماره ۱۹۲

*از **هندرسُن**- سفیر در ایران به وزارت امور خارجه*
فوق سری
NIACT *(لزوم توجه در زمان وصول)*
تهران ۳۱ جولای ۱۹۵۲ [۹ مرداد ۱۳۳۱] ۲ بعدازظهر

*۴۸۱- من مفاد تلگرام شماره ٦٤٨ مورخ ۲۹ جولای لندن، ارسالی به شماره ۲۵۵ از اداره مخابرات [وزارت امور خارجه آمریکا] را به‌طور خلاصه با **میدلتون** [کاردار سفارت انگلیس در ایران] مورد مذاکره قرار دادم.*
*توصیه‌های درخواستی در **بخش (الف)** موضوع تلگرام جداگانه‌ای خواهد بود.*
*درباره **بخش (ب)**- ما هر دو بر این عقیده بودیم که درحال حاضر به نظر نمی‌رسد که بتوان جانشینی برای **مصدق** بر سر کار آورد، **مگر از طریق کودتای نظامی**. و اینکه ما هیچ رهبر برجسته نظامی را سراغ نداریم که توانایی قیام و تدبیر لازم برای تضمین موفقیت کودتا و نیز درصورت موفق شدن کودتا، شایستگی حکومت بر کشور را داشته‌باشد.*
*به نظرمی‌رسد که بهترین افسران مناسب برای رهبری درصورت اجرای کودتا، **ژنرال زاهدی** و **ژنرال حجازی** باشند. این دو نفر تا اندازه‌ای نظرات سیاسی متفاوتی دارند زیرا **زاهدی** با اعضای میانه‌روی **جبهه‌ی ملی** هم‌فکر است. درحالی‌که شاید **حجازی** مایل به پایه‌گذاری دولتی مقتدر باشد تا بر قدرت **شاه** بیفزاید و **کمونیست‌ها** را براندازد.*
*درباره **بخش (ج)**- برای اینکه اجرای کودتا موفقیت‌آمیز باشد، باید به‌طور کامل توسط ارتش ایران و **به‌نام شاه ولی بدون آگاهی شاه** انجام و اداره شود.*
*زیرا **شاه** به احتمال زیاد تاب تحمل اجرای آن را ندارد و ممکن است در مراحل معینی آن را تضعیف سازد و رهبران آن را تقبیح نماید.*
*به احتمال زیاد لازم خواهد بود که دست کم فرماندهٔ نظامی که در تهران عمل می‌نماید، از خود کودتاگران و حتی شاید در مواردی فرماندهٔ گارد محافظ خود **شاه** باشد.*
*باور بر این است که اگر ارتش به‌طور کامل بتواند به نام **شاه**، شهر تهران و کودتاگران را تحت کنترل قرار دهد، می‌تواند برای ریاست ستاد ارتش، رئیس جدیدی برگزیند و بیشتر استان‌ها، احتمالاً بجز خوزستان، دولت جدید را به رسمیت خواهند شناخت.*
عشایر قشقایی ممکن است مشکلاتی بوجود بیاورند. (اطلاعات رسیده ما را وادارمی‌نماید که باور نماییم مشکلات حاصله از سوی قشقایی‌ها ممکن است از آنچه که بریتانیا گمان می‌کند، بیشتر باشد.)

*درباره **بخش (د)**- من و **میدلتون**، هر دو توافق داریم که دولت بریتانیا و دولت آمریکا نباید هیچ تعهدی برای ترغیب یا کمک به انجام کودتا به‌عمل بیاورند و اینکه دو سفارتخانه‌ی ما نباید به هیچ صورتی در این باره درگیر شوند.*
ما همچنین باید به خاطر داشته باشیم که یک کودتای موفقیت‌آمیز، نتایج مشخصی به سود حزب توده، در جهت کنترل نهضت ملی خواهد داشت. از این روی دیکتاتوری نظامی ممکن است با مشکلات روزافزونی در جهت اداره امور کشور و اجرای برنامه‌ی سازنده روبه‌رو گردد.
هندرسن"
(Foreign Relations of the United States, ۱۹۵۲-۱۹۵٤, Volume X, Iran, ۱۹۵۱-۱۹۵٤, page ٤۲۷)
(ترجمه از نگارنده می‌باشد.)

از مجموعه اسناد سیاسی وزارت امور خارجه آمریکا و نیز از متن همین سند چنین برمی‌آید که نمایندگان سیاسی انگلیس و آمریکا در ایران در تاریخ ۹ مرداد ۱۳۳۱ برای نخستین بار در جلسه مشترک خود درباره امکان کودتای نظامی در ایران و انتخاب **سرلشکر زاهدی** یا **سرلشکر حجازی** برای رهبری آن مذاکره به‌عمل آورده‌اند ولی گویا هنوز در این تاریخ درباره اصل مطلب، یعنی کودتا و نیز انتخاب یکی از آن دو **سرلشکر** برای رهبری آن، توافق لازم بین آمریکا و انگلیس به‌عمل نیامده است.

همان طور که در متن همین کتاب شرح داده شده، ۲۳ روز پس از این تاریخ، ۱۳٦ نفر افسر به‌عنوان نخستین گروه از یک عده‌ی ۱۳٦۰ نفری افسران شاه‌دوست به اتهام نادرستی و فساد از ارتش بازنشسته شدند و اینان با پیوستن به کانون افسران بازنشسته به ریاست و معاونت همان دو سرلشکر، درحقیقت به‌زودی آتش فعالیت‌های مخالفت‌آمیز موجود در زیر دیگ مخالفت با **مصدق** را بسیار تیزتر کرده و آش موجود در آن را به مرحله‌ی جوش نزدیک‌تر ساختند.

در این زمان **محمد مصدق** احساس خطر شدید نموده و طبق معمول و همیشگی خود در صدد برآمد که با کمال ناجوانمردی، با وارد کردن اتهام ننگین جاسوسی برای انگلیس به آنان، آنان و شماری دیگر از طرفداران متنفذ آنان را بدنام، منفور و مرعوب سازد و با این ترتیب امکان کاندیدا شدن برای نخست‌وزیری را از آن دو نفر، که تنها کاندیداهای احتمالی و بالقوه برای نخست‌وزیری بوده‌اند، سلب نماید.

اینک شرح داستان:

به‌طوری که در همین کتاب بازگو شده از روزنامه اطلاعات مورخ ۲۱ مهرماه ۱۳۳۱ دیدیم:

" آقای دکتر فاطمی وزیر خارجه و سخنگوی دولت در کنفرانس مطبوعاتی امروز اطلاعات زیر را در دسترس خبرنگاران داخلی و خارجی گذاشت:

اعلامیه‌ای امروز از طرف دولت صادر شده که برای آقایان قرائت می‌شود:
***چون گزارش‌هایی از عملیات سرلشکر بازنشسته، عبدالحسین حجازی و برادران رشیدیان (سه نفر)** رسیده بود که به معیّت آقای **سرلشکر زاهدی و بعضی افراد دیگری که دارای مصونیت پارلمانی هستند به نفع یک سفارت اجنبی مشغول توطئه و تحریک می‌باشند**، نامبردگان که مصونیت پارلمانی نداشتند امروز صبح از طرف فرمانداری نظامی بازداشت و به زندان شهربانی تحویل گردیدند."*

پس از آن، طبق روش ابتکاری **مصدق**، خانه‌ی **سرلشکر حجازی** را در روز ۲۳ مهرماه ۱۳۳۱ در شمیران، که **مشمول حکومت نظامی نبود**، به مدت چند ساعت مورد بازرسی قرار دادند. ولی به موجب آگهی که روز پس از آن در روزنامه‌ها منتشر نمودند، اعلام کردند که:

" طبق تصویب‌نامهٔ هیأت وزیران از ساعت ۵ صبح ۲۳ مهرماه [؟!] برای مدت یک هفته مقررات فرمانداری نظامی در شمیرانات برقرار می‌گردد. "

و گفتند که اگر دولت این آگهی را پیش از ساعت برقراری حکومت نظامی منتشر کرده بود، ممکن بود که ایادی **سرلشکر حجازی** اسناد مهم را از خانه‌ی او خارج سازند!

اما در روزنامه اطلاعات مورخ ۱۷ آبان ۱۳۳۱ چنین می‌خوانیم:

*" **سرلشکر حجازی آزاد شد.***
*ساعت یازده دیروز آقای سرلشکر **حجازی** که به اتفاق **برادران رشیدیان** چندی قبل بازداشت شده بود، آزاد شد.*
به قرار اطلاع پس از اینکه مشارالیه در ادارهٔ اطلاعات شهربانی توقیف شد، عده‌ای از دوستان او با ملاقات با آقای نخست‌وزیر و سایر مقامات در صدد برآمدند موجبات آزادی وی را فراهم آورند.
*به‌طوری که خبرنگار ما کسب اطلاع کرده است، آقای **نخست‌وزیر دیروز به رئیس شهربانی دستور داد که سرلشکر حجازی را آزاد کنند** ... "*

درباره‌ی آزادی **سرلشکر حجازی** و **برادران رشیدیان** که چندی پس از او آزاد شده‌اند، هیچگونه توضیحی داده نشده و کسی هم شهامت پرسیدن از **مصدق** را نداشت که آیا اتهام وارده به آنان یعنی ***" توطئه و تحریک به نفع یک سفارت اجنبی "*** درست بوده است یا خیر؟

- **درصورت درستی آن اتهام، چرا این خائن را محاکمه نکردی؟ و چگونه به خودت حق و اجازه دادی که با سفارش و پارتی‌بازی دوستانش دستور آزادی آنان را بدهی؟**
- **و درصوت دروغ بودن آن اتهام، آیا از نظر وجدانی و اخلاقی وظیفه نداشتی که از آنان اعاده‌ی حیثیت و پوزش‌خواهی نمایی؟ یعنی چند جمله‌ای حاکی بر بی‌گناهی آنان برای مردمی که آنان را خائن می‌دانستند، انتشاردهی؟**

اما ما این حقیقت را می‌دانیم که بازداشت سرلشکر حجازی در آن زمان فقط و فقط به‌علت احتمال کاندیدا شدن او برای نخست‌وزیری بوده و همین‌که تعهد داده است که دیگر هرگز برای نخست‌وزیری فعالیت نخواهد نمود، تمام اتهاماتش منتفی‌شده و آزادی خود را بازیافته است.

(پایان)

نام‌یاب

آ

آبادیان، حسین: ۲۲۰
آتاتورک، مصطفی کمال: ۷۶
آزاد، عبدالقدیر: ۹۸، ۱۰۳
آزموده، حسین: ۲۴، ۲۲۳، ۲۵۰
آذرمهر، محمود: ۲۲۲
آقاسی، حاج میرزا: ۲۹۵
آیرن‌ساید، ادموند: ۲۸۶، ۲۸۷، ۲۸۸
آیزن‌هاور، دوایت: ۵۸، ۶۱

ا

ابن سعد: ۱۱۷
اتابک، میرزاعلی‌اصغرخان: ۱۰۲، ۱۰۵
احرار، احمد: ۲۶، ۵۳، ۱۱۴، ۱۱۵، ۱۲۵، ۱۲۸، ۱۴۷، ۱۴۸
احمدی، (پزشک) احمد: ۲۱۷
اخگر، احمد: ۲۶۰
اخوین، خسرو: ۱۶۹
اسکندری، حسین: ۱۳۰، ۱۴۰، ۱۴۱، ۱۶۴، ۱۶۶
اشرفی، حسینقلی (سرهنگ): ۱۶، ۲۵، ۱۲۱، ۱۲۳، ۱۲۸، ۱۸۲، ۱۹۵، ۱۹۸، ۲۲۱، ۲۵۰، ۲۵۱
اصلانی، (سروان) امیر: ۲۲۳
اعتصامی، پرویز: ۶۱، ۶۲، ۶۴
افخمی، علی: ۹۸، ۱۱۳
افشار، امیر اصلان: ۵۲
افشار، امیرخسرو: ۱۴۸
افشار طوس، فرزین: ۲۴۸، ۲۴۹،
افشار طوس، (سرتیپ) محمود: ۱۵،
۱۷، ۱۸، ۱۹، ۲۰، ۲۱، ۲۲، ۲۳،
۲۴، ۲۵، ۲۶، ۲۷، ۲۸، ۲۹، ۳۰،
۳۱، ۳۲، ۳۵، ۳۸، ۳۹، ۴۰، ۴۱،
۴۲، ۴۵، ۴۷، ۵۱، ۵۲، ۵۳، ۵۹،
۶۰، ۶۱، ۶۲، ۶۳، ۶۴، ۶۵، ۶۶،
۶۷، ۶۹، ۷۰، ۷۲، ۷۳، ۷۴، ۷۶،
۷۷، ۷۸، ۷۹، ۸۱، ۸۴، ۸۵، ۸۶،
۸۷، ۸۸، ۱۱۳، ۱۲۲، ۱۲۸، ۱۳۰،
۱۳۱، ۱۳۳، ۱۳۴، ۱۳۵، ۱۴۰،
۱۴۱، ۱۴۲، ۱۴۶، ۱۴۷، ۱۴۹،
۱۵۰، ۱۵۱، ۱۵۲، ۱۵۳، ۱۵۴،
۱۵۵، ۱۵۶، ۱۵۷، ۱۵۸، ۱۵۹،
۱۶۰، ۱۶۱، ۱۶۲، ۱۶۳، ۱۶۴،
۱۶۵، ۱۶۶، ۱۶۷، ۱۶۸، ۱۶۹،
۱۷۰، ۱۷۱، ۱۷۲، ۱۷۳، ۱۷۴،
۱۷۵، ۱۷۶، ۱۷۷، ۱۷۸، ۱۷۹،
۱۸۰، ۱۸۱، ۱۸۲، ۱۸۳، ۱۸۴،
۱۸۵، ۱۸۶، ۱۸۷، ۱۸۸، ۱۸۹،
۱۹۰، ۱۹۱، ۱۹۲، ۱۹۳، ۱۹۴
۱۹۵، ۱۹۶، ۱۹۷، ۱۹۸، ۱۹۹،
۲۰۰، ۲۰۱، ۲۰۳، ۲۰۴، ۲۰۷،
۲۱۰، ۲۱۱، ۲۱۳، ۲۱۴، ۲۱۵،
۲۱۶، ۲۲۱، ۲۲۳، ۲۲۴، ۲۲۵،
۲۲۶، ۲۲۷، ۲۲۸، ۲۲۹، ۲۳۰،
۲۳۱، ۲۳۲، ۲۳۳، ۲۳۴، ۲۳۵،
۲۳۶، ۲۳۷، ۲۳۸، ۲۳۹، ۲۴۱،
۲۴۲، ۲۴۶، ۲۴۷، ۲۴۸، ۲۴۹،
۲۵۰، ۲۵۳، ۲۵۴، ۲۵۵، ۲۵۶،
۲۵۷، ۲۵۸، ۲۵۹، ۲۶۰، ۲۶۱،

٢٦٢، ٢٦٣، ٢٦٤، ٢٦٦، ٢٦٨،
٢٦٩، ٢٧١، ٢٧٢، ٢٧٣
افشار قاسملو، حسین: ١٤٧، ٢٠٦
افشار قاسملو، (سرتیپ) علی‌اکبر
(سیف السلطنه): ١٤٧، ١٤٨، ١٤٩
افشار قاسملو، هادی: ١٤٩، ١٥٠،
١٥١، ٢٣٠، ٢٣١
اقبال: ٢٩٦
اقبال، اسماعیل: ٦٦
الهی، محمد: ٢٠٦
امامی، سیدحسین: ٩٧، ٩٨، ٩٩،
١٠٠، ١٠١
امامی اهری، علی اکبر: ٢٦٠
امیر اشرف، افخمی: ١١٣
امیراعلم، (دکتر): ٢٧٩، ٢٨٠
امیرعلائی، شمس الدین: ٢٢٢، ٢٢٨،
٢٣٣، ٢٣٦
امینی، ابوالقاسم: ١٣٥، ١٣٦، ١٣٧،
١٣٨
امینی، (سرهنگ) غلامرضا: ٢٧،
١٩٩، ٢٠٠، ٢٠١، ٢٠٢، ٢٦٥
امینی، (سرتیپ) محمود: ٤٤، ٧٤،
١٨٣
انگچی، محمد علی: ٢٦٨
ایدن، آنتونی: ٥٧، ٦١

ب

باقری، احمد: ٢١٣، ٢٢٥
بایندر، (سرتیپ) نصرالله: ١٤٩،
١٥١، ١٥٢، ١٧٥، ٢١٥، ٢٢٣،
٢٢٧، ٢٢٨، ٢٢٩، ٢٣٠، ٢٣٣،
٢٣٤، ٢٣٥، ٢٣٦
بختیار، تیمور: ٤٤، ١٤٨
بختیاری، ابوالقاسم: ١٧، ٤٤
بختیاری، امیرجنگ: ١٤٧، ١٧٣
بختیاری، امیر مفخم: ١٧، ٤٤
بختیاری، نصیرخان (سردار جنگ):
١٤٧
بدر، (سرتیپ): ١٧٣
بدیهی: ٢١٨
بروجردی، (آیت‌الله) سید حسین
طباطبائی: ٣٣
بزرگ امید، ابوالحسن: ٢٧٨
بزرگمهر، جلیل: ٢٢، ٦٨، ١١٦،
١٢٠، ٢٢٤، ٢٥٧، ٢٧١، ٢٧٩
بقائی کرمانی، (دکتر) مظفر: ٢٥،
٣٣، ٣٩، ٦١، ٦٣، ٦٤، ٧١، ٨٩،
٩٣، ٩٤، ٩٥، ٩٧، ٩٨، ١٠٣، ١١٣،
١١٦، ١١٧، ١٣٥، ١٥١، ١٥٢،
١٥٣، ١٧٦، ١٧٧، ١٨٢، ٢٠٤،
٢٠٥، ٢١١، ٢١٢، ٢١٣، ٢١٤،
٢١٥، ٢١٦،٢١٧، ٢١٨، ٢١٩،
٢٢٠، ٢٢١، ٢٢٣، ٢٢٥، ٢٢٦،
٢٢٨، ٢٣٢، ٢٣٣، ٢٣٤، ٢٣٥،
٢٣٦، ٢٣٧، ٢٣٨، ٢٣٩، ٢٤٠،
٢٤١، ٢٤٢، ٢٤٧، ٢٥٨، ٢٥٩،
٢٦١، ٢٦٢، ٢٦٣، ٢٦٤، ٢٦٦،
٢٦٧، ٢٦٨، ٢٦٩، ٢٧١، ٢٧٢
بلوچ قرائی، احمد: ١٤٩، ١٥٠،
١٥١، ٢٢٣، ٢٢٦، ٢٣٠، ٢٣١
بلوچ قرائی، شهریار: ١٤٩، ١٥١
بلوچ قرائی، (سرگرد) فریدون: ٦٢،
٦٣، ٦٤، ١٤٩، ١٥٠، ١٥١، ١٥٢،
١٧٥، ٢١٥، ٢١٦، ٢٢٢، ٢٢٣،
٢٢٧، ٢٢٨، ٢٣٠، ٢٣١، ٢٣٤،
٢٣٦، ٢٤٢
بوشهری، جعفر: ٢٨١
بهادری، احمد: ٢٤٤، ٢٦٨
بهارمست، (سرتیپ) محمود: ١٢١،
١٢٢، ١٧٠
بهبهانی، (آیت‌الله): ١٣٨

بهرامی، یوسف: ۱۵۵، ۱۸۵، ۱۸۶، ۱۸۷، ۱۸۸، ۱۸۹، ۱۹۱، ۱۹۲، ۱۹۳، ۱۹۵، ۱۹۷
به‌سرشت، (سروان): ۱۶۷، ۱۶۹
بهمن: ۱۰۸
بیات، سهام السلطان: ۲۹۰، ۲۹۵
بیات، شیخ العراقین: ۲۴۹
بیات، عزت‌الله: ۹۱، ۲۹۴
بیات، فاطمه: ۲۴۷، ۲۴۸، ۲۴۹
بیات، مرتضی‌قلی خان (سهام‌السلطنه): ۲۹۴، ۲۹۵، ۲۹۷

پ

پارسا، اصغر: ۲۶۰
پازوکی، مصطفی: ۱۰۶، ۱۱۱
پاکروان، حسن: ۱۲۲، ۱۹۸، ۱۹۹
پرون، ارنست: ۵۴
پولارد، اریک: ۳۰، ۳۱
پهلوی، اشرف: ۱۶
پهلوی، (ملکه) ثریا (بختیاری): ۱۳۸، ۱۴۷، ۲۵۵
پهلوی، رضا شاه (بزرگ): ۴۴، ۱۰۴، ۲۰۸، ۲۵۴، ۲۷۹، ۲۸۶، ۲۸۷، ۲۸۸، ۲۹۱، ۲۹۲، ۲۹۴، ۲۹۵
پهلوی، (شاهپور) عبدالرضا: ۱۳۲، ۱۳۳، ۱۳۷
پهلوی، محمد رضا شاه: ۱۶، ۱۷، ۱۸، ۱۹، ۲۰، ۲۱، ۲۳، ۲۹، ۳۰، ۳۱، ۳۲، ۳۳، ۳۴، ۳۵، ۳۶، ۳۷، ۳۸، ۳۹، ۴۰، ۴۱، ۴۲، ۴۷، ۵۴، ۵۸، ۶۳، ۶۴، ۶۸، ۶۹، ۷۰، ۷۱، ۷۴، ۷۵، ۷۷، ۷۹، ۸۸، ۸۹، ۹۰، ۹۱، ۹۲، ۱۰۳، ۱۰۴، ۱۰۵، ۱۱۱، ۱۱۴، ۱۱۸، ۱۱۹، ۱۲۱، ۱۲۳، ۱۲۴، ۱۲۵، ۱۳۰، ۱۳۱، ۱۳۲، ۱۳۳، ۱۳۴، ۱۳۵، ۱۳۶، ۱۳۷، ۱۳۸، ۱۴۱، ۱۴۲، ۱۴۵، ۱۴۷، ۱۴۸، ۱۵۳، ۱۵۵، ۱۸۳، ۲۰۴، ۲۰۵، ۲۰۸، ۲۱۵، ۲۲۱، ۲۲۸، ۲۴۹، ۲۵۳، ۲۵۴، ۲۵۹، ۲۷۱، ۲۷۲، ۳۰۰
پیرنیا، داریوش: ۲۶، ۲۰۶
پیرنیا، منصوره: ۲۶، ۱۴۹، ۲۰۶
پیرنیا، میرزا حسین خان (مؤتمن‌الملک): ۲۸۵

ت

تامارا، مادام: ۲۳، ۱۴۳، ۱۴۴، ۱۴۵، ۱۴۶، ۱۴۷، ۱۶۲، ۱۷۲، ۱۷۴، ۱۸۸، ۱۸۹، ۱۹۰، ۲۰۴، ۲۳۲، ۲۳۴، ۲۴۷، ۲۴۹، ۲۵۸
تدین، سید محمد: ۲۹۳، ۲۹۵، ۲۹۶، ۲۹۷، ۲۹۸
تراب ترکی، (سرگرد) علی: ۱۵۹، ۱۶۰، ۱۶۱
ترکمان، محمد: ۱۵۰، ۱۹۶، ۲۲۹، ۲۳۴،۲۵۳
ترک یلدی: ۷۶
تنکابنی، محمد ولیخان: ۲۷۵

ث

ثابت‌قدم، حسن: ۱۳۰، ۱۴۰، ۱۶۴، ۱۶۵، ۱۶۶، ۱۸۷، ۱۹۱، ۱۹۶، ۲۰۰، ۲۰۱

ج

جلالی‌موسوی، سید باقر: ۲۶۰، ۲۶۷
جلیلوند، اللهیار: ۱۰۶، ۱۰۷، ۱۱۱
جم، محمود (مدیرالملک): ۲۸۴

جوزانی، (سرهنگ) علی: ۱۹۷
جهانبانی، (سرتیپ): ۱۱۹
جهانشاهی قاجار، (سرهنگ): ۹۹، ۱۰۰
جهان‌قاه، نصرت: ۲۲۸، ۲۲۹
جهانگیری، (سرهنگ): ۱۰۰

ح

حائری‌زاده، سید ابوالحسن: ۳۲، ۳۳، ۳۹، ۹۳، ۹۴، ۹۵، ۹۸، ۱۱۳، ۱۱۷، ۱۳۵، ۲۴۴، ۲۴۵
حاج سید جوادی، سید ضیاء الدین: ۲۶۰
حاجی‌بابائی: ۲۷، ۲۶۵
حجازی، (سرلشکر) عبدالحسین: ۶۹، ۲۰۵، ۲۰۶، ۲۹۹، ۳۰۰، ۳۰۱، ۳۰۲، ۳۰۳
حسیبی، (مهندس) کاظم: ۲۶۸
حسین، (امام): ۱۱۷
حشمت الدوله، ابوالفتح: ۲۸۵
حکیمی، نصرالله: ۲۲۲
حمیدیه، احمد: ۲۶۸

خ

خطیبی، حسین: ۲۳، ۲۵، ۲۷، ۶۳، ۱۲۸، ۱۳۵، ۱۳۹، ۱۴۰، ۱۴۹، ۱۵۲، ۱۶۲، ۱۷۱، ۱۷۴، ۱۷۵، ۱۷۶، ۱۷۷، ۱۷۸، ۱۷۹، ۱۸۱، ۱۸۴، ۱۸۶، ۱۸۷، ۱۹۱، ۱۹۲، ۱۹۳، ۱۹۴، ۱۹۵، ۱۹۶، ۱۹۷، ۲۰۱، ۲۰۲، ۲۰۳، ۲۰۴، ۲۰۵، ۲۱۱، ۲۱۲، ۲۱۴، ۲۱۵، ۲۱۶، ۲۱۷، ۲۱۸، ۲۱۹، ۲۲۰، ۲۲۱، ۲۲۲، ۲۲۳، ۲۲۵، ۲۲۸، ۲۳۳، ۲۳۴، ۲۳۵، ۲۳۶، ۲۳۷، ۲۳۸، ۲۳۹، ۲۴۱، ۲۴۲، ۲۴۸، ۲۵۸، ۲۶۱، ۲۶۲، ۲۶۵، ۲۶۶، ۲۷۱، ۲۷۲
خطیبی، فروغ: ۲۱، ۲۳، ۱۳۹، ۱۴۰، ۱۴۱، ۱۴۲، ۱۴۶، ۱۴۷، ۱۶۲، ۱۷۲، ۱۷۴، ۱۷۵، ۱۷۶، ۱۹۲، ۲۰۱، ۲۰۲، ۲۱۲، ۲۱۷، ۲۴۷، ۲۴۹
خطیبی، محتشمه: ۱۳۹، ۱۹۲، ۲۰۱، ۲۰۲، ۲۱۱، ۲۱۲، ۲۱۳، ۲۱۷
خطیبی، نصیر: ۱۵۹، ۱۶۲، ۱۶۹، ۱۷۰، ۱۷۲
خلعتبری، ارسلان: ۱۰۱، ۱۸۹
خمینی، روح‌الله: ۷۶، ۲۰۹
خنجی، لطفعلی: ۲۸۷
خواجه‌نوری، (سرهنگ): ۷۶
خولی: ۱۱۷

د

دادفر، حسین: ۱۷۰، ۱۷۱
دانش، (سرهنگ۲): ۸۲، ۸۵، ۸۷
دربندی، نظام الدین: ۵۷، ۸۰
درخشان‌فر، علی: ۱۵۶، ۱۵۷، ۱۵۸، ۱۸۰، ۱۸۵
درمیشیان، سروان: ۲۰۸
درویش: ۲۱۸
دریفوس: ۲۶۱، ۲۶۲
دفتری، (سرهنگ- سرتیپ) محمد: ۲۳، ۴۱، ۸۹، ۹۰، ۹۲، ۹۳، ۹۷، ۹۸، ۱۰۴، ۱۰۵، ۱۰۶، ۱۱۱، ۱۱۲، ۱۱۳، ۱۱۴، ۱۱۵، ۱۱۶، ۱۱۷، ۱۱۸، ۱۱۹، ۱۲۰، ۱۴۲، ۱۴۳، ۱۵۳، ۲۰۶، ۲۱۴، ۲۱۵، ۲۱۶، ۲۲۷
دولتشاهی، (برادران): ۱۲۴
دولو، (سرهنگ): ۲۰۵
دهخدا، علی‌اکبر: ۱۰۶، ۲۷۴
دهقان، احمد: ۸۹
دیبا، ابوالحسن: ۲۸۵
دیوشلی، عباس: ۲۴۱

ذ

ذبیح‌پور، حسین: ۷۸، ۸۱، ۸۲، ۸۳، ۸۴، ۸۵، ۸۶، ۸۷، ۸۸
ذوالفقاری، (برادران): ۳۲، ۳۳، ۳۹

ر

رایت، سر دنیس: ۲۸۷
ریپورتر، سر اردشیر: ۵۴
رحیمی لاریجانی، موسی: ۲۵، ۲۶، ۲۷، ۱۲۴، ۱۸۱، ۲۱۰، ۲۱۱، ۲۵۰، ۲۵۱، ۲۵۲، ۲۶۵
رزم‌آرا، (سپهبد) حاجیعلی: ۸۹، ۹۰، ۹۳، ۱۰۲، ۱۰۳، ۱۰۴، ۱۰۵، ۱۰۶، ۱۰۷، ۱۰۸، ۱۰۹، ۱۱۰، ۱۱۱، ۱۱۲، ۱۱۳، ۱۱۷، ۱۲۰، ۲۰۶، ۲۱۵، ۲۹۸، ۲۹۹
رستگار، (سرهنگ): ۲۷، ۱۶۰، ۲۶۵
رستم‌پور، مرتضی: ۹۸
رستمی، امیر: ۱۴۹، ۱۵۰، ۱۵۱
رشیدیان، (برادران): ۱۵، ۱۹، ۲۱، ۴۱، ۵۴، ۵۵، ۵۷، ۵۸، ۶۰، ۶۱، ۶۲، ۶۳، ۶۴، ۸۶، ۱۴۲، ۳۰۲
رشیدیان، اسدالله: ۴۷، ۶۰، ۶۱، ۶۲، ۶۳، ۶۴
رشیدیان، حبیب‌الله: ۶۲
رشیدیان، سیف‌الله: ۶۰، ۶۲
رشیدیان، قدرت‌الله: ۶۰، ۶۲
رضوی، (مهندس) سید احمد: ۱۳۱، ۱۳۲
رفیع‌زاده، منصور: ۱۷۶، ۲۴۸
روبین، باری: ۵۹
روتنی: ۱۳۵
روزولت، کرمیت: ۲۸، ۵۸، ۶۸، ۶۵، ۶۶
ریاحی، (سرتیپ) تقی: ۷۴، ۱۲۱، ۱۵۳، ۱۸۲، ۱۸۳، ۲۱۴، ۲۱۵، ۲۱۶، ۲۴۷، ۲۵۰، ۲۵۱، ۲۵۲، ۲۵۳

ز

زاهدی: ۶۳
زاهدی، ابوالقاسم: ۱۲۵
زاهدی، (مهندس) اردشیر: ۱۶، ۱۸، ۱۹، ۲۰، ۲۱، ۲۳، ۲۵، ۲۶، ۳۰، ۴۷، ۵۱، ۵۲، ۵۳، ۱۱۴، ۱۱۵، ۱۲۱، ۱۲۳، ۱۲۴، ۱۲۵، ۱۲۷، ۱۲۸، ۱۴۱، ۱۴۲، ۱۴۳، ۱۴۴، ۱۴۵، ۱۴۶، ۱۴۷، ۱۴۸، ۱۴۹، ۱۵۰، ۱۵۲، ۱۵۳، ۱۵۵، ۲۰۴، ۲۰۵، ۲۰۶، ۲۰۷، ۲۰۸، ۲۰۹، ۲۱۰، ۲۱۱، ۲۲۷، ۲۲۸، ۲۳۲، ۲۳۴، ۲۴۱، ۲۴۲، ۲۴۶، ۲۵۸، ۲۵۹، ۲۷۲
زاهدی، افسر: ۲۰۶
زاهدی، (سرلشکر - سپهبد) فضل‌الله: ۱۵، ۱۶، ۱۷، ۱۸، ۱۹، ۲۰، ۲۱، ۲۳، ۲۵، ۲۶، ۲۹، ۳۰، ۳۱، ۳۳، ۳۴، ۳۶، ۳۸، ۳۹، ۴۰، ۴۱، ۵۱، ۵۲، ۵۸، ۵۹، ۶۲، ۶۴، ۶۹، ۸۹، ۱۱۴، ۱۱۵، ۱۱۸، ۱۲۰، ۱۲۱، ۱۲۳، ۱۲۴، ۱۲۵، ۱۲۶، ۱۲۷، ۱۲۸، ۱۲۹، ۱۳۰، ۱۴۱، ۱۴۲، ۱۴۳، ۱۴۴، ۱۴۵، ۱۴۷، ۱۴۸، ۱۴۹، ۱۵۰، ۱۵۲، ۱۵۳، ۱۶۴، ۲۰۴، ۲۰۵، ۲۰۶، ۲۰۸، ۲۰۹، ۲۱۰، ۲۱۱، ۲۱۴، ۲۲۱، ۲۲۷، ۲۲۸، ۲۳۲، ۲۴۱، ۲۴۲، ۲۴۳،

۲۴۴، ۲۴۵، ۲۴۶، ۲۵۸، ۲۵۹،
۲۷۲، ۲۹۹، ۳۰۰، ۳۰۱، ۳۰۲
زاهدی، (سرتیپ) نصرالله: ۱۵۰،
۱۵۱، ۱۵۲، ۱۷۵، ۲۱۵، ۲۲۳،
۲۲۷، ۲۲۸، ۲۲۹، ۲۳۳، ۲۳۵،
۲۳۶
زاینر، رابین: ۵۴، ۵۵، ۶۰
زرین کفش: ۲۴۹
زمانی، ناصر: ۱۷۳، ۲۴۱
زند: ۱۳۷
زندکریمی، محمود: ۲۲۲
زنگنه: ۲۵۶
زوار: ۲۹۰
زولا، امیل: ۲۶۱، ۲۶۲
زهری، علی: ۱۷۵، ۲۲۰، ۲۲۱،
۲۳۷، ۲۳۸، ۲۶۲، ۲۶۸، ۲۶۹،
۲۷۰، ۲۷۱
زیرکزاده: ۲۱۵، ۲۱۶
زینب: ۱۱۷

ژ

ژیانپور: ۷۷، ۲۵۵

س

ساعد، محمد: ۹۳، ۹۴، ۱۳۰، ۱۴۲،
۲۱۲، ۲۹۳، ۲۹۴
سپهر، (دکتر): ۸۲
سپهر، لطف‌الله: ۲۲۲
ستوده، (مهندس): ۱۲۴
سرداری، سرپاس (ادیب السلطنه):
۱۸۶، ۱۹۱، ۱۹۲، ۱۹۳
سررشته، (سرهنگ) حسینقلی: ۲۰،
۲۷، ۱۲۱، ۱۲۲، ۱۲۵، ۱۲۶، ۱۲۷،
۱۸۱، ۱۸۲، ۱۹۲، ۱۹۵، ۱۹۸،
۱۹۹، ۲۰۳، ۲۲۱، ۲۲۲، ۲۶۵
سرشار، (ستوان یکم): ۱۸۹
سرکیسیان، هلن ملیک: ۱۹۰
سرهنگ‌پور، اسدالله: ۸۲
سمیت، والتر: ۲۹
سمیعی، احمد: ۹۱
سنجابی، (دکتر) کریم: ۲۶۰، ۲۶۱،
۲۶۲، ۲۶۸
سنندجی: ۲۹۶
سهیلی، علی: ۲۹۵، ۲۹۷
سیاسی، (سرهنگ): ۹۷

ش

شاهرخشاهی، هرمز: ۱۲۴، ۱۲۵
شایانفر، (دکتر): ۲۵۰، ۲۵۱، ۲۵۳
شایگان، (دکتر) سید علی: ۹۱، ۲۱۵،
۲۱۶، ۲۵۶، ۲۶۰
شبستری، سید مرتضی: ۲۶۸
شکرائی، یوسف: ۹۱
شمشیری، مهدی (نگارنده): ۱۷، ۳۰،
۴۸، ۴۹، ۵۰، ۵۳، ۱۰۲، ۱۲۷،
۱۷۷، ۲۲۵، ۲۹۴
شوارتسکف، (کلنل): ۷۶
شهبازی، (سرگرد): ۷۸، ۸۲
شهبازی، عبدالله: ۲۱۹، ۲۲۰
شهریاری، (سرهنگ): ۱۷۳
شهیدی، (سرگرد): ۹۹، ۱۰۰
شهیدی، حسن: ۲۶۸

ص

صادقی: ۸۲، ۸۳
صالح، اللهیار: ۳۱
صدیق مستوفی: ۲۲۲

صدیقی، (دکتر) غلامحسین: ۲۲، ۲٤، ۱۵۵، ۱۸۲، ۱۹۵، ۱۹٦، ۱۹۸، ۱۹۹، ۲۰۸، ۲۲۰، ۲۲٤، ۲٦۹، ۲۷۰
صفائی، ابراهیم: ۵۲، ۱۷۵
صفائی، سید احمد: ۲٦۸
صفاری، (سرتیپ) محمدعلی: ۹۷
صمصام السلطنه، نجفقلی‌خان: ۲۷۹، ۲۸۰
صولت قشقائی، محمد ناصر: ۱۱۳، ۱٤٤

ض

ضرغام، (سرهنگ) امیر قلی: ۱٤۸

ط

طالقانی، سید محمود: ۱۲۰
طاهونی، لطیف: ۱۰٦، ۱۰۷، ۱۱۱
طباطبائی، (دکتر): ۲۱۸
طباطبلئی، (سروان) محمد تقی: ۱۵۹
طلوعی، محمود: ۵۹، ٦۱، ٦٤، ٦۵، ٦٦
طهماسبی، خلیل: ۱۰۳، ۱۰٦، ۱۰۷، ۱۱۱، ۱۱۲

ع

عاقلی، باقر: ٦۹، ۹۱، ۲۹۷
عامری، جواد: ۹۱، ۲٦۰
عباس، (حضرت): ۱۱۷
علاء، حسین: ۱٦، ۱۸، ۳۱، ۳۲، ۳۳، ۳٤، ۳۵، ۳٦، ۳۷، ۳۸، ۳۹، ٤۰، ٤۱، ٤۲، ۱۳٤، ۱۳۵، ۱۳٦، ۱۳۷، ۲۵۸،
علاءالسلطنه، میرزا محمدعلی: ۲۷٦، ۲۸۰
علوی، (دکتر) حسن: ۵٦
علوی‌کیا، (سرهنگ): ۲۰، ۱۲۱، ۱۲۲، ۲۰۰
علوی مقدم، مهدیقلی: ۱۱۹، ۱۲٤
علی‌اکبری، غلامعلی: ۱٤۱
عمر، (نام فرضی): ۵۸
عمیدی‌نوری، ابوالحسن: ۲۵٦
عین‌الدوله، عبدالمجید میرزا: ۲۷٦، ۲۷۷

غ

غازی نژاد، (سرهنگ): ۲٤۳
غضنفرخان: ۲۷۸، ۲۷۹، ۲۸۰، ۲۸۱، ۲۸۲، ۲۸۳، ۲۸٤
غفاری،(سرهنگ): ۱۲٦

ف

فاخر، حسین: ۲٦۰، ۲٦۸
فاطمی، حسین: ۵۱، ۵۲، ۱۳۳، ۱۳٤، ۱۳۵، ۲۱٤، ۲۱۵، ۲۱٦، ۳۰۱
فرامرزی، عبدالرحمن: ٤۵، ۲۵۸
فرخ، سید مهدی (معتصم‌السلطنه): ۲۹۵
فرزانگان: ۱٤۸
فرزانه، سید فخرالدین: ۲٦۰
فرمانفرما، عبدالحمید میرزا: ۲۷۵، ۲۸۵
فرمانفرمائیان، (مهندس) منوچهر: ۹۳، ۲۹٤، ۲۹۵
فروغی، جواد: ۲۸۸
فروغی، محمدعلی (ذکاءالملک): ۲۷۷، ۲۸٤، ۲۸۵، ۲۸٦، ۲۸۷، ۲۸۸، ۲۸۹، ۲۹۰، ۲۹۱، ۲۹۲

فروغی، مسعود: ۲۸۸
فرهاد، (دکتر) احمد: ۲۹۵
فرهمند: ۲۷، ۲۶۵
فرهودی: ۲۹۶
فریدونی، احمد: ۴۴، ۹۱
فضه: ۱۱۷، ۱۱۸
فلاح: ۱۱۳
فهمی، علی‌اکبر: ۲۰، ۱۲۲
فهیم، (سروان): ۲۷، ۱۸۱، ۲۶۵
فیروز، قدسی: ۹۳
فیروز، مظفر: ۹۳
فیصل دوم، (ملک): ۱۳۳

ق

قاجار، احمد شاه: ۹۳، ۲۷۶، ۲۷۷، ۲۷۹، ۲۸۴، ۲۸۶، ۲۸۷، ۲۸۸، ۲۹۵
قاجار، محمدحسن میرزا: ۲۸۶
قاجار، محمدعلی شاه: ۱۰۲، ۲۸۵، ۲۸۶
قانع، (سروان) پرویز: ۲۵، ۲۶، ۲۷، ۱۸۱، ۲۰۵، ۲۰۹، ۲۱۰، ۲۱۱، ۲۲۲، ۲۵۰، ۲۵۱، ۲۵۲، ۲۵۳، ۲۵۶، ۲۶۵
قراگزلو، (بهاء الملک): ۱۳۷
قرنی، (سرهنگ): ۲۶، ۱۲۴
قره‌باغی، (ارتشبد): ۲۶، ۲۱۱
قره گزلو، (مهندس) علیرضا: ۲۴۶
قریشی: ۸۲
قنات‌آبادی، شمس: ۴۷، ۱۳۵، ۲۱۷، ۲۲۳، ۲۴۵، ۲۴۶، ۲۶۸
قوام، احمد (قوام‌السلطنه): ۹۱، ۲۷۵، ۲۷۶، ۲۷۸، ۲۸۴

ک

کاشانی، (آیت‌الله) سیدابوالقاسم: ۱۸، ۳۲، ۳۳، ۳۶، ۳۷، ۳۹، ۴۰، ۴۱، ۴۵، ۴۶، ۴۷، ۵۴، ۶۴، ۶۶، ۷۱، ۷۹، ۹۲، ۹۳، ۹۴، ۹۶، ۹۷، ۱۰۳، ۱۰۴، ۱۱۱، ۱۱۲، ۱۱۳، ۱۳۵، ۱۳۸، ۱۴۲، ۱۵۳، ۲۰۴، ۲۰۵، ۲۰۹، ۲۱۰، ۲۱۵، ۲۱۶، ۲۴۳، ۲۴۵، ۲۴۶، ۲۵۸
کاشانی، سید مصطفی: ۴۷، ۱۳۵، ۲۰۴، ۲۰۵، ۲۲۰، ۲۴۵، ۲۵۸، ۲۵۹
کاظمی، باقر: ۳۱، ۳۴
کافتارادزه: ۲۹۳
کامرانی، (سرهنگ): ۹۹، ۱۰۰
کریمی، نادعلی: ۲۶۸
کسروی، احمد: ۱۰۱
کلالی، (سروان): ۱۵۹
کی‌استوان، حسین: ۲۹۶، ۳۰۰

گ

گازیوروسکی، مارک: ۶۴
گرامی: ۲۴۵
گوهری، (سرهنگ) رضا: ۲۴
گیلانشاه، (سرتیپ): ۱۱۵

ل

لاجوردی، (دکتر) حبیب: ۶۱، ۷۷، ۲۵۴
لطفی، عبدالعلی: ۲۲، ۶۲، ۶۷، ۷۷، ۱۱۶، ۲۵۵، ۲۵۶، ۲۵۷، ۲۵۹، ۲۶۲، ۲۶۳، ۲۶۵، ۲۶۶، ۲۶۷، ۲۶۹، ۲۷۰

لوزانی [نورائی]، علی: ۱۵۶، ۱۵۷، ۱۵۸، ۱۸۹

م

متین‌دفتری، (دکتر) احمد: ۹۱، ۱۲۰
مجدزاده، بهرام: ۲۶۸
محقق‌الدوله، میرزا عبدالله: ۲۸۵
محمودی: ۲۰۶
مدبر، (سرتیپ) نصرالله: ۲۲، ۲۵، ۱۸۲، ۱۹۵، ۱۹۷، ۱۹۸
مدرس، علی اصغر: ۲۶۰
مرعشی: ۲۴۱
مزینی، (سرتیپ) علی اصغر: ۷۷، ۱۴۹، ۱۵۱، ۱۵۲، ۱۷۵، ۲۰۵، ۲۱۴، ۲۲۲، ۲۲۳، ۲۲۷، ۲۲۸، ۲۲۹، ۲۳۰، ۲۳۱، ۲۳۲، ۲۳۴، ۲۳۵، ۲۳۹، ۲۵۵
مستوفی، حسن (مستوفی‌الممالک): ۲۷۵، ۲۷۷، ۲۸۸، ۲۹۱، ۲۹۲
مسعود، محمد: ۸۹، ۹۰
مسعودی، جواد: ۲۹۶
مسعودی، (سرتیپ) علی‌اصغر: ۱۲۰
مشار، حسن (مشارالملک): ۲۷۸
مشیرالدوله، میرزا حسن: ۲۸۴
مصباح زاده، (دکتر) مصطفی: ۲۶۰
مصدق، (مهندس) احمد: ۹۳، ۲۷۹
مصدق، ضیاءاشرف: ۲۷۹
مصدق، غلامحسین: ۷۴، ۷۷، ۱۲۰، ۱۲۷، ۲۵۴
مصدق، محمد: ۱۵، ۱۶، ۱۷، ۱۸، ۱۹، ۲۰، ۲۱، ۲۲، ۲۳، ۲۴، ۲۵، ۲۶، ۲۸، ۲۹، ۳۰، ۳۱، ۳۲، ۳۳، ۳۴، ۳۵، ۳۶، ۳۷، ۳۹، ۴۰، ۴۱، ۴۴، ۴۵، ۴۶، ۴۷، ۵۱، ۵۲، ۵۳، ۵۴، ۵۵، ۵۶، ۵۷، ۵۸، ۶۰، ۶۱، ۶۲، ۶۴، ۶۵، ۶۶، ۶۷، ۶۸، ۶۹، ۷۰، ۷۱، ۷۲، ۷۳، ۷۴، ۷۵، ۷۶، ۷۷، ۷۹، ۸۰، ۸۱، ۸۶، ۸۸، ۸۹، ۹۰، ۹۱، ۹۲، ۹۳، ۹۴، ۹۵، ۹۶، ۹۷، ۹۸، ۱۰۲، ۱۰۳، ۱۰۴، ۱۰۵، ۱۰۶، ۱۱۱، ۱۱۲، ۱۱۳، ۱۱۴، ۱۱۵، ۱۱۶، ۱۱۷، ۱۱۸، ۱۲۰، ۱۲۱، ۱۲۲، ۱۲۳، ۱۲۶، ۱۲۷، ۱۲۸، ۱۳۱، ۱۳۲، ۱۳۴، ۱۳۵، ۱۳۶، ۱۳۷، ۱۳۸، ۱۴۱، ۱۴۲، ۱۴۵، ۱۵۰، ۱۵۳، ۱۵۴، ۱۵۵، ۱۵۶، ۱۵۷، ۱۵۸، ۱۶۲، ۱۶۴، ۱۷۱، ۱۷۴، ۱۷۹، ۱۸۲، ۱۸۳، ۱۸۵، ۱۸۶، ۱۸۹، ۱۹۲، ۱۹۵، ۱۹۹، ۲۰۳، ۲۰۴، ۲۰۵، ۲۰۷، ۲۰۸، ۲۱۰، ۲۱۱، ۲۱۲، ۲۱۳، ۲۱۴، ۲۱۵، ۲۱۶، ۲۱۷، ۲۱۸، ۲۱۹، ۲۲۰، ۲۲۳، ۲۲۴، ۲۲۵، ۲۲۷، ۲۳۳، ۲۴۲، ۲۴۸، ۲۴۹، ۲۵۰، ۲۵۱، ۲۵۲، ۲۵۳، ۲۵۴، ۲۵۵، ۲۵۶، ۲۵۷، ۲۵۸، ۲۵۹، ۲۶۰، ۲۶۳، ۲۶۸، ۲۶۹، ۲۷۰، ۲۷۱، ۲۷۲، ۲۷۳، ۲۷۴، ۲۷۵، ۲۷۶، ۲۷۷، ۲۷۸، ۲۷۹، ۲۸۰، ۲۸۱، ۲۸۲، ۲۸۳، ۲۸۴، ۲۸۵، ۲۸۶، ۲۸۸، ۲۸۹، ۲۹۰، ۲۹۱، ۲۹۲، ۲۹۳، ۲۹۴، ۲۹۵، ۲۹۶، ۲۹۷، ۲۹۸، ۲۹۹، ۳۰۰، ۳۰۱، ۳۰۲
مصدقی، هادی: ۲۶۰، ۲۶۸
مصور رحمانی، غلامرضا: ۷۰، ۷۱، ۷۲، ۷۳، ۱۵۸، ۱۶۰، ۱۶۱، ۱۶۴
معرفت، (دکتر): ۱۰۷

معظمی، (دکتر): ۳٤، ۲۱۵، ۲۱٦، ۲۷۰، ۲۷۱
معماریان، علی: ۱۷۲، ۱۷۳
مفتاحی، (ستوان): ۹۹، ۱۰۰، ۱۰۱
مقدم، غلامرضا: ۱٦۷، ۱٦۸، ۱٦۹
مقدم، مصطفی: ۱۲٦
مقدم‌تهرانی: ۲٤۱
مکی، سید حسین: ۳۳، ۳۹، ۹۳، ۹٤، ۹۵، ۹۷، ۹۸، ۱۱۳، ۱۱۷، ۱۲۷، ۲۲۰، ۲۸۷، ۲۹۰
ملک‌اسمعیلی، (دکتر): ۱۷۱، ۱۷۳
ممتاز، عزت‌الله (سرهنگ): ۲۰۸
ممتازالدوله، میرزا اسمعیل: ۲۸۰
منزه، علی‌اکبر: ۷۷، ۱۵۱، ۱۵۲، ۱۷۵، ۲۰۵، ۲۱٤، ۲۲۲، ۲۲۳، ۲۲۷، ۲۲۸، ۲۲۹، ۲۳۰، ۲۳۳، ۲۳٤، ۲۳۵، ۲۳٦، ۲۳۹، ۲۵۵
موحد، محمدعلی: ۱۷، ۵۱، ۱۳٤، ۱۳۵
موریسون، هربرت: ۵۵
موزلی، لئونارد:٦۵، ٦٦
موسوی، مجید: ۲٦۸
مهدوی: ۱۰۸
مهدی‌نیا، جعفر: ۱۰۱، ۱۵۰، ۲۹۹
مهنا، : ۲۱۵، ۲۱٦
میراشرافی، سید مهدی: ۷۵، ۱۲٤، ۱۲۷، ۱٦۲، ۲٤٤، ۲٤۷، ۲٦۸
میرسپاسی، (دکتر): ۱۰۸
میدلتون، جورج: ۳۰۰، ۳۰۱
میلانی، سید ابراهیم: ۲٦۰، ۲٦۳، ۲٦٤، ۲٦۸

ن

نادری، (سرگرد-سرهنگ) قدرت‌الله (امیرهوشنگ): ۱۹، ۲۰، ۲۱، ۲۲، ۲۳، ۲٤، ۲۵، ۲٦، ۲۷، ۱۲۱، ۱۲۲، ۱۲۳، ۱۲٤، ۱۲۵، ۱۲٦، ۱۲۷، ۱۲۸، ۱۲۹، ۱٤۱، ۱٤۲، ۱٤۳، ۱۵۲، ۱۵۳، ۱۵٤، ۱۵۵، ۱۵٦، ۱۵۷، ۱۵۸، ۱۵۹، ۱٦۰، ۱٦۱، ۱٦۲، ۱٦۹، ۱۷۰، ۱۷۲، ۱۸۱، ۱۸۲، ۱۸۳، ۱۸۵، ۱۸٦، ۱۹۰، ۱۹۲، ۱۹۵، ۱۹٦، ۱۹۷، ۱۹۹، ۲۰۰، ۲۰٦، ۲۲۱، ۲۳۲، ۲٤۰، ۲٤۱، ۲٤۷، ۲٤۸، ۲۵۳، ۲٦۵
ناظرزاده کرمانی، (دکتر) احمد: ۲٦۰
ناظمی، فریدون: ٦٤
نجاتی، غلامرضا: ۷٤، ۱۱۵، ۱۲۷، ۱٦۲
نجفی‌فردوسی، سید محمود: ۲٦۰، ۲٦۸
نجیب، محمد (ژنرال):۲٤۷
نخلی، عباس: ۲۲۸، ۲۳۰، ۲۳۱، ۲۳۳، ۲۳٤، ۲۳٦
نراقی، صادق: ۱٤۸
نصیری: ۱۵۹، ۱٦۹، ۱۷۰، ۱۷۲
نقدی، (سپهبد): ۷۵
نلی، (مادام): ۱٤۲، ۱٤٤، ۱٤۵، ۱٤٦، ۱۹۰
نواب صفوی، مجتبی: ۹٤، ۱۱۱
نیرالسلطان: ۲۷۹
نیک‌اعتقاد: ۱۷۳

و

وثوق، میرزا حسن (وثوق‌الدوله): ۲۷۵، ۲۷۶، ۲۷۸، ۲۷۹، ۲۸۰، ۲۸۸

وودهاوس، س. م.: ۵۳، ۵۴، ۵۷، ۷۹، ۸۰، ۸۱، ۸۶، ۱۴۱

ویژه: ۲۴۳

هـ

هدایت، صادق: ۲۱۲

هریس، فرانکلین: ۱۴۷، ۲۰۶، ۲۰۷

هژیر، عبدالحسین: ۸۹، ۹۰، ۹۵، ۹۶، ۹۷، ۹۸، ۹۹، ۱۰۰، ۱۰۱، ۱۰۲، ۱۵۰

همایونفر، (سرتیپ) فرج الله: ۱۹۶، ۱۹۷، ۲۴۷، ۲۴۸

همدانی، نادعلی: ۲۵۵

هندرسن، لویی: ۱۷، ۱۸، ۲۹، ۳۰، ۳۱، ۳۲، ۳۵، ۳۸، ۴۰، ۴۱، ۴۲، ۵۱، ۵۲، ۵۳، ۵۸، ۷۹، ۱۱۵، ۱۳۴، ۱۳۵، ۱۴۱، ۳۰۰

هن‌سنس، (بلژیکی): ۲۷۷

هیتلر، آدلف: ۲۲۰

ی

یارافشار، پرویز: ۱۲۴، ۱۲۸

یمنی، (سرهنگ): ۱۸۱

کتاب‌های دیگری از همین پژوهشگر:

۱- پنج ترور تاریخی راه‌گشای صدارت مصدق
برای سفارش این کتاب به www.Lulu.com بروید

۲- نویافته‌هایی در ارتباط با محمد مصدق
۳- خاندان مستوفیان آشتیانی،
از بالاترین نیا تا محمد مصدق
٤- زندگی‌نامه محمد مصدق –
از تولد تا پایان تحصیلات و اخذ تابعیّت سویس
٥- راه رضاشاه بزرگ
٦- راه‌آهن سرتاسری ایران،
رضا شاه بزرگ و محمد مصدق
۷- بلای سلمان رشدی و آیات شیطانی،
بلایی دیگر از سوی خمینی
۸- اسرار قتل میرزا علی‌اصغر خان اتابک،
معرفی قاتلان واقعی و آمران و شرکای جنایت
۹- شناخت مظفرالدین‌شاه و احمدشاه برپایه‌ی اسناد
۱۰- گفته‌نشده‌ها درباره روح‌الله خمینی
۱۱- خاندان (امام) خمینی
۱۲- قرارداد بسیار زیانبخش آرمیتاژسمیت، از مقدمات تا اجراء

برای سفارش این کتاب‌ها می توانید با آدرس زیر تماس بگیرید:

P.O. BOX – **866672**
PLANO TX. **75086.6672**
U.S.A.